Benka Pulko

Kickstart

Benka Pulko

Kickstart

Als Frau solo mit
dem Motorrad um die Welt

Aus dem Slowenischen
von Barbara Budin

Mit 16 Seiten Farbbildteil
und einer Karte

MALIK NATIONAL GEOGRAPHIC

Mehr über unsere Autoren und Bücher:
www.malik.de

Bibliografische Information der Deutschen Nationalbibliothek
Die Deutsche Nationalbibliothek verzeichnet diese Publikation in der Deutschen Nationalbibliografie; detaillierte bibliografische Daten sind im Internet über http://dnb.d-nb.de abrufbar.

MALIK NATIONAL GEOGRAPHIC

Deutsche Erstausgabe
Mai 2012

Die slowenische Originalausgabe erschien 2007 unter dem Titel »Pocestnica. Življenjski potopis« bei Undara Studio, Ljubljana.
Umschlaggestaltung: Dorkenwald Grafik-Design, München
Umschlagfotos: Benka Pulko (vorne und hinten), Suzana Komel (Autorenfoto)
Bildteilfotos: Archiv Benka Pulko, Žiga Culiberg, Silva Eöry, Gregor Erjavec, Žiga Intihar, Črtomir Goznik, Stane Jerko, Suzana Komel, Jaka Koren, Bibiana Matheis, Mediaspeed.net, Melita Kuhar Pucko, Aljoša Rebolj, Jože Suhadolnik und Zvone Šeruga
Karte: RADIKAL
Redaktion: Fabian Bergmann-Drepper, Metka Wakounig
Satz: Fotosatz Amann, Aichstetten
Papier: Naturoffset ECF
Druck und Bindung: CPI – Clausen & Bosse, Leck
Printed in Germany ISBN 978-3-492-40446-4

Das Papier wurde aus chlorfrei gebleichtem Zellstoff hergestellt.

Das Buch widme ich Euch, die Ihr mich liebt oder hasst.
Von Euch lerne ich, und neben Euch reife ich.

Und meiner kleinen Schwester,
die mittlerweile zu einer erfolgreichen Dame herangewachsen ist.
Damit wir alles nachholen werden,
wofür uns in der Jugend die Zeit gefehlt hat.

Und all meinen Eltern.
Denen, die mich geboren haben.
Und denen, die mich adoptiert haben.

Bereiste Länder: Vereinigte Staaten von Amerika, Kanada, Bahamas, Venezuela, Kolumbien, Ecuador, Peru, Chile, Bolivien, Argentinien, Antarktis, Uruguay, Paraguay, Brasilien, Neuseeland, Australien, Indonesien, Japan, Thailand, Kambodscha, Myanmar, Laos, Malaysia, Singapur, Nepal, Indien, Bangladesch, Sri Lanka, Pakistan, Iran, Vereinigte Arabische Emirate, Oman, Südafrika, Lesotho, Namibia, Sambia, Botswana, Swasiland, Mosambik,

Malawi, Tansania, Kenia, Uganda, Ruanda, Demokratische Republik Kongo, Äthiopien, Sudan, Saudi-Arabien, Jordanien, Ägypten, Israel, Zypern, Griechenland, Bulgarien, Rumänien, Moldawien, Ukraine, Russland, Finnland, Estland, Lettland, Litauen, Weißrussland, Polen, Deutschland, Tschechien, Slowakei, Österreich, Ungarn, Serbien, Mazedonien, Montenegro, Bosnien und Herzegowina, Kroatien, Slowenien

Danke allen, Ihr seid meine Welt.
Ich bin stolz auf Euch.

Vom Spross zur Benka

An die Geburt kann ich mich zwar nicht erinnern, aber diejenigen, die sich daran erinnern, sagen, es sei ein stürmischer Tag gewesen. An allen Fronten war viel geschehen, und das Leben hatte angekündigt, sich im Wesentlichen nicht beruhigen, sondern weiterwirbeln zu wollen: für das Kind, das auf die Welt kam, um seine Erfahrungen zu machen, und für alle, denen es begegnen würde.

Sie war schön und er klug. Beide stammten aus Ptuj. Die geteilte Liebe zum Karnevalstanz hatte meine Eltern zusammengeführt, viel mehr hatten sie eigentlich nicht gemeinsam. Ich habe nie gefragt, auf welchen Koordinaten mein Anfang liegt, aber dem Geburtsdatum und der Tatsache nach, dass sie beide gerne ans Meer reisten, schließe ich, dass es irgendwo an der Adriaküste geschehen sein muss.

Heute wäre ich, wenn ich damals mit einer erweiterten Ausstattung zwischen den Beinen auf die Welt gekommen wäre, Matej Pulko. Weil es diese nicht gab, schlug Mutters Mutter eine Heilige vor. Sie war von der Jungfrau von Lourdes nämlich so begeistert, dass sie beim familieninternen Namenswettbewerb für die Erstgeborene mit ihrem Vorschlag gewann.

»Eine Bernardka soll es werden!«

Und es wurde eine.

Ich wurde schnell geboren, und so lebe ich noch heute. Ich überholte mich selbst um ein paar Tage, so wie ich mich auch das ganze Leben selbst überholen sollte. Meine Mutter kann sich noch daran erinnern, dass alles glatt verlaufen und ich als der liebste und beste Fehler ihres Lebens auf die Welt gekommen war, dass ich nicht genervt und nicht geschrien hatte, dass ich ein vorbildliches Baby gewesen war und dass sie angefangen hatte zu überlegen, sich ihr täglich Brot mit dem Gebären von Kindern zu verdienen. Aber nur unter der Voraussetzung, dass alle Sprösslinge meines Formats gewesen wären.

Mama Teja debattierte mit mir auf einem Bett des Krankenhauses, das sie sehr gut kannte, weil sie jeden Tag, ohne Baby, als Oberschwester dort arbeitete. Aus dem Berufswechsel wurde dann aber doch nichts. Sie gebar nur noch eine Kleine, die wie ein Meteorit acht Jahre nach mir auf unser Leben traf.

Obwohl Papa Franci nie viel sagte, war der Großteil seiner Kommentare sehr angemessen. Er beobachtete genau und zog später den korrekten Schluss, dass eine der beiden Töchter durch ihre Intelligenz erfolgreich sein würde, die andere durch harte Arbeit. Mir sollte, um ehrlich zu sein, der Platz der weniger gescheiten von uns beiden zufallen.

Kind und Mutter waren gesund und verbrachten die ersten Tage nach der Geburt unter Besuchern, neugierigen Betrachtern, Blumen und Freunden in Krankenhauskitteln. Das Wetter war frühlingshaft warm. Rund um das alte Krankenhaus blühten die Rosskastanien. Die Sonne spazierte am Himmel entlang und guckte durch die großen Fenster auf die kleinen Leute, die geboren worden waren, als es noch dunkel gewesen war.

Der erste Besucher war der begeisterte Vater. Er kam in der Früh und betrachtete mich durch dasselbe Fenster wie die Sonne. Weil ich eine Miniaturkopie von ihm war, entschlossen sich meine frischgebackenen dreiundzwanzigjährigen Eltern eiligst, mir noch einen Reservenamen anzuhängen, falls der erste es nicht schaffen sollte: Franja.

Und wissen Sie was? Der erste schaffte es nicht! Wie ein Blitz aus heiterem Himmel traf uns die Nachricht, dass sich auf dem frisch ausgestellten Taufschein ein schlimmer Fehler eingeschlichen hatte, und sorgte für Panik. Im Namen fehlte der Buchstabe K. K wie Katastrophe! Anstatt einer Bernardka bekamen sie nun eine Bernarda, die sie sich nie gewünscht hatten ... Und was nun? Denn eine Bernarda wollte man nicht im Hause haben, weil es nicht einmal im Entferntesten so klang, wie man sich das vorgestellt hatte.

»Na ja, werden wir ihn eben korrigieren lassen«, beschlossen sie und schickten meinen Namen zur Reparatur, damit ich endlich eine Bernardka wurde. Benannt nach dem Mädchen, dem im Süden Frankreichs Maria erschienen war.

Wenn ich ehrlich bin, ist Maria auch mir erschienen. Damals, als meine Leute zu Hause endlich begriffen hatten, dass ein schöner und heiliger Name zu anspruchsvoll für eine Einjährige ist, die gerade zu sprechen beginnt. Ich schnatterte wie eine Gans, und mein Opa rühmte sich, bereits damals gewusst zu haben, dass ich gut, gerne und viel sprechen würde. Nur diesen verflixten Namen nicht! Den konnte ich beileibe nicht aussprechen. Zum Glück nahm dann meine Lieblingstante die Sache in die Hand und erlöste mich von weiteren Frustrationen. Die Liebe zur Schokolade und meine Haut, die dunkler war als die meiner Altersgenossen, brachten sie auf eine Idee.

»Benka!«, wiederholte ich begeistert die Ableitung aus dem Namen eines beliebten Kakaos und nahm jenen Spitznamen an, der mit der Zeit mein einziger Name wurde. Was aber den Buchstaben R anging, hatten meine Eltern schnell den richtigen Dreh raus: »Wenn du sagst, fahrrren wir nach Marrriborrr, dann machen wir das auch«, regten sie schon sehr früh meine Reiselust an und testeten den Eifer und die Beharrlichkeit eines jungen Wunderkindes.

Noch am selben Tag beobachtete ich vom Rücksitz des dunkelblauen Fiats aus triumphierend, wie das Leben entlang der Straße an den Scheiben des dahinrasenden Autos vorbeiflog. Wir waren auf dem Weg nach Maribor.

Die erste Freundin

Als ich noch gar nicht wusste, was Freunde sind und wofür sie da sind, verbrachte ich wahnsinnig gerne Zeit mit meiner Mutter. Nicht als Tochter, sondern als Freundin. Sie war die schönste Frau in meinem kleinen Universum. Sie war stets modisch gekleidet, geschminkt, frisiert, und um ihren Hals hing immer die eine oder andere besondere Kette. An ihren Accessoires zu ziehen und mit ihnen zu spielen fand ich sehr spannend, sie jedoch weniger.

»Für eine Dame geziemt es sich nicht, mit Schmuck zu spielen. Nicht mit dem eigenen und auch nicht mit fremdem«, wies sie mich zurecht.

Solche Lektionen blieben dauerhaft bei mir hängen.

Ohne weitere Instruktionen lernte ich in dieser Phase, mit übereinandergeschlagenen Beinen zu sitzen, ich ging des Öfteren ins Bad und begoss mich mit Parfums, die in meiner Reichweite waren, und zog mich auch bis zu fünfmal am Tag um. Ich wollte um keinen Preis schmutzig sein, und die Kleidchen aus dem Schrank herauszuziehen und zu wechseln war eine weniger anspruchsvolle Arbeit als zum Beispiel Waschen, Bügeln, Zusammenlegen und Wiedereinräumen, was jemand anderer nach mir erledigen musste.

Mit zwei Jahren fing ich an, Geschäfte abzuschließen. Wenn meine ein paar Jahrzehnte ältere, aber immer noch jüngste Freundin ohne mich ins Café über die Straße gehen wollte, stellte ich ihr das in Rechnung. Sie bezahlte damit, dass ich eine Nacht lang ihr aufreizendstes und durchsichtigstes Nachthemd tragen und uneingeschränkt Radio hören durfte; außerdem wurden die Vorhänge nicht zugezogen. Dann lag ich regungslos auf dem Sofa der kleinen, schön eingerichteten Einzimmerwohnung im Zentrum der Stadt, bestaunte die Schatten, die über die Wände glitten, und hörte Musik, die sich mit jener aus dem Café vermischte. Ich fühlte mich wie eine Königin.

Wenn sie zurückkam, schlief ich immer schon. Ich strahlte aber noch den ganzen nächsten Tag – bis zu jenem Zeitpunkt, als wir in ein Haus am Stadtrand zogen, wo es weder Straßenlaternen noch Cafés gab. Die vorige wunderbare Lage für eine größere Wohnfläche aufzugeben erschien mir persönlich als schlechter Tausch. Mit diesem Verlust verringerte sich meine Bereitschaft, mich auf einen Handel einzulassen, deutlich.

Allerdings war es ziemlich offensichtlich, dass ich mich allmählich zu dem entwickelte, was ich heute bin. Eine Zigarettenhasserin. Wenn Teja Lust auf eine Zigarette und einen Kaffee bekam – zu dieser Zeit fand ich es ausgesprochen blöd, dass wir Kinder die Eltern anders als bei ihrem Namen nennen müssen, weshalb ich diesen Brauch änderte –, konnte sie mich um nichts in der Welt überzeugen, sie zu begleiten. Ich erlaubte ihr, zu tun und zu lassen, was sie wollte, aber ins verrauchte Café brachte sie mich um keinen Preis. Immer wieder aufs Neue versprach ich ihr dann, dass ich brav auf dem Blumentrog vor dem Lokal sitzen bleiben würde, und hielt es auch.

Derweil vertrieb ich mir die Zeit damit, Vorbeigehenden zu erklären, dass mich meine Mutter vernachlässige, dass sie mich allein lasse und so weiter. Nur so aus Spaß. So in etwa verläuft doch der Großteil der Gespräche auf der Straße, oder etwa nicht? Auf dem

Beton sitzen, die Füße baumeln lassen, Leute ansprechen und sich an der frischen Luft sonnen, das finde ich heute noch toll.

In Wirklichkeit aber waren das meine ersten Abenteuer, verwirklicht ohne großen Aufwand. Die Abenteuer lagen auf der Straße, und man musste sie nicht woanders suchen.

Papa, der kein Pantoffelheld war

Während mir meine Mutter das Gehen beibrachte, brachte mir mein Vater das Fahren bei. Für einen guten Start kaufte er den teuersten Sportkinderwagen und bewies guten Geschmack – nicht nur für Frauen, sondern auch für Räder. Schließlich war er Maschinenbauingenieur, und Fahrzeuge waren sein Beruf. Nachdem ich das Vierrad erobert hatte, machte er mich mit allen möglichen Arten, Größen und Typen von Rädern bekannt. Wichtig für mich war nur, dass sie sich drehten und dass es schneller ging als zu Fuß – egal, ob es Rollschuhe, Tretroller, Schubkarren, ein Fahrrad, ein Autolenkrad, Bagger, Lokomotiven oder Motorräder aus Plastik waren, die er mir kaufte. Am meisten aber begeisterte mich die Formel 1.

Mein anständiger Vater lehrte mich auch Dinge, die ich mit meinem kleinen Gehirn falsch auffasste, weshalb ich manchmal anders reagierte, als er sich das wahrscheinlich gedacht hatte. So sagte er einmal, ich dürfe nicht erlauben, dass man mich verspotte. Nie und nimmer! Ich müsse für mich einstehen und zurückschlagen, falls nötig. Und es war nötig. Und ich tat es.

Besonderes Glück hatte die gleichaltrige blonde Tochter der Nachbarn in ihrem pompösen rosaroten Kleidchen, die mir wahnsinnig auf die Nerven ging. Eines Tages, während wir auf dem Hof vor dem Hühnerstall spielten, erinnerte ich mich an Vaters Ratschlag, bückte mich, suchte den größten Stein von allen, richtete mich flink auf, machte einen Schritt auf sie zu und pfefferte ihn ihr an den Kopf. Offensichtlich hatte ich gut getroffen, denn die Kleine wankte nur noch, verdrehte die Augen und fiel um.

Dann kam mein Vater, und es gab ein Riesentheater. Die Nachbarin – aufgrund der Ähnlichkeit mit dem Opfer und ihrer Besorgnis wohl dessen Mutter – schrie wie am Spieß, und mir war nicht klar, wieso sie mit mir herumbrüllte und nicht mit meinem Vater. Es war schließlich seine Idee gewesen!

Ich glaube, dass ich damals auch das erste Mal eine gefangen habe. Und das mit dem Kochlöffel. Wer mich geschlagen hat, weiß ich nicht mehr, ich weiß aber, dass ich den Rest des Tages schmollte und Zuflucht bei Oma und Opa fand, die im Erdgeschoss desselben Hauses wohnten. Die Ungerechtigkeit ist eine schreckliche Sache! Ich dachte, ich verhielt mich so, wie mir aufgetragen worden war, im besten Glauben, mich nur zu verteidigen. Ich wollte doch niemandem etwas zuleide tun. Die Kleine starb Gott sei Dank nicht. Zum Glück erholte sie sich. Aber in der Nähe unseres Hofes und meines Spielreviers zeigte sie sich nie wieder.

Weihnachtsbäume waren in unserem Haus so etwas wie vernachlässigte Stiefkinder. Ich erinnere mich, dass wir während meiner ersten Lebensjahre immer irgendetwas Zwergwüchsiges mit ein paar abstehenden Ästen hatten, das wir in einen Topf stellten, mit Holz und Kohle drum herum befestigten und schmückten. Besonders jämmerlich war, wenn am Morgen das Bäumchen am Boden lag und der Schmuck das Zeitliche gesegnet hatte. Meine Mutter lag meinem Vater einige Jahre lang damit in den Ohren, endlich einen besseren Ständer zu bauen, eine Reaktion erlebten wir jedoch nie.

Der Weihnachtsbaum war von Jahr zu Jahr spärlicher geschmückt, ich jedes Jahr trauriger, Vater jedes Jahr vergesslicher und Mutter jedes Jahr zorniger. Als ihr der Geduldsfaden riss, ging sie einen Ständer kaufen und brachte auch noch eine Plastiktanne mit nach Hause. Ich war begeistert. Hatte ich mir doch schon immer gewünscht, die Weihnachtsfeiertage würden bis ins Frühjahr hinein dauern. Und mit dem neuen Weihnachtsbaum taten sie das auch, weil ich ihn bis April geschmückt ließ. Meine Familie verlangte allerdings, dass ich ihn Ende Januar in den verstecktesten Teil des am schwierigsten zugänglichen Zimmers stellte, damit kein Besucher fragen konnte, wer im Haus denn so eine Vorliebe für Weihnachtsschmuck habe.

Von Läusen und Lebern

Ich wurde zu einem anständigen Menschen erzogen. Ich erinnere mich, dass der »Elternstab«, das Großelternpaar und die Tante, die alle unter einem einzigen, ziemlich großen Dach lebten, entschlossen waren, dass es in ihren Erziehungsmaßnahmen keinen Platz fürs Verwöhnen geben sollte. Diese Regel brachen meistens die Ältesten von ihnen, weil man ihnen das wahrscheinlich am ehesten verzieh; für mich jedenfalls war es für einen Augenblick oder zwei ein richtiger Luxus, das Leben eines Hätschelkinds auszukosten. Als ich zum Beispiel im Winter unter Omas dicker Daunendecke liegen durfte, anstatt in den Kindergarten zu gehen, oder als sie ein halbes Vermögen ausgab, um mir die ersten Kirschen zu kaufen, als sie die letzten Leckerbissen im Haus für mich aufhob oder nach dem Schlachten die Leber für Benka in einer Extrapfanne und auf spezielle Oma-Art zubereitete.

Nicht nur die geröstete Leber bewog eine gewaltige Laus dazu, stracks über die Leber meiner Mutter zu laufen, sondern sämtliche Einfälle dieses Kalibers, die auf Omas Mist gewachsen waren.

Warum bloß hatte meine Mutter in ein Haus eingeheiratet, das von ihrer Schwiegermutter sehr souverän geführt wurde? Von Oma Roza habe ich die Nase, die Freude am Gartengemüse, die Liebe zu Stricknadeln, die Unternehmungslust und den Kontrolldrang geerbt. Sagt meine Mama. Mein Papa schweigt, weil das ja seine Mutter war.

Opa war ein eher stilles Wasser. Für gewöhnlich blieb er für sich und las sehr viel. Außer samstagvormittags, wenn Oma jedem von uns einen Lappen gab und eine zu bohnernde Stelle zuteilte. Da waren wir die größten Verbündeten und ihre erbittertsten Feinde. Er war ein eingeschworener Kommunist, und nichts auf der Welt bereitete ihm mehr Freude als die Politik, das Umstechen des Gartens und das Beschneiden der Weinreben. Ansonsten war er Lagerarbeiter und unterstützte seine Frau, die mehr arbeitete als er, dafür aber nicht bezahlt wurde. Mit Vaters Vater, den ich einfach »mein alter Herr« nannte, obwohl er das nicht war – manchmal auch Franc, weil er so hieß –, verbrachte ich wundervolle Stunden.

Ich erinnere mich, dass ich ihm mit vier Jahren beibringen wollte, wie man ein besserer Autofahrer wird. Ich wollte ihm helfen, weil er wahnsinnig langsam und, wie mir schien, tollpatschig fuhr. Ich vermutete es zumindest, weil uns immer alle überholten, mit dem Finger drohten und von unserer Teilnahme am Straßenverkehr nicht begeistert waren. Er wollte aber von meiner Theorie nichts wissen. Ich hatte nur vorgeschlagen, auf die Tube zu drücken. Wenn wir die Schnellsten auf der Straße wären, könnte uns so oder so niemand einholen, geschweige denn böse anschauen. Er ließ sich jedoch nicht stören. Lieber blieb er bei seinem Fahrstil und blickte einem ehrwürdigen Alter entgegen.

Wie Kindern ein Schwanz wächst

Damals kamen, neben all den anderen, gelegentlich auch Verwandte zu Besuch. Am häufigsten wurden sie zu Feiertagen angeschwemmt, ansonsten kreuzten sie aber auch ohne Grund auf. Es war lustig, weil sie den eingependelten Alltagstrott störten und das Haus in einem neuen Rhythmus wiegten, meist in einem viel wilderen als üblich.

Einmal brachten mein Cousin und meine Cousine ein neues Wort mit. Weil niemand von uns so recht wusste, was es bedeutete, erschien es uns sinnvoll, seine Bedeutung am Nachbarn herauszufinden, der gerade durch den Hof seines Hauses, zu dem ein Gasthof gehörte, ging. Herr Rozman war der angesehene Besitzer eines Lokals, in das sehr viele Leute einkehrten. Durch das sperrangelweit geöffnete Fenster unseres Hauses schrien wir über die Fensterbank, die wir kaum erreichten:

»Herr Rozman, Sie sind eine Hure!«

Weil er nicht reagierte, versuchten wir es wieder. Etwas lauter. Noch immer nichts. Je mehr wir brüllten, desto schneller ging er, drehte sich jedoch nicht um.

Statt seiner reagierte ein Erwachsener aus unserer Familie, kam mit schnellen Schritten ins Zimmer, scheuchte uns zu den Spielsachen und schlug das Fenster zu. Ruckartig zog er die Vorhänge zu, sodass sie auf ihrer Holzstange erschrocken zitterten, und schärfte uns ein, so etwas nie wieder zu tun.

Wir ahnten, dass das Wort nicht unbedingt etwas Schönes bedeuten musste, zu fragen trauten wir uns aber nicht mehr.

In unserem Haus war es interessant, weil immer etwas los war. Es gab unzählige gesellschaftliche Ereignisse, und hauptsächlich kamen Erwachsene zu Besuch. Am liebsten hatte ich die Gäste aber, wenn sie gingen. An der Türschwelle verabschiedeten sie sich noch ausgiebig, plauderten und klärten alles, was sie nicht am Küchentisch hatten beenden können.

Zum Glück war ich damals noch von der eher zierlichen Sorte, sodass mich beim Verabschieden üblicherweise niemand vermisste. Während auf der Schwelle die Höflichkeitsrituale begangen wurden, konnte ich in Ruhe tun, was ich wollte. Am liebsten blieb ich in der Küche und spazierte zwischen den verlassenen und weggeschobenen Stühlen um den Küchentisch herum und trank die vereinsamten Kaffeetassen aus. In ihnen war manchmal neben Kaffeesatz auch noch der eine oder andere Schluck Kaffee.

Wenn meine Leute zurückkamen, saß ich wie eine Erwachsene mit übereinandergeschlagenen Beinen und umschlungenen Knien auf einem Stuhl und tat so, als ob nichts gewesen wäre. Mich verriet nur der dunkelbraune Bart, der erzählte, was ich während ihrer Abwesenheit getan hatte. Sie täuschten geschickt vor, nichts bemerkt zu haben. Beim nächsten Mal aber – bevor der nächste Besuch vor der Tür stand – deuteten sie nebenbei an, dass Kindern, die Kaffee tränken, ein Schwanz wüchse.

Angeblich stockte mein Atem, die Augen weiteten sich über mein ganzes Gesicht, und voller Entsetzen glitten meine Hände über mein Hinterteil und untersuchten, ob nicht vielleicht schon etwas gesprossen wäre.

Danach wich ich den Kaffeetassen konsequent aus und auch allem, was in ihnen war. Ich war fest entschlossen, keinen Schwanz hinter mir herzuziehen. Von der Ernsthaftigkeit dieses Vorsatzes zeugt die Tatsache, dass ich meine erste Kaffeetasse erst nach meinem dreißigsten Lebensjahr geleert habe und dass noch heute bei jedem, wenn auch seltenen Kaffee ein Schwanz vom Horizont meiner Erinnerung baumelt.

Vom Prinzen zum Frosch

Männer haben mich schon von jeher interessiert und fasziniert. Ich bewunderte kluge, attraktive, kreative und kommunikative Männer. Keine Frage, das ist noch immer so. Nur mit der Faszination ist es heute ein bisschen anders, fehlt mir doch fürs stundenlange Beobachten und Bewundern die Motivation.

Sie kamen aus Kranj. Für mein damaliges Verständnis vom anderen Ende der Welt. Sie brachten einen groß gewachsenen Blondschopf mit blauen Augen mit, ihren Sohn, der etwa ein Jahr älter war als ich. Ich weiß nicht, ob es wegen der Haare war oder wegen der Augen, vielleicht auch wegen der Chemie oder wegen etwas Viertem, aber von Iztok konnte man mich nicht trennen. Die mädchenhafte Form weiblicher Habgier zwang mich dazu, hinter ihm herzustaksen, das Gleiche zu essen wie er, mit ihm auf die Toilette gehen zu wollen und sogar auf den Kater eifersüchtig zu sein, dem er mehr Beachtung schenkte als mir. Jedenfalls schien es mir am besten zu sein, wenn wir sofort heiraten würden.

Er kam wieder und wieder. In der Zwischenzeit wurden wir älter, es veränderten sich seine Haarfarbe und meine Kriterien fürs Heiraten. Wenn er kam, spielten wir am liebsten mit meinen Spielsachen, für die galt, dass sie nur Kindern zur Verfügung standen, die auf sie aufpassten. Einmal bestieg der Traumprinz mein Schaukelpferd aus Holz, und es krachte zusammen. Ich weinte bitterlich. Ich weiß nicht mehr, ob wegen des Prinzen oder des Pferdes. Jedenfalls war es mit der Liebe recht schnell vorbei. Von da an empfand ich den Prinzen als richtigen Frosch. Und das Pferd brachten wir zur Reparatur zum Tischler.

Mein Lieblingsmensch

Damals sprach ich noch kein Spanisch, deshalb konnte mir auch niemand vorwerfen, dass ich sie »Kuh« nannte. Vaka war mein Lieblingsmensch. Sie war eine Erzieherin ohne eigene Kinder, die für die Kinder anderer lebte. Ich war von allen die unangefochtene Siegerin im Kampf um ihre Aufmerksamkeit, Liebe und Zuneigung. Dabei half die Tatsache, dass ich die Tochter ihres jüngeren und einzigen Bruders war und dass wir, wie ich schon erwähnte, im selben Haus lebten.

Ivanka war DIE Tante. Alles, was wir zusammen unternahmen, machte mir riesigen Spaß. Ihretwegen ihr ging ich mit Begeisterung zur Zahnärztin und mochte sogar das Bohren. Hat es denn nicht wehgetan? Schon, aber es tat mir viel mehr weh, wenn ich mit meiner Mutter zum Friseur ging und mir die Haare geschnitten wurden. Viel mehr!

Abstoßend fand ich auch Leute mit Fotoapparaten. Sie nötigten mich zu einem Lächeln, wenn mir nicht danach zumute war. Deshalb schlug ich öfter vor, lieber zum Zahnarzt zu gehen als zum Fotografen. Egal, ob es nötig war oder nicht.

Jeden Tag brachte Vaka mich in den Kindergarten, und danach nahm sie mich – anstatt gleich nach Hause zu gehen wie alle anderen Kinder – auf einen Spaziergang zur Bücherei und in die Konditorei mit. Jeden, wirklich jeden Tag. Im Tempel der Süßspeisen erwarteten sie eine Tasse Kaffee und ein Glas Wasser, mich ein Saft und eine Ananasschnitte.

Auf dem Nachhauseweg erzählte sie mir Märchen, Geschichten über Menschen, und ab und zu stimmten wir ein Lied an. Im Gehen häkelte sie, und es war nichts Außergewöhnliches, jeden Tag der Woche ein neues Kleidungsstück aus ihren flinken, geschickten und begabten Händen zu bekommen.

Es war der Tag vor der Hochzeit von Omas Neffen, und die Vorbereitungen für das Fest liefen auf Hochtouren. Vor Wochen hatte jemand für mich entschieden, dass ich für das Ereignis neue Kleider bekommen sollte. Wie fast alle anderen meiner Sachen, mit Ausnahme der Unterhemden und Unterhosen, waren auch diese aus heimischer Produktion. Oma strickte die Strümpfe, Ivanka häkelte das Kleid, den Mantel, die Handschuhe, die Mütze und den Schal. Es stimmt schon, dass mich auf der Straße immer alle jungen und alten Tanten im Vorbeigehen bewunderten, wie hübsch und süß und »ahh« und »ohh« ich doch in diesen selbst gemachten Sachen aussähe, jedoch wusste keine, was der Grund dafür war: Wir hatten nicht genug Geld, um Kleidung in einem Geschäft zu kaufen. Jedenfalls schien es mir damals so.

Der unglückselige Hochzeitssamstag brach an. Alle drei Frauen im Haus kleideten mich enthusiastisch an, und es schien, dass zumindest eine von ihnen jeden Augenblick vor Begeisterung platzen könnte.

Sie betrachteten mich von allen Seiten, verschoben, schnürten, zupften und korrigierten an meinem bemitleidenswerten Körper herum. Ein Händepaar hob mich hoch und stellte mich auf den Tisch. Nun betrachteten sie mich aus nächster Nähe, und als die letzte Kleinigkeit gerichtet war, brach ich in bittere Tränen aus: »Sind wir denn wirklich so arm, dass wir nicht einmal Geld für ein einziges gekauftes Kleid haben?«

Ich heulte zur Verwunderung aller drei Frauen, die augenblicklich verstummten, sich aufrichteten und mich anstarrten, verblüfft über den Tränenfluss und diesen Ausbruch an irrationaler Traurigkeit. Am geschocktesten war Ivanka. Sie packte mich unter den Achseln, hob mich vom Tisch und stellte mich forsch auf den Boden. Etwas Fremdes lag in der Luft. Niemals zuvor und niemals danach sah ich einen so starren Blick bei ihr.

»Am Montag bringe ich dich in ein Geschäft, wo du dir dein *gekauftes* Kleid aussuchen kannst. Welches auch immer!«, sagte sie scharf, mit einer Stimme, die mich den restlichen Samstag und noch den ganzen Sonntag wünschen ließ, der Montag möge nie kommen. Als er dann doch kam, bat ich meine Tante reumütig, das Geschäft zu vergessen, weil ich es mir anders überlegt hätte. Aus allem, was an diesem Wochenende um mich herum geschehen war, erahnte ich, dass die Zeit für Kleider aus einem Geschäft noch früh genug kommen würde.

Neben der Liebe zur Wolle gab Vaka mir auch noch die Beziehung zu Büchern weiter. Obwohl wir jeden Tag in der Bücherei waren, kaufte sie mir meterweise Bücher. Eines nach dem anderen. Das Prinzip »Kein Tag ohne Buch« hatte sie mir bereits eingeimpft, als ich den Büchern lediglich lauschen konnte, lesen musste jemand anderer. Um einen bereitwilligen Vorleser zu finden, marschierte ich mit dem Lesestoff unterm Arm durchs Haus und suchte nach einem Opfer. Üblicherweise war das nie ein Problem, weil sich immer jemand fand, der willens war, das Buch in die Hand und mich auf den Schoß zu nehmen und in die Märchenwelt zu reisen. Die beste Vorleserin war natürlich Ivanka, die sich nie aufgrund meines hervorragenden Gedächtnisses über mich lustig machte; die anderen hingegen änderten die Geschichten und amüsierten sich, wenn ich mich beeilte, die Fehler missmutig zu korrigieren und den Inhalt auswendig aufzusagen.

Bei uns hatten Bücher oberste Priorität, weshalb es nicht verwunderlich ist, dass sie der entscheidende Kompass bei der Suche nach meinem Lebensweg waren. Die Titel meiner ersten Bücher waren *Martina auf Reisen*, *Martina im Flugzeug*, *Martina auf dem Schiff*, *Martina beim Zelten* und so weiter. Mit fünf Jahren wurde mir endlich das Lesen beigebracht, und ich begriff, wie man die Zeit wegliest. Ich hatte all meine Erleuchtungen auf der Straße, während der Fahrt. In dieser Zeit durfte ich auch zum ersten Mal alleine zum Einkaufen. Auf der Straße, natürlich, einer stark befahrenen noch dazu. Damals reifte ich heran. Denn die Straße ist nur für erwachsene, verantwortungsvolle Menschen, die hinter ihrem Handeln stehen. Sie wurde zu meinem liebsten Klassenzimmer.

Sozialistische Ferien

Meine Familie machte nie viel Aufhebens darum, ob ich von zu Hause wegdurfte oder nicht. Zumindest nicht damals, als ich klein war und Ferien hatte. Sie erlaubten mir ohne Probleme, meine Reisetasche zu packen und zu gehen. Meine Mutter warf am Ende aber doch noch mal einen Blick hinein, um sich zu vergewissern, dass für den Besuch bei ihren Eltern auf dem Bauernhof, für das Wochenende bei der Cousine oder für eine Woche Meeresvergnügen mit der Tante alles eingepackt war.

Ich ging gerne fort. Egal, wohin, nur um zu reisen, damit etwas geschah, damit sich die Orte und Menschen um mich herum änderten. Es war schön zu gehen, und es war schön zurückzukommen.

Zu Hause durfte ich nie faulenzen. Gott bewahre, dass man mich ohne Arbeit erwischte! Sofort tauchte jemand auf und fand eine Beschäftigung für mich, ob sie mir gefiel oder nicht. Vielleicht zeichnete, schrieb und las ich deshalb so viel, um den unliebsamen Verrichtungen wie Salat putzen, Staub wischen und den Hof fegen auszuweichen; ich überließ sie mit Freude anderen.

Mit vier Jahren wurde ich in die Musikschule eingeschrieben und mit fünf in den Deutschkurs. Im großen Chor zu sein genoss ich wahnsinnig und sang so laut, dass es für drei gereicht hätte. Ich sang die erste und die vierte Stimme und alle dazwischen, wo eben Kinder fehlten. Später habe ich eine Zeit lang ernsthaft darüber nachgedacht, Operngesang zu studieren, aber zu Hause kam man zu dem Fehlschluss, mit Musik könne man keine Brötchen verdienen.

Im Deutschkurs war ich wohl die Dümmste von allen. Nach zwei abgesessenen Jahren in der Klasse hatte ich mir nicht mehr als sechs Wörter gemerkt. Es ist aber ebenfalls wahr, dass auch die Lehrerin nicht gerade vor Motivation sprühte.

Trotz aller Aktivitäten und der nicht gerade schlechtesten Fähigkeiten verkündete ich eines Tages zu Hause wild entschlossen, Putzfrau zu werden. Ich wollte nichts davon hören, dass ich im reifen Alter mein Geld mit etwas anderem verdienen solle als mit Putzen. Im Kindergarten hatte ich mich nämlich für den »halb automatischen Besen« begeistert, wie ich das Putzgerät nannte. In Wirklichkeit war es aber nichts anderes als ein Bodenschwamm mit einem Wringer am Stiel. Die Familie war nicht gerade begeistert von meinen Plänen, ich aber wurde beim Gedanken, eines Tages den Besen über einen langen Gang schieben zu können und dafür auch noch bezahlt zu werden, fast verrückt vor Freude.

In meinem späteren Leben kam ich von diesem Weg allerdings ein wenig ab. Ich absolvierte mein Studium, bildete mich auf hervorragenden Schulen im In- und Ausland weiter; zu meinem Traumberuf kam ich nie. Die Liebe zu Besen und Staubsauger ist mir trotzdem geblieben. Wenn ich Zeit habe, wandere ich noch heute gerne mit ihnen durch die Wohnung.

Manchmal verbrachten wir die Ferien zu Hause oder bei Verwandten, weiter weg fuhren wir nur in Ausnahmefällen. Tolle Erlebnisse waren die Sommer bei der Familie meiner Mutter. Dann sah ich meine Cousins und Cousinen bei Omama und Opapa auf dem Bauernhof. Was für eine Welt! Von früh bis spät war was los, und am Abend gab es keine Mätzchen, wenn es Zeit war, ins Bett zu gehen. Dafür gab es sie tagsüber, und was für welche! Vielen Köpfen fällt mehr ein, und viele Hände stellen mehr an. Mit meiner armseligen Phantasie wäre ich nie auf die ganzen Streiche gekommen, bei denen ich damals mitmachte. So hatten wir gehört, jemand im Dorf habe sich aufgehängt, und wir wollten probieren, wie man das macht. Ein anderes Mal hüpften wir in ein Silo. Um uns daraus zu befreien, musste Opapa das halbe Dorf zusammentrommeln. Der kindlichen Phantasie sind eben keine Grenzen gesetzt.

Am liebsten backten wir Sandkuchen. Damit der Sand schön zusammenklebte, halfen wir uns – wie Omama beim Teigkneten – mit Eiern. Lange wusste niemand, wieso die Hühner in Depressionen verfielen und keine Eier mehr legten, sobald wir auf dem Hof erschienen. Dann aber wurden die schlecht versteckten Eierschalen gefunden, und es war klar, wo die vielen Eier der braven Hühner hingekommen waren. Die Produktion von qualitativ hochwertigen Sandkuchen mussten wir schleunigst einstellen und uns auf andere, weniger unterhaltsame Spiele spezialisieren.

Meinen Komplizen blieb ich vor allem damit in Erinnerung, dass bei mir immer Ordnung herrschte: in der Reisetasche, auf dem Bett, in den Hosentaschen, und dass sogar meine schmutzigen Kleider zusammengelegt waren und nur noch auf die Wäsche warteten.

Der Pedant in mir lebt weiter. Noch immer habe ich keine Zeit, schlampig zu sein, und keine Lust, in einem Schweinestall herumzuwühlen.

Geburt und Tod

Die ersten Schultage brachten viele neue Freunde, Erkenntnisse und Erlebnisse. Die Pause war die beste Zeit in der Schule. Der Unterricht war im Großen und Ganzen langweilig, weil wir nur

Sachen lernten, die ich schon konnte. Lieber als das Zuhören war mir das Schwatzen. Wegen meiner Mitteilsamkeit musste ich oft in die Ecke, und all meine Einsen halfen mir da auch nicht. Am liebsten war ich mit den Buben zusammen, weil sie einfallsreicher und unterhaltsamer waren.

Wirklich interessant wurde es in der zweiten Klasse, als ich mich das erste Mal verliebte, eine Zwei bekam und den Erfolg meines Lebens feierte. Mit dem Jungen war sofort wieder Schluss, als ich erfuhr, dass er kein Vorzeigeschüler war. Dieser erste große Erfolg war jedoch das Ereignis des Jahres, von dem ich jedem erzählte.

Die ersten acht Singlejahre meines Lebens wünschte ich mir eine Schwester. Ein kleines Wesen, mit dem ich spielen, das ich herumtragen, hübsch anziehen, umsorgen und dem ich natürlich mit Freude Gesellschaft leisten könnte. Jedes Jahr schrieb ich dem Weihnachtsmann, mir endlich ein Schwesterchen zu bringen. Und wenn die Zeit für Geburtstagsgeschenke gekommen war, wünschte ich mir, was ich vom Weihnachtsmann nicht bekommen hatte. Zu Nikolaus, zum Namenstag und zu anderen Feiertagen, an denen es Geschenke gab, leierte ich dieselbe Bitte herunter. Erhört wurde sie von meinen Eltern erst, als sie die ewige Wiederholung meines aufrichtigen Wunsches nicht mehr hören konnten.

Man sagte es mir einige Monate vor der Geburt. Wer sonst als Ivanka, die in dieser Zeit langsam den Platz meiner besten Freundin, der bisher meiner Mutter zugefallen war, einzunehmen begann. Begeistert sammelte ich Babybekleidung, suchte das Bettchen aus und beschäftigte mich mit Schnullern, Windeln, Kinderwagen und vielem mehr. Die größte Ehre wurde mir aber zuteil, als ich den Namen für das Kind aussuchen durfte. Die Monate der Überlegungen endeten bei »Nina«. Der Name war allen recht, sogar ihr selbst, was sich herausstellte, als sie anfing, darauf zu reagieren.

Bevor sie auf die Welt kam, fürchteten alle außer mir, es könnte ein Junge werden. Mir schien es selbstverständlich, dass es ein Mädchen würde. Was anderes konnte es nicht sein. Alles, was ich für ihre Ankunft vorbereitet hatte, war gelb und weiß, mit Ausnahme der dunkelroten Rosen, die ich meiner Mutter auf die Geburtenstation brachte.

Die Kleine war das schönste Baby auf der Welt und die Mutter eine frohe Wöchnerin, der ich bei der Blumenübergabe sagte, dass sie, wenn es ein Bruder geworden wäre, nur Nelken bekommen hätte. Und ihn selbst hätten wir so oder so verschenkt.

Nach der Geburt schälte sich die Haut des Babys, und es sah aus wie ein sonnenverbrannter Tourist im Miniaturformat. Das war wohl die Strafe dafür, dass es sich um ein paar Wochen verspätet hatte. Die Angewohnheit, sich zu verspäten, hat Nina auch heute noch. Alle meine Puppen und Babys aus Plastik wurden in den Hintergrund verbannt oder fanden den Weg zu anderen Kindern. Ich hatte seit Neuestem ein lebendiges Baby und wurde zur Ersatzmutter. Teja gefiel es gut, dass ich ihr einen Teil der zusätzlichen Arbeit abnahm, und mir bereitete es unendlich viel Freude, so eine verantwortungsvolle Aufgabe zu übernehmen.

Wie sich Nina in dieser Zeit fühlte, weiß ich nicht, ich weiß aber, dass sie am Rande eines hysterischen Anfalls war, als ich ihr die Nase brach. Nein, nein! Nicht mit Absicht. Ich war mit ihr im Arm ausgerutscht und hingefallen, und sie hatte im Sturz an der scharfen Kante des Ofens, an dem sie vorbeisauste, geschnuppert und sich dabei die Nase gebrochen. Armes Kind! Eigentlich arme Kinder, alle beide! Ich erschrak so sehr, dass mich fast der Schlag getroffen hätte, und schlussendlich weinte ich aus Angst stärker als Nina vor Schmerz. Die »Gurke« haben wir ihr zum Glück wieder repariert, und noch heute ist sie mir für den operativen Eingriff dankbar. Sie ist nämlich die Einzige in der Familie, die eine schöne Nase hat.

Dass das Leben ein ewiger Kreislauf ist und dass man immer, wenn man etwas bekommt, auch etwas geben muss, lernte ich bald nach Ninas Geburt. In jenem Sommer fuhren wir öfter nach Ljubljana. Und jeden Tag ging ich – anstatt in die Bücherei und auf ein Dessert – geradewegs nach Hause, setzte mich an den Küchentisch und schrieb eine Ansichtskarte an meine Tante Vaka, die dort schwer erkrankt in der Onkologie lag. Ich berichtete von den Ereignissen, von denen ich ihr ansonsten beim Plausch in der Konditorei erzählt hätte.

Am Wochenende konnte ich es kaum erwarten, sie zu sehen und ihr zu erzählen, wie »mein« Kind wuchs und was es Neues in der Schule und im Garten zu Hause gab. Sie sah aber zu müde und traurig aus. Tränen rannen ihr oft über die Wangen. Die Verzweiflung hatte den Optimismus verdrängt. Ihre Schmerzen taten mir weh, und ich wollte ihr helfen, wusste jedoch nicht, wie. Der Weg nach Ljubljana war fröhlich und voller Erwartungen, zurück nach Hause sah die Straße wie ein Fluss voller Tränen aus. Bei einem Besuch gab Vaka mir ihre Uhr und sagte, dass sie mir statt ihr Gesellschaft leisten werde.

Als sie verkündete, sie werde nach Hause kommen, öffnete sich mir der Himmel. Die Sonne frohlockte, die Blumen am Fenster blühten doppelt so prächtig, die Vögel zwitscherten ihr schönstes Repertoire, und der Sommer bekam neuen Schwung. Ich saß an Vakas Bett, schnatterte pausenlos und las und sang ihr vor. Ich war froh, dass sie wieder bei mir war und die unsägliche Leere im Haus verschwunden war.

Sie schlief zu Hause ein. Es war an einem schwülen Julivormittag. Ich wurde aus dem Haus geschickt und kam ins Zimmer zurückgerannt, als sie in den Sarg gelegt wurde. Tränen schossen mir in die Augen, als hätte man den Damm am reißendsten Fluss der Welt geöffnet. Wie sie da im Sarg lag, sah ich sie noch ein letztes Mal an. Unbeschreibliche Trauer überwältigte mich, meine Kehle war wie zugeschnürt. Finstere Wolken verdunkelten meinen Horizont. Ich kam erst zu mir, als mich jemand aus dem Zimmer zog, weil ich nicht mitansehen sollte, wie Abschied genommen wurde. Wütend stieß ich ihn zurück und blieb.

Ich hatte gelernt, dass die größten Lieben am schmerzhaftesten sind.

Obwohl Ivanka nur meine Tante war, bedeutete sie mir alles. Ich glaubte nie wieder an etwas, weder an die Existenz von Engeln auf dieser Welt noch an die Gerechtigkeit des Universums.

Unter Priestern und humanitären Helfern

Vermutlich endeten die Schulwahlen zum Vorsitzenden beim Roten Kreuz deshalb häufig mit mir, weil ich mich schon in jenen Jahren für andere fast genauso interessierte wie für mich selbst. Engagiert beschäftigte ich mich mit der Organisation von Spenden für Erdbebengebiete, dem Verkauf von Ansteckern zur Unterstützung von Hungerleidenden, dem Sammeln von Kleidern, Spielsachen und Schulsachen für sozial benachteiligte Kinder, dem Verkauf von Altpapier und so weiter.

Jahrelang sammelten wir bei jeder Gelegenheit Geld für die Kinder in Äthiopien. Obwohl mich Geografie nicht interessierte, wusste ich, wo Äthiopien auf der Weltkarte liegt. Damals wünschte ich mir innig, eines Tages die Kinder, denen wir geholfen hatten, zu besuchen.

Der Kommunismus war eine interessante Sache. Je weniger wir hatten, desto mehr teilten wir. Alle lebten die Werte von Brüderlichkeit und Einheit, es war wie eine Epidemie, auch über die Grenzen der Sozialistischen Föderativen Republik Jugoslawien hinweg. Tito war für mich ein richtiger Held. In der ersten Klasse kam ich eines Tages tränenüberströmt nach Hause, weil uns die Lehrerin gesagt hatte, in unserem Land würden alle arbeitenden Menschen ein Gehalt bekommen, nur Tito nicht. Mir tat er fürchterlich leid, zu Hause aber wurde deshalb noch jahrelang auf meine Kosten gelacht.

Ich war eine stolze und bekennende Pionierin. Die Pioniermütze und das Halstuch hielt ich für meinen größten Reichtum. Bei den Feierlichkeiten anlässlich des Tages der Republik und des Tages der Armee war ich hin und weg, ich weiß aber nicht, ob wegen der Liebe zur Heimat oder wegen der Bühne und dem Mikrofon, von denen ich sehr fasziniert war.

In jener Zeit war es modern, zum Religionsunterricht zu gehen. Meine Eltern, ein Kommunist und eine Katholikin, segneten ab, dass ich mich der Kindergruppe anschließen durfte, die sich einmal wöchentlich zum Religionsunterricht in der Kirche versammelte. Nach aberwitzigen Verhandlungen vereinbarten sie, dass ich zum Religionsunterricht gehen dürfe, zur Messe aber nicht. Der Priester war trotz allem einverstanden und führte mich bei den jungen Gläubigen ein. Ich war begeistert, neben den Pfadfindern und dem Klavierunterricht wieder etwas Neues ausprobieren zu dürfen. Aber nicht lange. Es dauerte nur bis zum ersten Besuch des Priesters. Nach einigen Monaten kam er zu uns und sagte, ich hätte keine Glaubensbasis, wisse nichts über Heilige, und aus mir werde höchstwahrscheinlich nie etwas werden.

Während seiner gesamten Anwesenheit im Haus saß ich im Schrank, aus dem ich erst hervorgekrochen kam, als er sich in seinen weißen Käfer zwängte und in Richtung Kirche davonfuhr. Oder wohin auch immer. Viele Jahre später hörte ich, er habe eine Geliebte gehabt.

Erzieher, die kein gutes Vorbild sind, mochte ich, Gott sei Dank, nie.

Auf der Schulbank

Mein Lieblingsfach war Slowenisch. Das hatte aber nichts damit zu tun, dass ich auf der Arbeit meiner Mutter »Vejica«, also »Komma«, genannt wurde. Es gab eine Unmenge schlechter und durchschnittlicher Lehrer, aber ich hatte Glück und wurde von guten Slawistinnen unterrichtet.

An die Kandare nahm uns nur eine »Genossin«, wie wir unsere Lehrerinnen in den alten sozialistischen Zeiten nannten. Die Kleinste, Dürrste und Älteste von allen zeigte uns schon am ersten Tag, wie der Hase läuft. Sie war diszipliniert, genau, leistungsorientiert und eine der wenigen, die uns etwas fürs Leben mitgaben. Damals dachten wir, sie sei grausam und würde eine perfekte Gefängniswärterin abgeben, weshalb wir sie nur teilweise mochten. Während ihrer Stunden verstand sie keinen Spaß, denn sie ging nicht nur wegen der Bezahlung zur Arbeit. Sie beherrschte ihr Fach unglaublich gut. Bei uns zu Hause rief sie zum Beispiel an, weil ich eine Zwei bekommen hatte und es ihr schien, als würde ich vielleicht ein wenig nachlassen.

Ich ging gerne zur Schule, außer in seltenen Fällen. Ich war eine von denen, die die Hausaufgaben sofort nach der Schule erledigten und die Hefte für das neue Schuljahr schon im Juni einbanden. Auswendiges Herunterleiern konnte ich nicht leiden, genauso wenig wie Lernen ohne guten Grund. Geografie hasste ich deshalb, weil uns nur unnützes Zeug beigebracht wurde: Wie viel Zinn wird pro Jahr aus Bolivien exportiert, und wovon ernähren sich die Menschen im Kongo? Ohne dieses Wissen konnte man in Slowenien wunderbar durchkommen.

Als ich in der sechsten Klasse war, hatten meine Eltern die Nase voll vom gemeinsamen Leben, und jeder ging seiner Wege. Nina und ich blieben bei Mama, die voller Geduld ihr Leben uns unterordnete und uns durch alle Widrigkeiten führte. Ich erkannte, dass die Welt vor allem auf den Schultern jener Frauen ruht, die nicht in die Knie gehen, nicht einmal, wenn es schwer wird. Beim Nachdenken über das Leben und über alles, was um mich herum geschah, wurde ich schnell und endgültig erwachsen.

Die ewige Geldnot zu Hause machte sich nicht an der Lebensqualität bemerkbar, war jedoch auf Schritt und Tritt spürbar. Bescheidenheit wurde jeden Tag trainiert, außer wir Kinder verdienten uns zu unserer Freude selbst etwas dazu. Jeden Sommer hatte ich eine neue Arbeit und einen neuen Einfall, wofür ich das verdiente Geld ausgeben könnte. Nachdem ich bereits bei der Hopfenernte, am Fließband, im Lager und in der Buchhaltung geholfen hatte, kam mir eines Sommers beim Erdbeerpflücken die Idee, mir ein Motorrad zu kaufen. Von diesem Moment an arbeitete ich auf dem Feld, als wären meine Batterien ausgewechselt worden. Meine Körbe füllten sich viel geschwinder, dennoch verdiente ich in jenem Sommer nicht viel mehr als für eine Sonnenbrille.

Enttäuscht und meine Wunden leckend, stand ich vor dem Schaufenster, in dem eine rote Jawa und eine MZ ausgestellt waren. Damals fuhr ich mit einem Pony-Mofa mit großen Rädern herum, und alles deutete darauf hin, dass es noch eine Zeit lang so bleiben würde. Das nächste Beförderungsmittel wurde, anstatt des Motorrads, der Zug, mit dem ich jeden Tag nach Maribor in meine neue Mittelschule zuckelte. Während der Fahrt strickte ich Pullover mit den Logos bekannter Motorradmarken und träumte weiterhin von Motorrädern.

Mit Amöben und Basketballern

Die Studentenjahre waren kein Abschnitt in meinem Leben, in den ich begeistert zurückkehren würde. Die Professoren waren, mit wenigen Ausnahmen, untereinander zerstrittene Quasiexperten mit pathetischen Zügen und veralteten Ansichten.

Kleines Land, großes Monopol.

Die Stimmung war trist, das Leben ohne jegliche Würze. Aber ich musste weitergehen und das Begonnene beenden. Die Lehrveranstaltungen begannen sehr früh am Morgen und dauerten wegen des schlecht abgestimmten Stundenplans, wegen Platzmangels und anderer Missstände bis spät in die Nacht. Jede Woche musste ein Kolloquium absolviert oder eine Prüfung abgelegt werden, was kein schönes Willkommensgeschenk für die Erstsemester war. Schnell wurde mir klar, dass man neben dem Studium auch noch etwas Interessanteres machen musste.

Um den Kopf von den Amöben, Gliederfüßlern und Doldengewächsen frei zu bekommen, denen nicht als Einziges mein Forschungsinteresse galt, hatte ich mich, halb aus Spaß, halb aus Ernst, wieder in der Mittelschule eingeschrieben. Ich wollte Masseurin werden. Mutter bekam einen Nervenzusammenbruch: Wieso denn jemand lieber von seiner Hände Arbeit leben wolle, anstatt seine Geistesgaben zu nutzen? Und es sei schade um die aufgewendete Zeit und das Geld, das ich für die hohen Studiengebühren mit Nachhilfeunterricht, Kellnern, Putzen, Stricken und dem Schneiden struppiger Studentenschöpfe zusammengekratzt hatte.

Nachdem ich mich an der Uni im Laufe der Semester erfolgreich durch die eine oder andere Schwierigkeit gekämpft hatte, fing ich gegen Ende des Studiums tatsächlich an zu massieren. Wieder einmal aus Spaß. Dabei traf ich einige der besten Masseure des Landes, eine große Herausforderung für eine kleine Anfängerin. Ich arbeitete von früh bis spät und hörte nie auf, sie für ihr Wissen zu bewundern, das sie mit mir teilten.

Darunter war auch der erste Berufsmasseur in Jugoslawien, der mit Basketballern arbeitete. Er war einer der besten Lehrer in meinem Leben. Er erlaubte mir schnell, die Arbeit, die er nicht erledigen konnte, zu übernehmen. Sein Vertrauen war das wertvollste Diplom von allen. Die Nationalspieler werden nicht von Azubis massiert. Ich war eine der wenigen, denen er die Arbeit mit diesen für das ganze Land wichtigen Muskeln und Knochen anvertraute.

Bevor ich diplomierte, waren mir die Sterne wohlgesinnt: Ich erhielt die Einladung zu meiner ersten Reise. Direkt auf die Seychellen! Nachdem ich ernsthaft mit dem Reisevirus infiziert worden war, beschloss ich, dass mich eine Heilung nicht interessierte. Ich würde reisen. Viel und oft!

Die erste Arbeit

Nach der Verteidigung der Diplomarbeit wollte ich ans Meer fahren. Ich schloss gerade die Tür ab, als das Telefon klingelte. Ich ging zurück in die Wohnung und vernahm ein ungewöhnliches, betörendes Angebot. Ich versprach vorbeizukommen. Im Büro am anderen Ende der Stadt erwartete mich eine klein gewachsene Schuldirektorin mit hohen moralischen Prinzipien. Ich nahm die Stelle an und fuhr in meinen bis auf Weiteres letzten Urlaub.

Am ersten September marschierte ich in die Schule und begann damit, eine Klassenlehrerin zu sein, ernsthaft zu unterrichten und das Lernen zu lehren. Die Kinder im Klassenzimmer waren interessanter als die Kollegen im Konferenzzimmer. In der Klasse hatte ich nie Probleme, aber im Rückblick erzählten mir meine ehemaligen Schüler, sie selbst hätten sehr wohl welche gehabt. Diejenigen, die faul waren, fürchteten mich, und die Fleißigen behaupten, ich sei streng gewesen. Wenn man mich fragte, würde ich sagen, dass ich realistisch war. Vor allem aber brachte ich ihnen auf diese Weise viel bei, so erzählten mir die erwachsen gewordenen Jungs, dass sie ihre Freundinnen später zumindest über Verhütung aufklären konnten.

Die Direktorin zitierte mich oft auf ein Gespräch zu sich.

»Pulko, die anderen Lehrer beschweren sich, dass die Kinder in ihren Fächern nebenher für Gesundheitserziehung lernen.«

»Freut mich«, antwortete ich ehrlich.

In meinem eigenen Unterricht hatten sie nie Zeit, etwas anderes zu lernen als meinen Stoff.

»Pulko, vom Sexshop ist eine Rechnung über dreihundert Kondome gekommen, was ist damit?«

»Was soll damit sein? Die einen müssen den Kindern das Schreiben beibringen, ich aber bin dafür zuständig, ihnen alles beizubringen, was im Lehrplan für mein Fach steht. Auch, wie man ein Kondom benutzt.«

Die Direktorin entschuldigte sich, sie habe mir nichts Böses gewollt und mich eigentlich deshalb zu sich gerufen, um mir für meinen Mut zu gratulieren.

»Was für einen Mut? Das ist eine moralische Verpflichtung. Den Lehrern, denen die abgeht, müsste man den Zutritt in die Klasse verbieten.«

Dann verließ uns die Direktorin und wurde durch eine schlechtere Nachfolgerin ersetzt. Weil man nur weiterkommt, wenn man sich mit Menschen umgibt, die besser sind als man selbst, entschloss ich mich zu gehen. Das Leben ohne Job ist eine hervorragende Sache. Es gibt dir Zeit, einen besseren zu finden.

Die Arbeit mit behinderten Jugendlichen brachte mir eine neue

Herausforderung, dauerte aber nur einen Monat, weil ich eines Abends auf dem Weg nach Hause einen Unfall hatte – ich stieß mit einer betrunkenen Sechzehnjährigen ohne Führerschein zusammen, die mir überraschend den Weg versperrte. Mir passierte nichts. Zumindest bis zum nächsten Tag, als ich das Bewusstsein verlor, im Krankenhaus landete und erfuhr, dass ich mich am Halswirbel verletzt hatte.

Wie alle Lektionen kam auch diese über den Wert des Lebens zur richtigen Zeit.

Die Morgen mit dem Fahrlehrer

Mitte Mai, genau ein Jahr bevor ich dreißig wurde, packte es mich endlich, das Motorradfahren zu erlernen. Wieder einmal aus Spaß an der Freud und ohne triftigen Grund. Damals unterrichtete ich noch. Nach dem Unterricht machte ich mich zur Fahrschule auf, an der ich jeden Tag vorbeikam. Meinen dunkelblauen Punto stellte ich auf dem unasphaltierten Hof ab, der als Parkplatz und gelegentlich auch als Übungsstrecke diente.

»Und wann wollen Sie anfangen?«, fragte mich der Fahrlehrer.

»Sofort«, antwortete ich kess, denn ich erinnerte mich, dass ich alles, was ich heute besorgen konnte, nicht auf morgen verschieben wollte.

Zweifelnd musterte er mich von den hohen Absätzen bis zum frisierten Scheitel, streifte dazwischen noch den langen, engen geschlitzten Rock, hob dann die Augenbrauen, verzog das Gesicht und teilte mir mit, dass ich nicht vorbereitet sei. Ich quittierte die voreilige Schlussfolgerung mit der Aussage, ich hätte im Kofferraum meines kleinen Autos alles, was ich benötige, und sei bereit. Ich hätte alles außer einem Motorrad.

Er gab mir einen Termin und testete meinen Enthusiasmus. »Morgen früh um sechs«, sagte er hämisch, schaute mich vielsagend an und wartete, dass ich mich beschweren würde.

»Hervorragend«, erwiderte ich freudig, wünschte ihm bis dahin alles Gute und spazierte zufrieden zu meinem Auto.

In der Nacht schlief ich schlecht, weil ich den Morgen kaum erwarten konnte. Er war paradiesisch schön. Die Vögel zwitscherten so laut, dass sie die ganze Welt aufweckten. Schon vor sechs Uhr erwartete ich den Fahrlehrer in voller Montur.

Meine gute Laune brachte ihn aus dem Konzept, weil er selbst ein Morgenmuffel war. Für den nächsten Tag bestellte er mich für zehn Uhr.

»Lieber um sechs, bitte. Am Morgen fühle ich mich ausgeruht.« Ich nutzte den Vorteil, dass ich ihn für seine Dienste bezahlte und es mir deshalb auch aussuchen konnte.

Man sah richtig, wie er den Vortag bereute, aber einen Weg zurück gab es nicht. Jeden Tag sorgten wir dafür, dass die leeren Straßen im noch morgendlich verschlafenen Ljubljana etwas weniger leer waren, bis ich in der darauffolgenden Woche die Führerscheinprüfung ablegte, mit der ich – nach der Bodenfräse, dem Mofa und dem Auto – auch zur Inbetriebnahme eines Motorrads berechtigt war. Einer richtigen, schweren Maschine.

Es schien mir, dass ich mich mit einem recht soliden Wissen auf den Weg machte. Mein Fahrlehrer dachte wohl anders. Als ich später im fernen Japan war, erreichte mich eine E-Mail von ihm:

Ich weiß nicht, ob Sie sich an mich erinnern können. In der Fahrschule war ich Ihr Motorradfahrlehrer. Nicht einmal im Traum hätte ich daran gedacht, was Sie mit Ihrem Wissen machen werden. Wenn ich das gewusst hätte, hätte ich Ihnen viel mehr beigebracht. Leider ist es nun zu spät. Nun könnten Sie mich unterrichten.

Weiterhin eine sichere Reise!

Glück bedeutet, ein Ziel zu haben

Trotz des Motorradführerscheines fuhr ich weiterhin mit dem Auto herum. Auch zum ersten Reisevortrag meines Lebens. Er fand im Cankarjev dom statt, dem Kultur- und Kongresszentrum in Ljubljana. Während ich zuhörte, vertrieb ich mir die Zeit, indem ich Haarsträhnen um den Zeigefinger der rechten Hand wickelte und überlegte, wie lange sie brauchten, um zu wachsen, und was ich in der Zwischenzeit alles machen könnte. Eine lange Reise schien das Richtige zu sein.

Während ich den Saal verließ, beobachtete ich die Menschen, die in ihr alltägliches Leben zurückdrängten, und an ihren Gesichtern konnte ich ablesen, dass der Großteil von ihnen lieber woanders gewesen wäre.

Etwa zu diesem Zeitpunkt fing ich an zu schreiben. Nicht wie bislang nur Beiträge für Schülerzeitungen, Seminararbeiten und Liebesbriefe, ich nahm Sachartikel, Gedichte und Reiseberichte in Angriff. Die Medien veröffentlichten sie. Das Jonglieren mit Wörtern wurde meine neue Leidenschaft, und ich wurde in die Journalistenvereinigung aufgenommen.

Hin und wieder hielt ich auch Vorträge. Über meine Reisen nach England, Alaska, Kanada, Kalifornien, Utah, Boston und an viele andere Orte. Den Diavortrag über die Reise nach Alaska, den ich zu Hause am Tisch für die engsten Freunde hielt, beendete ich, indem ich verkündete, dass meine nächste Reise mit dem Motorrad um die Welt gehen würde.

Mir war da etwas über die Lippen gekommen, worüber ich vorher eigentlich noch nie nachgedacht hatte. Es war nur eine Idee, ein augenblicklicher Einfall, der mir aber mit jeder Minute besser gefiel. Ich fing an, mir unendliche Straßen, exotische Völker, das Motorrad an schlammigen Weggabelungen und mich selbst mit

Schwierigkeiten konfrontiert vorzustellen. Als ich zu dem Schluss gekommen war, dass ich mir selbst vertraute, viel konnte und noch viel lernen wollte, dass ich Menschen mochte und Herausforderungen schätzte, keine Angst vor der Einsamkeit hatte und alles schaffen konnte, was ich mir vornahm, verwandelte sich der Schwarz-Weiß-Film vor meinem geistigen Auge zu einem Streifen in Technicolor. Also? Ich musste mich auf den Weg machen! Weil ich keinen triftigen Grund für einen Aufschub fand, schien es mir am besten, sofort aufzubrechen.

Als ich am nächsten Tag die Augen öffnete und aus dem Bett sprang, war die Idee kristallklar. Auf die Wände und Schränke der hellen Einzimmerwohnung klebte ich überall weiße Packpapierbögen und notierte darauf mit einem dicken schwarzen Filzstift, wer meine potenziellen Sponsoren sein, wie wir voneinander profitieren und welche Medien sich für meine Geschichte interessieren könnten.

Auch große Projekte beginnen mit kleinen Schritten.

An jenem Tag ging ich auf dem Nachhauseweg noch in ein Papiergeschäft, kaufte eine laminierte Weltkarte, nagelte sie über das Pianino und entschied mich für einen simplen Plan: alle Kontinente der Welt zu bereisen.

Sobald ich die Dimension meiner Träume begriffen hatte, schaltete ich in den höchsten Gang. Aber es war dennoch zu langsam, um bis zum Aufbruch am 19. Juni 1997 alle Unterstützer und Freunde zu besuchen, alle Interviews zu geben, die ganze Ausrüstung vorzubereiten, das Auto zu verkaufen, die Wohnung aufzugeben und mich angemessen zu verabschieden. Mein Betriebssystem lief in fünfeinhalb Monaten Vorbereitungszeit ununterbrochen auf Hochtouren, und so manches Mal brüllte ich regelrecht vor Anstrengung. Mein dreißig Jahre alter Motor funktionierte und bewährte sich trotz allem, bis ich endlich zusammenpacken und losfahren konnte.

Bis dahin musste ich aber vor allem noch ein Motorrad finden. Ich begann, gleichzeitig bei mehreren Herstellern zu suchen. Bei Honda nahm man mich nicht ernst, bei Yamaha entschloss man sich erst, als es schon zu spät war. Und bei BMW gab es eine Maschine, auf der ich am liebsten um die Welt fahren wollte.

Ich hatte gelesen, die meisten Motorradreisenden hätten für lange Touren eine BMW ausgesucht. Es gibt für alles einen Grund. Aus fremden Erfahrungen zu lernen war nie unter meiner Würde. Aus Respekt vor meinen eingeschränkten Möglichkeiten verguckte ich mich bescheiden in die kleinste Maschine von allen. Sie hatte sechshundertfünfzig Kubik und neunundvierzig PS. Im Autohaus Tehnounion Avto waren sie überzeugt, ein Produkt anzubieten, das mir gewachsen wäre, wenn ich selbst es auch aushalten würde. Mir kamen die Bedenken einiger Blödmänner zu Ohren, die dachten, ich würde nur bis Triest einkaufen und dann zurück nach Hause fahren.

Die Zweifler sind eine gefährliche Gattung, denen man am besten konsequent aus dem Weg geht, damit sie einem nicht die Träume zerstören, die sie selbst nie hatten.

Ich ging auf eine Besprechung und unterhielt mich im Gegensatz zu anderen Malen nicht mit irgendwelchen Anzugträgern, sondern einem Mann in Arbeitsmontur. Tone war ein ruhiger Zeitgenosse, der wenig sprach und viel arbeitete. Er hatte sich die Maschinen aus Bayern schon zwischen die Beine geklemmt, als ich dort noch Windeln getragen hatte. Er war ein unversiegbarer Quell an Wissen, aus dem ich gierig alles schöpfte, was es über Motorräder zu lernen gab.

Das Leben ist gnädig. Vor allem, wenn es einem die richtigen Menschen zur richtigen Zeit vorbeischickt.

Ich nahm einen neuen Job an, der mit Abstand der bis dahin anstrengendste und anspruchsvollste für mich war. Es war auch der einzige, für den ich nicht bezahlt wurde, es sich aber dennoch lohnte, meine gesamte Zeit und Energie hineinzustecken.

Vormittags war ich meistens in der Kfz-Werkstatt anzutreffen, bei Marjan und den anderen Jungs, die mir das Wartungs-ABC beibrachten und wie man meinen neuen »Partner« überholte. Sie zeigten mir alles, wovon erfahrene Motorradfahrer dachten, es käme mir zugute. Von Zeit zu Zeit verzettelten sich die Jungs auch. Sie schlugen mir beispielsweise vor, zwei Helme mitzunehmen. Ich widersprach, ich hätte nur einen Kopf und ein Helm müsse reichen. Menschen mit zwei Köpfen denken allem Anschein nach anders.

Ich hatte keine Ahnung von Motorrädern und der Ausrüstung. Anfangs war ich ein Grünschnabel, fragte ein paar dumme Sachen, schaute mich ein wenig um, las ein bisschen, probierte, testete, entschloss mich und passte meine Entschlüsse meinen Bedürfnissen an. Das war alles.

Mit viel Willen und Forschergeist kommt man weit. Garantiert!

Bevor wir einen Helm bestellten, nahmen drei Mann bei mir Maß. Sie kamen zu den gleichen Maßen, den gleichen Schlüssen, dennoch passte mir kein Helm: Einer war zu groß, der andere zu klein, der dritte drückte an der Stirn, der fünfte am Scheitel, der sechste an den Wangen. Der fünfzehnte war endlich der Richtige. Die zuvorkommenden Jungs, die gegen Ende der Vorbereitungen selbst gänzlich in meiner Reise aufgingen, bemühten sich nach Kräften. Als ich mich auf den Weg machte, ließ ich ein Lager voller roter Helme zurück.

Wo ein Wille ist, ist auch – Kraft.

Während sich meine Telefonrechnung verzehnfachte, erreichte das Maß an Freizeit den absoluten Nullpunkt, denn ich arbeitete bis zu neunzehn Stunden am Tag. Ich fing an, alles schneller zu lernen, und begriff, dass der Fortschritt in der Veränderung liegt. Und die Veränderungen liegen in uns.

Englisch ist mir nie gut von der Zunge gegangen. Weil ich mit Spanisch bessere Erfahrungen machen wollte, besuchte ich einige Monate lang zwischen all den Besprechungen noch einen Sprachkurs bei der temperamentvollen Maja. Sie war eine ausgezeichnete junge Lehrerin, die einem auch etwas beizubringen verstand. Es ist also nicht verwunderlich, dass sie später eine Stelle an der Universität erhielt. Die Stunden waren interessant, und langsam bekam ich die Einschätzung eines Psychologen aus dem Kopf, der mir bei einem Test am Ende der Grundschule vorhergesagt hatte, ich sei für Sprachen nicht geschaffen.

Die Überraschung

An einem Abend machte ich mich erschöpft auf den Nachhauseweg. Ich stolperte über meine eigenen Beine und musste mich beherrschen, nicht im Stehen einzuschlafen. Noch ein paar Stufen, dann bin ich vor der Tür, dachte ich und stellte mir vor, mit was für einem Vergnügen ich mich für einige Stunden belebenden Schlafs ins Bett fallen lassen würde. Aus dem Rucksack kramte ich den Schlüssel hervor, machte das Licht an – und riss die müden Augen weit auf.

An der Türschwelle hatte mich ja schon so einiges erwartet, aber das hier grenzte zu nachtschlafender Zeit schon an Surrealität. Ich wusste, dass ich nicht halluzinierte und auch nicht betrunken war, aber was ich da anstarrte, hatte überhaupt keinen Bezug zur Wirklichkeit: Von der Türklinke hing ein riesiger Luftballon herab, und in ihm schwebte ein Buch. Ein Buch in einem Ballon! Das fieberhafte Interesse daran, wie das Buch mit seinen Ecken und Kanten in den Ballon gekommen war, machte mich augenblicklich wieder hellwach.

Ich habe keine Ahnung, wie lange ich vor der Tür stand und mich mit dem seltsamen an der Klinke hängenden Ding beschäftigte, bevor ich es vorsichtig abnahm und auf den Küchentisch legte.

Am nächsten Morgen reiste ich nach Spanien. Wegen meines trotz Zeitmangels ungebrochenen Interesses an dem Ballon nahm ich ihn mit. Aber nur bis zum Flughafen Brnik, wo er von mir Abschied nahm, als ich aus dem Taxi stieg. Auf die zahlreichen Blicke, die sich auf mich richteten, als er zerplatzte, möchte ich nicht näher eingehen. Die aufgeladenen Dekokügelchen aus Styropor, die das aufgeblasene Geschenk enthalten hatte, sprangen mich begeistert an. In meinem aprikosenfarbenen Mantel aus Ballonseide und den gleichfarbigen Pumps sah ich wahrscheinlich aus wie eine verschneite Frühlingsblüte.

Das Buch, das aus dem Ballon auf den Boden und in meine Welt gefallen war, gab mir zusätzlichen Mut, und ich glaubte noch fester daran, dass die Sterne auf meiner Seite waren.

»Wenn du etwas ganz fest willst, dann wird das gesamte Universum dazu beitragen, dass du es auch erreichst«, steht in *Der Alchimist* von Paulo Coelho geschrieben, der eine ansteckend positive Einstellung zum Leben und zu dieser lieben Welt hat.

In Madrid wurde ich dann zum ersten und einzigen Mal so richtig ausgeraubt. Sie ließen vor meinen Augen meinen Rucksack mitgehen. Am meisten bedauerte ich den Verlust meines Notizbuches mit den Adressen und Telefonnummern aus der ganzen Welt.

Vier Monate vor meiner Abreise sah ich noch schnell in einer Klinik vorbei und bat darum, mir in die Knie zu schauen. Die Folgen des Kletterns auf Gletschern und anderer Abenteuer hatten sich bemerkbar gemacht. Der Eingriff war schnell erledigt, ich wurde für ein paar kurze Tage auf Krücken gestellt und nach Hause geschickt.

Am letzten Tag, bevor ich die Zustellung der Post an meine Privatadresse kündigte, empfing ich ein schön verpacktes großes gelbes Paket, in dem ein Teil eines kaputten Motorrads sowie die Nachricht war, ich solle aufpassen. Ein »Freund« hatte es mir geschickt und wünschte mir so eine gute Reise.

Ich ertrage negativen Ansporn und Männer ohne Mut nur schwer.

Die allerletzte Sendung im Briefkasten, der in den darauffolgenden Jahren ziemlich zu rosten begann, kam aus Barcelona. Sie stammte von einer Frau, die neben einer Mülltonne in ihrer Stadt mein Notizbuch gefunden hatte, etwa fünfhundert Kilometer von dem Ort entfernt, an dem es mir gestohlen worden war.

Das Universum teilte mir mit, dass es mitwirkte und ich nicht alleine reisen würde. Wer alles als unsichtbare Begleitung mit auf den Weg geschickt wurde, weiß ich bis heute nicht.

Große Kleinigkeiten

»Miki, du bist verrückt«, sagte Miki, der geduldigste und beharrlichste Freund von allen, als ich ihm verkündete, was ich in Zukunft machen wollte.

»Miki, das bin ich nicht«, beteuerte ich. Wir nannten uns beim selben Namen, weil das unsere Art für die Vereinfachung der Welt war.

Meistens trafen wir uns auf ein, zwei oder drei Tortenstücke – das hing ganz von der Menge an Themen ab, die wir am jeweiligen Tag zu besprechen hatten – in einer kleinen Konditorei am Rande von Trnovo.

Miki weiß viel über Marketing, Verkauf und große Projekte, worüber er mir auch sehr viel beigebracht hat. Sein Hirn arbeitet mit

Überschallgeschwindigkeit, und die kultivierte Ruhe, die er vermittelt, kann eine Situation schnell in die richtige Perspektive rücken. Miki ist ein Freund fürs Leben, seine starke Schulter hält alle meine Ausfälle und Momente aus, in denen es mir scheint, die Welt würde zusammenbrechen.

Einige Wochen vor meiner Abreise wusste ich noch immer nicht, wie ich die paar Sachen, die mit mir reisen würden, verstauen sollte. Ich traf den erfahrenen Globetrotter Zvone Šeruga, der gerade in der Stadt war. Während eines kurzen Plausches gab er mir eine Tonne Ratschläge und bot mir die ausgedienten Motorradboxen von einer seiner Reisen an.

Miran Stanovnik, ehemaliger Rennfahrer bei der berüchtigten Paris-Dakar-Rallye, war der nächste gescheite und erfahrene Ratgeber. Er begegnete mir zur richtigen Zeit und teilte sein unschätzbares Wissen mit mir. Er war ein fordernder Mentor, der vor lauter Sorge nicht das große Zittern bekam, sondern nüchtern von der Ausrüstung, seinen Erfahrungen und dem Leben auf anspruchsvollen Wegen sprach.

Mein Reiseprojekt, das »Auf der Erde um die Sonne« getauft wurde, wirkte sich stark auf das Leben der meisten meiner engsten Freunde aus. Tomi stürzte sich in die Erstellung der Homepage, Ernest entwarf das Logo, Jure stellte mir Kopierer, Fax und Büro zur Verfügung, Marjana bekam die Aufgabe, die Pressekonferenz zu leiten, Branka organisierte die Abschiedsparty, Mladen und Bojan suchten Sponsoren, Marija beschäftigte sich mit dem Programm zur Abreise, und Milan trommelte einige Biker zusammen und brachte sie zur Abschiedsfeier.

Einen Tag vor der Abreise kaufte ich mit Miki eilig eine Kameraausrüstung. Nebenbei erklärte er mir noch, was die Belichtungszeit und eine Blende sind und wie sie funktionieren.

Am letzten Abend tauchte der Großteil meiner Unterstützer auf und half, alles in Kartons zu verstauen, außer den Topfblumen, die neue Besitzer bekamen. Simona organisierte einen Kleinbus, mit dem wir mein bescheidenes Hab und Gut zu Igor ins Lager brachten.

Abschied

Am Nachmittag des Abreisetages drängte sich vor der Fleischfabrik Perutnina Ptuj lautstark eine große Schar bekannter und weniger bekannter Menschen aus Ptuj, die mit allen möglichen Fahrzeugen angeschwirrt gekommen waren, der Großteil jedoch auf Motorrädern oder zu Fuß. Volksmusik wurde gespielt, die den Menschen und meiner Maschine einheizte, die blitzblank auf dem Parkplatz stand und darauf wartete, dass das Abenteuer endlich begann.

Während der Feier waren einige nur stille Beobachter, andere wiederum kommentierten mein »idiotisches«, »intelligentes«, »riskantes« oder »abgefahrenes« Vorhaben – je nachdem, wie sie meinen Abschied empfanden.

Der Bürgermeister kam, man brachte eine Torte mit einem Motorradfahrer darauf und eine große Champagnerflasche, die versiegelt und den Beschäftigten der Perutnina bis zu meiner Rückkehr anvertraut wurde. Nur zwei Jahre, dann würde ich wieder zu Hause sein.

Der Direktor des einzigen vernünftigen Unternehmens in Ptuj sagte in seiner Ansprache, er habe noch nie ein verrückteres Weib als mich getroffen. Während des Zuhörens nickte Mama Teja gedankenverloren, als hätte sie eine ähnliche Erfahrung gemacht. Es folgten noch ein paar Ansprachen und Redner, ich hörte jedoch nichts und niemanden. In Gedanken verstaute ich die Maschine schon in den Container und übergab sie den Zollbeamten und dem Frachtführer für einen sicheren Flug über den Atlantik.

Die Polizei bahnte uns den Weg durch die Menge der Schaulustigen, die mir zum Abschied winkten.

»Los, macht schon, sonst lande ich noch im Kofferraum oder gleich zwischen euch, euren Fotoapparaten und Kameras!«, trieb ich unterm Helm hervor die Journalisten und Fotografen an, die ihrer Arbeit aus einem sich fast nicht bewegenden Fahrzeug vor mir nachgingen. Sie wurden ja auch nicht von zweihundertfünfzig Kilo zwischen ihren Beinen gestört, die am schwersten bei einer Geschwindigkeit, die gar keine Geschwindigkeit war, zu beherrschen waren.

Als ich mich zu der Weltreise entschlossen hatte, hatte ich ein Motorrad im Sinn gehabt. Nun aber verfügte ich, nach dem Gewicht und der Dimension zu urteilen, über ein Gefährt, das eher an einen Autobus erinnerte. Ich nahm fast nichts mit, und es stellte sich heraus, dass auch der Großteil davon überflüssig war.

Ich hatte nur die paar Kleinigkeiten dabei, mit denen ich schon vor der Abreise gelebt hatte: ein Paar Sportschuhe, Sandalen, das kleinste Handtuch von allen, fünf Slips und genauso viele T-Shirts und Socken, einen Trainingsanzug, einen Anorak und einen Pullover, eine Zahnbürste und Zahnpasta, ein paar Haargummis, einen Berg an Medikamenten, Ersatzteile, mein Notizbuch, ein paar Stifte, eine Kreditkarte, einen Laptop, einen Schlafsack und ein Zelt, eine Taschenlampe, einen Fotoapparat, Werkzeug, einen Liter Motoröl, eine Plastikflasche für Wasser und ein großes Seidentuch, auf das meine Mutter die Weltkarte gezeichnet hatte und das als Kleid, Decke, Umhang, Kopfkissenbezug und noch für vieles mehr diente.

Für Creme, einen Kamm, den Kocher und anderen obligatorischen Kleinkram war hingegen kein Platz mehr.

Auf der anderen Seite der Draubrücke, als sich die Burg von Ptuj schon im Rückspiegel verabschiedete, stand vor dem Haus, in dem ich meine Jugend verbracht hatte, Opa. Er befand sich so nah an der Straße, dass ich ihn hätte berühren können. Die grauen Haare hatte er wie immer nach hinten gekämmt, und er trug seine Lieblingsjoppe. Er hatte die Hände in den Taschen vergraben und wartete auf die Kolonne von Fahrradfahrern und Bikern, die mir auf den ersten Kilometern meines Wegs Gesellschaft leisteten. Ich erinnere mich, wie er seinen Arm hob, als ich hupte. Ich wünschte, er hätte sich geirrt, als er vor meiner Abreise sagte, wir würden uns nie wiedersehen. Doch er hat unsere letzte Wette gewonnen – als er mir zum Abschied winkte, war es das letzte Mal.

Einige Häuser weiter stand ein Straßenschild. Es markierte das Ortsende von Ptuj und bedeutete, dass ich hier von meinen Begleitern Abschied nehmen musste.

Dort, wo meine Geburtsstadt aufhörte, begann für mich die Welt.

Die letzte Besorgung

Die allerletzte Sache, die ich noch vor der Abreise erledigen musste, war das Einreisevisum für die USA. Aufgrund der Erfahrungen mit der amerikanischen Botschaft erachtete ich das bloß als Formalität, es war unwahrscheinlich, dass etwas danebengehen könnte. In der Früh stellte ich mich mitten in Ljubljana ans Ende einer langen Schlange, in der alle auf das Gleiche wie ich warteten. Die Schlange war unendlich, doch die Menschen harrten geduldig aus. Plötzlich fing der Portier an, die Wartenden wegzuschicken – man möge doch morgen wiederkommen, denn für heute sei langsam Schluss.

Morgen? Das konnte doch nicht wahr sein! Panik. Ich stürmte an der Schlange vorbei und überholte alle, inklusive des Angestellten, der den Zutritt zum Büro mit den Stempeln regelte.

»Frau Pulko? Ich freue mich, dass Sie gekommen sind. Ihrem Visumantrag wurde nicht stattgegeben«, fasste die Sekretärin dort knapp zusammen und bemühte sich, freundlich zu sein. Sie kannte mich offensichtlich dem Namen nach.

Mir wurde schwarz vor Augen, und ich fühlte mich wie Popeye, der sich aufbläht, nachdem er sich eine Dose Spinat eingeworfen hat. Für bürokratische Nebulositäten war keine Zeit mehr.

»Überprüfen Sie es noch mal«, bat ich die Frau und forderte sie auf, etwas konkreter zu werden, denn ich war felsenfest davon überzeugt, dass es keinen Grund für die Ablehnung meines Antrages geben könne. Ich war schon unzählige Male in den USA gewesen und hatte nie Probleme gehabt.

»Es tut mir leid. So lautet die Entscheidung«, wiederholte sie wie eine kaputte Schallplatte – und bestätigte die Tatsache, dass man mit Sekretärinnen und schlecht bezahlten Schalterbeamten meistens keine Klärung von was auch immer erreichen kann.

Mir blieb also nur noch der Botschafter. Ich verlangte, sie solle ihn herbitten, und überlegte in der Zwischenzeit, dass schon ganz Slowenien von mir Abschied genommen hatte. Alle Medien berichteten über meine Abreise, doch jetzt sah es so aus, als müsste ich zu Hause bleiben. Ich legte das Empfehlungsschreiben des Außenministers vor, um den Zweck und das Ziel der Reise klar und deutlich zu machen, der Sekretärin war jedoch noch immer nicht klar, worum es sich handelte.

Einige lange Minuten später kam ein großer, hagerer, augenscheinlich konservativer Herr. Er sah mich nachdenklich an, als ich ihm begreiflich zu machen versuchte, dass ich gedanklich und in meiner Planung schon so gut wie in seiner Heimat sei. Die meisten Sorgen machte er sich darüber, wer denn diese enorme Reise bezahlen würde. Bescheidenheit war zu diesem Zeitpunkt nicht angebracht. Ich erwähnte die Sponsoren, doch das überzeugte ihn nicht. Ich bedrängte ihn weiter und war entschlossen, nur voranzugehen. Einen Weg zurück gab es nicht, nicht als Option und schon gar nicht als Fakt.

Die Zeiger der Uhr wanderten weiter und weiter. Ich wurde ungeduldig und warf einen umfangreichen Stapel Zeitungen und Zeitschriften mit Artikeln, Berichten und Beiträgen über das Projekt, wegen dem ich hier war, auf den Tisch. Durch mein Gehirn schwirrte nur ein Gedanke: Bitte, beeil dich und knall mir dieses verdammte Visum so schnell wie möglich rein, denn ich muss mich auf den Weg machen! Das Flugzeug wartet, und das Bike ist schon in den USA.

Der Botschafter setzte seine Brille auf, lehnte sich an die Tischkante, fing an zu blättern – und seine Bedenken begannen zu schmelzen wie ein Eis auf einem sonnigen Fensterbrett.

»Aaah, Sie verhandeln auch mit Guinness?«

»Ja.« Ich war so kurz angebunden wie möglich.

»Stopp! Diese Zeitung kenne ich. Wurde darin auch über Sie geschrieben?«

Mensch, beeil dich!, schrie ich ihn insgeheim an, nach außen aber holte ich nur tief Luft, blickte auf die Uhr und nickte flüchtig.

Als er bis zur Zeitschrift *Jana* und zur Zeitung *Slovenske novice* vorgedrungen war, hatte er endlich die Erleuchtung. Aber was nützte es, da die Uhr an der Wand bedrohlich tickte und verkündete, dass ich meinen Flug verpassen würde, wenn sich nicht bald etwas bewegte?

»Ja, hm, ich sehe, hm, ich nehme also an, hm, dass es sich um ein sehr umfangreiches und ziemlich ernstes Projekt handelt.«

Endlich machte er die Fensterläden auf und erlaubte sich, verstanden zu haben.

»Das sagte ich Ihnen doch schon!«, bekräftigte ich zum ich weiß nicht wievielten Mal die eine und einzige Wahrheit.

Er hüstelte eine Entschuldigung, rief jemanden an und gab zu verstehen, dass man mir ein Visum ausstellen solle.

Ich stürmte los. Das Flugzeug erwischte ich auf den allerletzten Drücker.

Eine Kuh auf Raten

Als der Stahlvogel auf zehntausend Meter Höhe geklettert war, beruhigte sich sein Flug endlich. Der Himmel war klar, und die Erde tief unter uns bestand aus grün-braun-grauen Klecksen. Ihre Weite erstreckte sich über Hügel und Täler, endlose Felder und unübersichtliches Gebirge, bevor sie in den Ozean glitt und sich im Blau des Wassers verlor. Das Ausmaß des Kontinents trieb mich für einen Augenblick an den Rand der Verzweiflung.

Das war erst Europa! Ein kleiner Teil Europas. Und ich wollte die ganze Welt bereisen. Mein Herz begann zu schlagen wie bei einem Erstklässler, der zur Tafel muss.

Die Sonne sandte ihr freundliches Strahlen in alle Himmelsrichtungen aus. Der Horizont versprach eine unvergleichliche Lebenserfahrung. Ich brauchte nur Mut und Verstand. Das Reisen ist nicht viel schwieriger als das Leben zu Hause. Der einzige Unterschied liegt im Wissen, das man sich aneignet. Und in der Tatsache, dass man, weit von zu Hause, jeden Tag besser sein muss als daheim.

Ich beugte mich zum Fenster und versuchte so weit wie möglich vor und hinter das Flugzeug zu blicken, hinunter auf die Straßen und Wege. Die Erde ist von da oben größer als das Weltall. Eine große Distanz für die Augen. Aber eine kleine für den Reisenden, der Zeit hat – das meistgeschätzte Gut der modernen Welt.

Mir schien, dass es töricht wäre, über die Reise weiterhin als das Bewältigen des Weges in einem Stück nachzudenken. Der Gedanke, von Dorf zu Dorf, von Stadt zu Stadt zu fahren und mich langsam unter den Menschen zu bewegen, gefiel mir viel besser. Jeden Tag ein bisschen. So schnell es eben ging.

Eine Kuh, überlegte ich, ist ein großes Tier. Noch nie habe ich gesehen, dass sich jemand an den Tisch gesetzt und sie auf einen Schlag verputzt hätte. Man bestellt sie als Schnitzel und hat dann binnen mehrerer Jahre vielleicht ein ganzes Vieh gegessen. Das Verdauen kleinerer Teile ist viel einfacher. Sowohl für den Körper als auch für den Geist.

Im Flugzeug ordnete ich unermüdlich meine Dokumente und Notizen, wozu ich zu Hause nicht mehr gekommen war. Bald aber rollte ich mich zusammen, glitt ins Land der Träume und wachte erst auf der anderen Seite des Ozeans wieder auf, dort, wo man Englisch spricht.

Willkommen im Land, in dem der Kunde König ist

Am Flughafen war bei der Kontrolle der Neuankömmlinge, die sich in zehn Reihen aus dem Flugzeug an die Schalter der Zollbeamten ergossen, überraschenderweise keine Schlange. Flughafen John F. Kennedy, New York, Vereinigte Staaten von Amerika.

Zunächst war ich, wie schon so viele Male zuvor, wieder mit der traurigen Tatsache konfrontiert, dass Slowenien auf dem Radar des durchschnittlichen Amerikaners nicht existiert und wir Steuerzahler das, was unsere Regierung nicht schafft, selbst in die Hand nehmen müssen: der Welt zu sagen, wer wir sind und wo auf der Landkarte man uns findet.

»Oh Mann, was für ein Fotoapparat! Ich habe noch nie zuvor so etwas gesehen.« Ein dunkelhäutiger Zollbeamter bewunderte das Objektiv und beobachtete durch den Sucher, was auf der anderen Seite des Flughafengebäudes vor sich ging.

Geduldig wartete ich, bis sein Spieltrieb nachließ und er seine Erkenntnisse in einem Schlussplädoyer über die Anständigkeit des Landes, in dem sich Menschen solche großen Spielsachen kaufen könnten, zusammenfasste.

Ich ging hinaus und schüttelte den Rucksack von den Schultern in den Kofferraum des Taxis am Anfang der Schlange.

»Zum Frachtterminal, bitte.«

Der Fahrer verzog das Gesicht, als hätte ich seine Mutter umgebracht, und runzelte die Stirn, die sich halb unter einem schneeweißen, sorgfältig gebundenen Turban versteckte.

»Ich fahre Sie nicht«, sagte er schnell, entschlossen und überhaupt nicht freundlich.

Obwohl ich jedes seiner Worte verstanden hatte, war mir rein gar nichts klar. Das ist doch Amerika! Das Land, in dem der Kunde König ist! Wo, zum Teufel, ist mein roter Teppich?

»Sie werden mich fahren! Weil Sie ein Taxifahrer sind und weil Sie im Dienst sind!« Der Gedanke, dass ich in New York war und mich genauso arrogant benehmen konnte wie die Einheimischen, verlieh mir Mut.

Er knallte den Kofferraum, meine Tür und am Ende noch seine Tür zu, und wir fuhren los.

»Wenn Sie zu Ihrem Terminal wollen, müssen Sie mehr bezahlen, als das Taxameter anzeigen wird!« Er schaltete auf stur und versuchte eine Erpressung, nachdem er sich hinters Steuer gesetzt hatte.

»Sehen Sie den Zähler? Er ist deshalb dort, um uns zu zeigen, wie viel diese Fahrt kostet«, versuchte ich ihm ruhig beizubringen, was für uns beide am besten wäre.

Schon möglich, dass er mich für eine naive Touristin hielt, der er mehr abknöpfen könnte, als er durfte. Irren ist menschlich. Wegen meiner geringen zur Verfügung stehenden Geldmittel war ich jedoch fest entschlossen, nicht vor ihm zu kapitulieren und keinen einzigen unnötigen Dollar zu verbrauchen.

Den ganzen Weg bis zum Lager fluchte er. Die Fahrt dauerte nur kurz, schien aber wegen der angespannten Stimmung im Auto viel länger zu sein. Ich verstand ja, wieso er so wütend war. Er hatte schon mindestens eine Stunde in der Taxischlange gewartet, und mit meiner Ankunft brachte ich ihn um eine lange Fahrt in die Stadt, die fünfzig oder sechzig Dollar wert gewesen wäre. Und nicht nur, dass er jetzt schlecht verdiente. Er würde sich wieder ans Ende der Taxischlange stellen und auf die nächste, bessere Kundschaft warten müssen.

Aber hey, war das vielleicht meine Schuld? Hätte ich wegen seiner Enttäuschung das Türknallen und das respektlose Verhalten ertragen müssen? Hätte ich ruhig dasitzen, mich wie ein Stück Scheiße fühlen und dann auch noch dafür zahlen sollen, den Gestank loszuwerden?

Als wir vor dem Frachtterminal angekommen waren, zeigte das Taxameter fünf Dollar an. Genau so viel zog ich aus der Tasche und bezahlte. Zur Strafe gab ich dem Fahrer kein Trinkgeld, grüßte freundlich und eilte besseren Abenteuern entgegen.

Papierkrieg

Im Büro des Lagers wurde ich mit viel guter Laune und einem Lächeln bis über beide Ohren empfangen. Lächeln ist eines der wenigen Dinge, die in Amerika umsonst sind. Nach der anfänglichen Freundlichkeit erwartete mich eine kalte Dusche – geh zur Ausländerbehörde, und besorg dir die nötigen Einreisepapiere, Bestätigungen und eine amerikanische Versicherung, zahl die Straßenbenutzung und ein vorübergehendes Kennzeichen, dann komm wieder.

Also fing ich an diesem unbewohnten Ort schicksalsergeben an, nach einem neuen Taxifahrer zu suchen. Überraschend sprach mich ein Mann an, der sagte, dass auch er auf die Dokumente warte und mich mitnehmen könne.

Freundlichkeit verschönert mir immer den Tag.

Die erste Nacht schlief ich gleich vor dem Lager, in dem meine Maschine schlummerte. Der Morgen brachte die Wiederholung der Übung des Vortages, den Weg zurück zur Ausländerbehörde. Mit einem neuen zufällig gefundenen Chauffeur. Nun stand ich als Erste in der Schlange. Fairerweise, denn ich war schon dort gewesen, als der Großteil der anderen noch zu Abend gegessen hatte.

Eine zarte dunkelhäutige Beamtin stempelte meine Dokumente ohne Vorbehalte ab, und wie ein Blitz schoss ich aus dem klimatisierten Büro in den wundervollen Tag hinaus. Natürlich erwartete mich wieder ein letzter Zufallsfahrer und brachte mich, wohin ich wollte. Zurück zum Frachtterminal.

Ich war davon ausgegangen, dass die Kosten für die Vermittlung, die Spedition und die vorübergehende Einfuhr um die fünfhundert Dollar betragen würden. Am ersten Tag in Amerika hatte ich aber gelernt, dass alles nur ein Annäherungswert war. Niemand wusste genau, wie lange etwas dauern und wie viel es kosten würde, weswegen es schade um die Energie gewesen wäre, wenn man sie für Sorgen verschwendet hätte. Und so lebte ich von diesen fünfhundert Dollar dann noch zwei Monate, denn im Flughafenlager verbrauchte ich nur fünfzehn Mäuse.

Zufrieden fuhr ich gen Norden.

Besuch bei den Zeugen Jehovas

Die Brücken im *Big Apple* sahen zauberhaft aus, die Fahrt darüber war aber um einiges unattraktiver, als es von Weitem erschienen war.

Brückengebühr? *Vier* Dollar! Meine Augäpfel kullerten fast unterm Helm hervor. So viel wollte ich eigentlich pro Tag für Essen ausgeben! Würde ich etwa für jede Brückenüberfahrt einen Tag hungern müssen?

Das Fahren auf den glatten, hellgrauen Straßen Neuenglands mit den sanften, hügeligen Kurven erinnerte mich an die Szenen aus der Fernsehserie *Peyton Place*. Da und dort versteckte sich eine viktorianische Villa mit einer großen Veranda und einem weißen Holzzaun entlang einer sorgsam gepflegten Grünfläche zwischen den alten Bäumen.

Die Amerikaner sind geduldige, rücksichtsvolle und nicht gerade geschickte Fahrer, die es gewohnt sind, ihre riesigen Pferdchen auf breiten Straßen zu reiten, wo der gelbe Streifen in der Mitte und der weiße am Straßenrand ist.

Bevor mir endlich das Umrechnen von Gallone in Liter in Fleisch und Blut überging, machte ich einige schwere Fehler. Ich konnte doch nicht wissen, dass es US-amerikanische und imperiale Gallonen gibt. Für mich war eine Gallone eine Gallone, und mir musste einige Male das Benzin ausgehen, bis ich das begriffen hatte.

Zum Glück nahm es immer ein gutes Ende. Zum Beispiel ging mir der Sprit zwanzig Meter vor einer Tankstelle aus, zu der ich dann im Leerlauf rollen konnte, noch immer lässig im Sitz der Maschine. Oder auf einem Berg, an dessen Fuß sich eine – was denn sonst – andere herzallerliebste Tankstelle befand. Das Universum wachte auch über meine Dummheiten und beschützte mich vor dem gefährlichsten Aspekt der Reise – vor mir selbst.

Ein paarmal passierte es, dass ich während der Fahrt einnickte. Meine Bemühungen, den Schlaf anders als mit einer Pause zu besiegen, hatten sich nicht bewährt. Und während des Schlafens auf die Gegenfahrbahn zu geraten bringt niemandem etwas. Physiologische Bedürfnisse und Gesetzmäßigkeiten gelten auch im Sattel, ob es uns passt oder nicht. Aus diesem Grund wurden die Ruhepausen am Straßenrand zur notwendigen und nützlichen Angewohnheit, die mir eines Tages neben neuen Kräften auch eine Bibel und ein Mittagessen bescherte.

»Danken wir für das Mahl, das vor uns steht, und beten wir für diejenigen, die in den nächsten Jahren um die Welt reisen werden«, verkündete eine Stimme, und ich wette, dass es die eines Priesters in einem Speisesaal mit 1600 hungrigen Zeugen Jehovas war.

Für eine meiner Ruhepausen hatte ich zufällig an ihrem weltgrößten Zentrum angehalten. Bevor sie mich begleiteten, neuen Kilometern entgegen, wurde ich noch beschenkt. In der slowenischen Bibel standen die Adressen ihrer auf der Welt verstreuten Mitglieder und die Widmung:

Ruf wen auch immer und wann auch immer an: wenn Du Hilfe brauchst, ein Bett, eine Tasse Tee oder einen Plausch. Willkommen! Du bleibst in unseren Gebeten. Gute Reise!

Einige Tage später wurde ich in einer E-Mail, in der sie mir auch liebe Grüße übermittelten, sogar in des Schöpfers Höhen erhoben:

Nach deiner Abreise haben wir im Teich neben der Straße, wo du geruht hast, so viele Fische gefangen wie noch nie zuvor.

Der menschliche Staubsauger

Obwohl sie schon vierzig war, verwechselte ich Bibiana Huang Matheis bei unserem ersten Zusammentreffen bei Theo, der alte Fotoapparate verkaufte, mit einer Mittelschülerin. Doch das vermeintlich zarte Mädchen war in Wirklichkeit eine Mutter, die sich ihre jugendliche Kleidung selbst nähte. Die bescheidene Nachfahrin wohlhabender Chinesen war eine Künstlerin, die sich mit Fotografieren, Gartenarbeiten, Töpfern, Klavierspielen und Stricken durchs Leben schlug.

Als wir uns kennenlernten, hatte ich eine starke Erkältung, und hohes Fieber plagte mich. Sie und ihr Mann boten mir an, mich zu Hause gesund zu pflegen, was ich liebend gern annahm.

Nach zwei Wochen in ihrem Haus war ich überzeugt, dass meine Gastgeberin einen Bandwurm hatte. Sie wog achtundvierzig Kilo und konnte bei einer Mahlzeit einen Teller Suppe, eine Schüssel Salat, einen Topf Muscheln inklusive Sauce und Brot, einen Teller Nudeln und eine ganze Pizza aufessen, ein Glas Milch und eine Kanne Tee leer trinken und als Zugabe noch ein großes Stück Torte verputzen.

Zu Hause nannte man sie liebevoll »menschlicher Staubsauger«.

»Wenn es an der Zeit ist, den Kühlschrank zu putzen, lassen wir sie ran, und schon bald haben wir wieder Platz für frisches Gemüse«, scherzte ihr rundlicher Mann. Allerdings schwang auch etwas Ernst mit, da die Kalorien ihn nicht so verschonten wie sie.

»Frank, was ist das?« Ich zeigte auf eine schwarze Damentasche, die in einem Fach des überquellenden Kühlschranks lag.

Alle Amerikaner haben zu große Kühlschränke.

»So ist es, wenn man mit einer Fotografin lebt«, erklärte mir der Ehemann des Bandwurmopfers, bevor ich erahnte, dass der Kühlschrank ihr Heiligtum war. In der Tasche verwahrte sie nämlich ihre Filme.

Bibiana und Frank hatten aus chinesischen und deutschen Bauelementen eine superintelligente Tochter produziert. Mit ihren zehn Jahren verschlang sie Literaturbestseller, kannte alle Arten von Musik, schrieb herausragende journalistische Beiträge für anerkannte Zeitungen und spielte neun Instrumente.

Und wenn der Ausspruch stimmt, dass man eine Familie nach ihrem Hund erkennen kann, dann hatte der Liebling im Hause Huang Matheis den richtigen Namen. Lucky.

Bibi war eine hochintelligente und warmherzige Frau, die in jungen Jahren ein Junge gewesen war. Als sie noch ein Baby in China gewesen war, hatten ihre Eltern ihr einen Männernamen gegeben. Die Tradition dort mag keine Frauen. Und als die Familie nach sechzehn Jahren einmal von Amerika nach Asien zurückgekehrt war, hatten sie Bibi als Junge verkleidet. Sie versicherte mir, dass sie sich in beiden Rollen ausgezeichnet gefühlt habe.

»In Amerika ist es fürchterlich wichtig, eine Berühmtheit zu kennen.« Sie lachte über die Gewohnheiten in ihrer neuen Heimat.

Eines Tages war sie mit dem Baby im Auto auf Besuch zu ihren Eltern gefahren. Es regnete, und die Straße war rutschig. In einer Kurve verlor sie die Kontrolle über ihren Wagen, prallte gegen einen Zaun und flog von der Fahrbahn. Nichts Schlimmes, sie konnte nur die Tür nicht öffnen, um auszusteigen.

»Sind Sie etwa Paul Newman?!«, kreischte sie hysterisch, als sich ein Mann näherte.

»Kann sein«, antwortete dieser, und bevor sie sich von der Überraschung erholen konnte, tauchte auch noch Tom Cruise auf.

Sie war noch immer ganz außer sich, wenn sie darüber nachdachte, wie gerne sie wenigstens einem der Stars um den Hals gefallen wäre, wenn schon nicht beiden. Aber die Ärmste kam nicht aus dem Auto.

Die beiden Schönen und Berühmten hielten dann den Verkehr an und trommelten ein paar Männer zusammen, die das Auto samt Bibiana und dem Baby aus dem Graben hoben.

Als sie nach ihrer Rückkehr ihrem Mann erzählte, was geschehen war, rief er, anstatt ihr zu glauben, die Rettung. Er dachte, sie wäre verrückt geworden. Als der Rettungswagen mit Bibiana und dem Baby heulend aus der Einfahrt gerast war, las Frank in der Zeitung, dass am zurückliegenden Wochenende die beiden berühmten Schauspieler bei einer Rally mitgefahren waren, unweit von Bibis Unfallstelle.

Das Treffen mit der Konkurrenz

Einige Leute aus Motorradkreisen gaben mir oft Informationen über irgendwelche interessanten Menschen weiter, weil sie dachten, es sei wert, sie zu treffen und kennenzulernen.

So erfuhr ich von Jim Rogers. Der Name des bekannten Bankiers fand sich im *Guinnessbuch der Rekorde*, und daneben stand, er habe in den Achtzigern sechs Kontinente befahren.

Als ich ihn anrief, sprühte er nicht gerade vor Interesse. »Und was ist Ihr Ziel?«

»Alle sieben Kontinente.«

»Hm.«

Obwohl keiner von uns beiden noch etwas zu dem Thema sagte, wussten wir ganz genau, was ein Erfolg von mir für seinen Rekord bedeuten würde. Ich begann ihn aber offensichtlich zu interessieren, denn er lud mich in seine fünfgeschossige Villa auf der West Side von Manhattan ein.

Eine Frau mit slawischem Akzent öffnete mir. Der Kleidung nach zu urteilen – die weder zur Villa noch zum Millionärsstatus passte –, war sie höchstwahrscheinlich das Hausmädchen.

Die große Empfangshalle glich einem Laden mit kostbaren Antiquitäten. Souvenirs aus der ganzen Welt. Das Haus platzte aus allen Nähten vor Tigern, Giraffen, einer riesigen Elefantenskulptur und kostbaren Kunstwerken.

Das Hausmädchen ging zum Telefon, das auf einem massiven Eichentisch stand, hob den Hörer ab und kündigte meine Ankunft an. Sie nickte demütig, legte den teuer wirkenden altertümlichen Hörer sanft auf und bedeutete mir, ihr zu folgen.

Über eine Prunktreppe stiegen wir bis zum hellsten und höchsten Geschoss empor, wo sich der »abenteuerlustige Kapitalist«, wie er sich selbst benannt hatte, in seinem Fitnessraum abplagte.

Zur Begrüßung streckte er mir seine Hand vom Laufband aus entgegen und schwitzte weiter.

Ich war überrascht, dass er nicht stehen blieb, wie man das bei uns machen würde. Offensichtlich galten hier andere Manieren.

»Wird jemand mit Ihnen reisen?«, erkundigte er sich.

»Nein.«

»Wer wird sich um die Maschine kümmern?«

»Ich – und Gottes Hilfe.«

»Wie werden Sie die Reise planen?«

»Laufend und im Rahmen der Möglichkeiten«, antwortete ich noch immer geduldig auf die überheblichen Fragen, die kein Ende nehmen wollten.

»Haben Sie genug Geld?«

»Nach Ihren Kriterien wahrscheinlich für ein gepflegtes Abendessen, aber bei meinem Lebensstil müsste es für eine Runde um die Welt reichen.« Ich sprach aus, was ich mir wünschte, war davon jedoch nicht überzeugt.

Wir verlagerten uns einen Stock tiefer, wo ich, während Jim duschte, vor dem Badezimmer saß und mir meinen Teil dachte. Währenddessen unterhielten wir uns weiter.

»Sie wissen also etwas über Motorräder?«

»Etwas schon.«

»Wo wollen Sie denn schlafen?«

»Ich habe ein Zelt«, antwortete ich und wusste, dass er nur zu gerne alle Sheratons, Hiltons, Hyatts und Hotel Royals erwähnen würde, in denen er selbst geschlafen hatte.

Dann klärte er mich noch über seine hohen Standards auf – wie er sich »rekreiere«, wenn er reise, wie er gut esse und sich in erster Linie bei der Befriedigung seiner Bedürfnisse nicht stören lasse.

»Sie schreiben und fotografieren, kennen sich mit Technik, Laptop und Medikamenten aus, beherrschen die Navigation, sprechen ein paar Sprachen, die Organisation macht Ihnen, wie ich sehe, keine Probleme ...«, fasste er unter der Dusche zusammen, von wo neben seinem lauten Nachdenken auch das Prasseln des Wassers gegen die Tür der gläsernen Duschkabine zu hören war.

»Sie wären eine ideale Reisebegleitung für mich!«, verkündete er mir etwas, das ich schon wusste.

Unser Jim ist bekannt dafür, dass er sich als Reisebegleitung gerne Mädchen aussucht. Am liebsten solche mit Verstand, damit sie vielseitig einsetzbar sind.

Mir gefielen sein Benehmen und sein Reisestil nicht. Ich suchte keine potenziellen Investitionsmekkas, führte kein Abendkleid mit und konnte mir auch nicht vorstellen, mit einer Klobrille um die Welt zu reisen. Mich interessierten vielmehr die Menschen und ihre Geschichten, das andere Leben, außergewöhnliche Erlebnisse, neue Orte und neue Wege.

Als wir ins Vorzimmer zurückkehrten und ich Jims Welt zu erforschen begann, zeigte er mir die Landkarte, auf der die Route seiner Motorradreise um die Welt eingezeichnet war. Dazu gehörten alle Kontinente außer der Antarktis.

Beim Abschied gab er mir seine Visitenkarte und sagte, ich solle mich doch bei ihm melden, falls ich es nicht schaffte. Er würde mich mit Freuden mitnehmen, wenn er zum zweiten Mal aufbräche.

Ich schüttelte seine Hand, lächelte und überlegte, ob es möglich wäre, eine Postkarte aus der Antarktis abzuschicken.

Hindernisse führen zu den besten Lösungen

Weil ich mich für die Zusammenarbeit mit den Medien entschlossen hatte, war mir klar gewesen, dass ich einen Laptop brauchen würde. Ich hatte aber nicht gewusst, dass ich mit dem kleinen Psion nicht weit käme. Schon nach einem Monat verlor ich wegen dieses Dings, das nicht funktionierte, sich nicht mit dem Internet verbinden wollte und mir jeden Tag das Leben vermieste, die Nerven. Ich hing mehrmals am Telefon und bat bei der kostenlosen Serviceline um Hilfe, die in Amerika schon gang und gäbe gewesen war, bevor bei uns überhaupt jemand davon gehört hatte.

Nach einer Woche kannte ich schon die Stimme jedes Mitarbeiters in der Firma und wusste, wie wer hieß. Der Psion machte mir aber nach wie vor so viele Probleme, dass diese mir langsam über den Kopf wuchsen. Wahrscheinlich lud mich der Technikexperte Mike deshalb – und wohl auch aus Mitleid – ein, bei ihm zu Hause vorbeizuschauen.

»Wenn Sie in der Nähe sind, rufen Sie mich an, und ich hole Sie ab.«

Es war Sonntag. Der Tag des Herrn. Auf dem Bike dachte ich gut gelaunt über Gott nach – ich musste zumindest nicht in der Kirche sitzen und über das Bike nachdenken. Bis dorthin, von wo aus ich Mike anrufen sollte, kam ich aber nie, weil ich mir vorher einen Platten holte. Ich hielt neben der Straße, montierte das hintere Rad ab und versuchte einen der Sonntagsbiker anzuhalten, die rudelweise in beide Richtungen an mir vorbeirollten.

Die Fahrer der polierten Harleys winkten mir fröhlich zu, stehen blieb aber niemand. Komische Vögel. Ich machte mich auf den Weg zur Tankstelle am Fuß des Berges, auf dem ich liegen geblieben war, um Werkzeug zu kaufen, was ich bis dato vernachlässigt hatte. Aus dem Werkzeug wurde nichts, ich durfte aber das Telefon benutzen.

Mike kam nach fünfzehn Minuten, sprang aus seinem Pick-up, stellte mir seine Freundin Tricia und einen Freund vom Abschleppdienst vor, der mit ihnen gekommen war, um sich um das Motorrad zu kümmern. Trotz meiner Überraschung war ich damit einverstanden, dass es am einfachsten wäre, das Bike zu Mr Abschleppdienst zu bringen, der auch Vulkaniseur war und ein Geschäft hatte, in dem ich noch am selben Tag das nötige Werkzeug kaufte.

Noch vor dem Abend konnten wir den Computer in Gang setzen und genehmigten uns beim gemütlichen Zusammensein eine Flasche Wein und ein langes Gespräch über Gott und die Welt. Bevor ich aufbrach, ging ich mit Mike und Tricia noch auf einen Brunch, ein Frühstück, das so spät ist, dass es schon ein Mittagessen sein könnte. Hier wird alles gegessen, was der normale Mensch zum Frühstück, zu Mittag und zu Abend verspeist und mengenmäßig für drei Tage auf Vorrat reicht.

Die wenigsten Punkte gab ich den Pfannkuchen mit Honig und den Würstchen, die auf demselben Teller lagen und denen noch eine interessante Beilage Gesellschaft leistete: Bratkartoffeln.

Spieglein, Spieglein an der Wand

Ich bog in eine Seitenstraße ab, die zum Meer und dann entlang der Küste führte, an der nette kleine Holzhäuschen mit schön gepflegten Ziergärten standen. Links oder rechts vom Eingang hing bei fast allen eine Fahne. Die Amerikaner sind besessen von Fahnen. Wenn schon keine amerikanische, dann eine mit Blumen, Autos, Regenbogen oder Brad Pitt.

Cape Cod ist eine Halbinsel, die wie ein Croissant in den Nordatlantik getunkt und der Sammelplatz reicher Wochenendhausbesitzer ist. Jeder hat seinen eigenen Bereich zum Planschen und Sonnenbaden. An Wochenenden steigt die Zahl der Besucher mindestens um das Zehnfache an.

Provincetown oder »P-town«, wie sie auch genannt wird, ist eine Stadt im Norden der Halbinsel, wohin gegen Ende der Woche aus dem nahen Boston alles angereist kommt, was irgendwie kreucht und fleucht.

Am Sonntag gab es in der Stadt ein richtiges Fest. Ich war völlig unvorbereitet auf eine außergewöhnliche Begegnung.

»Hey, woher kommst du denn? Kann ich dich auf ein Getränk einladen?«

»Nein danke«, lehnte ich die Einladung, die einen Beigeschmack hatte, höflich ab.

»Ich bin auch Bikerin«, fuhr die Frau mit der fassförmigen Figur, dem zerknitterten Kleid und etwa einem halben Jahrhundert Lebenserfahrung fort.

Ich war es gewohnt, Einladungen zu bekommen, aber gerade hatte ich eine wenn auch supernette, so doch fanatisch religiöse Familie verlassen und brauchte etwas Ruhe.

»Bleibst du noch ein paar Tage?«

»Ja.«

»Könnten wir uns morgen am Strand treffen?«

»Ich gehe nicht an den Strand, ich habe keinen Badeanzug.«

»Komm, ich kauf dir einen!«

Sie klang begeistert, ich weniger.

Ich kann verstehen, dass mir Leute ihre Couch abtreten, ein Sandwich machen, die Garage leihen oder mich auf ein Getränk einladen, aber einen Badeanzug kaufen …? Wieso denn einen Badeanzug? Das ist ungefähr so, als würde sie mir eine Waschmaschine anbieten. Da pfeif ich drauf! Ohne beides ist das Leben doch eine ganz und gar erträgliche Sache.

Ich bedankte mich für den Badeanzug und alles andere und sagte ihr, es wäre alles in Ordnung, sollte ich sie als Mensch interessieren. Wenn sie mit mir aber andere Pläne habe, na dann tschüss! Denn ich sei sicher nicht vom anderen Ufer.

Sie entschuldigte sich und fügte hinzu, dass sie genau das gedacht habe, denn in den USA würden die meisten Frauen auf Bikes eher Frauen lieben als Männer.

Ich aber liebe Bikes über alles, dann vielleicht einen außergewöhnlichen Mann, und das war's auch schon. Ich verstehe mich sehr gut mit Lesben, aber nur, wenn sie sich nicht in meine Bettgeschichten einmischen.

Ich ging in ein Geschäft und kaufte für das Abendessen ein halbes Kilo Eiscreme, parkte mich im Schneidersitz auf einer Bank an der Promenade und beobachtete, noch bewegt vom letzten Gespräch, die Welt vor mir.

Eine unübersehbare Anzahl gleichgeschlechtlicher Paare flanierte eng umschlungen oder Hand in Hand die beleuchtete Promenade entlang. Ich fragte mich ernsthaft, was mit den Frauen los war, was da verkehrt lief. Die meisten waren im Vergleich zu den Männern ungepflegt, sogar vernachlässigt, billig angezogen und zu dick.

Auf der anderen Seite waren die Männer wie Blumen, und ich schwöre, dass ich noch nie zuvor – und leider auch nie wieder – so viele super Typen auf einem Haufen gesehen hatte. Die gebräunten athletischen Körper hüllten sich in gebügelte Anzüge modischer Marken, und die Schuhe übertrafen vom Design her bei Weitem alle abgelatschten Damensandalen.

Im Gegensatz zu den Frauen strahlten die Männer und sahen glücklich aus.

Reserveeltern

In der Nacht goss es wie aus Kübeln. Mein Computer wurde nass, und am Morgen war er reif für den Müll. Ich saß vor dem triefend nassen Zelt, schaute in den offenkundig angepissten Himmel und fragte mich, wie es weitergehen sollte.

Ich war ziemlich abwesend, als mich mein Nachbar, bei dem ich mir am Vorabend ein Stück Brot erbettelt hatte, um es mit Dosenfisch zu Abend zu essen, auf frisch gebratenen Lachs einlud.

Bruce tröstete mich, das Leben könnte viel schlimmer sein, zum Beispiel wenn ich Prinzessin Diana wäre. Die war nämlich am vorangegangenen Abend bei einem Verkehrsunfall gestorben.

Er verschönerte meinen Tag, weil er mir in Erinnerung gerufen hatte, dass ich noch immer lebte und es mir großartig ging.

Ich stand auf und nahm die Einladung zum ersten Kaffee meines Lebens an. Bruce sagte, er habe an diesem Morgen an der New Yorker Börse 264 Dollar verdient und es sei Zeit für ein Frühstück. Und so gingen wir – Bruce, seine Frau Mariana und meine Wenigkeit – in ein Restaurant mitten in einem nicht sonderlich hübschen Dorf in Maine und verbrachten eine wunderschöne Zeit miteinander. Wir aßen bis zwei.

Sie erzählten mir von ihrem Leben, ihren Erfahrungen und Kindern, ich berichtete ihnen von meiner Reise. Mitten im Gespräch bekannte Bruce plötzlich, wie leid es ihm tue, dass keines ihrer vier Kinder so sei wie ich. Bevor wir das Frühstück beendeten, adoptierten sie mich, und ich musste versprechen, sie zu besuchen. Die Adoption bedeutete mir viel.

Ein gutes halbes Jahr später löste ich mein Versprechen ein und tauchte auf der Türschwelle ihres Häuschens in Florida auf. Langsam, damit keinen von beiden vor lauter Überraschung der Schlag treffen würde. Wir verbrachten ein schönes Familienwochenende miteinander und erfreuten uns all der Zufälle, die zu unserer Freundschaft beigetragen hatten.

Reisen in die entgegengesetzte Reiserichtung

In Maine hörte ich, wie schön Nova Scotia sei. Weil ich keinen triftigen Grund fand, mir die kanadische Halbinsel nicht anzuschauen, machte ich es einfach. Sie bezauberte mich mit ihrer prachtvollen Einsamkeit und ihren mannigfaltigen, unvergänglichen Naturschönheiten. Die Straßen entlang des Meeres waren ausgezeichnet, und die Luft roch nach Salz.

Meeresfrüchte gab es im Überfluss, sie waren jedoch teuer. Vor dem Essen handelte ich deshalb meistens mit dem jeweiligen Restaurant noch einen Zeltplatz aus. So glich sich die Rechnung aus.

Tagelang folgte ich den wundervollen Kurven, die sich steil über dem Atlantik in weiten Schwüngen über Hügel und Felsen schlängelten. Ich wunderte mich, wieso ich so eines Lebens nie überdrüssig werden konnte. Als ich auf der Kap-Breton-Insel auf einer der schönsten Aussichtsstraßen der Welt herumfuhr, ließ die Brandung die Klippen erbeben, und ich erbebte vor Glück.

Bevor ich das Land der Fischer, Touristen und Obstbauern, in dem die stärkste Wirtschaftsbranche allerdings der Anbau von Weihnachtsbäumen ist, endgültig hinter mir ließ, hielt ich noch an einer Tankstelle, um mich für die Rückreise in den Süden vorzubereiten. Ein älterer Einheimischer trat an mich heran und deutete in einem wohlwollenden Gespräch überzeugend an, dass ich, wenn ich Neufundland nicht sähe, die halbe Welt versäumte.

Und so machte ich mich auf. Mit Leichtigkeit gewöhnte ich mich an das Leben ohne fixen Stundenplan und machte noch einen Abstecher nach Norden, anstatt in den Süden zurückzukehren.

Nach einer Nachtfahrt mit der Fähre, auf der ich einen gut aussehenden Blonden mit einer Harley traf, suchten wir am grauen und kühlen, aber wunderschönen Tag mit unseren Bikes eine Übernachtungsmöglichkeit.

Wir Biker haben für das Zusammensein immer einen Grund mehr. An einem so nassen Abend und ohne Zelt musste der Blonde mit dem Komfort in einem Bungalow vorliebnehmen, ich aber blieb bei meinem System. Nicht aus Liebe zur Nässe, sondern wegen der Trockenheit im Geldbeutel. Weil in einem Bungalow aber immer zwei Betten stehen, bot mir mein Begleiter erbarmungsvoll eine Kooperation an. Für ein Bett sollte ich das Abendessen kochen. Wir warfen alles zusammen, was die Taschen hergaben, und es entstand ein leckeres Menü, das wir während des verpflichtenden Plausches noch lange in die Nacht hinein verdauten.

Nach Little Bay Islands fuhr ich, um zu sehen, wie eine Ansiedlung am Ende der Welt ausschaut. Im Dorf gab es ein Feuerwehrhaus, ein Geschäft und eine Schule, zwei Gotteshäuser und ein heiliges Gasthaus. Der Großteil der Menschen arbeitete in einer Krebsverarbeitungsfabrik, in der man mir zeigte, wie der posthume Weg des leckeren Fleisches der Krustentiere aussieht.

Draußen war niemand zu sehen, in den Häusern jedoch bewegten sich die Vorhänge, und am Zaun und auf der Straße waren binnen weniger Minuten plötzlich mindestens ein Dutzend Tantchen. Beschäftigungslose Hausfrauen hatten das Geschehen im Dorf streng unter Kontrolle, und beim instinktiven Kontrollblick über die nähere Umgebung war bei ihnen das Interesse für den einzigen Unbekannten auf der Insel geweckt worden, auf der nicht mehr als hundert Menschen wohnten. Nach dem Kennenlernen begann der Kampf um die beste Bewirtung und sicherste Unterbringung des Neuankömmlings.

Gastfreundschaft ist in diesem Teil der Welt ein Nationalsport. Ich denke, das ist die letzte Oase der zivilisierten Welt, wo man sich über unangemeldeten Besuch noch immer freut. Die Menschen leben nach dem Prinzip, im Haus müsse immer etwas Essen für Vorbeikommende sein. Die Freundlichkeit der Neufundländer und Labradorer ist aber auch per se ein Erkennungszeichen der Provinz und von den Menschen sogar auf die Hunde übergegangen.

Die reale Bestätigung dafür bekam ich in Springdale, wo mich Einheimische direkt von der Straße zu ihrem Stadtfest zerrten. Essen, Essen, Essen! Damit ich den fürchterlichen Mengen auf den Tellern entfliehen konnte, stellte ich mich an einen Topf. Den ganzen Tag schnitt ich Fleisch und Gemüse, damit am Abend die Stadt essen konnte. *Jiggs dinner* ist eine traditionelle Spezialität der Kanadier. Die fette Köstlichkeit aus Innereien, Kartoffeln, Kohlrabi und Karotten schmeckt am besten, wenn sie mit Rosinenpudding gereicht wird.

Auch wenn ich keine Blasen vom Motorradfahren mehr bekam, was anfangs öfter der Fall gewesen war, bekam ich nun doch Schwielen vom Gemüseschnippeln. Für eine ganze Stadt zu kochen ist gar nicht so ohne.

Die Souvenirs reisten meistens per Post nach Hause. Meine liebsten führte ich aber noch den gesamten verbleibenden Weg mit mir mit – einen Teelöffel und die Ehrenbürgerschaftsurkunde der freundlichsten Provinz der Welt.

Waldmenschen

Neben Pekannusseis, Zip-Beuteln und Mickymaus haben die Vereinigten Staaten mindestens noch eine gute Sache: fast achthundert Nationalparks, in denen die Natur sorgfältig vor unerwünschten Eingriffen geschützt wird.

Obwohl ich alleine reiste, war mir nie langweilig. Nach einigen gesellschaftlichen Ereignissen fuhr ich nun mit Freude in die Einsamkeit, wo Ruhe und Abwesenheit der verrückten Welt garantiert waren.

»Jemanden musst du gern haben, und seien das auch Gräser, Fluss, Baum oder Stein«, unterhielt ich mich mit mir selbst, als die Stille unterm Helm die Ruhe anzunagen begann. In den Jahren des Reisens habe ich mein Repertoire an Partisanenliedern und Gedichten aufgefrischt und rettete es vom Rand des Vergessens. Ich rezitierte alles kreuz und quer, aus dem Kindergarten und der Schulzeit, inklusive unserer großen slowenischen Dichter Prešeren, Kette und Zlobec.

Es gibt nichts Schöneres und Aufregenderes, als in naturbelassenen Wäldern unter Berggipfeln, in roten Canyons und neben kristallklaren Flüssen zu fahren. Die Sonne stand hoch am Himmel, und die Fahrstrecke schlängelte sich durch einen duftenden Wald über sanftes, welliges Terrain. Weit ab vom Asphaltdschungel vibriert die Welt auf ihre eigene Art. Die Luft duftet, und die Lust am Leben ergreift einen, sodass man am liebsten lauthals losjauchzen würde.

Ich war voller Freude, es war schöner als im Paradies. Benommen von der Schönheit, blickte ich in alle Himmelsrichtungen, und mein Blickfeld umfasste mindestens dreihundertsechzig Grad, wenn nicht mehr.

»Auuu!« In der sich nähernden Kurve holte mich die Realität wieder ein. Sie überraschte mich so, dass ich hastig auf die Bremse drückte und auf dem Asphalt landete. Aber alles passierte an einem so wundervollen Ort, dass sogar der Sturz schön war.

Jedoch nur für einen Moment, denn im nächsten realisierte ich, dass ich meinen Freund nur schwer wieder auf die Beine bekommen würde. Der Treibstoff rann langsam aus dem Tank, und Benzingeruch breitete sich aus. Das gefiel mir gar nicht, aber was konnte ich machen? Auch diese Lektion musste ich lernen.

Im Gebüsch raschelte es. Das Letzte, was ich brauche, ist ein Bär, dachte ich beklommen und fand mich beim Anblick der daliegenden Maschine damit ab, dass ich auf die Flucht pfeifen konnte. Ich fühlte meinen beschleunigten Puls in jedem einzelnen Organ. Ich blickte in die Richtung, aus der das Geräusch kam, und wurde rot wie eine schamhafte Erdbeere.

Aus dem Dickicht kroch ein halb nacktes Liebespärchen, und als ich aufgehört hatte zu lachen, bat ich die beiden, sich wieder anzuziehen und mir zu helfen, die Maschine aufzustellen.

Hillarys Tag

Das bekannteste amerikanische Anwesen steht in der Pennsylvania Avenue in Washington D.C. und hat die Hausnummer 1600. Ich war zu spät in das große weiße Haus gekommen, um die letzte Gruppenführung an diesem Tag zu erwischen. Und alleine durfte ich es, warum auch immer, nicht besuchen. Die Spätankömmlinge wurden aufgefordert, am nächsten Tag wiederzukommen, ich war aber an diesem Tag da und nicht am nächsten, weshalb ich auf eigene Faust einen Spaziergang machte. Ich ging um die riesengroße, schön gepflegte und umzäunte Parzelle, auf welcher sich die berühmteste Ellipse der Welt befindet. Sie wird President's Park South genannt. Darin waren während des Bürgerkriegs ein Lager und eine Pferdekoppel, heute wächst dort ein einzelner Baum, der in der Vorweihnachtszeit geschmückt wird, der Präsident muss nur noch strahlend daherkommen und ihn anknipsen.

Der warme Herbstnachmittag war wie geschaffen für das Erkunden der einzigen amerikanischen Stadt mit einer reichen Geschichte. Schon von der Constitution Avenue aus sah ich neben dem Weißen Haus ein Zelt in der gleichen Farbe. Ich ging um die Ecke, die durch einen hohen Zaun begrenzt war, und machte mich auf den Weg zur nationalen Schatzkammer, die dem Präsidenten gerade recht kommt, wenn sie sich in unmittelbarer Nähe seines Zuhauses befindet.

Ich blieb unter den Kronen üppiger Bäume stehen, die die Nachmittagssonne fernhielten und ein halbes Dutzend durchschnittlich gelangweilter Polizisten kühlten. Angetan blickten sie auf meine schon gut eingelatschten Bikerstiefel, die mehr Aufmerksamkeit auf sich zogen als irgendwelche sexy High Heels.

Die Unterhaltung fing an wie immer. Wer, was, wieso, woher, wohin, für wie lange und so weiter. Als ich alles beantwortet hatte, was sie wissen wollten, begann ich *sie* auszufragen. Ich erfuhr eine interessante Neuigkeit – dass in diesem Zelt, genau hier vor uns, Hillary Clinton ihren Geburtstag feierte.

»Möchten Sie mitfeiern?«, fragte mich einer der Polizisten mit einem solchen Gleichmut, als würde er mich in eine Bar einladen.

Wir hatten das Eis gebrochen, aber so eine Einladung hätte ich trotz allem nicht erwartet. Deshalb musste er es wiederholen:

»Wollen Sie in das Zelt?«

Meine Augen wanderten meinen Körper hinab, und ich erinnerte mich daran, dass Kleider Leute machen. Ich war hervorragend angezogen, aber nur fürs Motorrad und auf keinen Fall für die Geburtstagsfeier der Präsidentengattin. Ich war von der Einladung geplättet. Einige Augenblicke lang biss ich auf meiner Unterlippe herum und vergrub meinen Kopf zwischen den Schultern. Dann aber fasste ich mir ein Herz, hinterließ bei einem der Polizisten meinen Reisepass und ging auf die Party.

Kurz und schmerzlos. Auf der Bühne am anderen Ende des langen Ganges beendete Hillary gerade ihre Rede. Es war eine Dienstfeier, bei der einige hundert Sozialarbeiter aus allen Teilen der »Neuen Welt« dabei waren. Bevor ich mich richtig umsehen und einen nicht zu auffälligen Platz finden konnte, standen die Zuhörer auf, applaudierten tosend und sangen »Happy Birthday«.

Ich musste die ganze Zeit lächeln und mich einige Male sogar kneifen, um zu überprüfen, ob ich wach war oder träumte.

So ein Geburtstagsfest mit der First Lady kann sich nie wieder und für niemanden wiederholen, da die Angst gestiegen ist und die Sicherheitsmaßnahmen extrem verschärft wurden. Ich trauere den Zeiten hinterher, in denen sich die Menschen mehr mit sich selbst beschäftigt haben und weniger damit, fremdes Glück zu zerschießen.

Könnten Sie mir bitte Ihren Garten leihen?

Die Menschen im reichsten Land der Welt haben viel Geld und wenig Zeit. Viele leben ihre Träume durch andere und freuen sich über das Leben anderer mehr als über ihr eigenes. Was für ein Glück für Hollywood.

An Zutraulichkeit fehlt es den Amerikanern nicht, und es war nicht weiter verwunderlich, dass Einladungen auch bei sonnigem Wetter hereinschneiten. Es fand sich immer jemand, der in einem zu großen Haus ein Bett frei hatte. Und im überdimensionierten Kühlschrank etwas Essen auf Lager.

Langsam lernte ich, was sinnvoll war, auf dem Motorrad mitzuhaben, und was nicht. Im ersten Jahr war ich gerade mal zu den Grundlagen des Packens vorgedrungen, und erst nach fünfeinhalb Jahren konnte ich dann in diesem Fach promovieren.

Die Amerikaner sind interessante und mutige Menschen. Ihr beliebtestes Hobby ist das Shoppen. Sie kaufen alles, was ihnen zwischen die Finger kommt, vor allem Dinge, die sie nicht brauchen. Sie teilen gerne, was sie haben, freunden sich schnell an, und man wird sofort angenommen. Die Kehrseite der Medaille ist, dass man genauso schnell wieder vergessen wird; der Spruch »Aus den Augen, aus dem Sinn« beschreibt es perfekt.

Gerade wegen der Menschen war das Herumstreunen durch Nordamerika ein so vergnügliches Abenteuer. Außer mit mir selbst hatte ich keine ernsthaften Probleme. Ich traf viele Menschen, die nicht einmal abschlossen, geschweige denn überhaupt einen Hausschlüssel besaßen.

Während meiner »Kreuzfahrt« auf dem Festland schlief ich am liebsten in den Hotels der Kette Haus & Heim. Der Großteil hatte einen schön gemähten Rasen und unendlich viel Platz. Und die Übernachtung war stets gratis. Für die Reservierung vor Ort musste man sich aber immer etwas bemühen:

»Hallo! Wie geht's denn so?«, fing die Unterhaltung ohne Grund an, aber die offenen Amerikaner brauchen auch keinen besonderen Grund für eine Antwort.

»Danke, gut. Und Ihnen?«, setzte sich das höfliche Geplauder fort, das ich zu Hause so sehr vermisse.

Das Land sind wir Menschen.

Dann übernahmen meistens die Einheimischen das Ruder und begannen, die üblichen Landstreicherfragen zu stellen. So wurden Bekanntschaften und Freundschaften geschlossen.

An einem Tag holte mich der Abend auf den kurvigen Straßen im Westen North Carolinas ein. Die zarten Sonnenstrahlen hatten während des Tages Mut gesammelt, um die gelbroten Baumkronen in den weiten Wäldern entlang des Weges nun sanft zu streicheln. Der Indian Summer lag in der Luft.

Ich blieb vor einem Haus stehen, in dem ein Licht flackerte. Die fahle Dämmerung reichte noch gerade so, um den Weg dorthin zu finden. In der Stube unterhielten sich laut einige Männer, zwei in meinem Alter und ein älterer. Als ich mich wieder aus dem Staub machen wollte, erblickte mich einer von ihnen durch das Fenster und kam vor die Tür.

»Was machen Sie hier?«, fragte er freundlich.

»Ich suche jemanden, der mir etwas Wasser geben könnte«, rückte ich nur mit der halben Wahrheit heraus.

»Kommen Sie doch rein«, lud er mich ein, und der Abend nahm seinen Anfang.

Zu meiner großen Erleichterung tauchten von irgendwoher auch noch die Dame des Hauses und eine jüngere Frau auf, die sich neugierig fragten, von wem die Männer so begeistert waren. Nachdem ich endgültig aus dem Sattel gestiegen war, lag auf dem Tisch auch schon ein Gedeck mehr, und es stand ein Glas Whiskey als Willkommenstrunk bereit. Und um ihn herum warteten fünf Paar Ohren gespannt auf ein paar abenteuerliche Gutenachtgeschichten.

Der Abend zog sich mit viel Geplauder und Gelächter bis in die frühen Morgenstunden. Bevor ich mich im Wohnzimmer auf die Couch legte, sagten mir meine neuen Freunde, dass heute nicht der beste Tag für die Abreise sei. Ich müsse unbedingt bleiben und mir die schöne und interessante Umgebung anschauen und meinen Besuch zumindest um einen Tag verlängern.

Des Öfteren wurden so aus einer Übernachtung ein paar Tage. Ich wurde wie ein kleines Schweinchen gemästet und bekam alle Aufmerksamkeit meiner Gastgeber geschenkt. Sie machten mir Frühstück, obwohl sie selbst nicht frühstückten, ich durfte die Waschmaschine und den Wäschetrockner benutzen, sie nahmen sich Zeit und zeigten mir die Umgebung, erzählten mir viel über die Geschichte der Gegend und das Leben dort und stellten mich ihren Bekannten vor. Meistens wurden am zweiten Abend Nachbarn eingeladen, um noch den Rest der Abenteuergeschichten zu hören, die ich in der ersten Nacht nicht mehr hatte erzählen können.

Zu viel des Guten verursacht Kopfschmerzen

Alle meine Liebe ging während der Reise durch den Magen. Was das Essen betraf, war ich wirklich nicht kompliziert. Ich kostete alles, was sich auf dem Teller vor mir fand. Die Sorgen um meine Figur, all die Kalorien und Kilos vertagte ich auf spätere Zeiten und auf zu Hause. Bevor ich nicht die Rezepte der besten Gerichte zusammengesammelt hatte, wurde der Anker nicht gehoben, und ich lief nicht aus.

Mary war eine Frau aus dem Süden. Sie hatte eine starke Stimme und Statur. Unlängst hatte sie geheiratet. Weil sie nicht genug Geld hatten, lebten sie und ihr Mann zusammen mit einem Freund in einem gemieteten Haus ganz oben auf einem Hügel. Ihre Eltern kamen oft zu Besuch, wie auch an jenem Abend, als wir uns kennenlernten. Und zum Abschied bekam ich die Anleitung für die Zubereitung ihrer originalen Bauernkost.

Zu viel des Guten ist aber auch ungesund, im wahrsten Sinne des Wortes. Mary war damals noch keine Mutter und hatte deshalb mehr Zeit für Mädchensachen. Sie brachte uns in ihr Lieblingslokal auf ein sündhaft gutes Stück Schokotorte und einen Kaffee. In den USA wird der Kaffee nie in kleineren Portionen als einem Viertelliter ausgeschenkt, und es ist nichts Ungewöhnliches, sich auch einen ganzen Liter zu bestellen. Fragen Sie mich bitte nicht, wieso die Amerikaner im Durchschnitt die gewichtigsten Menschen der Welt sind.

Eigentlich hatte ich vorgehabt, mich gegen sieben Uhr morgens wieder auf den Weg zu machen. Ich war aber schon zehn Minuten nach Mitternacht auf der Straße. Ich hatte gedacht, ich würde gegen Westen fahren, stattdessen schleppte man mich in die Notaufnahme.

Diese Schokotorte hinterließ bei mir ein angeschwollenes Gesicht, Juckreiz am Körper, Rötungen am Hals und Beklommenheit im Magen. Außerdem führte der allergische Schock dazu, dass mein Kopf fast explodierte. Mitten in der Nacht wurde ich also, zerrissen von den schlimmsten Kopfschmerzen meines Lebens, von den Ärzten wieder einigermaßen auf Vordermann gebracht. Die zwei Schmerzspritzen hielten nur bis fünf, dann rasten wir wieder in die Notaufnahme für eine weitere Dosis.

Ich war noch nie zuvor – und zum Glück auch nie wieder – zweimal in ein und derselben Nacht in der Notaufnahme gewesen. Aber ich freute mich unbeschreiblich darüber, dass ich nach diesem Törtchen nicht alleine im Zelt geschlafen hatte und Menschen in meiner Nähe gewesen waren.

Gott ist weise. Wenn er dir eine verpasst, dann zur richtigen Zeit.

Southern Bread mit Molke und Sauce

2 Tassen Mehl (1 Tasse = 25 cl)
100 g kalte Butter, klein gewürfelt
1/4 l Molke
1/4 Teelöffel Natron
4 Teelöffel Backpulver
1 Prise Salz

Mischen Sie alle Zutaten. Übertreiben Sie nicht, sonst werden die Brötchen hart. Rollen Sie den Teig zwei Zentimeter dick aus, und stechen Sie runde Krapfen aus. Backen Sie sie auf Backpapier im vorgeheizten Ofen bei zweihundert Grad. Beginnen Sie sofort mit der Zubereitung der Sauce, damit alles zur gleichen Zeit fertig wird. Für die Sauce brauchen Sie:

1/4 Kilo Würste (Brühwurst oder Krainerwurst)
2 Löffel Butter
4 Löffel Mehl
3 Tassen kalte Milch
Salz und Pfeffer nach Geschmack

Schneiden Sie die Wurst in so kleine Stücke wie möglich, rösten Sie sie kurz an, bis das Fett ausgelassen ist (circa zwei Löffel), und stellen Sie es zur Seite. Ich spreche hier von köstlichem, nicht aber gesundem Essen! Nehmen Sie die Wurststücke heraus, und stellen Sie auch diese zur Seite. Fügen Sie dem Fett die Butter hinzu, lassen Sie alles schmelzen, und rühren Sie das Mehl unter. Denken Sie bloß nicht daran, die nächsten zwei oder drei Minuten mit dem Rühren aufzuhören! Vergnügen Sie sich bei mittlerer Hitze. Fügen Sie langsam die kalte Milch hinzu. Im Anschluss noch die Wurst, die in der

Zwischenzeit hoffentlich nicht von Ihrem zwei- oder vierbeinigen Liebling verspeist wurde. Salz und Pfeffer nicht vergessen.

Schneiden Sie die Brötchen in der Mitte durch, und gießen Sie die cremige Sauce darüber, oder tunken Sie die Brötchen ein, so wie ich das bevorzuge.

BMW-Familie

Ich konnte mit den Amerikanern, die ein Volk von Plappermäulern sind, immer sehr schnell eine Unterhaltung beginnen. Meistens dauerte es nur einige Minuten, und schon diskutierten und philosophierten wir und tauschten dieses und jenes aus, gewöhnlich unsere Vorstellungen und Weltanschauungen.

Vom ersten Motorradtreffen erfuhr ich, wie ich die besten Dinge meines Lebens meistens erfuhr – zufällig. Auf dem Zeltplatz, der jenes Wochenende ausschließlich für Bikes und Biker reserviert war, parkte ich neben Roger und Norma. Norma und ich hatten die gleichen Bikes und eine ähnliche Ausrüstung.

Während wir über Frauenthemen debattierten, lief Roger um meinen Mitreisenden herum und brachte liebevoll einige Kleinigkeiten in Ordnung, die mir das Leben schwer machten. Dann verschwand er plötzlich, und als er wieder auftauchte, meinte er, er sei in einem Geschäft gewesen, das blinkende Bremslichter verkaufe, und habe dem Verkäufer Testlichter abgeschwatzt, die nun mit auf die Weltreise gingen.

Das Paar fuhr in einigen Tagen in Urlaub und bot mir sein Haus als Unterkunft an. Für das Füttern von drei Hunden durfte ich die ganze Woche in einem Bett schlafen, selbst gekochte Speisen essen, Artikel schreiben, Radiosendungen vorbereiten, viel lesen und Florida und die Umgebung von Lakeland erkunden.

Als ich eines Tages auf der Couch vorm Fernseher herumlümmelte und Zeitungen vom Beistelltischchen las, stieß ich auf der letzten Seite des Schwarz-Weiß-Magazins *Sprockets* zwischen den laufenden Meldungen auf folgende Zeilen: »Schon vor einiger Zeit versuchte die Redaktion, mit Benka Pulko, die mit einer unserer Maschinen um die Welt reist, per E-Mail Kontakt aufzunehmen. Wir boten ...«

Zuerst schnallte ich es gar nicht und las weiter, aber einige Sätze später legte ich den Rückwärtsgang ein, kehrte an den Anfang zurück und las den Absatz ein zweites Mal. Danach griff ich zum Telefon und rief in der Redaktion an.

»Benka Pulko am Apparat«, erklärte ich – und dass ich aus Slowenien käme und um die Welt reiste, dass ich meinen Namen in ihrer Zeitschrift gefunden hätte und es nicht stimme, dass ich ihnen nicht geantwortet hätte, denn hätte ich ihre Post bekommen, hätte ich mich sicher bei ihnen gemeldet.

Von der anderen Seite war nichts zu hören. »Hallo?«, forschte ich nach, ob der Gesprächspartner eventuell verloren gegangen war.

Einige Augenblicke später schallte es mit so einer Lautstärke aus dem Hörer, dass ich ihn um eine Armlänge vom Ohr weghalten musste.

»Beeenka Puuulko!« Es zerriss mir fast das Trommelfell, und mir wurde klar, dass ich dem Redakteur Steve mehr Freude bereitet hatte, als es ein Anruf von Präsident Clinton höchstpersönlich vermocht hätte.

Wir verplauderten uns, und in den nächsten zwei Stunden erfuhr ich, dass Steve ein pensionierter Lehrer und passionierter Biker war und einen Club für Liebhaber und Fans der BMW F650 gegründet hatte, also jenes Motorrads, mit dem ich um die Welt fuhr. Wir verloren uns in technischen Details, und ich versprach, für seine Zeitschrift einen Artikel zu schreiben, über dieses und jenes zu berichten und auf jeden Fall in Kontakt zu bleiben.

Ich hielt das Magazin zwar nie wieder in den Händen, aber ich weiß, dass darin oft und viel über mich und meine Reise berichtet wurde. Jahre später wurde der Preis für hunderttausend mit diesem Motorradmodell gefahrene Meilen *Benka Mileage Award* benannt.

Roger und Norma, meine beiden neuen Freude, waren süchtig. Von einem Entzug wollten sie nichts hören. Sie dröhnten sich zu und sahen am glückseligsten von uns allen aus. In ihre Sucht lockten sie auch ihre siebenjährige Enkelin, die von Tag zu Tag stärker nachgab und sich der Welt ihrer Großeltern zufrieden näherte.

Jeden Tag waren sie berauscht von ihren BMWs. Das Haus war voll mit weiß-blauen Propellern: auf Tellern, Tassen, Geschirrtüchern, Schürzen, auf Mützen, T-Shirts, Pullovern, Helmen sowie auf Plakaten, Bildern, der Bettwäsche, Uhren, in und auf den Schränken, auf Hundehalsbändern, kurzum – überall. Überall! Auch in der Garage. Auf zwei und auf vier Rädern.

Roger ertrug meine Beliebtheit bei seinen Freunden und das immer mit Besuchern volle Haus viel leichter als mein schmutziges Bike. Vorsichtig fragte er nach, ob ich etwas dagegen hätte, wenn er es sauber mache.

Zu viel Begeisterung bewährte sich aber nicht. Verlegen gestand er mir, dass er die Reinigung so sorgfältig durchgeführt habe, dass alle Nummern vom Kennzeichen abgegangen seien. Er wollte, wie der Großteil der Amerikaner, ein neues bestellen. Ich aber malte die Nummern einfach mit einem Edding nach.

Die tiefschwarzen Ziffern hielten bis zum Schluss der Reise, das Bike brachte ich aber vorsichtshalber nicht mehr zur Reinigung.

Bier? Nicht mit mir!

Im *Sunshine State* – so wird Florida von den Amerikanern genannt, weil sie Spitznamen und Abkürzungen aller Art lieben – lernte ich jemanden kennen, der jemanden kannte, und dieser Jemand kannte wiederum jemanden, der mich auf einen Sportflughafen mitnahm, wo ich mein Bike parkte und mich für das Fallschirmspringen begeisterte.

Die zwei Wochen Training am Boden und in der Luft stärkten mich psychisch und physisch enorm. Falls ich noch einmal unterrichten sollte, dann werde ich die Kinder auf einen Flugplatz bringen und alle aus dem Flugzeug werfen. Mit Fallschirmen, klar doch! Damit sie begreifen, was Wissen bedeutet und wozu es da ist. Wenn es im Leben einmal ernst wird, kann man sich nur auf sich selbst und ausschließlich auf seine Fähigkeiten verlassen. Vier Kilometer über der Erde vor der offenen Luke des Flugzeugs zu stehen bedeutet, dass Abschreiben und Einsagen nicht existieren. Weil dort, hoch oben, einem nur der Wind ins Ohr flüstert, und man kann nur noch seinem eigenen Wissen lauschen oder der Stille am Ende des Sprungs, wo es kein Wissen mehr gibt.

Fallschirmspringer sind eine besondere Art von Menschen. Tollkühne und wagemutige Lebenskünstler, die immer auf der Jagd nach Adrenalin sind. Menschen, die hinter ihrem Tun stehen und ihre Fehler nicht auf andere abwälzen, sondern selbst dafür geradestehen. Ideal für die Politik, finden Sie nicht?

Jeder Tag am Flughafen wurde mit einem Bier beendet. Oder mit zwei, abhängig von der Gesellschaft und dem Tageserfolg. Alle Triumphe müssen begossen werden. Es wird auf alles angestoßen, meistens trinkt man aber ohne Grund.

Das Springen ging mir leicht von der Hand, und die Trainer lobten mich. Aber nur tagsüber. Am Abend bekam ich etwas anderes von ihnen zu hören.

»Hier, ein Bier für dich!«

»Ich trinke kein Bier.«

»Wieso denn nicht?«

»Kommt gar nicht infrage. Es stinkt.«

»Probier doch mal!«

»Nein. Ich war schon von den Ausdünstungen total betrunken, als ich mal einen Monat Hopfen geerntet habe.« Weshalb es mich noch immer nicht reizte, es zu probieren.

Ich machte die erste Fallschirmprüfung, verdiente mir die zweite Lizenz, machte meine erste Landung außerhalb des Landeplatzes, meinen ersten Sprung ins Wasser und so weiter. Und noch immer keine Lust auf Bier.

Eines Tages traf ich einen Biker, der aus purer Neugier zum Flughafen gekommen war. Motorradliebhaber und Fallschirmspringer haben vieles gemeinsam – die meisten »tauchen«. Sie saufen nicht nur in Bier ab, sondern gehen auch sportlich unter. Der Mann war begeistert von meinem Land: »Slowenien? Da gibt's das beste Bier!«

»Slowenien, nicht Slowakei«, hakte ich zweifelnd nach, um zu prüfen, ob wir auf derselben Wellenlänge waren.

»*Yes, yes.* Slowenien. *Laško pivo!*« Er zeigte ein freudiges Lächeln und sprach diesen Zischlaut so schön ohne Akzent aus, dass es mir den Atem verschlug.

Sein Bauch unter dem Anzug verriet mir, dass er sich mit Bier wohl tatsächlich auszukennen schien.

»Wir sind mit unseren Bikes durch Europa gereist. Von Italien aus krochen wir über die Grenze und machten zu Mittag Rast in Lipica. Wir hatten noch eine Woche Zeit für die Alpen. Aber dann nahm dieses Mittagessen kein Ende. Ach, Lipica. Kennst du es?« Voller Nostalgie schwelgte er in seinen Erinnerungen und fügte nach einer kurzen Pause hinzu, Laško habe all ihre Pläne zerstört.

»Mann, oh Mann, das ist das beste Bier der Welt! Wir sind gleich in Lipica geblieben, und der Rest der Reise hat sich so gestaltet, dass wir von einem Gasthaus zum nächsten gewandert sind und nur bei jenen stehen geblieben sind, die einen Steinbock auf dem Schild hatten«, erinnerte er sich an die allerbeste Reise seines Lebens und grinste von einem Ohr zum anderen. Dass er die Wahrheit sagte, schloss ich aus seiner Fortsetzung, als er mir erzählte, er habe in New Jersey, wo er lebe, im nächsten Spirituosenladen die Anlieferung seines Lieblingsbiers direkt aus Laško geordert.

Die Sloweniennostalgie, die steigende Neugier, der neue Bekannte, die letzte Lizenz, der herannahende Abschied von den Fallschirmspringern und die erste Silvesternacht auf meiner Reise ließen meinen eisernen Willen weich werden – nicht aber meine Knie. Zum ersten Mal genehmigte ich mir also eine Dose Bud, das wässrigste amerikanische Bier und nach Ansicht von Bierliebhabern des schlechteste Bier weit und breit. Für mich war Bier allerdings Bier. Bitter und unbekannt.

Die Party am Flughafen, wo wir das Jahr 1998 erwarteten, dauerte bis in die frühen Morgenstunden. Der lokale Mechaniker hatte mir eine Uhr und die Fallschirmspringer hatten einen Plüschschneemann gekauft. Damit ich bei der Silvesterparty unter Palmen und in kurzen Hosen nicht zu viel Heimweh hatte. Zwischen all den Freunden und Bekannten war es mindestens so schön wie zu Hause.

Lustiges Totenmahl

Eines unschuldigen Tages stellte ich fest, dass ich mich bei der Einschätzung der Größe der Welt und der Anzahl all ihrer Sehenswürdigkeiten ziemlich vertan hatte. Wenn ich was erleben und mich nicht nur beeilen wollte, dann waren zwei Jahre definitiv zu wenig. Deshalb fasste ich den Entschluss, die Reise so weit zu verlängern, wie es mir der Inhalt meines Geldbeutels gestattete, und nahm mir vor, so lange zu bleiben wie nur irgendwie möglich.

Unsere Jüngste zu Hause, meine Schwester Nina, dachte in dieser Zeit intensiv über ihr Leben nach. Sie beschloss, dass sie auch noch etwas anderes machen wollte, als BWL zu studieren und dann mit Wertpapieren zu handeln. Sie kam gerade noch rechtzeitig nach Florida, damit wir uns treffen und eine unvergessliche Zeit miteinander verbringen konnten.

Nach einigen Wochen mit amerikanischem Essen konnte man bei der normalerweise dünnen Nina schon die ersten Anzeichen dafür bemerken, dass sie aufging wie Hefeteig. Und es war komisch, unserem »Kind« beim Aufpassen auf andere Kinder zuzusehen. Offensichtlich war sie herangewachsen, aber ich hatte diese eigentlich klar ersichtliche Tatsache nicht bemerkt.

Wie ungewöhnlich dieses Treffen weit weg von zu Hause und nach so langer Zeit doch war! Noch nie zuvor waren wir so viele Kilometer und Monate voneinander getrennt gewesen. Die Gespräche schenkten mir hier auf der anderen Seite des Atlantiks ein heimeliges Gefühl. Die schlechte Nachricht, die mit Nina angereist kam, war die über Opas schlechten Gesundheitszustand. Allen anderen aber ging es gut, und es war eine Freude zu hören, nicht nur zu lesen, was es zu Hause alles Neues gab.

Die Unterhaltungen fanden kein Ende. Zumindest nicht bis zu dem Moment, als das Telefon klingelte. Uns wurde mitgeteilt, dass

Opa in der Nacht gestorben war. Als wir die Neuigkeit endlich erfassten, wich die Freude Traurigkeit und Tränen.

Wir erinnerten uns an die Tage, die wir mit ihm verbracht, an die Dummheiten, die wir gemeinsam begangen, und an das Glück, das wir geteilt hatten. Es war gut, dass wir zur selben Zeit im selben Sonnensystem gelebt hatten, dass wir ihn kennen durften, und über all das musste man sich freuen.

Wenn das Leben anständig war, dann durfte das Ende nicht traurig sein. Bei dem privaten Totenmahl in einem billigen Gasthaus tranken wir auf seinen Abschied, wünschten ihm ein fröhliches Leben nach dem Tod und riefen ihm ein Auf Wiedersehen zwischen den Sternen zu.

Zu zweit aufwachen

Florida hatte in meinen Augen die geradesten und langweiligsten Straßen, aber seine Naturschönheiten machten das alles wett. Im Süden liegt der größte Sumpf der Welt – und der einzige Ort, an dem Krokodile und Alligatoren übereinkamen, sich den Lebensraum zu teilen, obwohl die Ersteren salziges und die Zweiteren süßes Wasser lieben. In den Everglades ist Platz für alle.

Die Tiere betrachtete ich mir von Weitem, aus der Nähe und auch von etwas zu nah. Das interessante Lernen in der Natur warf einen Schatten auf das Lernen aus dem Buch.

Es war schon Herbst, und das Wetter wurde allmählich freundlicher. Die Sommerhitze wurde von schönen warmen Tagen und einladend kühlen Nächten abgelöst. Die Dunkelheit holte mich am Rand des Sumpfes ein. Ich suchte mir ein Stück grasige, verwachsene Erde, das mir trockener schien als der Rest des Morasts und auf das ich mein aufklappbares »Haus« stellen konnte. Ich erinnere mich, dass ich träumte, nicht diplomiert zu haben, und dass man mir mein Bike gestohlen hätte. Die zwei furchtbarsten Albträume, die mich während meiner gesamten Reise begleiteten.

Die Nacht war lang, zu lang. Wie alle Nächte im Zelt, wenn ich mit den Hühnern schlafen ging und mit den Hähnen aufwachte. Das Leben mit einer flackernden Lampe schläferte mich mehr ein, als es mich inspirierte.

Die Morgen waren meist zauberhaft, und wenn eine neue Morgendämmerung anbrach, gab es auch immer wieder einen Grund, aus dem Schlafsack zu kriechen. Noch liegend, öffnete ich den Reißverschluss des Zeltes und streckte mich beim Anblick der Frische des eben erst geborenen Tages.

Aber an jenem Morgen war alles anders. Was ich erblickte, war – oh mein Gott! Ich erstarrte, und meine Hand verharrte am Reißverschluss. Es war zu spät, um rückgängig zu machen, was ich getan hatte, und zu denken, wie blöd es doch gewesen war. Eisige Blutstropfen trieben durch meinen Körper, und wenn ich gewusst hätte, mit wem ich das Schlafzimmer teilte, hätte ich die Augen keine Sekunde lang zugemacht. Aber was man nicht weiß, treibt einen nicht um.

Gute zehn Meter von mir entfernt schlummerte ein riesiger Alligator, der für meinen Geschmack etwas zu groß ausgefallen war. Das Wissen aus dem Biologiestudium half mir in diesem Moment nicht weiter. Obwohl er schlief und sein Blut sicher genauso kalt war wie meines, hätte er sich, wenn er aufgewacht wäre, ziemlich schnell bewegen können. Mit vierzig Kilometern pro Stunde, besagt die Theorie.

Als meine ersten Hirnzellen warm wurden, tastete ich lautlos nach den Schlüsseln. Die Hose hatte ich zum Glück an. Vom Schlafsack bis zum Bike brauchte ich nur ein paar Sekunden. Ich schob den Schüssel ins Schloss, drehte ihn um, der Motor sprang Gott sei Dank sofort an, und ich fuhr wie der Blitz davon. Ins Unbekannte. Das einzige Ziel war, am Leben zu bleiben.

Nach der erzwungenen morgendlichen Ausfahrt, während der ich langbeinige Vögel beim Frühstück beobachtet hatte, fuhr ich nach guten drei Stunden wieder an meiner nächtlichen Schlafstätte vorbei.

Das ehrenwerte Reptil befand sich nicht mehr am Schauplatz. Noch unter dem Eindruck der morgendlichen Ereignisse sammelte ich schnell mein Hab und Gut zusammen, packte es aufs Motorrad und beschloss, bei der nächsten Zeltplatzsuche vor allem auch mein Hirn zu benutzen.

Arbeit auf dem Feld

Die Gesellschaft von Feldhacken hat mir nie gefallen. Ich erinnere mich noch lebhaft daran, wie uns Omama und Opapa für die Feldarbeit zu motivieren versuchten, was aber nicht fruchtete. Wie eine Raupe kroch ich über das glühende Feld, und am Ende der Reihe, als ich mich umdrehen und die Erde auf dem Rückweg umgraben sollte, fiel ich über meine eigenen Füße. Ich dachte mir immer neue Ausreden aus, um nach Hause oder zumindest in den Schatten des nächsten Baumes gehen zu dürfen.

Es war schrecklich langweilig! Wenn nebenbei wenigstens etwas anderes los gewesen wäre, hätte ich die Feldarbeit ganz okay gefunden. So aber zog ich die Feldhacke wie ein erwürgtes Huhn hinter mir her und wollte mich mit ihrer Anwesenheit ganz und gar nicht anfreunden.

Auf meiner Fahrt wurden die Orangenhaine nun langsam karger und schrittweise durch Zuckerrohrfelder ersetzt. Bis zum Horizont war die Landschaft in alle Himmelsrichtungen noch immer flach wie ein Brett.

Ich machte halt an der Straße, schälte mich aus einer Schicht Kleidung und trank einen Schluck Wasser. Hie und da zischte ein großes Auto an mir vorbei. Kleine gibt es in Amerika nicht.

Auf der anderen Straßenseite stand ein offenkundig ausgemusterter rostig weißer Schulbus, der in seinen besseren Zeiten wohl gelb gewesen sein musste und höchstwahrscheinlich jüngere Menschen als jene, die jetzt um ihn herumstanden, transportiert hatte. Die Männer in zweiteiliger hellblauer Kleidung mit weißen Seitenstreifen auf der Hose bewegten sich langsam, einige tranken aus Plastikbechern, und nur wenige unterhielten sich. Die Uniformen ohne Kragen, Knöpfe, Manschetten und Krawatten machten keinen besonders würdevollen Eindruck und erinnerten mich an Pyjamas.

Ein Einziger unter ihnen trug einen Hut und eine dunkelbraune Hose mit Bügelfalte und benahm sich, als wüsste er mehr als die anderen. Seine Schultern waren mit Epauletten geschmückt, und er trug ein Gewehr.

Das ungewöhnliche Schauspiel ging erst in seinen Epilog über, als ich begriff, dass das Menschen aus dem Gefängnis waren. Gefangene bei der Arbeit. An der frischen Luft und zur körperlichen Ertüchtigung, wie mich die meist sympathischen Jungs verbesserten, von denen einer blond war, einige Spanisch sprachen, die meisten jedoch eine sehr dunkle Haut hatten.

Erst als ich mitten unter ihnen war, sah ich die Häftlingsnummern auf ihrer linken Brust. Ich war in Gesellschaft des kleineren Teils des Trupps, denn die meisten hackten auf dem Feld das junge Zuckerrohr, das ihnen nicht einmal bis zu den Knien reichte. Jeder hatte seine Waffe. Entschuldigung, sein Werkzeug. Sie jäteten langsam und erweckten den Eindruck, dass sie es tatsächlich nicht eilig hatten.

Meine Neugier war nicht mehr zu stoppen. In meinem Interesse überschritt ich alle Grenzen, und schnell freundete ich mich mit dem Wichtigsten an, dem Wärter, der das Geschehen um sich herum gelangweilt beobachtete und sehr unbesorgt aussah. Die Bekanntschaft führte dazu, dass er mir für die mehr als sechzig Minuten bis zum Mittagessen eine Hacke auslieh und mir erlaubte, mit seinen Sträflingen zu arbeiten.

Natürlich gefielen den Häftlingen das frische Gemüse und die Abwechslung sehr. Die Quantität und Qualität dessen, was sie mir berichteten, stiegen verhältnismäßig zur Entfernung von Wärter und Bus. Sie erzählten mir ihre Schauergeschichten: wen sie umgebracht hatten und weshalb, wie sie das Opfer zerstückelt und wo sie es versteckt hatten, wie viele Drogen sie geschmuggelt hatten und so weiter.

Wenn meine Omama gewusst hätte, wie lustig die Feldarbeit mit Häftlingen ist, hätte sie einst eine Ganoventruppe organisiert und es sich so ersparen können, uns Rotzlöffel anzutreiben. Aber sie war eine durch und durch ehrliche Frau, die lieber unbestellte Felder als schlecht erzogene Enkel hatte.

Diese letzte Erfahrung in Florida begleitete mich noch viele Kilometer lang und durch einige Staaten. Alle Feldbekanntschaften bereuten ihre Taten, die sie hinter Gitter gebracht hatten. Hätten sie noch eine Chance bekommen, hätte keiner von ihnen seine Geschichte wiederholt.

Aber das Leben ist eine Schule ohne Nachprüfungen. Stattdessen bleiben nur Schmerzen. Ein Schatten, der uns um viel Sonne und viele Tage an der frischen Luft bringen kann.

Tagebuchauszüge 1

Reisetag: 225
Ort: Miami, Florida, USA
Wetter: sonnig und angenehm warm

In der Nacht spazierte einer der sieben Marder über mich, die in einer großen Box in einem kleinen Anhänger in der Vorstadt von Miami hausen, wo Freunde von Freundesfreunden von jemandem wohnen, mit dem ich mich an einer Tankstelle unterhalten habe und der mir ihre Adresse gab, sie anrief und bat, sie mögen mir doch für einen Tag ein Dach überm Kopf geben.

Die Amerikaner kommen solchen Bitten freundlicher nach, als es der größte Optimist erwarten würde. Man wird als einer von ihnen aufgenommen und es wird alles geteilt, was sie besitzen, außer dem Partner und der Kreditkartennummer.

Ich wachte um fünf auf, als noch die Nacht vom Himmel hing. Das wenige an Gepäck, das ich noch bei mir hatte, verstaute ich im sportlichen Honda und leerte eine Flasche Tomatensaft. Das andere Zeug habe ich zusammen mit dem Motorrad im Container, der schon unterwegs nach Venezuela ist. So wurde es mir zumindest gesagt.

Fliegen macht mich glücklich. Ich erfreue mich immer wieder daran, über den Wolken zu sein. In einem früheren Leben war ich vermutlich ein Engel oder etwas ähnlich Gefiedertes. Oben am Himmel stelle ich meine Lebensperspektive immer neu ein. Aus der Höhe begreife ich, was wirklich groß ist und was nur so scheint.

Flughafen Miami. Ich bin gemästet wie ein Schwein. Ich hasse die großen Spiegel in den Toiletten, die mich unverschämt anglotzen. Sie sind deutlich weniger hilfreich als die Toilettenbecken, die sich selbst spülen können. Aber auch die Wasserhähne sind nicht zu verachten, denn aus ihnen fließt Wasser, sobald sie meine dreckigen Hände erblicken.

Ich spaziere vorbei an Geschäften. Der Duft, der um die Ecke strömt, erinnert mich an die Zeit, als ich noch Täschchen und Kostüm trug. Mit einer vorsichtigen Bewegung berühre ich von Zeit zu Zeit meine Haare, die mit einem alten Gummi schlampig zusammengebunden sind. Heute bin ich in Turnschuhen mit einem gerissenen Schnürsenkel und in einem abgetragenen Jogginganzug unterwegs. Über das langärmlige T-Shirt habe ich noch eines mit kurzen Ärmeln angezogen. Das langärmlige war einmal weiß. Jetzt ist es grau.

Der Duft hat mich nach Hause gebracht. Es ist ein komisches Gefühl, dass ich gar nichts vermisse. Rein gar nichts, was einst eine Konstante und Gewohnheit im Leben war, die ich gern gehabt habe. Wieso nicht? Wahrscheinlich, weil alles in meiner Hand liegt und jeder weitere Schritt meine eigene Entscheidung ist. Ich spüre, wie ich das Ruder des Lebens in Händen halte. Würde mich jetzt der Wunsch nach einem Diamantring überkommen, würde ich ins Geschäft gehen und ihn mir kaufen. Obwohl ich danach monatelang von Wasser, Krümeln und grünem Gras, das neben der Straße wächst, leben müsste. Aber nein! Ich mache weiter. Ich eile meinen Abenteuern und der Freude entgegen. Ganz egal, wie schmutzig meine robusten Reisetaschen sein und wie sehr mich die Spiegel auslachen mögen. Ich fühle mich noch immer gut, und das ist alles, was zählt.

Das Flugzeug ist hoch oben in der Luft. Ständig verlangen unvollendete Artikel nach meiner Aufmerksamkeit. Ich höre amerikanische Countrymusik. Meine Lieblingsreisemusik. Die fliegenden Kellnerinnen der venezolanischen Fluggesellschaft sind bildhübsch. In Nordamerika hatten alle Frauen, die was auf sich hielten, künstliche Nägel, und die Venezolanerinnen haben alle dick umrandete Augen.

Das halb leere Flugzeug bezwingt in drei Stunden problemlos die Distanz zwischen den zwei Kontinenten. Die Fluggäste spielen während des Flugs Tombola. Ich verstehe die mitteilsame Stewardess mit keinem Wort, was mich nicht weiter sorgt, denn ich stehe noch immer unter dem Eindruck der Herausforderung, Englisch zu lernen. Die Reise durch Länder mit englischsprachiger Bevölkerung habe ich ohne Wörterbuch beendet. Jenes, das ich in meiner Tasche festhalte, ist ein spanisches. Lernen ist eine wundervolle Sache!

Ich lasse den ersten Kontinent hinter mir. Ich spüre weder Traurigkeit noch übertriebene Freude, ich freue mich jedoch ungeduldig auf alles, was mich in den noch unbekannten Gegenden erwarten wird, unter neuen Menschen. Das Leben ist schön, juhu!

GPS – Global Pals System

Nachdem Florida schon lange hinter mir lag, musste ich beim Gedanken an den slowenischen Auspuff noch immer lachen. Jenes Ereignis auf der Rennstrecke in Daytona, als alle aus dem Siegerteam vom höchsten Treppchen direkt vor mir demütig auf die Knie gefallen waren, nur weil ich eine Slowenin war, amüsierte mich noch lange.

»Slowenien?! Oh mein Gott! Akrapovič ist der King! Akrapovič ist der King! Wenn Sie nach Hause zurückkommen, müssen Sie ihm sagen, dass er der Allerbeste ist!« So wurde ich zu meiner Freude mit Komplimenten zugeschüttet. Grund dafür waren die Errungenschaften, die die Welt des Motorradrennsports dem ehemaligen Rennfahrer Igor Akrapovič und seiner Firma für Auspuffsysteme zu verdanken hat.

Das war nach der Veröffentlichung eines Artikels über eine Reisende gewesen, der in der amerikanischen BMW-Zeitschrift erschienen war, was unter den Bikern eine gewaltige Begeisterungswelle über meine Tour ausgelöst hatte. Tausende Reiche, Arme, Junge, Alte, Berühmte, Unbekannte, Verheiratete, Singles, Gebildete und Ungebildete träumten davon, etwas Ähnliches zu machen und wenigstens für eine kurze Zeit so zu leben wie ich.

Einige konnten sich den Traum erfüllen. Ich bekam Post von Doris, die mir schrieb, dass sie nach dem Lesen meiner Homepage ihr Haus verkauft, ein Motorrad gekauft und beschlossen habe, lieber zu reisen, als auf ihre Enkelkinder aufzupassen. Deshalb packte die Oma alles zusammen und brach auf. Ich weiß nicht, ob gen Süden oder gen Norden, im Großen und Ganzen aber um die Welt.

Zu Tränen rührte mich der Brief eines Kanadiers, der an Krebs erkrankt war, von mir hörte, aufs Motorrad stieg und sein Land von Osten nach Westen abfuhr. Vor seinem Tod bedankte er sich noch für die beste Erfahrung seines Lebens.

Zwischen den zweihundert E-Mails bekannter und unbekannter Absender war auch eine von Tomo. Er stellte sich als pensionierter Pilot vor, der neben Flugzeugen auch ein Motorrad steuere, einen großen Teil der Welt bereist habe und sich aufgrund seiner Erfahrungen nicht vorstellen könne, wie ich ohne GPS um die Welt kommen solle. Er schrieb, er würde mir einen schicken, und ich solle ihm die Adresse zukommen lassen.

Er wollte mir ein GPS schicken? Ein Spielzeug, das mehr als nützlich, brauchbar und genial ist, aber 1500 Mäuse kostet? Ich wusste nicht, wieso die jemand für mich ausgeben sollte, der nur mein Foto in der Zeitung gesehen und einige Aussagen und den Kommentar des Autors gelesen hatte, in dem dieser gemeint hatte, ich sei total verrückt, ohne dieses Gerät zu reisen.

In Wirklichkeit hatte ich darauf verzichtet, nicht weil ich verrückt war, sondern ... Sie wissen schon, weshalb. Uns allen ist bekannt, dass die Menschen bereits vor fünfhundert Jahren um die Welt reisten und sogar weiter kamen als geplant. Ohne Elektronik, die ihnen half, den Weg zu finden. Deshalb hoffte ich insgeheim, auch ich könnte es mit den alten Methoden, mit einer Landkarte, mithilfe der Sonne und des Orientierungssinnes schaffen.

Hola, Latinowelt!

Cecilia stammt aus einer vermögenden venezolanischen Intellektuellenfamilie. Wir lernten uns in Boston kennen, als sie bei einem Asthmaanfall fast krepiert wäre. Mein bisschen Wissen und Erfahrung halfen ihr zu überleben und ermöglichte uns beiden, eine interessante Freundschaft zu schließen.

Als ich ihr mitteilte, ich käme nach Caracas, stürmte sie zum Flughafen und hielt mir als Willkommensgeschenk eine Gardinenpredigt: Ich würde das Leben, das mir geschenkt worden sei, leichtfertig aufs Spiel setzen, ich wisse nicht, worauf ich mich da einließe, und ich solle nach dem Besuch bei ihr lieber schnurstracks nach Hause zurückkehren.

»Südamerika ist ein gefährlicher Ort, verdammt noch mal! Das ist nicht die USA, Australien oder Europa. Hier wird man schon weggepustet, weil man eine teure Uhr oder ein Auto hat, das sich gut verkaufen lässt. Señorita, willst du wirklich ganz alleine unter all diese Menschen? Und das mit dem Motorrad?! Du hast doch nicht alle Tassen im Schrank!« So brach alles, was ihr auf der Seele lag, aus ihr heraus.

Da ich ohne Auto reiste und meine Uhr aus der 10-Dollar-Preisklasse war, hatte ich keinen Grund zur Sorge. »Das kann doch nicht so schlimm sein«, sagte ich, eher zu mir selbst als zu ihr, sie aber antwortete: »Noch schlimmer, als du denkst. Viel schlimmer!«

Ihre riesigen schwarzen Augen blitzten in meine Richtung, und sie drohte mir mit dem Zeigefinger der rechten Hand, den sie im nächsten Augenblick in einen Wegweiser Richtung Parkplatz verwandelte, wo ihr ausgeblichener Fiat in der Sonne wartete.

Meine Ceci ist ein tolles Mädchen, aber aus weicherem Holz geschnitzt. Damals war sie Single und lebte noch immer bei ihren Eltern, die von zwei Dienstmädchen bedient wurden, welche nebenbei auch noch Ceci versorgten. Sie hatte keine Arbeit, waschen, kochen und bügeln konnte sie nicht, sie las jedoch sehr viel und dachte ein wenig nach, am liebsten über Religiöses und Philosophisches. Sie war eine temperamentvolle, unterhaltsame und eigenwillige Schönheit, wenn auch etwas unter dem venezolanischen Durchschnitt, wo jede Fünfzehnte Miss World ist. Dafür fehlte ihr der eine oder andere Zentimeter an Größe sowie beim Umfang der Rundungen. Doch das, bei dem sie nach außen zu kurz kam, machte sie mit ihrem Inneren und ihrer humor- und gefühlvollen Persönlichkeit wett.

Ich verstand nie, warum sie wie ich Biologie studiert hatte, aber auch ihr war nicht klar, was mir mein Diplom auf der Weltreise bringen sollte. Motorräder und Reisen waren nichts für sie. Sie mochte das geregelte Leben mehr als Herausforderungen und war stark an ihr Zuhause gebunden.

Nach drei langen Tagen des Wartens auf mein Bike, das noch immer auf dem Weg war, wurde ich unruhig. »Hier geht nichts schnell.« Ceci lachte über meine Ungeduld. Ihre großen schwarzen Augen verengten sich und verschwanden hinter dem Wald der dichten Wimpern.

In der Sechszimmerwohnung im Nobelviertel von Caracas

schlief ich in einem Bett, das sich von selbst machte, auch übers Essen musste ich mir keine Gedanken machen, weil das die Köchin erledigte. Eigentlich hätte ich vollkommen sorglos sein können, wenn ich nur gewusst hätte, was mit meinem Bike war.

Trotz der täglichen Anrufe und Schreiben an die Spedition, den Vermittler, den Zoll und alle anderen Heiligen hatten wir das Motorrad noch immer nicht gefunden. Nach einer Woche war ich bereit, jemanden zu erwürgen, aber ich entschloss mich, meine Energie lieber für etwas Sinnvolleres zu verwenden. Ceci und ich fanden eine Schule, in die ich vormittags ging, die Nachmittage verbrachte ich in Gesellschaft des schönen Rodrigo Bautista Madrizo Alcala. Beides mit der gleichen Intention: mein Spanisch zu verbessern und mich für den weiteren Weg zu wappnen.

Cecis Mutter Lia war begeistert von meiner Art, Zeit zu verschwenden. Die bezaubernde Dame war Rektorin der nahen Universität. In ihrer Freizeit lag sie auf der Couch in ihrer Bibliothek, hörte Klassik und las, während ihr eine der Hausangestellten die Füße massierte. Den Vater sahen wir eher selten. Obwohl die Mutter die ganze Zeit einen Rock trug, war klar, dass sie in der Familie die Hosen anhatte.

Ihr Zuhause war ein Weibernest, wohin Männer kamen und von wo sie auch wieder gingen, die Frauen aber blieben. Auch für mehrere Tage, wenn es etwas Interessantes gab. Wenn Sie noch nie gehört haben, wie Venezolanerinnen quatschen, dann verurteilen Sie andere Frauen nicht dafür, viel zu reden. Stunden über Stunden schnatterten sie, und ich muss gestehen, dass ich allein vom Zuhören ihres Gequassels viele neue Wörter lernen konnte.

Nach langer Zeit sah ich wieder einmal außergewöhnlich geformte Berge, die in einer sanft ansteigenden Kette die Hauptstadt beschützen, in der sich so viele Menschen drängen, dass es für mehr als zwei Slowenien reichen würde. Aus dem Hochhaus mit dem perfekten Ausblick betrachtete ich die Randbezirke der Stadt, wo heruntergekommene Hütten standen. Ähnliches hatte ich während des Landeanflugs aus der Luft gesehen. Zwischen den aus Karton, Blech und löchrigen Ziegeln errichteten Hütten ohne Fenster, Dächer und Fassaden war hie und da ein wenig Platz für schmale Streifen roter Erde.

Während des Aufenthaltes in Caracas fragte ich mich die ganze Zeit, wieso man im zwölften Stockwerk eines bewachten Hauses Gitter an den Fenstern brauchte.

»Weil wir Angst vor Einbrechern haben«, erklärte Ceci.

In jedem Teil der Welt haben die Menschen ihr eigenes Vergnügen. In Südamerika wird gerne gestohlen.

»Du erwartest sie doch etwa nicht an den Fenstern?« Ich konnte mir keinen solchen Einbrecher vorstellen, außer er wäre Supermans Bruder.

»Man weiß nie«, erwiderte sie resolut, »ohne Gitter würde ich hier um keinen Preis wohnen wollen. Auch nicht im hundertsten Stock.«

»Glaubst du nicht, dass du etwas übertreibst?«

»Nur für deinen Geschmack, meine Liebe.«

»Ich glaube, nicht nur für meinen.«

Wir unterhielten uns eines Morgens bei einem vorzüglichen Milchkaffee, den wir selbst nicht zubereiten konnten, ohne dass uns die Köchin zu Hilfe kam.

»Sag schon, von wo könnten sie kommen?« Ich wollte hören, wie ein von schlechten Nachrichten verängstigter Mensch denkt.

»Aus dem Himmel. In Venezuela klauen alle. Vom Präsidenten bis Gott«, fasste Ceci ihr Misstrauen allem und jedem gegenüber zusammen und fügte hinzu, sie habe aufgehört zu zählen, wie oft sie schon bestohlen worden sei.

Neues Zuhause

Hitze hockte über der Stadt, und in der Luft vereinte sich Musik aus allen Himmelsrichtungen. Laute Merengue-, Limbo- und Calypsorhythmen drangen aus Bussen, Geschäften, Restaurants, Wohnungen, Transistorradios – und dynamischen Menschen. Den Einheimischen ist es angeboren, sich zur Musik zu wiegen.

Halb nackte Kinder rannten in den zugemüllten Straßen umher und funkelten mit ihren um einige Nummern zu großen Augen in die Welt, die allmählich mein neues Zuhause wurde. Nur an die langsame Geschwindigkeit des Lebens konnte ich mich ganz und gar nicht gewöhnen. Meine Orientierung an Hühnern und Hähnen, die ich auf der Reise pflegte, passte so ganz und gar nicht zu den lokalen Gepflogenheiten.

Die Venezolaner sind ein sehr lebhaftes Volk. Sie essen viel und erfreuen sich des Lebens bis tief in die Nacht, aus den Betten kriechen sie aber nicht so gerne vor zehn, wenn nicht gerade Feuer unterm Dach ist.

In den Stadtbussen, der U-Bahn und vor den Gasthäusern waren immer viele laute Verkäufer, Guides, Bettler und Herumtreiber. Die Straßen wurden von leeren Geschäften gesäumt, vor denen lebhaft gefeilscht, verkauft und alles angeboten wurde, von lebenden Hühnern, Kaugummis, Räucherstäbchen und geklauten Autoradios bis hin zu billigen BHs und Unterhosen. Die meisten lebten vom Zwischenhandel. Alle verkauften etwas, aber niemand kaufte es.

Am Stadtrand wuchsen mondäne Einkaufszentren, in denen sich die Reichen tummelten. Nach amerikanischem Vorbild war darin alles groß, außer dem mageren Warenbestand, der auf kilometerlangen Regalen vereinsamte. Die gut bewachten Parkplätze waren voll mit Luxuskarossen. Der nicht zu vernachlässigende Anteil an schwindelerregenden Preisen in diesem Stadtteil war das i-Tüpfelchen des Snobismus.

Venezuela ist ein instabiles Land mit Korruption und einer schwachen Währung. Die bestbezahlten Jobs haben Diebe und jene in der Ölindustrie. Die meisten sind nicht sehr reich. Sie verdienen nur das Nötigste. Den Müll zu durchstöbern und auf den Gehsteigen zu schlafen gehört nicht nur zum Leben der Straßenköter. Die Obdachlosen sind die einzigen freien Menschen. Weil sie nichts haben, fürchten sie auch niemanden.

Angst

Angst ist etwas Schreckliches! Sie stoppt alle, die ihr erlauben, ihr Leben zu beherrschen. Die Menschen hatten um mich mehr Angst als ich um mich selbst. Für Angst muss man Zeit haben und darüber nachdenken, was alles passieren und schiefgehen könnte.

Abends, wenn ich üblicherweise einige Momente Ruhe finden konnte und sie ausschließlich mit mir selbst teilte, dachte ich oft über die Ansteckungsgefahr durch Angst nach. Ich treffe Menschen, tausche mich mit ihnen aus, höre zu, was sie zu sagen haben, sie hören zu, was ich zu sagen habe, und dann geht jeder wieder seiner Wege. Sie überhäufen mich mit ihren Ängsten, ich trete ihnen etwas von meinem Vertrauen in die Welt ab, und das ist alles. Die Gedanken der Menschen, die ich während meiner Reise traf, berührten mich immer zutiefst. Sie waren ein Teil meiner Wirklichkeit, und ihre Ängste brachten den Boden unter meinen Füßen zum Beben, bis ich mich hinsetzte, nachdachte und mich in ihr Universum hineinversetzte.

Ich begriff, dass ich mit Verängstigten nicht über Sicherheit diskutieren konnte, dass es nicht sinnvoll war, jene nach dem Weg zu fragen, die immer nur zu Hause waren, und den Meinungen jener zuzuhören, die keine hatten.

Der eigene Kopf muss die anspruchsvollste Arbeit erledigen, vor allem aber muss er beurteilen, wer der richtige Gesprächspartner ist. Eine der wichtigsten Lektionen meiner Reise war, dass es nicht lohnt, vor fremden Ängsten Angst zu haben.

Das verlorene Motorrad

Nach einem Monat lagen meine Nerven wegen des Motorrads blank, und ich konnte Cecilias Nachbarn, der Selbstmord begehen wollte, ohne Probleme verstehen. Zum Glück gelang es uns, ihn noch rechtzeitig vom Balkon zu ziehen, von dem er den Sprung in die Ewigkeit vorbereitete.

Am nächsten Tag hing der Geruch des Todes wieder in der Luft. Ich muss sagen, dass ich die Nase vom Beigeschmack dieses Gewürzes schon am Anfang meiner Erkundungen in Südamerika gestrichen voll hatte. Aber das alles war nur eine Übung und leichte Einführung.

Rodrigo und ich verabredeten eine Spanischstunde auf der Straße, deshalb trafen wir uns gleich in der Stadt. Ich fand die Idee toll, aber toll wurde gar nichts. Es artete schon auf dem ersten Fußgängerübergang aus. Obwohl wir grünes Licht sahen, übersah uns ein Busfahrer, raste auf den Übergang und verteilte uns über die Fahrbahn wie Krümel. Verdammter Bus! Taschen, Schuhe und Brillen wirbelten davon, und wir zwei flogen durch die Gegend wie schlabbriges Fleisch.

Ich rappelte mich hoch, tastete mich ab, fand alle Körperteile an der richtigen Stelle und eilte zu Rodrigo, der neben einem der Räder lag. Der erste Schreck ließ nach, als ich seine offenen Augen sah.

»Bist du ganz?«

»Ich denk schon.«

»Konntet ihr nicht ausweichen?!«, mischte sich der Fahrer des gefährlichen Busses ein, ohne eine Einladung erhalten zu haben.

Als ich die Bedeutung seiner Worte begriff, packte es mich, ihm eine zu verpassen. Nach Abwägung der Prioritäten widmete ich mich zuerst aber meinem Lehrer, untersuchte ihn und half ihm auf. Er konnte gehen, und es sah nicht so aus, als wäre etwas gebrochen. Ich brachte ihn auf den Gehsteig, wo wir uns mit dem Busfahrer auseinandersetzen mussten. Armer Kerl, der so ein Fahrzeug steuern musste, das keine Verkehrszeichen kannte und Probleme mit den Vorschriften hatte!

Mit seinem Gegacker hörte er erst auf, als ich drohte, ich würde die Polizei holen. Da legte er eine andere Platte auf, bot an, uns ins Krankenhaus zu bringen, und das auch noch gratis.

Wir beide beschlossen einstimmig, ihn mitsamt seinem Bus zum Teufel zu schicken.

Um diese Zeit herum kam das Geschenk an, das mir das Warten aufs Bike und die Folge stressiger Tage versüßte.

»Wir haben ein Päckchen für Sie«, wurde ich von DHL verständigt.

»Ich warte mit Freude auf die Zustellung.«

»Zuerst müssen Sie bei uns vorbeikommen, die Importgebühren bezahlen, und dann können wir es Ihnen zustellen.«

»Importgebühren? Ich bin doch auf der Durchreise, und in Kürze verlasse ich diesen Ort wieder. Und das GPS wird natürlich mit mir reisen.«

»Leider. Zuerst müssen Sie den Zoll bezahlen, und dann können Sie gehen, wohin Sie wollen.«

»Sehen Sie«, versuchte ich es aufs Neue, »das Porto wurde bezahlt, Sie können mir ein Dokument für die vorübergehende Einfuhr ausstellen, das ich mir bei der Ausreise an der Grenze bestätigen lasse und Ihnen dann den Bescheid zuschicke, der bestätigt, dass ich und mein GPS das Land verlassen haben. Das muss doch möglich sein, oder nicht?«

»Ja, ist es. Aber eigentlich doch nicht ...«

»Verdammt noch mal, ist es oder ist es nicht?! Wenn Sie sich nicht entscheiden können, dann entscheide ich es für Sie! Alles ist *möglich*!«, drängte ich auf die schnelle Lösung des unnötigen Problems.

Nach unfruchtbaren Gesprächen erinnerte ich mich an die einzig gültige Regel. Immer wenn ich ihrer Anwendung höflich auswich, vergeudete ich Zeit. Ich verlangte, den Generaldirektor am Telefon zu sprechen, der in wenigen Minuten alles Nötige erledigte. Zwei Stunden später blätterte ich schon in der Betriebsanleitung und stöberte in den Programmen meiner neuen Errungenschaft.

Sonnenstrahlen an dunklen Tagen sind alle Sterne im Sonnensystem wert.

Sehr geehrter Herr Tom Wade!
Heute habe ich Ihre Sendung bekommen. Ihre Aufmerksamkeit und Ihre Liebenswürdigkeit schätze ich sehr. Von nun an wird mir die Entscheidung an Weggabelungen leichter fallen. Ich verspreche, dass der eine oder andere Kilometer meiner Reise auch Ihrer sein wird. Ich bin Ihnen sehr dankbar. Obwohl wir uns noch nie begegnet sind, hoffe ich, dass es uns einmal auf die gleichen Koordinaten verschlagen wird. Vielen Dank auch für die, die Sie schon eingespeichert haben.
Herzliche Grüße aus Caracas,
Benka Pulko

Glück im Unglück

Alles Negative geschieht aus einem bestimmten Grund. Das habe ich schon geschrieben. Ich wiederhole es nur deshalb, damit wir es uns merken und nie vergessen, dass es wirklich und immer so ist.

Die »Zwangsferien« in Caracas nutzte ich unter anderem auch fürs Sammeln. Nicht von Souvenirs und auch nicht von Männern, sondern von Eintrittsvisa. Ich klapperte die Botschaften und Konsulate aller südamerikanischen Länder ab, die ich noch besuchen wollte.

»Wie viel Geld haben Sie?«, fragte mich der kolumbianische Konsul.

»Genug«, antwortete ich selbstbewusst nach fast einem Jahr Leben auf Achse und der Erkenntnis, dass Bescheidenheit am gewinnbringendsten ist.

»Wer reist noch mit Ihnen?«

»Niemand.«

»Um Gottes willen, sagten Sie ›niemand‹?!« Er schien einem Herzinfarkt nahe und griff sich an die Brust, als wollte er verhindern, dass ihm das Herz heraussprang.

Mir gingen diese Übertreibungen schon ein wenig auf die Nerven, aber ich musste mir immer wieder in Erinnerung rufen, dass sie wahrscheinlich nicht jeden Tag ein weibliches Wesen sahen, das sein Bike alleine um die Welt steuerte.

Aus dem Gespräch war zu erkennen, dass ich kein Eintrittsvisum brauchen würde. Trotzdem sagte mir der Konsul, ich möge in einer Stunde wiederkommen. Ich war mir nicht sicher, ob deshalb, damit er sich erholen konnte, oder wegen etwas anderem.

Bei meiner Rückkehr lag mitten auf dem massiven geschnitzten Tisch ein Brief, den der Konsul in die Hand nahm. Er zog den Papierbogen stolz aus dem Umschlag und las bedeutungsvoll die

Empfehlung an die politischen Vertreter seines Landes vor, mir zu helfen, wenn es nötig sein sollte.

»Vielen herzlichen Dank, Herr Konsul Luis Ramón Dussán Calderón«, schoss es stolz über meine Lippen, denn ich hatte während der Wartezeit seinen vollen Namen gelernt. Ich hasse bandwurmlange Namen! Kurze waren schon ein Krampf, denn mein Speicher füllte sich mit gefährlicher Geschwindigkeit.

Auf dem Umschlag waren das kolumbianische Wappen und der Name des Konsulates. Ich stopfte den Brief sorgfältig in die Hülle, in der schon die Empfehlung des slowenischen Außenministers war.

Ich verließ das Konsulat, blickte mit zugekniffenen Augen in den hellen Himmel und lächelte. Ich war mit zwei Stück Papier bewaffnet, die in Kombination eine hervorragende und auch die einzige Waffe waren, mit der man ohne Waffenschein reisen durfte.

Operation Bike

Vom Motorrad fehlte noch immer jede Spur. Eines schönen sonnigen Tages – obwohl um den Äquator alle Tage schön sind – bat ich Cecilia, mich dorthin zurückzubringen, wo sie mich aufgelesen hatte. Ich war fest entschlossen, so lange vor dem Zollamt zu kampieren, bis sie meinen kleinen Freund auf Rädern vor mein Angesicht schleppten.

Fünf Zollbeamte beobachteten mich stumm vom Empfangstresen aus, während ich ihnen erklärte, sie würden mich nicht loswerden, bevor ich nicht das bekäme, was mir gehörte. Ich würde mich nicht von der Stelle rühren, und basta!

»Wo ist das Motorrad?« Nach den anfänglichen Formalitäten nahm ich die genaue Durchführung der Mission in die Hand.

»In Amerika. Es ist noch nicht bei uns.«

»Das Transportunternehmen sagt, dass es schon längst in Ihrem Lager ist.«

»Warten Sie, wir überprüfen das.« Das Durchwühlen der verstaubten und von der Sonne vergilbten Zettel fing an. »Das Motorrad ist noch auf dem Schiff.«

»Auf was für einem Schiff? Es wurde per Flugzeug verschickt.«

»Unseren Angaben zufolge ...«, versuchten sie sich aus der Affäre zu ziehen, aber es gelang ihnen nicht so richtig.

Der idiotischen Gesichter überdrüssig, denen auf die Stirn geschrieben stand, dass sie nur wegen der Kohle zur Arbeit gingen und nicht auch deshalb, um etwas zu tun, verkündete ich, ich würde draußen auf der Bank warten, bis sie fänden, was sie suchten.

Die Sonne brannte vom Himmel, sodass ich sie am liebsten heruntergeschlagen und vergraben hätte. Die Zeit zog sich wie zäher Rotz, und der Morgen war schon längst in den Nachmittag übergegangen. Währenddessen las ich, wiederholte und konjugierte spanische Vokabeln und führte ab und zu hitzige Debatten mit den Zollbeamten. Die einzige Konstante an diesem heißen Tag waren meine eiskalten Nerven.

Um vier fing es an zu tröpfeln. Nach den Tropfen folgte die Neuigkeit über den Fund des roten Motorrads. Es sei im Lager *verstellt* gewesen, sagten sie. Als hätten die bedauernswerten Intellektuellen vom Zoll die ganze Zeit eine Streichholzschachtel gesucht und nicht eine dreihundert Kilo schwere Kiste.

Noch vor dem Abend war das Bike wieder mein. Die Reise war also noch nicht zu Ende. Das Kampieren bei den Zollbeamten war zum Glück entfallen, denn meine Sturheit hatte sie so motiviert, dass sie in einigen Stunden gefunden hatten, was sie schon einen Monat lang gesucht hatten.

Ein Zimmer, ein Parfum und ein Unbekannter

Hinter den zusammengeschusterten und armen Rändern der Stadt begann eine andere Geschichte.

In den Dörfern leben die Bewohner in großen Gemeinschaften. Vier, fünf Generationen in einer Behausung sind keine Seltenheit. Und die Menschen sind nur beim Tanzen gut und flink.

Die Geschwindigkeit des Lebens auf diesem Kontinentalfetzen erlebt man am intensivsten in der Schlange vor dem Bankschalter. Zwei Stunden und länger. Die Menschen waren zwar der Meinung, alles könne warten, aber in mein Lebenskonzept passte das noch immer nicht.

Vor Begeisterung, dass ich nach so langer Zeit doch noch meine Sendung bekommen hatte, fuhr ich einfach der Nase nach ins Ungewisse. Ein bisschen hin und her, ohne richtiges Ziel, nach Norden, Süden, Osten und Westen. Ich wäre auch in die fünfte Himmelsrichtung gefahren, wenn es sie gäbe. So sehr vermisste ich die Freiheit der Bewegung, den Wind und jeden Tag ein neues Paradies.

Vor dem Abend blieb ich in einer Ortschaft stehen, die es nicht einmal zum Eintrag auf eine Landkarte geschafft hatte. Die niedrigen quadratischen Betonhäuser sagten mir, dass die Siedlung noch nicht allzu alt war.

An der Tankstelle, die gewöhnlich die letzte Station meines Arbeitstages als Nomade war, sprach mich ein kleiner, dünner Mann mit Schnurrbart an. Für mich sahen alle Latinos mittleren Alters gleich aus. Er sprach tadelloses Englisch. Solche fingen immer gerne eine Unterhaltung an.

Während wir plauderten, trat er zum Auto und kam mit einem runden Aluminiumröhrchen zurück, das aussah wie ein auf beiden Seiten geschlossenes Reagenzglas.

»Das ist für Sie!« Er lachte herzlich, ich aber sträubte mich mit einem zweifelnden Blick gegen das wüst zerbeulte Behältnis. Nicht einmal im Traum konnte ich mir vorstellen, was darin sein könnte.

»Danke, nein danke. Ich brauche nichts, und Platz habe ich auch keinen, um das zu verstauen«, wehrte ich mich gegen das verdächtige Geschenk.

Seinem Lächeln nach zu urteilen konnte es nichts Schlimmes sein. Er hielt das Röhrchen in der linken Hand und wartete, dass ich es annehmen würde, während ich darauf wartete, dass er nachgäbe.

Weil es länger dauerte, als er vermutet hatte, wurde er verlegen. Er errötete, senkte den Blick, entdeckte den offenen Reißverschluss an der Motorradseitentasche, steckte schnell den kleinen Behälter hinein, rief zufrieden »Gute Reise!« und ging.

Ich füllte den Tank, wischte die Mücken vom Scheinwerfer, ölte die Kette und kontrollierte, ob sie genug gespannt war. Dann zahlte ich und sah mich um, um mich zu entscheiden, in welche Richtung ich mich auf die Suche nach einer Übernachtungsmöglichkeit machen sollte.

Noch bevor ich die Tankstelle verließ, kam der bekannte Unbekannte zurück und sprach mich wieder an, diesmal über den Ellbogen seines linken Armes hinweg aus dem offenen Fenster eines schönen gepflegten Jeeps.

»Ich habe ein Zimmer für Sie reserviert«, sagte er und zeigte unter seinem Schnurrbart ein breites Lächeln.

»Danke, sehr freundlich von Ihnen«, bedankte ich mich für das alte Geschenk und die neue Überraschung.

Auf den ersten Blick schien er mir ein ehrlicher Mann zu sein. Ein gelassener, gebildeter und kommunikativer Mensch, der eine Arbeit, anständige Kleidung und ein sauberes Auto hatte. Obwohl er mir nicht gefährlich erschien, gefiel mir das Ganze nicht. Vor allem deshalb, weil ich noch immer in Venezuela war, wo Freundlichkeit gegenüber Männern – in ihren fehlbaren Augen – für gewöhnlich als eine Einladung ins Bett verstanden wird. Deshalb passierte es nicht selten, dass ich die Unterhaltung mit Männern schon beendete, bevor sie anfing, müde der Erklärung, ich sei nicht auf der Mission »Männerfang«.

Noch bevor ich dazu kam, ihn zu fragen, wieso er mir helfen wolle … wieso denn gerade mir … ob das nicht ein bisschen suspekt sei … was sein Motiv sei … was er von mir erwarten würde und so weiter, erinnerte ich mich an mein Gefühl.

Gefühle sind das Beste, was ich habe.

Obwohl der gesunde Menschenverstand mich geradezu anschrie, ihn zum Teufel zu schicken, widersetzte sich mein Gefühl. Wieso einen Menschen nur deshalb zurückweisen, weil er nett ist? Er war außergewöhnlich aufmerksam, und nur deshalb fühlte ich mich unwohl.

Aber das war mein Problem.

»Werden Sie mir folgen?«

Ich fasste Mut und nickte, setzte meinen Helm auf und fuhr hinter ihm her.

Bald hinter der Tankstelle bogen wir von der Hauptstraße ab. Die Gassen wurden schmaler, verstaubter, löchriger und immer vermüllter. Wir bogen nach links, nach rechts und noch einmal nach links.

Dann machte der Mann noch während der Fahrt den Motor aus, stieg ruckartig auf die Bremse, sprang aus dem Auto, drehte sich zu mir um, breitete die Arme aus und rief: »Hier! Hier werden Sie schlafen. Was sagen Sie dazu?«

Er sah mich mit weit aufgerissenen Augen an und näherte sich langsam. Ich war ein paar Meter hinter ihm stehen geblieben und saß noch immer auf dem Motorrad.

Er schob die Rechte in die Hosentasche, zog eine Visitenkarte heraus, streckte sie mir entgegen und verkündete enthusiastisch, das sei die Unterkunft seiner Freunde. »Richtige Menschen!« Er ruderte mit den Armen und schäumte vor Begeisterung.

Ich begriff, dass er mich wegen einer Provision hierhergebracht hatte.

Ein langer und heißer Tag neigte sich dem Ende zu. Ich war müde von allem Schönen und hatte keine Lust zu erklären, was ich mir dachte. Ich ging an ihm vorbei zur Rezeption und fragte nach dem Preis, einer Übernachtungsmöglichkeit und einem Parkplatz, obwohl ich ein paar Minuten zuvor noch davon geträumt hatte, die Nacht im Zelt zu verbringen, irgendwo am Rand der Ansiedlung.

Das Mädchen hinter dem Tisch erklärte mir, es gebe kein freies Zimmer mehr. Da trat der freundliche Engel näher und bot mir einen Schlüssel an.

»Bitte sehr.«

»Von welcher Tür ist dieser Schlüssel?«

»Nehmen Sie, von Ihrer.«

»Wie, von meiner? Und wo werden Sie schlafen?«

»Ich fahre nach Hause. Noch einige Stunden Fahrt, und ich bin zu Hause.« Er zerfloss regelrecht in ein Lächeln; ich fasste neuen Mut und streckte meine Hand nach dem Schlüssel aus.

»Kann ich zahlen?« Ich drehte mich zur Rezeptionistin um, die zu dem Mann blickte und mir antwortete: »Die Rechnung hat Herr Eduardo schon beglichen.«

Ich wusste zwar nicht, wer Eduardo sein sollte, aber ich vermutete, dass mein neuer Verbündeter so hieß.

»Es ist alles erledigt.« Er nickte leicht, und jenes Lächeln war noch immer an seinem Platz.

»Das Zimmer ist also schon bezahlt«, fasste ich zusammen, bedankte mich freundlich für das Angebot und wollte ihm den

Schlüssel zurückgeben. Weil er ihn nicht annahm, ließ ich ihn an der Rezeption und ging.

Herr Eduardo eilte hinter mir her, und zum ersten Mal sah ich ihn nicht lächeln. »Aber, Señora!«

Hör auf mit »Señora«, lass mich in Ruhe! Ich habe die Nase voll von Schleimern. Ich würde es ja noch verstehen, dass er sich bemüht und ein Zimmer reserviert hat. Aber es auch noch zu bezahlen?! Sicherlich hat er das Recht auf einen nächtlichen Besuch mit einkalkuliert. Ja, was denn noch?! *Ich krepier lieber, bevor ich das annehme*!, schrie ich mit geschlossenem Mund, aber meine Zähne knirschten so laut, dass man es nicht überhören konnte. In Gedanken schlug ich ihm vor, sich den Schlüssel in den Arsch zu stecken und mich zu vergessen, weil ich gerade eben seinen Planeten verlassen hätte.

»Hier ist der Schlüssel. Ich verlange, dass Sie ihn nehmen, Ihre Sachen ins Zimmer bringen, sich frisch machen, umziehen, damit ich Sie zum Abendessen ausführen kann, und dann ist Ihr Leben wieder Ihre Sache, und meinetwegen können Sie dann machen, was Sie wollen!« Der stählerne Bursche zeigte sich standfest und entschlossen.

Als ich ausgelaugt vom Zanken mit mir selbst umgezogen und gewaschen aus dem Zimmer kam, wartete er mit verschränkten Armen ruhig unter dem Dachvorsprung, der den letzten Schatten des Tages auf sein Gesicht warf. Wir gingen in ein bescheidenes Straßenlokal mit den obligatorischen Plastiktischtüchern, der Gottesmutter Maria in der einen und einem Kruzifix in der anderen Ecke.

In Gasthäusern wie diesen servierten sie meistens nur eine Art von Gerichten. Auf der Speisekarte gab es Hähnchen mit Reis und gebackenen Bananen, die allerdings keine Bananen waren, sondern Platanen. Das Essen war schmackhaft, es war jedoch nicht empfehlenswert, sich umzuschauen, damit man nicht sah, wo es zubereitet wurde, beziehungsweise damit das Blickfeld nicht von einer Ratte, Maus oder einem ähnlichen Haustier gekreuzt wurde.

Das Abendessen zahlte ich. Ich entschuldigte mich auch für meine Zweifel und mein abweisendes Verhalten. Mein neuer Bekannter aber lachte nur wieder.

Bevor ich schlafen ging, schaute ich noch in das Aluminiumröhrchen. Darin war ein Parfum. Ich ließ es in der Seitentasche, in die es der edle Spender gesteckt hatte. Während der Fahrt schielte ich dann ab und zu dorthin. Immer wieder ermahnte mich das Röhrchen, dass Zweifel gesund sind, aber nur solange Gefühle, die immer mehr wissen als der Verstand, den Vorrang haben.

Weiblichkeit, wo bist du hin?

Ich hatte mich noch immer nicht entschieden, ob ich mich geradewegs durch Brasilien in den Süden des Kontinents auf den Weg machen sollte oder ob ich über die Anden nach Kolumbien, durch Peru und weiter nach Argentinien fahren sollte.

Je leidenschaftlicher ich reiste, desto mehr sah ich. Die nächsten zehntausend Kilometer verbrachte ich zwischen bildschönen, an Tische erinnernden Tepuis, Wüsten, Erdölbohrungen, unter Goldgräbern, in Savannen und an türkisen karibischen Buchten. Je mehr ich erlebte, desto besser verstand ich, wieso Reisen unendlich sind und niemals aufhören können. Weil man immer etwas Neues entdeckt, sei es um uns herum oder aber in uns.

Ich war nun schon ein Jahr lang auf Reisen, und eines Tages ereilte mich während der Fahrt die Erkenntnis, dass mich das Frausein verlassen hatte. Mein sanfter Teil hatte sich verabschiedet und war unbekannt verzogen.

Die ganze Zeit über trug ich nichts anderes als Hosen. Lange, kurze, dünne, dicke, solche für drunter, solche für drüber. Damenunterwäsche und hohe Absätze zu vergessen fiel mir nicht schwer, denn ich saß auch immer ohne Kamm, Make-up und Schmuck am Lenker. Ich hatte lediglich einen Tamponvorrat bei mir, der die einzige weibliche Sache auf dem Motorrad war. Ach ja, und der Spiegel auch noch. Sogar zwei, aber ich verwendete sie ausschließlich fürs Beobachten des Verkehrs hinter mir.

In der muffig feuchten Goldgräberstadt El Dorado sah ich keine einzige Frau. Nur männliche Gesichter. Finster verfolgten sie jede meiner Bewegungen, und keiner übersah mich. Ich schloss daraus, ich sähe zumindest anders aus als sie, weil sie mich anstarrten, als hätte ich mich von einem benachbarten Planeten hierhergebeamt.

Neben einem Holzschuppen, aus dem neben der Straße gekochtes Essen angeboten wurde, stand der nächste Holzverschlag, in dem Gold verkauft wurde. Anstatt eines Mittagessens kaufte ich mir an jenem Tag für vier Dollar das billigste Paar Ohrringe. Bei den Goldsuchern hat Gold keinen Wert. Den bekommt es erst bei den Zwischenhändlern.

Den Abend verbrachte ich im verträumten Städtchen Ciudad Bolívar. Für die Wiederbelebung meiner Weiblichkeit lud ich mich ins Hotel am Orinoco ein, das ohne Parkplatz an der hell erleuchteten, belebten Promenade stand. Ich durfte in der alten Lobby auf dem kostbaren Steinboden parken. Im Hotel gab es sogar heißes Wasser, das ich in Südamerika nur selten antraf. Ich wusch mich, wie es sich gehört, öffnete meine Haare und setzte mich nackt vor den großen Spiegel auf der Kommode, stach die neuen Ringe in meine Ohren und beschloss, mir einen Kamm zu kaufen.

Noch nie zuvor war ich im Stromgebiet des Amazonas gewesen, und es war selbstverständlich, dass ich für dieses Erlebnis einen mehrere hundert Kilometer langen Umweg machen würde. Puerto Ayacucho ist eine Stadt mit dörflichem Charakter, von der ich gelesen hatte, sie zähle siebzigtausend Einwohner. Außer Hühnern, lärmenden Kindern und wenigen Reisenden sah ich aber fast niemanden. Es war heiß und feucht, wie es sich sowohl für einen Hamam als auch für einen tropischen Regenwald gehört.

Ich hielt an einer kleinen Touristenagentur mit Klimaanlage und Toilette. Das junge Pärchen, das die Filiale leitete, sagte mir, sie hätten im Urwald ein Camp, das zwar noch nicht offen sei, weil die Saison noch nicht begonnen habe, aber der neue Guide sei schon dort. Sie würden mir die Benutzung einer der Hütten in der Wildnis erlauben, dem Guide meine Ankunft bekannt geben und der Köchin sagen, sie solle für einen mehr kochen. Ich musste mir nur einen Flug organisieren und vereinbaren, wo ich mein Bike lassen könnte. Denn der einzige Weg in das ganze Gestrüpp führte über den Himmel.

Auf dem kleinen Flughafen, wo ich den Flugzeitplan studierte, traf ich einen Piloten, der mich nach einem kurzen Blabla zu einer Flugstunde einlud. Ich erzählte ihm von meiner Sprungleidenschaft, und er bot mir im Gegenzug Flugstunden und ein wenig Ausbildung Richtung Himmel an.

Der ruhige Herr um die sechzig war ein ausgezeichneter Pilot, und die Stunden mit ihm waren eine wertvolle Erfahrung. Solche Menschen kennenzulernen ist die beste Reiseinvestition.

Als sich unsere kleine Cessna mit acht Passagieren an Bord über den grünen Baumkronenteppich hob, überflog mein Blick die Gesichter der Ureinwohner. Sie neigten sich zu den Fenstern und streichelten mit ihren Augen geradezu die Heimat unter sich. Der Dschungel ist ihr Unterschlupf und die einzige Möglichkeit zu überleben. In der zivilisierten Welt finden sie sich nicht gut zurecht. Wegen ihrer scheuen und schüchternen Natur müssen sie sich für das Aufeinandertreffen mit der Zivilisation erst Mut antrinken. Noch nie habe ich Menschen getroffen, die sich stärker betrinken als Indianer.

Das Flugzeug landete auf einer schmalen Graspiste, die man besser etwas geebnet hätte vorher. Am Rand der Lichtung stand ein großer Mann in Bermudashorts und Hemd in Safarioptik und blickte uns entgegen. Bevor sich der Propeller beruhigt hatte, eilte er zur Tür und bot mir beim Ausstieg seine Hand an.

Er war ein athletischer Typ mit aufgeblasenen Bizepsen, die sich unter den Ärmeln des kakifarbenen Hemds wölbten. Er hatte durchdringende blaue Augen. So extrem blau, dass sie eher an türkisblaue Karibiklagunen erinnerten als an Augen. Unbeweglich starrte er mich an und wartete mit ausgestreckter Hand darauf, dass ich mich bewegen würde.

Ein kalter Schauer lief mir über den Rücken. Ich hätte wetten können, er beschäftigte sich mit Hypnose. Er führte mich zu einer Holzbaracke und lehnte den Rucksack an ein großes Holzbett, über dem ein Netz gespannt war, denn wir waren nun im Reich der Blutsauger. Das Innere war schmuck eingerichtet, und frische Bettwäsche erwartete mich.

»Sehen Sie die angrenzende Hütte?« Er zeigte in Richtung der Öffnung in der Wand meines neuen Urwaldzuhauses. »Dort schlafe ich. Damit Sie wissen, wohin Sie kommen können, wenn Sie irgendetwas brauchen. Sie sind jederzeit willkommen!« Er musterte mich durchdringend.

»Möchten Sie einen Whisky?«, fragte er, als wir die Hütte verließen.

Der Willkommenstrunk und alle anderen Treffen fanden in der zentralen Hütte statt, in der sich der Speisesaal befand, wo geflochtene Tische und Stühle standen und wo es einige Liegestühle und Hängematten gab, die zwischen den Säulen gespannt waren, die die Holzkonstruktion des Strohdaches trugen.

»Lieber ein Wasser, bitte.«

Alkohol war mitten an einem schwülen und stickigen Tag auch für eine slowenische Steirerin zu viel.

»Im Dschungel werden Sie nicht allein von Wasser leben können.« Der Guide grinste, goss sich einen Whisky ein, mir ein Wasser und platzierte uns an einen der Tische.

Das Kennenlernen zog sich bis zum Mittagessen hin, das uns die Köchin aus der am weitesten entfernten Hütte brachte.

Der Guide war definitiv ein bisschen meschugge. Die ganze Zeit starrte er mich an und beobachtete mich, sodass ich mich wie eine Schaufensterpuppe fühlte und nicht wie ein Mensch im größten Wald der Welt.

Schon am ersten Tag führte er mich in die Routine ein. Nach dem Mittagessen war an nichts anderes zu denken als ans Verdauen in der Hängematte. Der Typ war davon überzeugt, dass Ruhen eine heilige Sache sei. Jeder in seiner Hängematte, schliefen wir ein Loch in den Tag, bevor wir ihn fortsetzten.

Den Urwald zu durchstreifen war schrecklich interessant, und mein Guide hatte viel Kenntnis über das Leben in diesem Winkel der Erde. Wir besuchten das nahe gelegene Indianerdorf, das etwa eine Stunde Fußmarsch flussaufwärts lag.

Als die Sonne weit weg am Horizont hinter dem Dach der Baumkronen versank, machten wir uns daran, uns ein Abendessen zu besorgen.

»Bevor wir die Haken ins Wasser werfen, werfen wir uns auch noch in die Fluten«, schlug er eine Erfrischung im trüben und gewaltigen Ventuari vor. Ich ging alleine schwimmen. Er blieb am Ufer und starrte mich wieder nur an. Die Abkühlung tat mir gut, aber nur bis wir einen Piranha nach dem anderen aus dem Fluss zogen. Gezüchtete allesfressende Fische, die neben allem anderen vor allem Fleisch vergöttern!

Beim Abendessen trank ich zum letzten Mal Wasser. Am nächsten Morgen sagte mir der Guide, wir hätten keines mehr. Von nun an würden wir nur noch Cola und Kaffee trinken. Oder Whisky, wovon anscheinend noch genügend vorrätig war.

Ich fand es zwar komisch, dass es Kaffee geben würde, obwohl wir kein Wasser mehr hatten. Aber hinsichtlich seiner Methoden war ich mir sicher, der Typ würde einfach etwas Flusswasser inklusive Piranharogen aufkochen und, *voilà*, einen Kaffee hervorzaubern.

Aber die Reisende beschwerte sich nicht über die unerwartete Verschlechterung des Standards. Sie war es gewohnt, und sich anzupassen war schon längst zur Konstante jedes einzelnen Reisetages geworden.

Nach meiner einzigen Kaffeeerfahrung in Nordamerika war ich es noch immer nicht gewohnt, Kaffee zu trinken. Deshalb explodierte mir auch nach einer Tasse des aromatischen schwarzen Goldes und einer Dosis Tropenhitze fast das Herz.

Nach dem Frühstück blieb ich in der Hängematte liegen und amüsierte mich den Rest des Tages abwechselnd mit Durchfall und Erbrechen. Ich fühlte mich wie eine Öffnung ohne Körper. Wie ein leeres Ich mit schrecklich langen Gliedmaßen. Mit unendlichen Armen und Beinen. Erwähnenswert waren nur die Finger, die einzigen lebendigen Körperteile, die so weit reichten, dass ich jemanden in Slowenien oder irgendwo anders auf der Welt hätte anfassen können.

Die Genesung hielt sich in den Grenzen des Möglichen. Mit

dem, was ich hatte, führte ich mir Flüssigkeit zu, obwohl mich nach jedem Tropfen ein neuer Brechkrampf schüttelte.

Am Abend konnte ich mich nur mit Müh und Not zur Hütte schleppen, wo ich ächzend die Nacht verbrachte. Zum Frühstück gönnte ich mir die zweite der beiden Alternativen. Nach der Cola ging es mir noch schlechter. Den Tag verbrachte ich überall, nur nicht bei der Erkundung des Regenwalds. Während der größten Hitze vegetierte ich im Bett in der Hütte dahin, als es plötzlich klopfte und der Guide in Safarihose, aber ohne Hemd eintrat.

»Wie fühlst du dich?«, fragte er sichtlich besorgt, setzte sich auf die Bettkante und befühlte meine Stirn.

»Siehst du doch.« Mir schienen alle Erklärungen überflüssig zu sein.

»Kann ich dir irgendwie helfen?«

»Ein Glas Wasser wäre super.«

»Du weißt doch, dass das nicht geht ...« Er schob sich näher zu mir, und ich kroch auf die andere Seite des Bettes.

»Dann eben nicht. Danke für deine Hilfsbereitschaft. Tschüss!« Ich versuchte den Besuch zu verkürzen.

Noch immer saß er wie ein Häufchen Elend da und tat, als würde er in diesem Moment vor Mitgefühl umkommen. Doch während er Bedauern vorgab, spannte er seine Muskeln und prüfte mit dem Blick mein sexuelles Verlangen. Seine Pupillen waren so groß, dass sie ihm regelrecht aus den Augen traten. Allem Anschein nach sah ich ihn aber bestialisch genug an, sodass er nach einer Weile doch langsam aufstand, noch einen Augenblick am Bett stehen blieb und sich dann rückwärts zur Tür bewegte.

»Komm einfach, wenn du was brauchst. Du weißt, dass du noch immer willkommen bist.« Er versuchte sich mit so einer süßlichen Stimme einzuschleimen, dass mein Blutzuckerspiegel in die Höhe schoss.

»Ich wäre dir unendlich dankbar, wenn du gehen würdest. Und noch mehr, wenn du nicht mehr zurückkommst«, sagte ich todernst, mit starker Stimme, tief aus mir heraus, als wäre ich vollkommen gesund und bei besten Kräften.

Er war intelligent und erkannte, dass ich nicht der Typ Frau bin, die schnell nachgibt. Ich glaube, er ging davon aus, ich würde ihm sein Gesicht zerkratzen, wenn er mich noch woanders als an der Stirn anzufassen versuchte. Obwohl wir mit keinem Wort angerührt hatten, was er von mir wollte, wussten wir beide, was Sache war. Was der eine wollte und die andere verweigerte.

Am Morgen gelang es mir trotz allem, auf die Beine zu kommen und zu den Tischen zu wanken. »Mein lieber Freund, ich habe überlegt, wieso ich nach fast jedem Getränk, das du mir servierst, fast abkratze. Du wirst mir doch nichts hineinmischen, oder?«

Man kann keine ehrlichere Antwort bekommen als die Reaktion desjenigen, dem man auf die Schliche gekommen ist. Der blauäugige Tarzan flippte aus und brüllte mich an, als hätte er völlig vergessen, dass mich seine Arbeitgeber geschickt hatten. Die Reaktion ermutigte mich. Beim Frühstück stopfte ich das ganze Essen in mich hinein, auf das Getränk verzichtete ich aber.

Ich kratzte noch die letzten Atome meiner Kraft zusammen und schleppte mich bis zum Mittag ins Dorf, wo ich am ersten Tag eine CB-Station gesehen hatte und wo eine einzige Frau Spanisch sprach. Sie funkte meinen Piloten an, der der einzige Weg aus dieser Hölle war.

Anstatt nach zwei Wochen kam er schon am nächsten Tag. Um neun Uhr wartete ich auf dem Flughafen.

Der zugedröhnte Guide fragte mich beim Abschied, wieso ich es mir anders überlegt hätte und so schnell abreiste.

Ich überhörte die Fragen und machte mich auf die Suche nach besseren Menschen.

Eine slowenische Hose zur Erinnerung

Den totalen Zusammenbruch hatte ich erst nach meiner Rückkehr unter Menschen. Nach der Ankunft in der Unterkunft, wo mein Bike auf mich wartete, fing ich, um mich von den letzten Tagen zu erholen, mit Haushaltstätigkeiten an. So nennt eine Hausfrau ohne Küche kleinere Wartungsarbeiten. Nichts Anspruchsvolles, nur die Kontrolle der Bremsflüssigkeit, die Reinigung des Luftfilters, der Zündkerzen und Kontakte an der Batterie, der Austausch einer gebrochenen Schraube an der Seitenbox und andere kleine Wichtigkeiten.

Das *Internationale Haus*, wie die Herberge hieß, war ein großes einfaches Haus mit einem betonierten Innenhof, in dem sich die Reisenden trafen und einige auch mit ihren Bikes beschäftigten.

Auf einem Plastikstuhl mitten im Hof saß ein dunkelhaariger Mann. Er war ungefähr dreißig und las. Wir waren die Zierde des jeweils anderen Blickfelds, sahen uns hin und wieder flüchtig an, sagten aber nichts. Ich war mit meiner Arbeit fast fertig, und je mehr ich mich dem Ende näherte, desto intensiver beschäftigte er sich mit mir und nicht mit seinem Buch. Eine Zeit lang wich er meinen Blicken noch aus und tat, als würde er sich mit den Buchstaben unterhalten. Dann wurde es ihm offensichtlich zu albern, und er richtete seinen Blick aufs Motorrad, stützte den Kopf in die rechte Hand und bewunderte es regungslos.

Er trug ein blaues Hemd und eine Leinenhose, an den Füßen ausgelatschte Mokassins und auf dem Kopf zwischen den dichten und kurz geschnittenen Haaren eine Ray-Ban. Er war so schön, als wäre er einem Film entsprungen. Die Unterhaltung nahm ihren Lauf, als er sagte, wir seien Nachbarn. »Von Mailand nach Ljubljana ist es nicht weit.« Er hatte das Kennzeichen erkannt.

»Stimmt. Aber ich war schon eine ganze Weile weder da noch dort.«

Roberto war Kapitän. Er wartete auf die Fertigstellung seines Schiffs. Noch einige Monate, höchstens ein halbes Jahr. Bis dahin werde er reisen, erzählte er.

Als ich mit dem Motorrad fertig war, war noch ich selbst an der Reihe. Um mich zurechtzumachen, ging ich zuerst zur Rezeption, um den Schlüssel für das Zimmer zu holen, das ich bei meiner Ankunft reserviert hatte und das zu dem Zeitpunkt noch besetzt gewesen war. Die blöde Rezeptionistin hatte es in der Zwischenzeit aber schon an jemand anderen vergeben. Das wäre ja nicht schlimm gewesen, wenn es nicht das allerletzte freie Zimmer gewesen wäre.

Zu Hilfe kam der Schönling, und außer der Staatsgrenze teilten wir ab nun auch noch das Zimmer. Er bot mir ein Bett am Dreiländereck an, denn in jener Nacht hatte er auch noch einen Österreicher zu Gast.

Für das Abendessen schlug Roberto vor, zum Hähnchengrill auf der Straße zu stiefeln. Unweit von unserem vorübergehenden Zuhause setzten wir uns auf Schemel, die um einen winzigen Tisch standen, auf den drei knusprig gebratene Hälften fielen. Wir knabberten alles bis zu den Knochen ab, und die Verkäufer nahmen uns zum Glück nicht aus, denn für alle drei zahlten wir nur einen knappen Dollar.

Mir wurde schon während des Essens schlecht; ich verließ die Jungs, die noch auf einen Kaffee und eine Kippe blieben, und ging schlafen. Die Agonie der letzten Tage setzte sich fort, nur der Grund war ein anderer. Ich weiß bis heute nicht, wieso es sich die ganze Nacht wieder aus allen meinen Öffnungen ergoss. Vielleicht wegen einer Allergie auf alle Hähnchen, die nicht aus Ptuj stammten.

Gegen Mitternacht kamen meine Mitbewohner zurück. Ich lag vor Schmerzen im Delirium, als Roberto mir ins Ohr flüsterte, er habe zwei Slowenen ausfindig gemacht, die mich gerne treffen würden. Als er ihnen von meiner wenig beneidenswerten Lage berichtete, sagten sie, sie würden bis zum nächsten Tag warten.

Er versorgte mich die ganze Nacht, schaffte von irgendwoher Cracker, gekühltes Wasser, kalte Umschläge herbei und war im Großen und Ganzen der schönste Krankenpfleger meiner bisherigen Patientenkarriere.

Die beiden Slowenen kamen aus Kranj. Neta und Peter waren Oberkrainer und die ersten Landsleute auf meiner Reise. Sie waren auf dem Weg zu den Yanomami. Sie brachten viel Sonne mit. Wir Slowenen mögen uns außerhalb Sloweniens viel lieber als zu Hause. In der Fremde unterhalten wir uns über konstruktivere Dinge als über Politik und anderen Alltagsschwachsinn.

Neta war eine außergewöhnlich geistreiche Frau, die ich liebend gern statt eines Weckers hätte, damit sie mich schon in aller Früh zum Lachen brächte. Der ruhige, etwas jüngere und um einiges größere Peter war aber auch nicht zu verachten. Er kam allerdings seltener zu Wort.

Einen Tag vor der Abreise ließen wir es im *Internationalen Haus* so richtig krachen. Der Großteil der zufällig Vorübergehenden schloss sich uns an, und die Party dauerte bis tief in die Nacht. Die laute Musik erfüllte nicht nur die Luft, sondern füllte auch die Räume zwischen uns aus. An die Wand gelehnt, plapperte ich mit Neta und versuchte, Peters Aufmerksamkeit auf uns zu ziehen. Weil er uns jedoch nicht hörte, streckte ich meine Hand aus und zupfte ihn – und in meiner Hand blieb ein Teil seiner abgetragenen und zerschlissenen slowenischen Hose zurück.

Vor lauter Lachen flossen neben Bier auch noch Tränen in Strömen. Der rote Flicken reiste noch jahrelang mit mir, war mein »Grinsestreifen«, weil er mich immer wieder zum Lachen brachte, und auch mein Lieblingslesezeichen.

Über Stock und Stein, aber unter den Freund

Mein Blick weilte stundenlang auf dem hohen Gras der Llanos, einer Ebene, die bis zum Horizont reichte. Die flache Landschaft flimmerte in der unerträglichen Hitze, die sich über sie wölbte. In der Heimat der Cowboys, Anakondas und einer unübersichtlichen Anzahl fliegender Sänger gondelte ich wieder gen Norden. Irgendwohin. Grundsätzlich wollte ich zwar eigentlich in den Westen, aber die einzige Straße hier führte nach Norden und in den Süden.

So ist das im Leben. Die Richtung suchen wir uns selbst aus, bestimmt wird sie aber von jemand anderem.

Es wäre ein idealer Reisetag gewesen, wenn das Thermometer, das ich als Schlüsselanhänger nutzte, nicht fünfundvierzig Grad angezeigt hätte. Das Quecksilber bewog mich, gegen eine der Grundregeln zu verstoßen: Ich zog die Jacke aus – und fuhr weiter.

Die Hitze in der Steppe ist eine teuflische Sache, wenn über einem kein Ventilator kreist oder zumindest ein Schatten hängt. Bis zum Nachmittag war ich von der Fahrt so erschöpft, als hätte ich den ganzen Tag geschuftet. Nach solchen Tagen schlief ich wie ein Stein und konnte mich erst nach zwölf Stunden Schlaf erholen.

Bei der Fahrt durch die Ebene, die sich nur da und dort um ein, zwei Meter erhob und sich dann wieder in die alte Monotonie absenkte, hatte ich schon seit einigen Stunden keine Menschenseele getroffen. Alle waren verschwunden, nur ich und die Löcher im Asphalt nicht, die in dem versengten Belag lauerten.

Die Stoßdämpfer waren mir dankbar für das Slalomfahren zwischen den Straßenkratern, die schon Tonnen von Schotter ausgespuckt hatten.

Wenn man der Umgebung zu viel Aufmerksamkeit widmet und der Straße zu wenig, nimmt das kein gutes Ende. Und erschöpft auf dem Motorrad zu sitzen war auch nicht hilfreich. Noch viel weniger mit Durst und in der herabknallenden Sonne. Es legte mich dermaßen hin, dass die Funken nur so sprühten. Toll. Und das alles ausgerechnet, als die Jacke auf dem Rücksitz mitfuhr.

Gott weiß, wann er Fehler bestrafen muss.

Ich wollte aufstehen, aber es ging nicht. Mein rechter Knöchel war in einem tiefen Loch gefangen, und die Seitenbox lag darüber und sorgte dafür, dass ich ihn nicht herausziehen konnte. Die Hoffnung, mich selbst befreien zu können, verpuffte sehr schnell.

Natürlich versuchte ich es! Sosehr ich konnte. Den Fuß auf die eine oder die andere Weise rauszuziehen, in dem einen oder anderen Winkel. Ich rollte mich auf den Bauch, nichts. Ich machte den Motor aus. Aufzugeben ist nicht meine Art! Aber auch daraus wurde nichts. Ich nahm den Helm ab, streckte mich zum Container mit dem Wasser und fing an zu überlegen, wie es weitergehen sollte.

In der Ferne vernahm ich ein Auto. Schon seit Stunden war niemand mehr zu sehen gewesen. Es kam aus der entgegengesetzten Richtung. Ich hörte zwei Türen, und einige Augenblicke später sah ich zwei ratlose Gesichter über mir.

Die beiden Schnauzbärte blickten sich an und traten dann wieder zurück, sodass ich sie nicht mehr sehen konnte. Ich weiß nicht, was sie sich dachten, aber offensichtlich kamen sie nicht auf die Idee, ich könnte die eine oder andere helfende Hand benötigen.

Ich bat sie, das Motorrad aufzuheben. Wortlos machten sie sich an die Arbeit. Als ich mich auch noch selbst aufgerafft hatte, traten sie wieder einen Schritt zurück. Ich dachte, sie könnten vielleicht stumm sein. Ich bedankte mich. Sie nickten nur. Ich bedankte mich noch einmal. Sie gingen zum Auto.

Bevor der Beifahrer die Tür öffnete, sagte der Fahrer: »Jesus Maria.«

»Amen«, erwiderte der andere.

Also sprachen sie doch.

Ich freute mich für sie. Und für mich auch!

Mit dem Motorrad in den Himmel

Der Weg über die Anden schlängelte sich in Serpentinen über Viertausender und noch höher in den Himmel. Die Ausblicke waren überwältigend und immer noch sattgrün. Die ersten Felsen erschienen erst über fünftausend Metern. So hoch war ich mit dem Motorrad noch nie gewesen. Die Erfahrenen hatten vorhergesagt, es würde schwierig werden. Dass wir beide wegen Sauerstoffmangels schnaufen würden. Unsere Lungen arbeiteten aber mit Volldampf, und alles lief wunderbar.

In den Bergen regnete es viel. Es rieselte aus weißen Nebelschleiern, die sich am blauen Himmel zu sahnig weißen Wolken verbanden. Mit dem Zählen, wie oft ich bis auf die Knochen nass wurde, hörte ich jeden Tag bei sieben auf. So schnell sich der Himmel öffnete, schloss er sich auch wieder. Auf dem erhitzten Asphalt, der wie ein Herd rauchte, dampfte die Feuchtigkeit noch lange.

Zur Erkenntnis über das Elend kam ich über eine Abkürzung. Die Armut ist eine merkwürdige Sache. Am liebsten hält sie sich an Plätzen auf, wo Menschen den lieben langen Tag neben der Straße und im Schatten der Bäume hocken. Und in ihrer Freizeit gehen sie betteln. Etwas Sinnvolleres zu machen wäre viel zu anstrengend. Hie und da strecken sie die Hand auf eine so gleichgültige Art und Weise aus, als meinten sie es nicht ernst. Wenn sie auch nur einen Funken mehr Enthusiasmus zeigten, wären sie nicht arm.

Arm sind jene, die keinen Willen haben. Ja, ich habe auch viele reiche Arme gesehen. Sie lehrten mich, dass sich der Großteil wirklich Mühe gibt, sich um nichts zu bemühen. Diejenigen aber, die wirklich bedauernswert sind und Hilfe benötigen, stellen sich lieber nicht zur Schau.

Der Entschluss, den ich fasste, war definitiv: Ich würde nur jenen helfen, die mir persönlich hilfsbedürftig erschienen, und nicht jenen, die versuchten mich zu überzeugen, sie benötigten Hilfe. Und es bewährte sich. Einen Hungrigen auf ein Mittagessen einzuladen und ihn mit einem vollen Bauch wieder nach Hause zu schicken war viel mehr wert, als auf der Straße Kleingeld in die Hände von Landstreichern und Pennern zu werfen.

Der Weg in die Schule ist der einzige in eine schönere Zukunft. Als ich auf den abgelegenen Serpentinenstraßen fuhr, fand ich es richtig toll, dass auf ihnen grüppchenweise Kinder in weißen Hemden, dunklen Hosen oder Röcken und mit von den Schultern baumelnden Taschen liefen.

Allerdings wünschte ich mir, jemand hätte den Rotzlöffeln etwas Verkehrserziehung beigebracht. Ich war auf einer steilen Straße unterwegs, und aus einer scharfen Kurve kamen plötzlich drei Knirpse auf großen Rädern angeschossen – ich muss nicht erzählen, um wie viele Haaresbreiten es ging. An diesem Ende der Welt ist Verkehrserziehung wohl nicht im Lehrplan vorgesehen.

Die Folgen sind dementsprechend. Entlang der Straße wimmelt es nur so von etwa einen Meter hohen Kapellen. Um sie herum stehen Hunderte mit Wasser gefüllte Plastikflaschen und Dutzende Autoscheinwerfer. Wohl zum Gedenken an die Toten und zum Schutz der Lebenden, von denen der Großteil überzeugt ist, die Sicherheit auf der Straße liege eher in Gottes Händen als in denen der Fahrer.

Ich war ziemlich überrascht, dass in den kältesten Gegenden das meiste Eis angeboten wurde. In der kleinen Gebirgsstadt Mérida stieß ich auf einen interessanten Herrn. Vor fünfzig Jahren hatte er sich auf der Suche nach Arbeit aus seiner Heimat Portugal auf den Weg in die Welt gemacht. Von Beruf war er Maurer, sein Geld verdiente er sich jetzt aber lieber mit Eismischen als mit Mörtelmischen. In der letzten Zeit hatte er jedoch angefangen, etwas zu übertreiben: Er hatte mehr als achthundert Eissorten kreiert und sich unter die Rekordjäger im *Guinnessbuch der Rekorde* gemischt, dem meistgelesenen Buch der Welt.

Er fing mit den Klassikern Schokolade, Vanille und Erdbeere an. Die vierte Sorte war Avocado. Von da an nahm die Geschichte ihren eigenen Lauf. Heute macht er die Welt jeden Tag mit lediglich siebzig Geschmacksrichtungen glücklich. Klar doch, auch ich musste meine Zunge da einmal reinstecken. Ich reise, um zu lernen. Auch etwas über die außergewöhnlichsten Menschen und Dinge. Ich begann mit Zwiebeleis, Weineis und Wursteis, welches aber nichts mit einem Bauernschmaus gemein hatte. Ganz ehrlich? Gehen Sie nicht wegen des Eises dahin. Sie finden zu Hause an jeder Ecke besseres.

Auf Kolumbien freute ich mich aus dem einfachen Grund, weil viele sagten, es sei ein wahnsinnig gefährlicher Ort. Am Anfang fand ich das Land nur bescheuert. Man kommt an die Grenze, und die Venezolaner machen einen sogleich um fünfzehn Dollar ärmer. Für was? Ach so, für den Ausreisestempel. Aber ich brauche ihn doch gar nicht. Egal, für den Fall des Falles geben wir Ihnen einen. Und Sie uns das Geld. Auf jeden Fall!

Wenn Sie Freude an Korruption haben, dann sind Sie in Südamerika genau richtig. Die Hälfte der Dokumente wird an der Grenze abgestempelt, für die andere Hälfte wird man in die Stadt geschickt, die einige Kilometer entfernt liegt. In kritischen Momenten erkennt man, in was für einem Land man ist. Das Zollamt muss man suchen wie in einem Labyrinth. Wenn sie es an die Grenze stellen würden, wäre es ja nicht mehr so interessant und viel zu einfach.

Wenn man es dann endlich findet, hat es geschlossen, und an der Tür steht *Komme gleich.* »Gleich« heißt in eineinhalb Stunden. Dann wird einem gesagt, man brauche den Abdruck der Fahrgestell- und der Motornummer. Das kann man nicht selbst erledigen, Gott bewahre. Denn es muss für die lokale Wirtschaft gesorgt und Arbeit für die Halbstarken von der Straße geschaffen werden, die tagaus, tagein vorm Zollamt herumlungern und sich um jeden Ankömmling prügeln. Die Hälfte der Taugenichtse säuft, die andere Hälfte ist auf Koka, und alle sind aggressiv.

Na gut, für das entsprechende Kleingeld könnte man sich schon einigen. Aber bitte doch nicht für fünf Dollar! So viel verdient dort ein Mensch für einen Tag harter Arbeit, aber ganz bestimmt nicht für eine zweiminütige Darbietung mit dem Klebeband. Auf keinen Fall! Gebt mir das Klebeband, den Abdruck mache ich selbst.

Das ewige Hin und Her wegen des Geldes fand ich wirklich widerwärtig. Der ewige Kampf um ewig dieselbe Sache. Das ewige Bescheißen, wer wird wen für wie viel. Ewig! Ich war müde vom Finanzrassismus. Der Preis wird anhand der Hautfarbe bestimmt, an deine Art zu reisen angepasst und mit deinem Gesichtsausdruck multipliziert.

Nach der Überquerung der Grenze verbrachte ich die Nacht in Pamplona. Ich schlief am Stadtrand und hörte die ganze Nacht über das Knallen von Schusswaffen. Die Besitzerin der billigen Unterkunft sagte mir, das sei lokale Folklore. Es sah auch nicht so aus, als machte sie sich deswegen Sorgen. Es schien sogar, sie wäre an das ganze Geballere schon so gewöhnt wie ich an meinen Motorradlenker.

In den Himmel schon, zu den Engeln aber nicht

Die Tiefe der Beziehung zum Motorrad veränderte sich proportional zu der Zeit, die wir qualitätsvoll zusammen verbrachten. Zuerst war es nur ein Fahrzeug. Nach einiger Zeit wurde es mein Reisegefährte. Seien Sie mit jemandem zusammen und haben Sie ihn gern, und bald haben Sie einen neuen Freund. Nach einem Jahr wurde das Bike zum Freund befördert, und weil ich der Fragerei von zufälligen Bekannten, wie er denn heiße, überdrüssig war, bekam er den Spitznamen Red Boy.

Dass man gute Beziehungen pflegen muss, wissen Sie schon. Ich füge nur hinzu, dass diese Arbeit manchmal verdammt schwer ist. Vor allem wenn man am Ende der Welt ist und der Freund einen neuen Gummi braucht.

Miguel aus Cali kannte ich nicht, aber er erwartete mich schon. Ein Reisender hatte mir seine Adresse gegeben. Wir hatten uns einige Briefe geschrieben und freuten uns aufs Kennenlernen. Bei meiner Ankunft erwartete mich ein ganzer Haufen Post. Ich hatte genauso viele Adressen und Unterkünfte wie unbekannte Bekannte.

Die Welt ist mein Zuhause. Meine liebste Postsendung waren die neuen Reifen. Sie rochen nach frischen Gummistiefeln aus einem Plastikwarenladen.

Mein neuer Freund, er war um die fünfzig, lebte von Benzindämpfen. Er sammelte Bikes. Sein ganzer mobiler Reichtum parkte im Wohnzimmer, in das er, um es leichter zu erreichen, einfach eine Garagentür eingebaut hatte.

Miguel und seine Frau Gloria befanden sich irgendwo in der Mitte der Sozialleiter. Neben gut erzogenen Kindern und einem Haufen Autos und Motorräder besaßen sie auch noch ein Wochenendhäuschen in den Bergen. Im Grunde war das ein so großer Bauernhof, dass sie sogar Leute anstellen mussten.

Das Mädchen, das für das Gut sorgte und die Arbeiter beaufsichtigte, hieß Senka. Sie erzählte, sie sei Kroatin und habe auch in Slowenien gelebt. Sie kam mir bekannt vor, und ich musste noch mehrere tausend Kilometer an sie denken. In Peru ging mir dann endlich ein Licht auf: Sie könnte die Tochter von Ivankas bester Freundin und Bettnachbarin im Krankenhaus sein. Alles passte zusammen: der gleiche Vorname, der gleiche Nachname und die richtigen Koordinaten. Als ich des Rätsels Lösung gefunden hatte, wollte ich am liebsten umdrehen und zurückfahren.

Menschen sind das Größte, das wir im Leben haben. Wir legen aber oft nicht genug Wert darauf.

Von den Guerillaaktivitäten in Kolumbien hatte ich schon so viel gehört, dass es fast ungerecht gewesen wäre, wenn ich dahingehend keine eigenen Erfahrungen gemacht hätte. Im Durchschnitt entführen sie pro Jahr dreihundertfünfzig Menschen, von denen einige nie zurückkehren.

An jenem Morgen war die Batterie eingegangen, und ich musste einige Stunden in der Stadt herumlaufen, bis ich das Bike wieder in Betrieb nehmen konnte. Am späten Nachmittag erwies sich auf der Straße wieder zum hunderttausendsten Mal, dass Schwierigkeiten eine gute Sache sind und immer zur richtigen Zeit und aus dem richtigen Grund auftreten. Wenn schon nichts anderes, sind sie eine gute Versicherung gegen einen noch größeren Schlamassel.

Auf dem Waldstück der Straße, auf der ich unterwegs war, hatten die Guerilleros eine Barrikade aufgebaut. An jenem Tag galt ihr Interesse nicht den Menschen. Alle blieben am Leben, verloren aber alles, was sie bei und mit sich hatten.

Am Ort des Geschehens trudelte ich mit einer gut kalkulierten Verspätung ein, und zum Glück musste ich Einschüchterung und Ängste nicht mehr miterleben. Das morgendliche Problem erwies sich als nachmittägliche Rettung.

Zu spät ist manchmal gerade richtig.

Der Kampf zwischen den kolumbianischen Einheimischen und der Regierung hatte den Siedepunkt erreicht. Entlang der ecuadorianischen Grenze knallte es, als herrschte Krieg. Barrikaden aus Autobussen versperrten Straßen, gefällte Bäume und Glasscherben auf dem Boden zeugten vom Ernst der Lage. Es war wie an der Front und überhaupt nicht lustig. Mich interessierte nur noch die andere Seite dieser Grenze, wo ich auf eine ruhigere und friedlichere Nacht hoffte.

Der Grenzübergang war offiziell offen, wurde jedoch von den Erpressern kontrolliert, die wiederum von der Armee kontrolliert wurden. Erstere hielten sich am Übergang auf, Zweitere hundert Meter weiter. Es war offensichtlich, dass nur Freunde beider Seiten die Grenze passieren könnten.

Slowenien, Jugoslawien, Tito, Feinde des amerikanischen Kapitalismus, das sind wir! Freundschaften entstanden von alleine. Das Militär ließ mich weiter, weil ich überzeugend mit Papier bewaffnet war. Erinnern Sie sich an die Kritzeleien von Minister und Konsul? Und die Einheimischen erbarmten sich meiner, weil ich ihnen anders vorkam.

Anstelle von Vögeln flogen Steine über uns hinweg, und grobe Stimmen kamen von überall her, die eine gute Tonspur für einen Hitchcock-Film abgegeben hätten. Während die Barrikaden, auf denen Autoreifen brannten, knackten und rauchten, versuchte ich, bürokratische und andere Probleme zu lösen. Gegen Ende des administrativen Krieges merkte ich, dass beide Reifen des Bikes platt waren. Ein Vulkaniseur bot mir seine Hilfe an, der seine Tätigkeit direkt auf der Straße verrichtete. Weil sich die Nacht schon drohend herabsenkte, rannte ich noch schnell zurück zum Zoll, um die letzten Dinge zu erledigen.

Kurz vor Mitternacht hatte ich mich endlich nach Ecuador

durchgeschlagen. Gerade noch! Mit meinen Kräften am Ende, aber nicht mit meinem Willen, musste ich mich nach einem Tag voller Adrenalinkicks noch mit zwei Einheimischen herumschlagen, die unbedingt meine Guides sein wollten, sich aber am Ende als zwei Verbrecher herausstellten, die nur hinter meiner Uhr, meinem Bike und meinem Geld her waren.

Ohne Wissen kommt man nicht weit. Ohne Glück nirgendwohin.

Eine Jacht, Champagner und Kaviar

Am Äquator konnte ich der Versuchung, mit der Corioliskraft zu spielen, nicht widerstehen. Ich parkte neben der Tafel für den längsten Breitenkreis, vergaß das Bike und widmete mich voll und ganz dem Vergießen von Wasser aus einem Plastikkanister und der Suche nach der Äquatorlinie.

Davon hatte ich schon beim Unterricht in der Schule gehört, auf der Nordhalbkugel, wo die Exkursionen eher dünn gesät waren und man von einem Abstecher an den Äquator nur träumen konnte. Ich bin ein eher visueller Typ, und die Theorie begriff ich in ihrer Ganzheit erst, als ich das Experiment in natura sehen konnte. Die Tage am Äquator dauern immer zwölf Stunden, und auf der Nordhalbkugel fließt das Wasser in einem sich nach rechts drehenden Strudel in den Siphon ab, südlich des Äquators dreht sich der Strudel hingegen nach links. So ähnlich, wie sich die Ozeanströme über und unter dem größten Breitenkreis drehen.

Am Äquator bewegt sich der Planet am schnellsten, und vielleicht verstrich auch meine Zeit deshalb so schnell. In Ecuador beeinflusste mich neben der Corioliskraft auch noch die Gravitationskraft, sodass meine Welt aus den Fugen geriet und ich mich fragte, ob ich die Reise je wie geplant zu Ende bringen würde.

Mein ganzes Leben hatte ich mir gewünscht, einmal nach Galápagos zu reisen, und nun wurde ich dorthin eingeladen.

Ein angesehener Veranstalter von ökologisch orientierten Reisen organisierte für eine Gruppe Journalisten eine Tour auf Darwins Inseln. Ein Platz wurde auch für mich reserviert. Wir haben das ja schon gelernt: »*Wenn du etwas ganz fest willst, dann wird das gesamte Universum dazu beitragen, dass du es auch erreichst*«, nicht wahr?

Die Inseln waren phänomenal. Ich brauchte eine ganze Weile, um mich an den Reisekomfort auf der Jacht zu gewöhnen. Auf Wellen zu reiten ist komfortabler als auf einem Stahlross. Vor allem dann, wenn man nicht der Kapitän ist. Sich an den Champagner und den Kaviar zu gewöhnen war für eine Landstreicherin gar nicht so einfach, denn die Standards auf der Straße und im Graben übersteigen meist die Höhe des Gehsteigs nicht.

In jenen Tagen kamen die Biologin und die Fotografin in mir voll auf ihre Kosten. Was für ein wundervoller Beruf es ist, gigantische Schildkröten, endemische Vögel, archaische Echsen und andere Inselbewohner zu beobachten, die dem berühmten Engländer geholfen haben, die Evolutionstheorie zu erklären.

Trotz der Tatsache, dass mein Leben ein einziger Urlaub ist – weil ich mir immer erlaube, das zu tun, was mir Freude bereitet –, war diese Reise rein beruflich, und ich verdiente wirklich gut. An Erfahrungen!

Das Fotografieren war am Anfang meine Art, Erinnerungen zu speichern. Mit der Zeit wurde es zur Freude. Zumindest bis zu dem Augenblick, als auf den Inseln, Tausende Kilometer entfernt vom Festland und der Zivilisation, meine einzige Linse zerbrach. Die Not ist eine abscheuliche Gesellschafterin, die nur vom Glück abgelöst werden kann. Meine Ausrüstung kapitulierte am letzten der Tage, die ich die Galápagosinseln durchstreifte.

Nach der Rückkehr in die Stadt beschäftigte ich mich mit den Fotografien und mit mir selbst. Ein Arzt sagte, ihm würden meine Leber und die Malaria Sorgen bereiten. Meine Handgelenke waren zu dicken Beulen angeschwollen, und mein Kopf stand vor Schmerzen in Flammen. Ich wartete auf die Befunde der Blutuntersuchung und hielt in der Stadt nach einem Reparaturdienst für Fotoapparate und jemandem, der meine Filme entwickeln könnte, Ausschau. Ersterer leistete für wenig Geld viel gute Arbeit, Zweiterer katastrophal wenig für viel zu viel.

Die Aufgabe des Universums ist es, die Welt im Gleichgewicht zu halten.

Als ich die entwickelten Dias abholen wollte, kam ich drei Stunden zu früh. Am runden Tisch mitten im Entwicklungslabor, wo Filme auch verkauft wurden, saßen ein jüngerer Bub und ein Mädchen. Vor ihnen lag ein fußbreiter Haufen geschnittener Filmstreifen, die sie ohne Handschuhe in Plastikrahmen stopften. Mir wurde schwarz vor Augen.

»Sind das etwa meine Diapositive?!« Ich betete um eine negative Antwort.

»*Si, señora, si*«, meldete sich das Mädchen zu Wort, das von Geschäftssinn, außer Freundlichkeit, keine Ahnung hatte.

Die Dias waren übersät mit Fingerabdrücken und Kratzern.

»Das stimmt nicht, ich sehe gar nichts«, meinte der Chef, mit dem ich ein, zwei Worte wechseln wollte. Aber wir wurden uns nicht einig. So spazierte ich in eine seiner weiteren Filialen, ließ eine Vergrößerung anfertigen und zeigte ihm auf seine Kosten im Großformat, was er im Kleinformat nicht sehen wollte.

Den ganzen nächsten Tag verbrachte ich lesend auf der Bank vor der Filiale. Nebenbei plauderte ich mit potenziellen Kunden und ermutigte sie, lieber woanders hinzugehen als zu diesem Betrüger, wenn sie zufrieden sein wollten.

Was Glück ist und was nicht

Nina hatte Geburtstag, und vor Tagen hatte sie auch ihr Diplom gemacht. Weil ich ihr etwas schenken wollte, kaufte ich auf dem Markt eine Wolljacke, die ein zurückhaltendes und betagtes Mütterchen aus grobem Garn gestrickt hatte. Bevor ich sie abschickte, nahm ich noch an der Eröffnungsfeier der Konferenz über Abenteuerurlaub und Ökotourismus teil. Der Gastgeber brachte mich zu einem geselligen Abend in die Nähe von Quito. Die Tasche mit meinem Kram, den Dokumenten, dem Geld, dem Reisepass und der Kreditkarte verstaute ich unterm Autositz und legte die Jacke gewissenhaft darüber.

Später trat ein Kellner an den Gastgeber heran und flüsterte ihm zu, das Auto sei aufgebrochen worden. Sie wissen sicher, wer von den Anwesenden zu Stein erstarrte. Verschwunden war aber nur das Geschenk. Die Tasche war noch da. Das Lehrgeld, das ich für diese Lektion zahlen musste, waren zwei Dollar. Wer sagt, das Glück sei nicht mit den Dummen?

Am nächsten Morgen wurde ich zum zweiten Mal gewarnt, aber ich war noch immer nicht bereit, den Plan für den neuen Tag zu ändern. Ich wachte mit tierischen Kopfschmerzen auf, bei denen jeder normale Mensch im Bett geblieben wäre. Ich aber brannte darauf, auf den Vulkan Cayambe zu reiten, die höchste Stelle am Äquator. Ich beschloss, anstatt des Motorrads ein Pferd zu besteigen.

Bevor ich die gepflegte und familiäre Unterkunft im ruhigen Teil von Quito verließ, traf ich noch Roberto, den italienischen Schiffskapitän.

»*Hola*, schöner Mann! Du auch hier?« Es zeigte sich noch einmal, dass die Welt wirklich ein kleines Dorf ist. »Toll, wir sehen uns später«, und weg war ich.

Auch die Pferde, die wir an jenem Tag ritten, waren schön. Weil aber Verstand und Schönheit nicht immer einhergehen, galoppierte eines zurück in den heimischen Hain, und der Rest rannte panisch los. Der Führer verlor die Kontrolle über sich, die Pferde und alle anderen in der Prozession. Das Schicksal galoppierte über den Dorfweg, der mit spitzen Felsen gepflastert war, und schüttelte zwei Reiter aus dem Sattel.

»Sie sind tot!«, hörte ich den ersten Pessimisten rufen, und weil ich eine der beiden Gestürzten war, versuchte ich mich davon zu überzeugen, dass es so schlimm nicht war.

Einige Schritte entfernt lag Diana mit geschlossenen Augen. Sie zuckte nicht einmal. Das einzige Gefühl, das mich wärmte, war das Blut, das mir von der Stirn über das Gesicht rann. Ich hörte Schreie, sich schnell nähernde Schritte, aber der Film riss einige Male, und die Dunkelheit verlief sich ins Leere, ohne Bilder und Stimmen.

Die Rettung verlief wie in einer Filmklamotte.

»Heben wir sie hoch!« So näherten sie sich.

»Nein, bitte nicht einfach so! Auf ein Brett oder eine Trage«, stöhnte ich.

Der lokale Medizinmann wurde gerufen. Er eilte mit einer Nadel und einem schwarzen Faden herbei und stach mir in den Kopf.

»Sehr gut, Sie sind wieder genauso schön wie früher!«, verkündete er triumphierend, als er seine Arbeit beendet hatte, ohne zu wissen, wie ich vor dem Sturz von der Stute ausgesehen hatte.

Ich bin nie die Schönste gewesen, und vermutlich war ich es auch in diesem Moment nicht. Ich bedankte mich noch für sein Bemühen und seinen künstlerischen Anspruch, bevor er mich aufmunterte: »Alles gut, Sie können nun aufstehen.«

»Aufstehen?!«

Ich spürte weder meine Arme noch Beine, deshalb bat ich darum, einen Krankenwagen zu rufen.

»Ein Krankenwagen ist nur für Notfälle.«

Ich musste einsehen, dass wir andere Standards bei der Auffassung von Dringlichkeit hatten.

»Rufen Sie einen«, beharrte ich auf meiner Bitte, während sich um mich eine immer größer werdende Menge Neugieriger versammelte, die mich bemitleideten.

»Er würde schon kommen, er hat aber keine Kohle fürs Benzin.« So setzten sich die Überraschungen fort, die die unbekannte Welt für mich bereithielt.

Doch wir konnten uns bezüglich des Benzingelds einigen, und ich wurde in das nächste städtische Krankenhaus gebracht. Das Gebäude sah schon von außen wie ein Geisterhaus aus, und drinnen verhießen die stickigen und überfüllten Gänge einen Standard, der mich erschaudern ließ.

Ich überredete den Fahrer, mich in ein anderes Krankenhaus zu bringen. Jenes war zwar seiner Meinung nach das Beste, ich entschied mich aber, nachdem ich gesehen hatte, wie er tickte, für das teuerste.

Im neuen Krankenhaus kümmerte man sich um mich, wie man das mit kaputten Menschen eben macht. Die Art und Weise, wie sie mich von der Rettungstrage auf die Krankenhaustrage umbetteten, gab mir glücklicherweise zu erkennen, dass ich in gute Hände geraten war.

Die nächsten zehn Nächtigungen zahlte die Krankenversicherung. Als mir das Zimmer zugeteilt wurde, bat ich das Krankenhauspersonal, den Spiegel abzumontieren. Ich wusste, mich würden, wenn ich mein verunstaltetes Gesicht sähe, Mut und Wille verlassen, mich zusammenzureißen und meine Reise fortzusetzen.

Mit den Ärzten und Schwestern verstand ich mich sehr gut. Sie sagten, ich sei eine sehr geduldige, aber fordernde Patientin. Ich kann aber nun mal nicht aus meiner Haut. Zu der Zeit fand in der Stadt eine Computermesse statt, auf der ich mir eigentlich einen neuen Laptop hatte kaufen wollen. Der alte hatte endgültig den Geist aufgegeben. Das Telefon auf dem Nachtkästchen half mir, das Krankenzimmer zum Aufmarschplatz für ein Defilee von Händlern zu machen, die mir ihre Geräte anboten.

Damit der Heilungsprozess zu keiner Zeitverschwendung wurde, musste ich die Zwangspause zwischen den Bettlaken eben für etwas Sinnvolles nutzen.

Alles kommt zurück

Auf die Frage des Klinikpersonals, wen sie über meinen Unfall benachrichtigen sollten, fielen mir nur die Versicherung und die Herberge ein, wo mein Motorrad auf mich wartete. Meine Leute zu Hause in Aufregung zu versetzen hätte überhaupt keinen Sinn gehabt. Was die Hilfe anging, war alles unter Kontrolle, und den Meinen wünschte ich ruhige Tage statt schlafloser Nächte.

Meine Versicherung klang am Telefon so schreckerfüllt, dass ich sie kaum beruhigen und davon überzeugen konnte, mir *kein* Flugticket zu kaufen, weil ich schon zu weit gekommen war, um jetzt zurück nach Hause zu fliegen. Wenn es nicht nötig gewesen war, unter die Engel zu gehen, würde es wohl auch nicht nötig sein, heimzukehren.

Ein Besuch überraschte mich ganz besonders. Auch Kapitän Roberto, der attraktive Aushilfskrankenpfleger aus Italien, den ich in Venezuela kennengelernt hatte, war sehr besorgt um mich, und obwohl es in meinem Krankenzimmer eigentlich gar keinen Bedarf an zusätzlichem Personal gab, blieb er ganze Tage lang und verkürzte mir die Zeit.

Zufällige Bekannte sind wunderbare Besucher. Vor allem dann, wenn die eigene Familie viel zu weit weg ist und sich nicht einmal im Traum vorstellen kann, was gerade mit einem geschieht.

Als ich mich erholt hatte, wurde ich in einen Rollstuhl gesetzt, zum Ausgang gerollt und von dort zurück ins Leben geschubst, das es aber weiterhin auf mich abgesehen hatte.

Auf der Straße ging ich sehr langsam und vorsichtig, damit mir ja nichts passieren würde. Ich passte auf, anderen fielen jedoch Sachen aus den Händen.

Auf einem Mast hoch über der Straße verlor ein Elektriker die Kontrolle über ein Kabel, das auf meine frisch genähte schmerzende Stirnwunde krachte. Mir wurde schwarz vor Augen. Und als das Wetter wieder aufklarte, fand ich mich aufs Neue im Krankenhaus wieder.

Mein Arzt war mit seiner Geduld am Ende und schlug zum ich weiß nicht wievielten Mal vor, ich solle doch endlich nach Hause zurückkehren. Ich bat ihn, mich nur noch dieses eine Mal zusammenzuflicken, und schwor, nie wieder aufzutauchen. Er lächelte wohlwollend, klopfte mir auf die Schulter, versorgte die Wunde, verband mir schon wieder den Kopf, sagte Lebewohl und schickte mich besseren Zeiten entgegen.

Als ich halbwegs genesen und die stark angeschwollene Narbe abgeschwollen war, erkrankte Roberto. Ich wagte nicht einmal daran zu denken, seine Fürsorge nicht zu erwidern, obwohl es mich so sehr aufs Motorrad und in den Wind zog. Ich blieb, wurde zur Krankenschwester und führte meine Mission anständig durch. Ich kochte Tee, lief von einer Apotheke zur anderen, hielt nach Medikamenten Ausschau und brachte ihm frische Croissants und andere Leckereien aus der nahe gelegenen Bäckerei.

Die Fürsorge für andere nährt auch uns.

Während des Pflegedienstes antwortete ich auf Tausende E-Mails.

Ich chattete mit Mateja, einer Freundin aus Ljubljana von vor hundert Jahren.

Sie schrieb, sie sei verreist. Nach Südamerika.

Ich antwortete, das sei toll, und auch ich sei auf dem gleichen Kontinent.

Mateja schrieb, sie habe sich nach Ecuador abgesetzt.

Ich erwiderte, dort sei ich auch.

Mateja: Also, ich bin in Quito.

Ich: Ich glaub's nicht! Ich auch!

Mateja: *Mamma Mia*, wo bist Du denn?!

Ich: In der Presidente-Wilson-Straße, und Du?

Mateja: Eine weiter!

Fünf Minuten später trafen wir uns. Sie kam um die Ecke gerannt, und wir fielen uns kreischend in die Arme und lachten darüber, wie klein die Welt doch ist.

Der Zufall hat einen wirklich eigenartigen Sinn für Humor.

Roberto erholte sich nach ein paar Tagen, und wieder war *ich* an der Reihe. Reif für den Arzt, nicht für die Weiterreise wachte ich auf. Ich hatte mir eine Lungenentzündung eingefangen und leckte meine Wunden noch gut eine Woche, bevor sich unser Pflegetandem endgültig trennte und jeder in seine Richtung aufbrach.

Ob wir uns vermissten? Einander schon, die Krankheiten aber nicht.

Hundsbeamtin

Ich hatte viele Erwartungen an Peru, auch schon zu Hause. Die Erwartung ist eine sonderbare Sache. Man kann sich auf etwas vorbereiten, das nur in der eigenen Welt existiert und mit der Wirklichkeit vielleicht nichts gemein hat.

Weil ich viel erwartete, bekam ich auch viel.

Anstatt schöner Dinge waren es Probleme. Sie begannen gleich am Anfang. Schon beim ersten Schritt, als ich die Grenze überqueren wollte, knickte ich ein.

Auf dem Verzeichnis der Länder unseres Außenministeriums, für die man Visa brauchte, stand auch Peru. In Caracas ging ich in ihre Botschaft. Ich erinnere mich noch, der einzige Sinn meines Behördengangs war, dass mir die superfreundlichen Peruaner versicherten, Slowenen bräuchten für einen Besuch bei ihnen gar nichts außer guter Laune und etwas Kohle.

Die Zollbeamtin am Grenzübergang in Huaquillas, die an diesem Samstag nicht besonders gut gelaunt war, war jedoch anderer Meinung. Sie schlug mir vor, beim nächsten Konsulat vorbeizuschauen, ein Visum zu beantragen und erst dann wiederzukommen.

»Señora, machen Sie mich nicht fertig! Heute und morgen ist es geschlossen, am Montag könnte ich den Antrag abgeben, am Dienstag würde ich mit viel Glück eine Antwort bekommen, vielleicht sogar ein Visum, und im Handumdrehen hätte ich ein paar kostbare Tage verloren.«

Nur deshalb, weil sie keine Lust hatte, eine bessere Lösung zu finden.

Die Stadt, in die mich die Zollzarin schickte, war zwar ganz anständig und nur sechzig Kilometer von der Grenze entfernt, doch dort war ich schon mal gewesen, und im Grunde kehre ich in meinem Leben immer nur aus wirklich besonderen Gründen irgendwohin zurück.

Neben Obst hatte die Stadt nichts Besonderes auf Lager. Sie gilt als Welthauptstadt der Bananen. Die unübersichtlichen Plantagen waren voller Arbeiter und Lastwagen, die die Affennahrung transportierten. Machala war mir deshalb in Erinnerung geblieben, weil in der Stadt trotz der vielen Bananenbäume keine einzige große, schöne, reife und harte Frucht zum Verkauf angeboten wurde. Diese sind ausschließlich für den Export bestimmt, um das gelbe Gold in grüne Dollar umzuwandeln.

Wenn die Menschen in dem Land, das die meisten Bananen weltweit exportiert, schon nicht an schöne Bananen kommen, kommen sie zumindest gratis an den Rest. Im Allgemeinen gab es auf meiner Reise exotische Früchte in Hülle und Fülle. Mangos erntete ich auf Parkplätzen, als sie aus den dichten Baumkronen auf sowie neben, vor und hinter mein Motorrad fielen. Avocados kaufte ich für wenig Geld auf den Märkten, und mit Bananen versorgten mich meist die Einheimischen. Manchmal bezahlte ich einen Cent für so viele Kilo, dass ich sie nicht auf meinem Motorrad verstauen konnte.

Kurzum, Bananen hatte ich genug – und von der Zollbeamtin auch. Ich fand es richtig schade, dass weibliche Beamte nicht für den Titel »Unfreundlichste Schnepfe der Welt« kandidieren. Die ganze Zeit über hatte ich das Gefühl, man ließe mich sehr wohl nach Peru, nur müsste die Matrone zuvor nach Hause gehen. Die Grenze war zwischen zwölf und zwei Uhr geschlossen, weil die Zollbeamten offiziell Mittagspause hatten, inoffiziell lagen sie aber hinter dem Zollhäuschen oder hinter der abgeschlossenen Tür herum und dösten.

Ohne Siesta ist das Leben in Südamerika anscheinend nicht lebenswert.

Die Situation hellte sich nach dem Mittagessen auf, als die Zollkräfte durchs andere Geschlecht verstärkt wurden. Männer denken zum Glück etwas weiter als Frauen. Zumindest beim Zoll. Einem von ihnen fiel ein, dass es auch ein Durchreisevisum gibt. Mir war es egal, was für einen Reisestatus ich bekäme: für Touristen, Arbeiter, Botschafter oder die Durchreise, Hauptsache, ich konnte legal reisen.

Das Leben ist so oder so nur eine Durchreise.

Der letzte Zollbeamte, mit dem ich sprach, meinte nur, ich solle keine Panik haben, wenn ich mich etwas verspäten und den einen oder anderen Tag zu spät aus dem Land schippern würde. Hier kompliziere man nichts. Er verabschiedete sich und wünschte mir eine gute Weiterreise.

Die wäre wirklich gut gewesen, hätte El Niño nicht mehr als fünfzig Brücken auf der Panamericana weggespült. Die Umfahrungen führten über Felder, Flussbette, Sandberge, Steinhaufen, durch Gärten zwischen Häusern, Dörfer und so weiter. Halb so schlimm, ich lebe noch.

Und was ist das schon im Vergleich mit dem Überdauern der Mumien in der peruanischen Wüste? Nichts. Einige harren in ihrem Leben nach dem Tod schon einige tausend Jahre aus. Die Langzeitwirkungen von Staub, Hitze und dem Vegetieren ohne Wasser stehen ihnen ins ausgetrocknete Gesicht geschrieben. Über das Leben beschweren sie sich schon längst nicht mehr.

Auf den Reisen lese ich immer Reiseführer und lasse mir mit Freuden von Erfahreneren reinreden. Die Orte, die mich interessieren, erreiche ich auch dank Einheimischer, die eine nicht zu vernachlässigende Informationsquelle sind. Mithilfe dieser Kombination ist es daher kein schwieriges Unterfangen, um die Welt zu kommen.

Dreißig Kilometer südlich von Nazca bog ich auf lockeren Sandboden ab, der von sitzenden Toten übersät war. So schickten die alten Inkas ihre Verstorbenen in die Ewigkeit. Nach den klimatischen Bedingungen zu urteilen, waren nicht viele ins Paradies eingegangen, sondern hatten sich für die wärmere Variante entschieden. Höllische Temperaturen waren sie ja schon gewöhnt.

Auf dem Friedhof gab es weder Blumen noch Kerzen, nur Tausende Schädel, lange Knochen, mumifizierte Körperteile, Haarbüschel und da und dort einen Stofffetzen. Die sterblichen Überreste lagen in verwahrlosten Gräbern herum und auch noch kilometerweit verstreut. Die traurige Seite von Chauchilla und anderen historischen Friedhöfen sind die lebendigen Einheimischen. Aufgrund jener menschlichen Eigenschaft, wegen der sich auch der Kommunismus nicht bewährt hat, öffneten und plünderten sie die Steingräber und verkauften das Diebesgut.

»An solchen Orten dürfen Sie nichts anfassen«, belehrte mich der lokale Guide Alfonso, mit dem ich am Gehsteigrand unter den Arkaden plauderte und das Geschehen in Arequipa beobachtete, der Stadt, in der ich die Nacht verbrachte.

Ähnliche Ratschläge hatten immer ein tiefschürfendes Gespräch zur Folge, wer eigentlich für die miserable Situation von Natur- und Kulturdenkmälern in den weniger entwickelten Ländern der Welt verantwortlich sei. Die Einheimischen, die keinen Bezug dazu haben, oder überzogen enthusiastische Touristen? Die Instantexperten, die sich erst vor wenigen Wochen oder Monaten über die Bedeutung ihrer lokalen Schätze informiert hatten, konnten mir nur schwerlich Ratschläge erteilen, wie man sich gegenüber dem Reichtum verhalten solle, der uns allen gehört. So viel Schaden, wie die Einheimischen schon verursacht haben, könnte ich nie anrichten, auch wenn ich bis an mein Lebensende bei ihnen bleiben würde.

Wohin steckt man einen Tampon?

Ich warf einen Blick in einen der tiefsten Canyons und fuhr bis zum höchsten schiffbaren See der Welt. Die Fahrt über die einsamen Andenhöhen wird eine meiner Lieblingsstrecken bleiben. Die Ortschaften wuchsen mir wegen ihrer Bewohner ans Herz, die Straßen hingegen wegen ihrer Abgeschiedenheit. Die Ruhe im Verkehr lernte ich erst durch meine Erfahrungen in den überfüllten Städten weniger entwickelter Regionen der Welt zu schätzen. Je weniger Menschen die Straße bevölkerten, desto mehr konnte ich mich mit den Orten, Dingen, Pflanzen und Tieren beschäftigen.

Zum Glück gibt es auf der Welt nicht nur uns Menschen.

Unweit des Sees spielten ein paar sorglose Kinder. Zur Schulreife fehlten ihnen noch ein paar Jahre. Als sie mich entdeckten, kamen sie verschämt näher. Da war kein Geschrei. Nur große schwarze Augen und dunkelrote, mit Kapillaren durchzogene Wangen. Das Leben auf dreitausendachthundert Meter Seehöhe ist sehr trocken, obwohl die Menschen am Wasser wohnen.

Huanita kam und setzte sich zu mir. Wir schauten über das Schilf, das aus dem Wasser an Land kroch, zum Titicacasee und sprachen über Mädchenkram. Für einen leichteren Zugang zum See, der das Ausmaß eines Meers hat, war ein Holzsteg gebaut worden. An jenem Tag okkupierte ihn Huanitas Mutter, die darauf Wäsche klopfte. Sie schwang sie herum und knallte sie gegen die Bretter, als hätten sie ihr was getan, aber eigentlich wusch sie sie nur.

Huanita war die Tochter des angesehensten Dorfbewohners. Ihr Vater Paulino war ein fortschrittlicher Mann, der aus dem Schilf am See Strohschiffe baute. Denken Sie jetzt nicht, es handelte sich dabei um Wasserfahrzeuge aus Balsa, die nur für den eigenen Gebrauch bestimmt waren. Seine Barken waren bis zu fünfunddreißig Meter lang und hatten schon so manchen Ozean befahren. Ich sage Ihnen, der Mann war nicht ohne.

Und seine Tochter auch nicht. Sie war eine der wenigen Frauen, die überlegen und Fragen stellen. Huanita war etwas korpulenter.

»Das ist deshalb, weil wir reich sind.«

»Wie meinst du das?«

»Die Armen haben ja nichts, was sie dick macht«, fasste sie klug zusammen, und ich war wirklich enttäuscht, nicht selbst darauf gekommen zu sein.

Wenn man nicht genug zu essen hat, kann man auch nicht dick werden, stimmt, denn dicke Menschen findet man vor allem dort, wo es alles im Überfluss gibt.

»Du bist also alleinstehend?«, stellte sie zu Recht fest und überraschte mich aufs Neue.

»Noch immer.« Ich erschrak, als stünde es auf meiner Stirn oder als würde sich Huanita mit Hexen abgeben.

»Nein, aber ich sehe, dass du Ohrringe trägst.«

»Und was haben Ohrringe damit zu tun?«

»Ohrringe sind für Unverheiratete«, erklärte sie mir die heimischen Traditionen und schrieb sie der ganzen Welt zu.

»Und was macht eine verheiratete Frau mit den leeren Löchern?«

»Sie füllt sie anders.«

»Los, erzähl schon.« Es reizte mich, neues, außergewöhnliches Wissen zu erwerben.

»Sie steckt Holz rein.«

»Hast du ›Holz‹ gesagt?«, prüfte ich nach, ob nicht vielleicht meine Spanischkenntnisse unzulänglich waren.

Vielleicht ist die Heirat ja die Folge eines Bretts vorm Kopf. Aber sich Holzstäbchen durch die Ohren zu stecken ...

Dann erzählte Huanita mir, wie sie sich unter ihren Polleras fühle, und wollte wissen, wie ich schon jahrelang in Hosen herumlaufen könne. Sie war überzeugt davon, es sei schwieriger, eine Hose am Hinterteil zu tragen als sieben Röcke.

»Und was ist mit Binden?«, wollte sie wissen, wie es um Frauensachen in einer so männlich geprägten Umgebung stand.

»Ich verwende sie nicht. Ich benutze Tampons.«

»Was sind denn Tampons?« Sie durchlöcherte mich mit Fragen,

von denen ich überzeugt gewesen war, jedes weibliche Wesen unter der Sonne würde die Antwort darauf kennen.

»Ein Tampon ist ein Watteröllchen mit einem Faden.«

»Und wohin gibt man es?«

»Na, zwischen die Beine.«

»Und wie bleibt es da?« Sie näherte sich den Grenzen meiner Beschreibungsfähigkeit.

»Hm, man steckt es sich, na ja, du weißt schon, wohin.«

»Man steckt es sich einfach hinein, und das alleine?!«, fragte sie mit begeisterter Verwunderung, als hätte sie eben herausgefunden, wie man Gold macht. »Erzähl mir mehr davon!« Sie setzte sich näher zu mir und fing ein heißes Thema an, das in ihrer Umgebung unpassend für andere Ohren wäre.

Tampons haben die Welt noch nicht erobert. Sie sind wohl keine so profitable Ware wie Coca-Cola oder McDonald's, die den Planeten schon komplett überschwemmt haben.

»Würdest du mir einen geben?«, bat sie mich, und es schien ihr etwas peinlich zu sein. Ich ging zum Motorrad, kramte das Wunder heraus und legte es ihr in die Hand. Sie hob ihre zerfurchte Hand in Augenhöhe, öffnete sie langsam und riss erstaunt die Augen auf. Sie fragte mich, ob sie ihn ausprobieren könne und ob ich ihn dann zurückhaben wolle.

Es blieb dabei, dass ich zu Lehrzwecken einen Tampon spendete, Huanita aber war so begeistert, dass ich im Tausch dafür einen Bonbon bekam.

Übung für einen Ausflug auf den Mars

Wissenschaftler meinen, die Atacamawüste sei der trockenste Teil der Erde und die Bodenzusammensetzung wie auf dem Mars. Weltraumagenturen planen, in zehn Jahren Menschen dorthin zu schicken.

Durch die Atacamawüste bin ich zum Glück schon im vorigen Jahrtausend gefahren und habe dabei die ganze Zeit für die Marsmission trainiert. Ich selbst würde sofort ins Weltall ziehen. Ich bewundere die Wüste. Die Fahrt über Sandhügel und durch zerklüftete Täler konnte ich mir in Farben vorstellen. Ein Knackpunkt wäre der Sauerstoff, denn dort beschäftigt sich noch niemand mit der Photosynthese.

Die Reise durch das leere Land hielt allerlei Überraschungen für mich bereit. Fürs Erste wurde ich vom Regen gesegnet. In Gegenden, wo es nur alle hundert Jahre Niederschläge gibt, war es mir eine Ehre, dass sich der Himmel auf eine so exklusive Art und Weise über mir entleerte.

Die Tafel für den Bahnübergang sah ich schon von Weitem. Man konnte sie ja auch nicht übersehen, denn sie war das einzige Ding, das ich auf den letzten ich weiß nicht wievielen Kilometern erblickt hatte. Ich schaute viel zu schnell nach rechts und links. Intelligente Verkehrsvorschriften berücksichtige ich nicht, weil sie Vorschriften sind, sondern weil sie intelligent sind. Mit dem einen Leben, das mir gegeben ist, gehe ich respektvoll um.

Die Hauptstraße durch die Wüste war leer, außer den paar Sandverwehungen. An jenem Tag machte die Sonne Urlaub, weshalb es nur mäßig heiß war. Die Wolken hingen hoch am Himmel und spendeten Schatten auf dem Boden. Mit der Stille unterhielt sich nur der ruhige Klang des Einzylindermotors, der irgendwo unter mir eingefahren brummte.

Im nächsten Moment wurde die Stille von einem solchen Getöse gestört, dass ich fast vom Motorrad fiel. Es hallte ohrenbetäubend und heulte über alle Grenzen des guten Geschmacks hinweg. Die Sirene war so real und so fürchterlich, dass es mir schien, als wäre ich in eine Szene aus *Miami Vice* geraten.

Und ich ganz allein zwischen Himmel und Erde, dachte ich.

Ich fasste den Lenker fester, überflog den Horizont und blickte über meine Schulter. Und siehe da! Ein Polizeiauto mit einem sich drehenden und blinkenden Licht rollte hinter mir her. Vor Lachen verlor ich fast die Kontrolle über mein Fahrzeug.

»Guten Tag«, sagten die beiden Polizisten, die gleichzeitig ausgestiegen waren, als hätten sie in ihrer Freizeit trainiert, wie man schon auf den ersten Blick Eindruck schindet.

»Guten Tag! Was kann ich für Sie tun?«, bot ich meine Zusammenarbeit an.

»Ihre Papiere, bitte.« Sie spazierten, jeder von seiner Seite, ums Motorrad.

»Natürlich, mit Vergnügen«, sagte ich, dachte aber anders, weil es mir überhaupt kein Vergnügen bereitete, auf der Straße zu parken, vom Motorrad abzusteigen, die Gepäckboxen aufzusperren und die Papiere zu suchen. Obwohl ich Polizisten genauso gerne habe wie Sie, kam ich ihrem Wunsch nach und tat, als würde ich mich in ihrer Gesellschaft pudelwohl fühlen.

»Sie haben einen Verstoß begangen«, sagte der Kleinere und Dünnere, während er mit den Dokumenten in seiner Rechten in seine Linke schlug, anstatt sie zu lesen.

»Ich habe einen Verstoß begangen?«, wiederholte ich pathetisch die alte Wahrheit, die schon seit über dreißig Jahren keine Neuigkeit mehr war.

Trotz intensiven Grübelns konnte ich mich nicht erinnern, was ich falsch gemacht und wen ich beleidigt haben sollte, denn gefährdet hatte ich niemanden. Aber Uniformierten sollte man immer recht geben. Zumindest am Anfang der Verhandlungen.

»Sie haben ein Stoppschild überfahren«, erläuterte der blaue Engel. Da mir immer noch nicht klar war, woher sie gekommen waren, vermutete ich mal aus dem Himmel.

»Ich habe ein Verkehrszeichen überfahren?« Ich begreife es besser, wenn ich es laut sage.

»Wir haben gesehen, dass Sie vor dem Überqueren des Bahnübergangs nicht die Füße auf den Boden gestellt haben.«

»Füße auf den Boden, trallala«, sagte ich auf Slowenisch und lächelte auf Spanisch.

Dann ging es noch eine Zeit lang hin und her, und am Ende erklärte ich ihnen, dass ich nun schon so lange Motorrad fahren würde, dass ich auch ohne Absteigen stehen bleiben könne.

»Soll ich es Ihnen zeigen?«

»Sie wollen die Strafe also nicht bezahlen?«, fragte derjenige, der die ganze Zeit laberte, denn der andere sagte ja nichts.

»Gibt es einen guten Grund dafür?«

Weil es keinen gab, gab es auch keine Strafe. Und wir machten uns auf, jeder in seine Richtung, ich in den Süden und die anderen beiden höchstwahrscheinlich zurück in den Himmel.

Am Ende der Welt

Das brauchbarste Reiseutensil in der Wüste ist die Zahnseide. Der Sand zwischen den Zähnen ist wirklich eine lästige Sache, genauso wie auf den Batteriekontakten und der Fotoausrüstung. Das war die einzige schlechte Seite der interessanten Landschaft, die sich gegen Süden des auseinandergezogenen Landes am Südpazifik in ein Land von tausend Schönheiten verwandelte.

Neben der Zahnseide war die Motorradplane eines der gebräuchlichsten Dinge, die mit mir reisten. Was die Menschen nicht sehen, wünschen sie sich nicht. In Santiago bekam sie mitten am helllichten Tag Füße und verschwand. Ja, ich war noch immer in Chile, das noch immer in Südamerika liegt.

In Bariloche hielt ich für einen sündigen Augenblick an und gönnte mir das Beste in der Stadt. Mit einer nicht gerade kleinen Tüte Schokoladenbonbons erkundete ich die Umgebung und blieb bei einer ungewöhnlichen Kirche stehen. Priester neigen dazu, zum Teil aus Sicherheitsbewusstsein, ein bisschen aber auch aus Neugier, über staubige Reisende zu stolpern.

Er war jung, gebildet und sehr gesprächig, deshalb kamen wir weiter als bis zu den Höflichkeitsfloskeln. Auf die Frage, wer der Architekt der Kirche sei, vor der wir standen, antwortete er, ein Landsmann von ihm, ein Slowene, und so führten wir das Gespräch in unserer Muttersprache fort.

Noch bei vielen anderen Gelegenheiten zeigte sich, dass in Chile, vor allem aber in Argentinien Slowenisch im Sprachgebrauch sofort nach Spanisch kommt. Ich hörte es an Tankstellen, in Geschäften und sogar in einem abgelegenen Wald unter Förstern.

Die einsamen Tage im Sattel hielten mich zum Nachdenken an. Ich erfreute mich an den Menschen. Ich wusste, am Ende der Welt, wo auch diese Straße endete, feierten einige Biker ebendieses Ende.

Die Landschaft um mich herum reichte bis zum Horizont und war einladend schön, und die Fahrt war anspruchsvoll, weil ich bis zu achtzehn Stunden pro Tag im Sattel hing. Die Aberhunderte Kilometer Schotterpisten am Ende des Kontinents müssen aus der Familie jener Straßen stammen, die kein Ende nehmen. Schotterhaufen und tiefe Fahrrinnen sowie mancherorts kaputte Fahrbahnen verlangen ununterbrochene Aufmerksamkeit.

Noch weniger freundlich als die Straßen war der Wind, der wild von den Andengipfeln herabblies. Nie zuvor und nie danach soff die Maschine so viel wie in Patagonien. Gute neun Liter auf hundert Kilometer anstatt der Hälfte bei normalen Fahrverhältnissen.

Wenn Sie meinen, ich könnte bei einem Gebläse von zweihundert Kilometern pro Stunde eine dreihundert Kilo schwere Maschine halten, irren Sie sich.

Deshalb fing bei den stürmischsten Böen auch jeder Fotostopp mit einem Sturz an. Kein Wunder also, dass das Album aus Patagonien fast leer ist. Die Stürze und dann das Warten auf jemanden, der helfen könnte, das Bike wieder aufzustellen, standen nicht auf der Liste meiner liebsten Reisebeschäftigungen. Ich lernte, mich auf dem äußersten rechten Fahrbahnrand zu halten, damit ich nach einem Sturz noch immer auf dem Asphalt war. In Patagonien bläst es immer von Westen. Das Bike aus dem Straßengraben zu heben hätte einen ganzen Bus voller Fahrgäste erfordert.

Nach einem Sturz legte ich zuerst etwas unter den Tank, damit nicht das ganze Benzin ins Nichts floss. Dann machte ich in Ruhe ein Foto und wartete auf zufällig Vorbeifahrende. Den Rucksack mit dem Fallschirm, der hinten auf dem Beifahrersitz lag, blies der Wind wie eine leere Plastiktüte davon, obwohl er zwanzig Kilo wog. Bis Hilfe kam, nahm ich noch das eine oder andere Gepäckstück herunter, im Glauben, es würde das Aufstellen erleichtern.

Drei Händepaare reichten aus, um das Motorrad aufzustellen und es zu halten, bis ich das Gepäck wieder an seinen Platz gepackt hatte, mich in den Sattel quetschte, »Danke!« brüllte, Gas gab und davonbrauste, so schnell es ging, damit ich schneller war als der Wind und nicht wieder zu Boden ging.

Pflaumenschnaps und ein Platten

Ein Platten war nicht die beste Lösung, um etwas Abwechslung in die monotone Schönheit zu bringen. Ich dachte gerade an Freunde und fand einen neuen: Die Hilfe schaukelte in Form eines roten Lastwagens mit Anhänger heran, aus dem ein Mann mit Zahnlücke sprang, der ein kariertes Flanellhemd, Jeans und eine grüne Mütze trug und mich als »Kollegin« begrüßte.

Wir schoben das Motorrad mit vereinten Kräften auf den Hauptständer. Ich stürzte mich in die Arbeit, und er hätte wohl ein schlechtes Gewissen bekommen, wenn er gleich wieder gegangen wäre. Deshalb blieb er und verkürzte mir die Zeit mit seinen Kommentaren und Geschichten. Aber im Grunde deutete er mir zwischen den Zeilen an, er bleibe so lange für den Fall, dass ich zufällig noch etwas bräuchte.

»Ich habe Sie die letzten tausend Kilometer beobachtet und wäre nie auf die Idee gekommen, dass Sie eine Frau sind. Sie schlagen sich wirklich gut, beherrschen das Motorrad ausgezeichnet und befolgen die Regeln wie eine von uns«, lobte er mich.

Aus der Kabine seines Hauses auf Rädern, in dem er wesentlich mehr Zeit verbrachte als in seinem gemauerten Zuhause, kramte er eine Überraschung hervor. Wie schön ist es, wenn man nach getaner schwerer Arbeit von einem Mann mit einer Tasse warmen Tee erwartet wird. Verdammt schön ist das!

»In Ushuaia habe ich einen Freund mit einem hervorragenden Pflaumenschnaps. Ich denke, Sie sollten ihn kennenlernen«, meinte er.

Obwohl Alberto ein freundlicher und geselliger Kerl war, hatte ich kein Bedürfnis, seine Saufkumpane kennenzulernen, denn wir kannten uns ja nicht länger, als es gedauert hatte, die Reifenpanne zu beheben. Wir vereinbarten, uns im kleinen Ort am Ende der

Welt wiederzusehen. Wegen der Größe der Siedlung könnten wir uns so oder so nicht verfehlen.

Wir trafen uns jedoch viel früher als geplant. Zweihundert Kilometer vor dem Ziel verfing ich mich im Stacheldraht einer Weide, als wäre ich selbst eine Kuh. Alberto war der Erste, der vorbeikam, lud meinen Krempel aus der kaputten Seitenbox, der auf der Straße verstreut lag, ein, und wir ritten weiter.

Über Ushuaia freute ich mich wie noch über keinen anderen Ort zuvor. Die Stadt bedeutete das Ende eines interessanten Abenteuers. Ich freute mich aber auch deshalb, weil es für Plätze, die einen Besuch wert sind, keine Abkürzungen gibt und ich anständig hatte schuften müssen, um überhaupt bis dorthin zu kommen.

Am Fuß der Berge, die in den kalten Beagle-Kanal eintauchen, führen steile Straßen zum Hafen hinab, der in der Bucht kauert. Die Sonne hatte sich auf einen Spaziergang über den klaren blauen Morgenhimmel gemacht. Wolkenlos. Von der Straße oberhalb der Stadt bot sich ein phantastischer Ausblick, das erste Geschenk für die heranrückenden Feiertage. Einen Tag vor Weihnachten waren die meist katholischen Argentinier sehr mit sich selbst beschäftigt.

Nach einer Dusche an der Tankstelle, die mir mein Straßenkollege empfohlen hatte, machte ich mich auf in die Kfz-Werkstatt, wo für mich eine neue Gepäckbox zusammengeschweißt wurde.

Es sah so aus, als hätte der anstrengende Weg nicht nur mir zugesetzt. Dem Motorrad fehlten unzählige Schrauben, Muttern, die Dichtungen waren abgenutzt, das Licht war kaputt und ein Stoßdämpfer gebrochen.

Was soll's, Steuern zahlen muss man überall auf der Welt.

Bevor ich die Kfz-Werkstatt verließ, kam ich mit jemandem ins Gespräch, der sein Auto zur Reparatur brachte und fast ohnmächtig wurde, als ich zugab, dass ich noch nicht wusste, wo ich Heiligabend verbringen würde. Er holte sein Telefon raus, tippte, telefonierte, beendete die Verbindung und verkündete, ich hätte soeben ein Haus bekommen.

Für die besten Gewinne braucht man nicht einmal ein Los.

Das kleine Schloss war aus Holz, geräumig und hell. Marcels Freund war für einige Monate verreist, und dem Hüter des Hauses schien, meine Gesellschaft würde diesem guttun. Und mir könnte die seine gefallen.

An Heiligabend lief bei dem für mich organisierten Gastgeber und seiner italienischstämmigen Familie alles nach bewährter Tradition ab: große Familie, ausgezeichnetes Essen, viel Wein und viele Geschenke. Unter dem Baum wartete, obwohl ich so spät als Gast angekündigt worden war, auch auf mich eine Überraschung.

Den nächsten Tag verbrachte ich dort, wohin ich eigentlich die ganze Zeit gewollt hatte. Ein Dutzend Biker campten an dem Ort, an dem die Straße endet. Bei Wind, Regen und Kälte zu biwakieren behagte nach etlichen Wochen anstrengender Reise niemandem, deshalb war die Stimmung bei den meisten völlig im Keller. Mich hätte das Gleiche erwartet, wenn ich nicht zuvor gestürzt und durch eine Verkettung perfekter Umstände direkt in das gewonnene Haus gestolpert wäre.

Es war etwa zu der Zeit, als in nordamerikanischen Motorradzeitschriften der Begriff »Benkas Glück« aufzutauchen begann.

Trotz des traurigen Wetters, das in dieser Gegend vorherrscht, verbrachten wir den Großteil des Tages damit, nützliche Informationen auszutauschen, und stellten fest, dass wir, die wir auf der

Straße mehr litten, abseits davon mehr Glück hatten. Diejenigen, die in Gruppen reisten, konnten zwar Schwierigkeiten auf dem Weg besser bewältigen, ihnen entgingen jedoch viele nette Einladungen, offene Türen und Möglichkeiten, das lokale Leben kennenzulernen.

Alberto hatte recht gehabt. Arko war ein richtiger Slowene, der neben Sliwowitz, dem heimatlichen Pflaumenschnaps, auch noch eine slowenische Fahne, einen Trachtenanzug und Regale voller Kassetten mit volkstümlicher Unterhaltungsmusik zu bieten hatte. Er war ein hagerer, grauhaariger Mann mit viel Lebenswillen, funkelnden Augen und flinken Füßen. Seit fünfzig Jahren verkaufte er in einem kleinen Kiosk Zeitungen und Zeitschriften und verbreitete am Ende der Welt Neuigkeiten. Beim ersten Treffen war er etwas enttäuscht, weil ich nicht in seinem Haus schlief, weshalb ich ihm versprechen musste, am nächsten Tag und alle darauffolgenden Tage, solange ich in Ushuaia sei, zum Mittagessen zu kommen.

Nach dem Essen plauderten wir wie zwei alte Freunde. Alle paar Tage rief er wie ein verantwortungsbewusster Vater meine Mutter an und informierte sie darüber, was ich so tat, ob ich alles aufgegessen hatte, ob ich ausreichend angezogen war, wie oft ich ein Häufchen machte, kurzum, er berichtete alles, was ich ihr nie erzählen würde.

Während ich bei Arko war, wartete mein Bike auf dem Hof, der nur durch einen Metallzaun von der Hauptstraße abgegrenzt war. An einem Nachmittag verbrachte ich einen tristen Tag in Arkos Esszimmer, verdaute die exzellente Bratwurst mit Kraut und holte in meinem Tagebuch die Eintragungen für die letzten Wochen nach. Durch das große Fenster bemerkte ich einen Mann, der im Garten herumspazierte und wohl auf der Suche nach etwas war. Ich versank wieder in meine Arbeit und hätte den Neugierigen vollkommen vergessen, wenn ich ihn nicht etwas später an der Fensterscheibe hätte kleben sehen.

Ich dachte mir, er würde Arko suchen, ging zum Fenster, zog den Vorhang zurück und sagte auf Spanisch, er fände ihn unten im Kiosk. Der Mann ging weg, und ich dachte, damit wäre die Sache erledigt, aber nach einer Weile wankte er die Treppen hoch und fragte mich, wo die Dame des Hauses sei. Es war mir etwas unangenehm, denn ich wusste nicht, wer er war, aber ich wusste, dass Arkos Frau schon vor einigen Jahren gestorben war.

»Nein, nein, ich würde gern mit der anderen sprechen.«

»Welcher anderen?« Ich war mir nicht sicher, ob Arko noch eine andere hatte, die ich nicht kannte.

»Mit der Motorradbesitzerin.«

»Ja, das bin ich.« Wir wechselten von Spanisch auf Englisch.

»Donnerwetter, das freut mich aber!« Er reichte mir die Hand und wechselte ins Slowenische.

Weil es offensichtlich war, dass ich keine Ahnung hatte, was los war, klärte er mich auf.

»Dem Sohn ist das rote Motorrad ins Auge gestochen, dem Vater das slowenische Kennzeichen, und der Mutter kam der Gedanke, dass Sie das sein könnten, deshalb mussten wir Sie finden. Wir schlussfolgerten, dass Sie nicht weit weg vom Motorrad sein können«, sprudelte es aus ihm heraus. Er war das älteste Mitglied einer Arztfamilie, die ihren Patienten für einen Monat entflohen war. Die drei reisten aus Spaß an der Freude und arbeiteten und behandelten ansonsten im slowenischen Kärnten.

Arko war ganz begeistert von der slowenischen Versammlung und tischte als Willkommensgruß, der aber gleichzeitig auch ein Abschied war, wieder anständig auf. Wir tranken auf das alte Jahr, das an jenem Tag endete. Wir tanzten, bis »Slavko Avsenik und seine Original Oberkrainer« nicht mehr konnten. Bis dato hatte ich mich für seine Musik überhaupt nicht interessiert. Seit Arko aber reiste sie mit mir.

Wenn man nur ein einziges slowenisches Ehrenkonsulat eröffnen müsste, würde ich vorschlagen, es bei Arko zu machen und ihn zum Ehrenkonsul zu bestellen.

Ein gutes Jahr später tauchte vor unserer Wohnungstür in Ptuj ein unangemeldeter Gast auf. Arko war vorbeigekommen und brachte persönlich ein paar Fotos und Videos zur Erinnerung mit.

Kinder werden auch deshalb geboren, damit die Eltern neue Freunde finden.

Nehmen Sie auch ein Motorrad mit in die Antarktis?

Das ganze Drumherum, das slowenische und italienische Essen und die willkommene Gastfreundschaft am Ende der Welt waren in jenen Tagen eine nette Kulisse für meine Arbeit und meine Verpflichtungen.

Weil diese Welt sieben Kontinente hat, standen natürlich alle auf meiner Liste, inklusive Antarktis. Ich hatte noch nie verstanden, wieso der weiße Kontinent vor mir noch keinen von denen, die mit ihren Motorrädern fröhlich um die Welt fuhren, betört hatte.

Der Entschluss, die Reisevorbereitungen nach Ushuaia zu verlegen, war richtig. Endlich kam ich in Kontakt mit Menschen, die jede Woche der Saison jemanden in die Antarktis expedierten und, im Vergleich zu allen anderen davor, meine Idee nicht seltsam fanden.

Im warmen Büro am Eingang zum Hafen war nichts, außer einem hübschen Fräulein und einigen alten Werbeprospekten. Ich sagte, was ich wollte, und bekam einen Fahrplan der Schiffe, die im nächsten Monat einen Trip machen würden.

»Das Rote dort drüben wird als Erstes auslaufen.« Sie zeigte in Richtung Disco, und obwohl ich mich an dieser ausgelutschten Musik schon lange nicht mehr erfreuen konnte, war ich bereit, die Platte umzudrehen und mich wegen der Reise zum gewünschten Kontinent diesem Rhythmus anzupassen.

Eine rot-weiße Nussschale lag vereinsamt am Pier. Als ich meine Kiste neben ihrer Bordwand parkte, schien sie etwas größer. Nach einer ganztägigen Verhandlung mit dem Kapitän, dem Kennenlernen der Crew, der Zollbeamten und Hafenarbeiter sowie des Schifffahrtsdienstes war mir halb Ushuaia bekannt, und ich hatte zu guter Letzt auch noch einen Platz auf dem Schiff reserviert, für uns beide.

Kapitän Jensen war begeistert von dem Wasserfahrzeug, das er aus Grönland hierhergesteuert hatte. Obwohl seine Meinung die einzig gültige war, konnte ich mir noch immer nicht vorstellen, wie sich mein Motorrad, eingewickelt in Plastik und festgemacht an der Reling, bei der Überquerung der Drakestraße machen würde. Trotz meiner Zweifel war ich nach der Einwilligung des Kapitäns der glücklichste Mensch der Stadt.

In der ersten Nacht nach dem Auslaufen am Nachmittag war es ruhig wie auf einem See. Wir beobachteten die Sterne und erfreuten uns des südlichen Himmels.

Als wir in die Enge einliefen, in der der Atlantik auf den Pazifik trifft, fing es an. Die Wellen waren hoch, flach und breit und erinnerten an einen riesigen sanftmütigen Wal. Es fühlte sich an, als würde er das Schiff huckepack nehmen, es langsam hochheben und wieder hinablassen.

Von den achtundachtzig Reisenden waren die meisten Amerikaner, die – ich weiß nicht, ob aus Angst oder Langeweile – ununterbrochen Essen in sich hineinstopften, sowie viele Japaner, die mehr oder weniger die ganze Zeit kotzten. Die Kanadier hielten sich am liebsten im Spielsalon auf, während wir zwei Slowenen die

Crew beschäftigten: Mit dem einen hatten sie wirklich viel Arbeit, während die andere nur schlief. Mich machte das Schlingern wahnsinnig schläfrig, bis zu dem Augenblick, als die Zentrifuge eingeschaltet wurde. Am nächsten Tag nahm das Schaukeln andere Dimensionen an, denn der Wal hatte sich in eine Waschmaschine verwandelt. Wir wurden herumgeschleudert wie Flusen in der Trommel, mit solch einer Wucht, dass unsere Knochen im Schlaf brachen. Im wahrsten Sinn des Wortes.

Der Gang vor der Arztkabine war unpassierbar. Der grauhaarige Doktor mit runden Augengläsern und Hosen mit Hosenträgern war ein unterhaltsamer Mann, dem an jenem Tag allerdings nicht zum Scherzen zumute war. Er beschäftigte sich mit gebrochenen Rippen, Armen, Beinen, Schädeln, Beulen, Gehirnerschütterungen und vielem mehr. Die Seekrankheit erwähne ich gar nicht, denn sie hatte uns sowieso alle fest im Griff.

Obwohl Januar war und wir in den antarktischen Sommer fuhren, war es feucht, windig, und die Temperaturen lagen um null Grad. Sommerlich war in der Antarktis nur das Fehlen des Eisgürtels, mit dem sich das Festland vor der Winterruhe umgibt.

Alles rund ums Motorrad und um die Antarktis lag in den Händen unseres Kapitäns. Wir führten nur seine Befehle aus. Auf jedem Schiff kann es nur einen Kapitän geben, und Herr Jensen machte seine Arbeit ausgezeichnet. Er ließ die ungewöhnliche Fracht in Neko Harbour von Bord und gönnte mir einen Tag der Freude, an dem ich mich damit vergnügte, mein Bike über Felsen hinweg- und zwischen Pinguinen hindurchzuschieben, die dem lärmenden Ding neugierig hinterherguckten.

Arko hatte mir für diese Gelegenheit die slowenische Fahne geliehen, die jedoch nicht zum Einsatz kam. Ich dachte über die Bedeutung dieses Ereignisses gar nicht nach, bis es vorbei war. Ich war zu beschäftigt und um viel zu viele Dinge besorgt.

Als der ewig verschneite Kontinent immer weiter in die Ferne rückte und am Horizont kleiner und kleiner wurde, zog ich einen Schlussstrich unter die Antarktis. Sie war mein verrücktestes Abenteuer und der beste Teil der Reise.

Der zauberhafteste Aspekt der antarktischen Erfahrung war die Erkenntnis, dass Sturheit und Beharrlichkeit bis ans Ende der Welt reichen und alles seinen Sinn bekommt – und sei es noch so ungewöhnlich, vermeintlich unmöglich und anders als alles, was dieses Universum bereits gesehen hat.

Die Hoffnung besteht. Auf, auf, nur munter ihr nach!

Fischcremesuppe

Auf dem Schiff, das uns auf den Eiskontinent brachte, aß ich Chowder, so nennt man die Fischsuppe, die uns aus den Töpfen von Küchenchef Steve entgegenroch, dort, wo sie ursprünglich herkommt. Nach diesem Rezept können Sie ein Essen für sechs hungrige Mägen zubereiten. Diese reichhaltige Suppe ist eine gesunde Alternative zu den winterlichen Schlachtplatten. Verzweifeln Sie nicht an der Rezeptlänge, die Zubereitung ist sehr einfach! Ich schlage vor, dass Sie sich am Tag der Zubereitung zum Frühstück in den Fischladen begeben. Bevor die Vorstellung beginnt, sollten Sie Folgendes in der Küche haben:

1 kleine Zwiebel
1 große Karotte
1 Sellerie
1 große Kartoffel
3 Löffel Öl
1 Prise Thymian

1 Lorbeerblatt
1/4 Tasse Mehl (ca. 6 cl)
1 Liter Suppe aus Suppenwürfeln
60 g Lachs
60 g weißen Fisch
60 g Miesmuscheln
60 g Garnelen
60 g Krebsfleisch
20 cl Sauerrahm
Salz

Schneiden Sie alles klein, was man schneiden kann, vergeuden Sie aber keine Zeit mit dem Zerhacken von Salz und Sauerrahm. Dünsten Sie die Zwiebel in Öl glasig, und geben Sie während des Rührens das restliche Gemüse und die Kräuter bei. Fügen Sie in den nächsten zwei Minuten das Mehl und die Suppe hinzu, und rühren Sie weiter, bis Ihnen schwindlig wird. Am besten auf kleiner Flamme und mindestens zehn Minuten. Geben Sie dann die Meeresfrüchte dazu, so viele Sie wollen und welche Ihr Herz begehrt. Ich habe nur Steves persönliche Auswahl aufgeschrieben. Kochen Sie alles so lange, bis die gewürfelten Kartoffelstücke durch sind. Rühren Sie die Suppe vorsichtig. Geben Sie den Sauerrahm bei, lassen Sie alles leicht aufkochen, und stellen Sie es dann schnell vom Herd auf den Tisch, und genießen Sie es mit Freude.

An Karneval sind Hunde in aller Munde

Als ich bereit war, mich zurück in den Norden zu begeben, woher ich gekommen war, traf ich Alberto wieder. In der Zwischenzeit war er nach Buenos Aires gefahren und zurückgekommen. In

Ushuaia gab es wohl nie genug von dem Zement, den er transportierte.

»Würdest du mir Lkw-Fahren beibringen?« Das fiel mir eines Tages ein, als die Antarktis hinter mir lag und ich das Gefühl hatte, im Leben fast alles in Angriff nehmen zu können.

»Klar doch!« Alberto, in dessen Leben außer dem ruhigen Dasein in seiner Lkw-Kabine nicht viel passierte, war begeistert.

Meine Idee war eigentlich, mir die Fertigkeit irgendwo in der Nähe anzueignen, aber mein Fahrlehrer setzte mir ein ernsthaftes Ziel: »Morgen mache ich mich auf den Weg in die Hauptstadt, und ich schlage vor, dass du fährst. In ein paar Stunden wirst du alles beherrschen.«

Eifrig starteten wir das Projekt. Es ging mir prima von der Hand, zumindest behauptete das Alberto. Mir rutschte allerdings einige Male das Herz in die Hose, und ich konnte mich nur mit Müh und Not wieder erholen, nachdem der Anhänger des zwanzig Meter langen Lastwagens ein paar Zentimeter weit von der verdammt schmalen asphaltierten Fahrbahn gerutscht war. Es war, als hätte man mir das Lenkrad aus den Händen gerissen! Im Vergleich zur Fahrt mit dem Motorrad, das still unter der Plane ruhte, konnte ich es mir im Lkw keinen Augenblick lang leisten umherzuschauen. Ich heftete die Augen auf die Mittellinie, die mich vier Tage lang führte, bis ich sicher vor Albertos Haus in Buenos Aires parkte, meine Maschine ablud, mich verabschiedete und nicht im Entferntesten auf die Idee kam, dass ich ihn einige Tausend Kilometer weiter an der Grenze zu Paraguay wiedertreffen sollte.

Die Welt ist wirklich klein, und verzeihen Sie mir, wenn ich das noch hundertmillionenmal wiederholen werde.

La Nación, eine der wichtigsten argentinischen Zeitungen, veröffentlichte in jener Woche Fotos von Clinton und Pulko auf ihrer Titelseite. Wie einfach es doch war, neben einem der einflussreichsten Männer der Welt abgedruckt zu werden, und ich fand es richtig gut, dass man sich dafür nicht einmal mit Politik beschäftigen musste.

Alex und ich schrieben uns schon seit Monaten, und es kam überhaupt nicht infrage, seine Einladung abzulehnen. Er lebte in Argentiniens Hauptstadt und war auch ein Biker. Er bewunderte die slowenische Sprache und beherrschte sie nach einem Jahr in Ljubljana ausgezeichnet.

Er hatte mir seine Adresse geborgt, wo sich für mich einiges an Post angesammelt hatte. Am meisten freute ich mich über eine zerknautschte Sendung, in der mir Tjaša Orangenkekse und Nusshörnchen geschickt hatte. An Tagen, an denen wir weniger mobil waren, waren wir begeisterte Bäckerinnen und tauschten eifrig Rezepte aus.

Während des Karnevals ist Brasilien ein Irrenhaus, das aber niemand mit auch nur einem Funken Verstand verlassen möchte. Rio bereitete sich auf eine glitzernde Parade vor, und Salvador, die drittgrößte brasilianische Stadt, platzte vor Menschen aus allen Nähten, die von überallher in die Stadt pilgerten, um beim größten Straßenfest der Welt dabei zu sein.

Auch mich befriedigt es nicht, die Dinge aus der Ferne zu beobachten, deshalb machte ich mich auf den Weg in die Stadt, die während des Festes auf drei Millionen Einwohner anschwoll. Die Einheimischen vermieteten ihre Wohnungen nach Quadratmetern. Zwei waren genug, um meine Knochen auf dem Parkett einer hübschen Wohnung auszustrecken, die im fünften Stock eines Hochhauses im Stadtzentrum lag, unweit des Meeres, und Frau Adriana gehörte, die am Ende des Karnevals in ihrer Dreizimmerwohnung elf Leute untergebracht hatte. Während sie Geld verdiente, schlief sie auf der Küchenbank.

In Brasilien findet der Karneval im Sommer statt. Da es feucht und heiß ist, sollten die Perchten und andere Zottelmasken lieber woanders bleiben. Die schönsten und beliebtesten brasilianischen Kostüme haben sehr wenig Stoff, die durchschnittlich Kostümierten zeichnen sich hingegen dadurch aus, dass zumindest die Brüste bedeckt sind.

Am Karneval kann man teilnehmen, indem man sich eine Lieblingsband aussucht, die auf einem Lastwagen herumgefahren wird, um den herum sich an die fünfhundert gleich angezogene Menschen tummeln. Beim Kauf der Eintrittskarte erhält man auch ein Kostüm.

Die heitere Woche war Tag und Nacht voller Leben. Die Straßen schunkelten im Rhythmus und kamen nie zur Ruhe. Sie waren verschwitzt und vollgemüllt. Die Einheimischen schlachteten alles, was kreuchte und fleuchte, um die Massen hungriger Narren zu sättigen.

»Probieren Sie, das ist mein Hund.« Das Angebot kam von einer alten Frau am Straßenrand, die zwischen Hunderten anderen Verkäufern etwas Essbares zubereitete.

»Wie hieß er denn?« Mir tat der Verstorbene leid.

»Er hatte keinen Namen«, antwortete sie, »aber er war ein ganz Lieber. Er hat nie jemanden gebissen.« Sein unbarmherziges Exfrauchen hatte noch ein paar schöne Erinnerungen auf Lager.

»Tut er Ihnen denn überhaupt nicht leid?« Ich fand es immer noch nicht richtig, das eigene Haustier zu einem Spieß zu verwursten.

»Ach ja. So ist das Leben«, seufzte sie und bot mir noch einmal ihren Hundespieß als Snack an.

Ich ging und kaufte erst einige Straßen weiter ein paar Spieße. Der verrunzelte Herr bediente mich schweigend und legte zwei frische Spieße mit kümmerlichen Fleischstückchen auf den Grill. Er sagte nichts über die Herkunft des Fleisches. Die Spieße waren jedoch hundsmäßig zäh.

Die Brasilianer lieben Samba und Karneval, mindestens genauso lieben sie es, Benzin mit Alkohol zu strecken. Eigentlich akzeptabel, nicht jedoch für unsereins mit Benzinmotoren, die total verrückt werden, wenn man ihnen Äthanol, Methanol und Benzin durch die Adern jagt. Das war die brasilianische Art, sich an die hohen Spritpreise anzupassen. Ich wusste ja nicht, dass man das ganze Benzin im Vergaser verbrauchen muss, bevor man irgendwo für längere Zeit parkt, da sich ansonsten auf der Gummimembran Löcher bilden. Und das taten sie. Die Brasilianer guckten mich nur verdutzt an und fragten sich, von welchem Planeten ich käme, um das nicht zu wissen.

Das Gute daran ist, dass die Menschen in Ländern, in denen Ersatzteile Mangelware sind, alles reparieren, flicken, umbauen und anfertigen können.

Auf der langen weißen Wolke

So heißt das Land, in das man käme, wenn sich ein Wurm aus Slowenien direkt ans andere Ende der Welt durchbohren würde. Neuseeland ist ein märchenhaftes Land. Nach dem stürmischen, schrillen, lärmenden und schmutzigen südamerikanischen Kontinent brauchte ich etwas Ruhe, frische Luft und gelassene Menschen. Neuseeland war das krasse Gegenteil zur Zehnmillionenmetropole São Paulo, wo ich noch drei Stunden in einem Verkehrsknäuel eingekeilt gewesen war, bevor ich endlich hatte abheben können. Die Teilnahme im Verkehr wurde wieder zum Genuss und war nicht mehr nur anstrengend. In Neuseeland rast niemand. Die Fahrer respektieren einander und fahren im Gegensatz zu uns auf der linken Seite, woran man sich mit dem Motorrad leichter gewöhnen konnte.

Die Zollbeamten hatten viel mit uns beiden zu tun. An mir wurde alles desinfiziert außer meinen Eingeweiden. Ich weiß bis heute nicht, ob es wirklich war oder ob ich nur geträumt habe, ich hätte fürs Bestreuen meines ersten Stuhlgangs irgendein Pülverchen bekommen. Damals schluckte ich auch noch die letzten Tabletten gegen Malaria, und ich sage Ihnen, nach der Einnahme von Lariam hatte ich vielleicht Halluzinationen, das war nicht mehr normal.

Vom Flughafen musste ich den Bus nehmen, weil man für das Waschen und Desinfizieren des Bikes mehr Zeit brauchte. Wenn ich bedachte, dass es die erste Reinigung nach den Vereinigten Staaten war, konnte ich verstehen, wieso sie so viel Zeit in Anspruch nahm.

Neuseeland ist im Vergleich zu Südamerika steril. Alles ist geordnet, sauber, aufgeräumt, gestrichen, es liegt kein Müll neben den Tonnen, und auf den Straßen gibt es keine Bettler, alle sind beschäftigt, und niemand starrt den anderen an, weil er anders aussieht. Und nachdem ich auch noch ein paar Adonisse gesehen hatte, war ich überzeugt, im Paradies gelandet zu sein.

Die Menschen aus dem Land der Kiwis sind ruhig und extrem zuvorkommend. Adrenalinsport steht ganz oben auf der Beliebtheitsskala. Immer und überall war was los: Im Stadtzentrum konnte man auf einer Hotelfassade spazieren, im Park auf Stelzen und auf der Straße mit gelben und violetten Haaren. Weiße, Schwarze, Insulaner und Festländer, Langnasen und Schlitzaugen, kurzum, hier waren Menschen von überall vertreten.

Ich durchquerte das Land Länge mal Breite und quetschte alles an Zeit aus dem dreimonatigen Visum, bis zur letzten Stunde. Ich war viel mit Fallschirmspringern, Bikern, Kajakfahrern und Seglern zusammen, im Großen und Ganzen mit aktiven Menschen. Man kann nur in Neuseeland eine Frau treffen, die mit dem Kajak zur Arbeit fährt. Eine andere fuhr jeden Morgen fünfzehn Kilometer mit dem Fahrrad, ein anderer fuhr mit dem Motorrad zur Arbeit, und wieder ein anderer ging jeden Morgen zehn Kilometer einfach zu Fuß.

Jeden einzelnen Tag fuhr ich auf perfekten Straßen mit einer phänomenalen Aussicht, und mir wurde klar, wieso so viele Menschen nach Neuseeland reisten und nie wieder zurückkehrten. Dort gibt es verschneite Berggipfel, weite grüne Weiden, klare Bäche, eine bewegte Küste mit Delfinen, die mich begleiteten, obwohl ich nicht über das Meer, sondern den Asphalt glitt. Wenn ich für das schönste Land von allen stimmen müsste, würde ich Aotearoa meine Stimme geben, wie es von den Maori genannt wird.

Am Abend war ich sehr guter Laune und wollte unter Menschen sein. New Plymouth. Die Stadt wird vom Vulkan Taranaki beschützt, der im Lichtschein der untergehenden Sonne badete. Es war schöner als auf der schönsten Postkarte. Da fiel mir ein, ich könnte eigentlich das *Buch der Anonymen* ausprobieren. Ich hatte es in Amerika bekommen. Auf einigen hundert Seiten billigen Papiers standen unzählige Telefonnummern von BMW-Motorradbesitzern. Die Nummern waren nach Ländern und Städten sortiert und hatten keine Adressen oder Namen.

»Guten Abend. Ich habe Ihre Telefonnummer im *Buch der Anonymen* gefunden, in dem steht, dass Sie ein Reservebett hätten und sich über Gäste freuen würden«, begann das Kennenlernen am Telefon.

Rose und Jim waren zusammen hundertfünfzig Jahre alt, hatten ein hübsches Häuschen, eine große Garage und eine gut gepflegte BMW. Sie erzählten, sie seien schon seit mehr als zehn Jahren Mitglied der Bikerfamilie, es habe sie aber noch nie jemand angerufen oder besucht, und ihre Mitgliedschaft habe erst mit diesem Tag eine richtige Bedeutung bekommen.

So finden sich diejenigen, die an den gleichen Gott glauben. BMW ist eben nicht nur ein Motorrad oder ein Auto, sondern ein Lebensstil.

Flucht vor der Polizei

Durch Hamilton fuhr ich wohl zu schnell, denn ich wurde von einem Radar geblitzt. Ich ärgerte mich noch eine Zeit lang darüber, aber so war es eben, und das Bedauern trug keine Früchte.

Als ich das nächste Mal in die Stadt kam, heftete sich sogleich ein Polizist an meine Fersen. Sirene, Blaulicht, folgen, Stopp! Ach du lieber Himmel, und was jetzt? Mir blieb fast das Herz stehen, weil ich solche Konsequenzen nicht erwartet hatte. In diesen wenigen Sekunden der Einsamkeit, bevor wir uns Auge in Auge gegenüberstanden, schrie ich mich selbst an, weil ich an den Tatort zurückgekehrt war. Ich bereitete mich darauf vor, heldenhaft für meinen Fehler zu bezahlen.

»Ihren Führerschein, bitte«, sagte der große stämmige Mann, der aus dem Streifenwagen stieg, mit amtlicher Stimme.

Schweigend reichte ich ihm, was ich für ihn in der Tasche hatte.

»Willkommen zurück in der Stadt.«

»Danke, schon gut. Es tut mir ja auch leid.« Ich wollte den Urteilsspruch über mich abkürzen.

»Soll es Ihnen aber nicht. Ich bin wirklich froh, dass Sie wieder hier sind!« Und ich hatte schon angenommen, er sei ein bisschen sadistisch veranlagt.

Ich bin aber nicht froh, dachte ich reumütig, schwieg vorsichtshalber und bereute weiter.

»Das letzte Mal habe ich Sie gesehen, als Sie durch die Stadt gefahren und mir entwischt sind. Ich wollte Sie aufhalten. Ich habe schon so viel über Sie gelesen, und es ist mir wirklich eine Ehre!« Er reichte mir seine Hand, und ich schob meine vors Gesicht, um mein Grinsen zu verstecken.

Der ganze Triglav polterte mir vom Herzen. Bills Frau war vielleicht weniger erleichtert, als er ihr ankündigte, er bringe noch jemanden zum Essen mit. Aber es ist richtig cool, wenn man von einem Polizisten nach Hause eingeladen und bewirtet wird, anstatt eine Strafe aufgebrummt zu bekommen.

Er verriet mir die Wege zu den verborgensten Perlen Neuseelands, die ich von alleine nie gefunden hätte. Bevor wir uns verabschiedeten, schenkte er mir noch einen Stapel lokaler Landkarten, und ich gestand ihm im Gegenzug meine Sünde, die ich in seiner Stadt begangen hatte.

Er lachte laut und sagte, dass er diejenigen, die mit Verstand und Hirn fahren, am liebsten übersehe, auch wenn sie zu schnell unterwegs seien.

Ja, Sie haben es erraten, auch Polizist Bill war ein begeisterter Biker.

Wenn ich nicht Motorrad fuhr oder die Welt erkundete, versuchte ich, Probleme zu lösen. Viel lästiger als die mit dem Bike waren die mit dem Laptop. So ein Theater! Ich fing mir einen Virus ein, der Bildschirm krepierte, die Festplatte ging ein, und fragen Sie lieber nicht weiter ... Beim Reparieren des Motorrads fand ich mich zurecht, aber als der Computer den Geist aufgab, stand ich blöd da.

Im Land der Schafe fand ich die schönste Form des Computerservices: Ich kaufte Wolle und Stricknadeln und entschädigte Vince für die Reparatur des Laptops mit einem Pullover. Während er den Computer operierte, ließ ich die Nadeln fliegen, kochte Tee und bereitete leckere lokale Beruhigungsmittel zu, wie zum Beispiel das nächste.

Mangoeis mit Macadamianüssen und Kiwi

Für eine perfekte neuseeländische Sommerabkühlung brauchen Sie:

1/2 Liter Vanilleeis
3 reife Mangos oder die gleiche Menge aus der Dose (etwa 20 cl passierte Früchte)
100 g ungesalzene Macadamianüsse
30 cl Sahne
1/2 Tasse Zucker
1 Teelöffel Zitronensaft
1 Löffel Ingwerpulver
1 Prise Salz
1 Schuss Kirschwasser

Die Mangos werden während der Motorradfahrt perfekt zerquetscht und püriert. Wenn weder Ihre Küche noch Ihre Garage über ein Motorrad verfügen, verwenden Sie einfach einen Stabmixer. Mischen Sie alle Zutaten außer den Kiwis, die Sie in Ringe schneiden und an die Wand einer Schüssel legen. In diese schütten Sie dann die Masse und frieren alles ein. Die Köstlichkeit kann nach ein bis zwei Stunden in Angriff genommen werden.

Nächtliche Verfolgung

Meiner Meinung nach ist Neuseeland das sicherste Land von allen. Es war auch eines der wenigen Länder, in denen ich nachts unterwegs war, wovon ich andernorts Abstand nahm.

Aber die Nacht hat wohl überall ihre Macht.

Trotz der späten Stunde beschloss ich in Rotorua, den Tag noch nicht zu beenden. Vor mir lagen fünfzig Kilometer perfekter Kurven, und ich war von der Idee begeistert, mir das an diesem Tag auch noch zu gönnen.

Die Dämmerung ging schnell in Dunkelheit über. Der kühle Herbstabend war friedlich, und die Sterne funkelten am klaren Himmel. Dort unten waren sie immer zu sehen. Im Rückspiegel bemerkte ich ein Lichterpaar. Mit den Kurven zu spielen ist am schönsten, wenn man alleine ist, deshalb wollte ich den Wagen vorlassen. Der Fahrer begriff nicht. Oder wollte es nicht. Er hatte sich an mich geheftet und folgte mir ungeachtet dessen, wie schnell ich fuhr. Ich drosselte die Geschwindigkeit, so sehr ich konnte, aber das Auto war noch immer dicht hinter mir.

Ich begriff, dass wir Fangen spielten. Die Regeln sind zum Kotzen. Weil es aber nie so schlecht sein kann, dass es schlechter nicht mehr geht, begann auch noch das Motorrad zu husten und kündigte an, dass das Benzin zur Neige ging. Zum Glück erblickte ich zwischen den Kurven eine kleine Tankstelle, bog schnell ab, blieb stehen und beobachtete, ob mir der Unbekannte gefolgt war.

Obwohl das Ganze überhaupt nicht ins sichere neuseeländische Konzept passte, kam das Auto ziemlich schnell angerast. Es blieb stehen, ruckartig ging der Motor aus, und es machte einen Satz vorwärts, als hätte es Schluckauf.

Drei Türen öffneten sich, und genauso viele Jungs stiegen aus. Sie waren von ganz ordentlicher Statur und trugen Jeans und zu große Pullover. Zwei hatten Baseballmützen auf, einer mit dem Schild nach vorne, der andere wurde wohl hinten stärker beschienen. Keinem fehlte es an frischen Pickeln, und der Älteste hatte an die zwanzig. Jahre! Pickel um einiges mehr.

Bevor jeder von ihnen seine Tür schloss, stieg ich bereits vom Motorrad, ging auf sie zu und klappte mein Visier hoch. »Jungs, bin ich hier auf dem richtigen Weg nach Matamata?« Ich stellte mich ein bisschen blond.

Anstatt einer Antwort bekam ich drei verdutzte Gesichter und die gleiche Anzahl offener Kinnladen zu sehen. Was sie für mich vorbereitet hatten, weiß ich nicht. Höchstwahrscheinlich ein paar Beulen und Knochenbrüche. Wenn Sie mich fragen, nur so zum Spaß. Ich glaube nicht, dass sie es aufs Motorrad abgesehen hatten. Vielleicht auf etwas Kleineres, was sie in Geld für Bier hätten verwandeln können. Aber es war offensichtlich, dass die Überraschung alle drei umhaute und ihren wagemutigen Plan zunichtemachte.

Meine Erfahrungen haben mich bis dato gelehrt, dass junge Männer potenziell die ungemütlichsten Menschen sind. Sowohl ihre unreifen Ansichten und verrückt gewordenen Hormone als auch die Tatsache, dass sie noch kein Rezept gefunden haben, wie man sich am besten beweisen kann, machen sie so gefährlich. Wie alle anderen brauchen auch sie einen Platz unter der Sonne, und solange sie ihn nicht gefunden haben, machen sie Dummheiten, mit denen ja prinzipiell alles in Ordnung wäre, wenn sie außer ihnen nicht auch noch andere beträfen.

Die halbstarken Jungs wurden innerhalb von wenigen Augenblicken zu verspielten Kätzchen und sahen sich mein Bike interessiert an.

Nachdem ihr Herumdrucksen und mein Geplapper ein Ende gefunden hatten, bat ich sie, mir etwas Benzin zu leihen. Die Tankstelle hatte nämlich geschlossen.

Hämorrhoide

In jener Nacht träumte ich, ich wäre heimgereist, weil ich meine Zahnärztin vermisste. Meine Mutter kam spät nach Hause, als ich schon schlief, und ging zeitig wieder. Sie hatte der Haushälterin (die sie nie gehabt hatte) aber noch mitgeteilt, mich nicht sehen zu wollen. Mein Vater war Flugplatzbesitzer und hatte mir verboten, dort zu springen.

Am Morgen tat mir mein Hintern weh. Ich saß wie auf tausend Nadeln, und es war so lästig, dass ich mir am liebsten die Eingeweide herausgezogen und sie mir um den Hals gewickelt hätte.

In solchen Momenten war ich alles andere als geduldig. Ich schleppte mich in eine Dorfambulanz. Bis dorthin war ich stehend gefahren. Im Warteraum saß eine Mutter mit ihrer Tochter. Geduldig verlagerte ich mein Gewicht von einem Bein aufs andere, auf den Hinterbacken hielt ich es immer noch keine Sekunde lang aus. Bald waren Mutter und Tochter an der Reihe, und genauso bald gingen sie wieder. Nach einer Dreiviertelstunde Wartens zwischen den vier Wänden fing ich an zu brüllen wie ein wild gewordenes Tier, und sofort tauchte der Arzt auf.

Ohne viel Federlesens und einführende Freundlichkeit, die mir definitiv vergangen war, verlangte ich, er solle etwas unternehmen. Ich bekam eine Spritze. Sie beruhigte beide. Mich und meine Hämorrhoide.

Vielleicht lag es an zu viel Tee, zu wenigen Ballaststoffen oder unregelmäßiger Ernährung, vielleicht daran, dass ich zu wenig Wasser getrunken oder mich zu viel am Motorrad gerieben hatte. Aber was soll's. Es gibt nur ein Leben, das uns gegeben wurde, ein Leben und einen Tod. Ohne Ausnahmen, für jeden von uns.

In Neuseeland gibt es die besten Museen der Welt. Dort stellen sie ohne Vorurteile alles aus, wie das schnellste Motorrad, T-Shirts mit superintelligenten Aufschriften oder eine Kollektion der abgefahrensten BHs. Bei einem waren die Körbchen aus verschweißtem Eisen, wie Blumenkästen, ein anderer war aus Kuhaugen und wiederum ein anderer aus Adlerfedern. Meiner Meinung nach könnte man keinen von ihnen benutzen.

Die Ureinwohner, die Maori, sind neben den roten Socken, dem silbernen Farn und den Kiwis ein unverkennbares Markenzeichen Neuseelands. Doch sie haben sich angepasst und leben heute wie die Weißen. Den einzigen Unterschied konnte ich auf den Friedhöfen sehen. Ihre Gräber waren mit Tonnen von Plastik geschmückt. Neben Kunstblumen thronten dort Plastikstühle, auf denen sie herumsaßen und sich bei Speis und Trank mit lebenden und toten Maori unterhielten. Ein Picknick auf dem Friedhof. Als ich sie mit großen Augen anstarrte, erklärten sie mir, dass der Tod nicht Grund genug sei, keine Zeit mehr miteinander zu verbringen.

Die große rote Orange kletterte am Himmel empor. Noch bevor der Tag erwachte, machte ich mich auf den Mount Eden auf. Der Morgen war frisch, und ein purpurner Horizont schmückte den Himmel. Am Fuß des Berges, der sich im gleichnamigen Vorort der Hauptstadt Auckland erhebt, weideten Kühe. Sie spazierten friedlich über die saftig grünen Hänge des Vulkanhügels und trotteten im Morgentau des frischen Tages dahin.

Ich ging um den Kraterrand, von dem aus die mit kurzem, dichtem Gras bewachsene Caldera in sanftem Schwung abfällt. Auf dem Weg hinunter umarmte ich eine alte, starrsinnige Eiche, die sich gekrümmt dem Tod widersetzte und beharrlich weiterlebte. Am Nordhang lag einsam eine muldenförmige Lichtung, auf der ein hinkender alter Mann herumspazierte. Da und dort bückte er sich, hob ein Modellflugzeug auf und warf es wieder in die Luft. Seelenruhig beobachtete er es, bis es seine Runden zu Ende gesegelt war und zu Boden glitt. Sich auf einen Holzstock stützend, humpelte der Alte zum immer neuen Landeplatz, hob das Flugzeug auf und warf es aufs Neue in die Luft.

Als ich näher kam, sah ich, dass er nur etwas älter war als ich. Er hatte einen Schlaganfall erlitten.

Wie vom Blitz getroffen, wurde ich zurück ins Leben katapultiert. Um alles auszunutzen, was ich hatte.

Kaustralien

Für mich waren der kleinste Kontinent und die größte Insel der Welt mindestens ein so heiliges Land wie für die Ureinwohner. Bunt, weit, voll mit interessanten Menschen und anziehenden Naturschönheiten, treibt es zwischen dem Indischen und dem Stillen Ozean. Wenn man bei uns die Öfen anheizt, beginnt dort der Sommer. Wegen seiner berühmten Bewohner, der Koalas, Kängurus, Kookaburras, Kasuarinen, Krokodile, Kakadus und Korallen, nannte ich es Kaustralien, und so nenne ich es auch heute noch.

Am Flughafen in Sydney erwartete mich ein polierter dunkelgrüner Mercedes mit einer Fahrerin, die Slowenisch sprach. Der Transport war von der Heimat aus organisiert worden, und Zlata sagte, sie habe keine Minute gezögert zu kommen. Dann brachte sie mich zu sich nach Hause und beherbergte mich, dem Wunsch ihres Lieblingsneffen entsprechend, in ihrem »Schöner Wohnen«-Haus in der ruhigen Vorstadt.

Bei der Abschiedsfeier vor meiner Abreise hatten mir die Gäste anstelle von Essen und Geschenken je eine Adresse gebracht. Zlatas hatte ich von Igor, der mir auch das Terrain für meine Ankunft bis ins Detail bereitet hatte. Weil Australien in etwa in der Mitte meiner Reise lag, versprach er, mich zu besuchen, sobald ich dort ankommen sollte.

Eigentlich waren ein paar ruhige Tage geplant gewesen, die aber, Sie werden es nicht glauben, wieder von den Transporteuren meines Prinzen durcheinandergebracht wurden. Diesmal ging er nicht verloren, sein Container wurde jedoch mit einem Container voller Zigaretten vertauscht. Zum Glück sprachen alle Englisch, benutzten Computer und waren organisiert, sodass wir dem Problem schnell auf die Schliche kamen.

Zlata borgte mir alle möglichen Schrubber, von Wurzelbürsten über Rosshaarhandschuhe bis hin zu groben Schwämmen, damit ich mich sauber machen konnte für die schneeweiße Seidenbettwäsche. In so etwas Schönem hatte ich seit meiner Abreise nicht mehr geschlafen.

Die meisten Frauen fragen sich, wie man ohne tägliches Duschen überleben kann. Hygiene ist eine relative Sache. Zweimal am Tag waschen sich nur diejenigen, die mit sich selbst nicht im Reinen sind. Auf der anderen Seite kenne ich Menschen, die wirklich stinken, obwohl sie am Wasser und einen Katzensprung von einem Geschäft mit Seife entfernt leben.

Die persönliche Hygiene ist eine individuelle Angelegenheit, und mit etwas Erfindergeist kann man für längere Zeit auch ohne Badewanne, Badesalz und Peelings ordentlich sauber oder annehmbar schmutzig sein. Man lernt, sich mit wenig Wasser zu waschen und mit einem Waschlappen ohne Dusche zu duschen. Wenn einen der Wille verlässt, die Dinge zu komplizieren, wird alles sehr einfach. Unentbehrlich sind nur das Deo und seine regelmäßige Benutzung. Nun auf dem fünften Kontinent kaufte ich mir auch die erste Creme.

In Kaustralien verbrauchte ich am Anfang die meiste Energie bei den Chinesen, die mich mit ihren korrupten konsularischen Klauseln klistierten, weil ich in ihr so hoch geschätztes kommunistisches Land reisen wollte.

An der Botschaft hörten sie sich an, was ich zu sagen hatte, und verneinten dann mit einer Reihe unangebrachter Fragen, dass sie während des Zuhörens auch etwas gehört hatten, womit sie bewiesen, dass Nicken noch lange nicht Zustimmung bedeutet. Effizienz war nicht ihre Stärke. Sie wälzten die Verantwortung von einem auf den anderen und handelten gemäß ihres Gottes und Systems.

Wenn der Rest der Welt mit ihnen auch so umgehen würde wie sie mit mir, würden wir in chinesischen Lokalen viel weniger essen, als wir es tun. Nachdem ich drei Wochen kostbare Zeit verschwendet hatte, beschloss ich, nicht nach China zu reisen. Und weil sie mein Geld nicht haben wollten, würde ich es woanders lassen. Um keinen Preis wollte ich auf ihre Forderungen eingehen, denn sie verlangten für eine einmonatige Reise zwanzigtausend amerikanische Dollar. Außerdem wollten sie, dass ich alle Unterkünfte im Vorhinein reservierte und bezahlte und während der Reise permanent von einer Person begleitet würde, die vor oder hinter mir mitfahren und all meine Bewegungen kontrollieren sollte.

Ich schickte die Chinesen und ihre Vorschriften zum Teufel, vergaß China und machte mich aus ganzem Herzen über Australien her, erfreute mich des Lebens, der roten Erde und der warmherzigen Menschen. Wahrscheinlich umso mehr, weil das die letzte unbeschwerte Reiseetappe vor der Heimkehr war. Ich schätzte, dass noch gute zwei Reisejahre vor mir lagen.

Meistens sind gut entwickelte Orte viel teurer als jene, in denen man riskieren muss, ausgeraubt zu werden, oder sich mit desolaten Straßen und anderen Leckerbissen weniger entwickelter Länder herumzuschlagen hat. Im Tausch für höhere Benzin-, Unterkunfts- und Essenspreise sind diese Orte sicher, deshalb verbrachte ich die meisten Nächte in irgendeinem Gebüsch und machte am Lagerfeuer einen auf Romantik mit mir selbst: Ich rührte Teig an und backte Brot, briet Kartoffeln sowie schmackhaftes Kängurufleisch und beobachtete die Schatten der Eukalyptusbäume und die Funken, die in den Himmel stoben.

Tagsüber ernährte ich mich aus der Tasche am Tank, in der Tomaten, Paprika und Äpfel wuchsen und Kräcker, Kekse und Fischdosen herumflogen. Das gut durchgeschüttelte Essen entsprach nicht immer den Normen, es hätte aber zweifellos allen Zahnlosen die Arbeit erleichtert.

Das Reisen durch teure Länder ist eigentlich billiger als jenes durch billige. Die Sicherheit am Weg ist am teuersten. In Gegenden, wo sie nicht am freien Markt zu haben ist, muss man sie kaufen. Und so steigen die Lebenskosten empfindlich an.

Zen der kleinen und großen Dinge

Die Fahrt durch den am stärksten besiedelten Teil des roten Kontinents gab am Anfang überhaupt keinen Hinweis auf dessen Farbe. An der Ostküste reihte sich eine Stadt an die andere, und wenn zwischen ihnen etwas Platz war, hatte sich dort ein Dorf angesiedelt. Die Erwartung, Australien sei karg besiedelt, zerfiel in dieser Gegend zu Staub.

Wo viele Menschen sind, ist auch viel Geld. Und sind Touristen. Ich verkrümelte mich in weniger besiedelte Gegenden, fand ein Schiff und fuhr auf die Fraserinsel, die größte Sandinsel der Welt, die gerade groß genug ist, um das Unbekannte in vollkommener Ruhe zu erkunden.

Die Fahrt auf unüberschaubaren Kilometern kompakten braunen Sands, von einem zerschellten Schiff zum anderen, die unfreiwillig in den Untiefen vor der Insel parkten, war eine extrem interessante Forschungserfahrung.

Weil es auf der hundertzwanzig Kilometer langen Insel keine wirklichen Straßen und keinen Meter Asphalt gibt, erwartete ich auch keine ernst zu nehmenden Verkehrszeichen. Falsch! Ich fand mich vor einem gelben Warnschild wieder: Vorsicht, Flugzeug!

Die Fahrunterlage muss man sich in Australien mit Stahlvögeln teilen. 1928 wurde die Organisation Flying Doctors gegründet, die in weit abgeschiedenen Gegenden jedermanns Leben rettet. Die Flugzeuge haben immer Vorrang, deshalb sollte man, zumindest in Australien, neben links und rechts auch noch in den Himmel schauen.

Auf der einsamen Insel fing ich an, den berühmten Robert Pirsig zu lesen. Sein philosophischer Roman *Zen und die Kunst ein Motorrad zu warten* brachte in den Siebzigerjahren sämtliche Biker um den Verstand. Die einen tobten vor Begeisterung, die anderen aus Enttäuschung. Der Herr war ja eigentlich superintelligent, aber das mit dem Motorradfahren hat er so verkompliziert, dass es nicht mehr feierlich ist. Was man ausführlich in einem Satz sagen könnte, dehnte er auf zehn Seiten aus, und je mehr ich las, desto mehr konnte ich mitfühlen. Ich konnte die Not während der unendlichen Sitzungen in der Psychiatrie mitempfinden, seinen Schmerz, und ich ahnte die Verlorenheit seines Geistes im Labyrinth des Lebens.

Ich vergrub mich Stunden über Stunden in das Buch, legte es aber weg, bevor es mich zur Gänze verdross. Vielleicht ein anderes Mal. Wenn mir im Leben die großen Dinge ausgehen werden und ich gezwungen bin, mich mit den kleinen zu beschäftigen.

Auf der Suche nach Reichtum in Down Under

Je weiter ich in die Mitte des Kontinents vordrang, desto ungewöhnlichere Menschen traf ich. Toni war einst Goldgräber gewesen und hatte seinerzeit auch nach Opalen gesucht. Er hatte zwanzig Jahre in Australien verbracht. Als wir uns trafen, lebte er in der Schweiz und ging brav zur Arbeit. Er sagte, dort würde er mehr verdienen.

Auf die Reise den eigenen Spuren hinterher hatte er seine sechzehnjährige Tochter und fünf Freunde mitgebracht. Wir alle, die wir längere Strecken bereisten, trafen uns öfter, aber Toni und den Seinen lief ich so oft über den Weg, dass wir zu unzertrennlichen Weggefährten wurden. Bei jedem Treffen plauderten wir ewig und drei Tage. Die Gespräche kreisten nur ums Reisen und natürlich um Motorräder.

Toni war äußerlich ein etwas ungehobelter, innerlich aber sehr gefühlvoller Mensch. So sind die Australier eben. Das Wesen erkennt man erst, wenn man nach innen blickt. Er war total verrückt nach Bikes, obwohl die Gruppe nun auf vier Rädern unterwegs war. Er war schon sein Leben lang Biker, und für ihn kam jede Hilfe zu spät.

Meinen Leuten zu Hause schickte er zu Neujahr eine riesige Schachtel Schokolade. Weil sie ihm leidtaten! Die »arme« Nina klang extrem zufrieden, als sie mir erzählte, die Schokoorgie sei toll gewesen.

Als er zwei Jahre später zu Besuch kam, um sie kennenzulernen, und versuchte, ihr das Motorradfahren beizubringen, war sie etwas weniger begeistert. Nicht von Toni, sondern vom Motorradfahren.

In einer kleinen Stadt, in der das ganze Wochenende ein Jazzfestival tönte, geriet ich ins Kulturhaus, in dem die einheimischen Mütterchen eine Ausstellung ihrer Werke organisiert hatten. Sie stellten Steppdecken aus, die eigentlich nichts Besonderes gewesen wären, wenn sie nicht alle handgefertigt, riesengroß und richtige Unikate aus Stoffresten gewesen wären. Die Arbeit faszinierte mich, und weil zur Ausstellung nicht so viele Besucher in Bikerstiefeln gekommen waren, herrschte unter den örtlichen Omis reges Interesse an mir. Liebend gern gingen sie mit mir herum und antworteten ausführlich auf meine unzähligen Fragen.

Joice war am redseligsten von allen. Sie war eine grauhaarige, hagere und bescheidene Dame, aber ihre Kleidung war nicht aus Stoffresten zusammengenäht. Sie benahm sich heiter und gescheit und war begeistert von jungen Leuten, die ältere Menschen schätzten. Sie war aber auch penibel, denn sie erzählte mir, sie brauche mindestens ein Jahr, um sich mit so einer Decke zudecken zu können, und nach fünfzig Jahren in Gesellschaft von Nadel und Faden würden ihr die Augen schon so richtig wehtun.

Trotz allem aber war sie noch immer verliebt in die verspielten Nähte und die ausgedienten Flicken, die sie von vielen Menschen bekam. Ganze Tage lang pikste sie sie. »Es gibt kein Geld, das mehr wert wäre als die Freude«, antwortete sie auf die Frage, wie viel sie mit den Decken verdiene.

Angesichts dessen, wie zufrieden sie aussah, musste ich ihr glauben.

Am nächsten Tag lud sie mich auf einen Tee ein, damit ich mir auch noch die anderen Arbeiten ansehen konnte, die auf Betten, Sofas, Stühlen, Tischen und den Griffen unter den hängenden Küchenelementen lagen. Sie waren auch auf Teekannen, unter Vasen und Schüsseln, an den Fenstern und Wänden, auf den Böden, im Korb, auf dem Toilettenbecken und der Truhe mit den Nähutensilien, die so groß war wie mein Bad.

Als ich am nächsten Morgen unter einer ihrer prächtigen Decken hervorkroch, war ich mit dem Piksvirus infiziert. Ich blieb drei

Tage und Nächte, und wir nähten im Duett. Beim Abschied stopfte sie mir einige kleinere Exemplare in die Taschen und schenkte mir ihr Musterheft. Von der Türschwelle aus hob sie noch einmal mahnend den Finger und meinte, ich solle üben, bevor ich alles, was ich könne, wieder vergäße.

Das Fotografieren hatte mich vorher nie interessiert. Auf der Reise diente es zuerst nur der Dokumentation, dann entwickelte sich daraus Freude, die mit der Zeit zur Liebe im Großformat anwuchs. Bis zu meiner Ankunft in Australien hatte sich meine Fototasche um einiges vergrößert. Sie enthielt zwei analoge Kameras und eine Digitalkamera, fünf Objektive, einen Konverter, ein paar Filter, einen Blitz, Batterien, Putzzeug, ein Stativ, Kabel und mindestens zweihundert Filme. Gute zehn Kilo technischen Krams, die meinen Rücken krümmten, mir jedoch wahnsinnig viel Freude bereiteten.

Es war nichts Außergewöhnliches, wenn ich um sechs Uhr morgens auf der Jagd nach Motiven war. Obwohl Indien noch weit entfernt war, kam mir sein Ozean entgegen. Dunkelblau und protzig schleuderte er die frühen Surfer herum. Das Licht war einfach perfekt zum Fotografieren.

Während ich zurück zum Motorrad ging, das oberhalb des Sandstrandes im Gebüsch geparkt war, hörte ich, noch bevor ich etwas sehen konnte, ein *Klick, Klick, Klick*. Jemand ging mit einer Fotoausrüstung um mein Motorrad herum, bückte sich, beobachtete und versuchte, alle schmutzigen und abgenutzten Details in seinem Objektiv einzufangen.

Seiner Ausrüstung und seinen Jahren nach konnte ich schließen, dass er wohl kein Anfänger war, und wegen seines einige Meter entfernten Assistenten folgerte ich, dass er, im Gegensatz zu mir, nicht nur so aus Spaß fotografierte.

Von welchem Format der Künstler war, der sich an jenem Morgen mit meinem Bike beschäftigt hatte, erkannte ich erst bei Richard zu Hause, als mir seine Frau Lyn, die das Fotoarchiv verwaltete, die Unmengen seiner Aufnahmen zeigte. Als weltbekannter Fotograf steht er mit seinen Beinen eher selten auf der Erde, sein Kopf ist meistens zwischen den Wolken. Trotzdem wurden seine berühmten Luftaufnahmen in großen und bekannten Magazinen wie *National Geographic* abgedruckt.

In der einen Woche meines Aufenthalts in dem prachtvollen Holzhaus mit einem Ausblick, den man mit keinem Geld der Welt kaufen kann, lachte ich über Richards Witze, und die ernsten Gespräche über Fotografie gaben mir neue Anregungen.

Der Meister war interessiert an meinen Aufnahmen. Er brachte mir viel bei. Zusammen blätterten wir in seinen Büchern, und zum ersten Mal hielt ich das Leerexemplar eines Buchs in der Hand. Ich konnte mir schon meine abgedruckten Fotos darin vorstellen. Eines schönen Tages ...

Eine gestohlene Nacht auf dem heiligen Berg

Meine Lieblingsorte in Australien waren fast alle mit Gold und Diebstählen verbunden. Zweimal beging ich einen Diebstahl, bereute es aber nur einmal, nachdem ich in Ballarat in einem kleinen Geschäft gestöbert, interessante Kleinigkeiten fotografiert, mich mit der Verkäuferin unterhalten, mir Achate und andere Souvenirs angesehen und kitschige Ohrringe angesteckt hatte.

Als ich mich an jenem Abend wusch, vierhundert Kilometer weiter, stellte ich mit Entsetzen fest, dass an mir zwei unbezahlte Ohrringe hingen. Es tat mir wirklich leid! Aber Gott ist gerecht, und bald schon hatte ich einen von beiden verloren.

Was nicht für dich bestimmt ist, wirst du nie haben.

Beim zweiten Mal stahl ich eine verbotene Nacht. Als ich mich bei meiner Ankunft auf dem Zeltplatz mitten in der roten Wüste an der Rezeption anmelden wollte, bemerkte ich einen dünnen Typen mit langen Haaren, der unter einer Lampe sein Tagebuch schrieb. Er hatte einen Ziegenbart, braun gebrannte Haut und viel Lebenswillen in den funkelnden grünen Augen. Er sprach mich an, und es stellte sich heraus, dass auch er ein Motorradreisender auf halbem Weg um die Welt war.

Chris war die ganze Nacht eine tolle Gesellschaft. Vor allem deshalb, weil er genau in die andere Richtung unterwegs war als ich, was ihn zu einem von Gott gesandten Quell an Informationen machte. Er war der größte Sonderling, den ich bislang in meinem Leben auf der Straße getroffen hatte. Anstelle einer Windschutzscheibe hatte er ein altes Radio aus Holz mit zwei vergoldeten Knöpfen, das Motorrad steuerte er aus einem Pferdesattel – und das sehr oft barfuß. Fürs Mittagessen erbeutete er dann und wann ein Känguru, salzte es ein und fuhr es mit sich herum, bis es aufgegessen war. Wenn er der Menschen und der Fortbewegung überdrüssig wurde, verzog er sich in die Berge, biwakierte in einer Höhle und kletterte. Von Beruf war er Schiffsbauer. Er sagte, dass er alle Jubeljahre mal ein Schiff baue und das so verdiente Geld dann einige Jahre lang verprasse. Der Kerl war wild entschlossen, nie mit dem Reisen aufzuhören, und soviel ich weiß, hat er dieses Versprechen bislang nicht gebrochen.

Wir lagen neben unseren Bikes, schauten in die Sterne und erzählten uns Geschichten aus der ganzen Welt. Er war ein geistreicher und total besessener Alpinist, er reiste mit Pickel, Haken, Klettereisen und Seilen. Seine Yamaha war schon eine ziemlich altersschwache Maschine. Er meinte, dass er sie bald durch einen Landstreicher ersetzen würde. Auf Englisch gesagt, durch einen Rover.

Noch vor dem Morgengrauen erwähnte ich, dass ich gerne eine Nacht auf dem Ayers Rock verbringen würde. Chris fand meine Idee super und half mir, den sündigen Plan in die Tat umzusetzen. Am späten Nachmittag des nächsten Tages brachte er mich bis zu dem Felsen. Meinen Freund konnte ich nicht in der Nähe der Felswände abstellen, weil er die Parkranger anlocken und ihnen alles verraten würde, was keiner erfahren sollte. Das Besteigen war nur tagsüber erlaubt, nachts war der Berg für alle unzugänglich.

Die Sonne, die sich gerade zur Ruhe begab, ließ den heiligen Felsen immer orangener leuchten. Es war immer noch so heiß und trocken, dass die Touristen zweimal überlegten, bevor sie eine Briefmarke ableckten. Chris setzte mich am Fuß des Felsens ab, und ich fühlte mich wie eine kleine Spinne mit einem großen Rucksack, in dem die Ausrüstung für die Übernachtung war. Ich war fest entschlossen, erst am nächsten Tag herunterzukommen, und Chris versprach mir, mich abzuholen und wieder das Taxi für mich zu spielen.

Das war das einzige Mal, dass ich auf dem Beifahrersitz meines Bikes saß.

Die gestohlene Nacht auf dem Berg, der eigentlich ein Oberflächenstück einer überwiegend unterirdisch verlaufenden Gesteinsschicht ist und deshalb einfach »Fels« genannt wird, war die schönste Nacht meines Lebens. Auf dem gut dreieinhalb Kilometer langen flachen Tisch, der dem Anschein nach bis zum Himmel reicht, obwohl er nicht einmal vierhundert Meter hoch ist, und von der Sonne aufgewärmt war, machte ich mich in den flachen Senken auf Entdeckungstour und beobachtete den Sonnenuntergang. Ich saß lange da und blickte zum Horizont, der hinter den Olgas endete, den sechsunddreißig Felsdomen, die einer Kette aus rötlich schimmernden Steinen ähneln. Aus der Dunkelheit leuchteten Tausende Blitze, die die den Berg von unten bewundernden Touristen abfeuerten. Er brodelte vor Energie, und ich konnte die ganze Nacht nicht richtig schlafen – wegen meiner Begeisterung und weil ich nichts von der Schönheit über und unter mir und der freundlichen Einsamkeit versäumen wollte, die mir Gesellschaft leistete, bis sich die Morgenröte zu ihr gesellte und ein neues Licht auf die alten Gipfel warf.

Die Aborigines nennen den heiligen Berg Uluṟu und verehren ihn ausschließlich von unten, weil sie glauben, dass man den Berg nicht respektiert, wenn man darauf herumklettert. Wir Europäer mögen die Berge aber viel lieber vom Gipfel aus. Wir glauben, dass es den Felsen nicht wehtut und dass sie nicht schrumpfen, wenn man auf ihnen herumspaziert.

Mit der Liebe zum Wandern hatten mich meine Mutter und ein sehr lieber Freund angesteckt, die mich schon vor Urzeiten, damals noch gegen meinen Willen, in die Berge geschleppt hatten.

Nur selten hat mich etwas so überrascht und verwundert wie die Ansiedlungen heruntergekommener Fertighäuser. Die Fenster und Türen waren aus den Rahmen genommen, und man konnte sehen, dass hinter ihnen nur noch verbrannte und verkohlte Böden lagen. Die verwüsteten Siedlungen waren leer, nur hie und da fand sich zwischen den Häusern ein ebenso verlassener Einheimischer, der aussah, als wäre er zufällig vorbeigekommen, als er die Wüste durchquerte, und nicht wie jemand, der dort wohnte.

Diese Häuser wurden von den Weißen für die Ureinwohner errichtet, um deren Lebensqualität zu verbessern. Sie halfen ihnen mit etwas, das sie nicht brauchen. Die einen schmiegen sich gerne hinter Öfen, die Aborigines engt das aber zu sehr ein. Wieso sollten sie auf Schemeln sitzen, wenn es ihnen auf dem Boden besser gefällt? Fenster und Türen finden sie am besten, wenn es sie nicht gibt. Wenn sie offene Löcher sind, durch die der Wind rückhaltlos wehen kann.

Wie gut ist es doch, dass wir so unterschiedlich sind, und wie schön wäre es, wenn wir den anderen erlauben würden, das zu sein, was sie sind.

Ein Toter im Meer

An der überfüllten Ostküste war ich kein einziges Mal schwimmen. Aber in Australien muss man schon einmal ins Wasser gehen. Ich sparte mir die Erfahrung für die menschenleerere Westseite auf, die im Vergleich zu den Westküsten der anderen Kontinente sehr zart und freundlich ist und wo sogar ein Korallenriff zu finden ist. Nachdem ich mit Delfinen geschwommen war, reizte es mich, mit den großen Weißen Haien zu tauchen. Die neue Idee fürs Planschen im Wasser fiel aber ins Wasser, als der Preis dafür ins Spiel kam.

»Ja, wissen Sie, das ist ein teurer Sport«, erklärte mir ein lokaler Anbieter solcher Tauchgänge und tat so, als hätte nicht alles seine Grenze.

»Wo auf der Welt kann man Weiße Haie denn noch sehen, außer in Aquarien und Zoos?«, fragte ich.

»In Südafrika.«

»Genau dorthin bin ich unterwegs.« Ich atmete laut auf und freute mich, dass man die gleiche Sache auch zwanzigmal billiger bekommen konnte.

Der Unterwasserexperte, der sich über Wasser nicht bewährt hatte, rollte nur mit den Augen. Es war klar, dass er mir nicht glaubte, dass ich mit meiner Klapperkiste bis nach Afrika fahren würde.

In Exmouth lieh ich mir eine Tauchermaske, einen Schnorchel und Flossen aus und fuhr in das Naturreservat Ningaloo. Den lieben langen Tag fuhr ich von einem Strand zum anderen, schnorchelte, stieg zurück aufs Ross und machte mich mit dem Fotoapparat über Kängurus her, die nicht einmal für einen Augenblick ruhig stehen konnten. So ging es weiter bis zur letzten und schönsten Bucht. Hier waren nicht mehr als fünfzehn Menschen. Einige sonnten sich, andere spielten am Wasser oder spazierten am Strand entlang, die meisten, ich inklusive, schnorchelten und guckten unter die Wasseroberfläche, und ein Vater versuchte seinen Kindern das Tauchen beizubringen.

Das Leben im Wasser war verblüffend lebhaft. Einen Meter unter der Wasseroberfläche flanierten junge Haie, Schildkröten und Zitterrochen vorbei. Die Palette an Unterwasserfarben war trotz Trübheit vollkommen.

In Ningaloo war es kinderleicht, mit dem Strom zu schwimmen, gegen den Strom aber umso schwieriger. Es war viel einfacher, aus dem Wasser zu steigen, am Strand zurückzuspazieren und dann mit dem Strom wieder in die entgegengesetzte Richtung zu treiben, das Leben unter Wasser zu beobachten.

Das Wasser war warm, und die Sonne wärmte den Tag. Der späte Nachmittag ging ruhig in den Abend über. Außer zwischenzeitlichem Kindergezwitscher war nichts zu hören, zumindest bis zu dem Moment, als ich während des Planschens gellende Schreie und Hilferufe hörte. Ich wurde zurück in die Realität gespült. Die Menschen liefen panisch hin und her, das Wasser spritzte wie wild. Ich sah zwei lebende Männer zur Mitte der Bucht kraulen, wo ein anderer den toten Mann machte.

Der ruhige, sommerlich verträumte Ort verwandelte sich in ein Irrenhaus. Wir liefen zusammen, um jeder nach seinen Kräften zu helfen.

Der Ertrunkene wurde an Land gezogen, unter den Anwesenden fand sich eine Ärztin. Die Wiederbelebungsversuche dauerten eine Stunde, bis der Rettungswagen angeheult kam und den dunkelhäutigen Mitarbeiter des US-Militärstützpunktes fortbrachte, der seinen vier Kindern das Tauchen hatte beibringen wollen, aber selbst nicht schwimmen konnte.

Für die Kinder endeten die Ferien im Elend. Anstatt schöner Erinnerungen nahmen sie jetzt einen toten Vater mit nach Hause.

Die menschliche Dummheit kennt keine Grenzen.

In der Geisterstadt

Der Tote leistete mir in Gedanken noch einige Tage lang Gesellschaft. Ich habe nie herausgefunden, ob der Grund war, dass mich das Geschehene besonders betroffen machte, oder weil mir angesichts der Erkenntnis, wie zerbrechlich das Leben doch ist und wie schnell es zu Ende sein kann, der Schock noch tief in den Knochen saß.

Jeden Tag riskierte ich am Rand des Unbekannten mein Leben. Es schien, dass es dort nicht schwer war auszurutschen. Sich der Gefahr bewusst zu sein lindert die Schmerzen nicht, es kann sie aber verhindern. Ich war schon immer der Meinung, ein Leben nicht nur mit dem Herzen, sondern auch mit dem Kopf am richtigen Fleck sei genau das Richtige. Selbstmörder fragen sich im Gegensatz zu Abenteurern nicht, wie der Weg zurück sein wird. Und ob es überhaupt einen geben wird …

Je weiter ich in Richtung Norden rollte, desto roter wurde die Erde. Hie und da blühten noch verspätete Sträucher und verwandelten die Wüste in einen weiten blühenden Garten. Von Zeit zu Zeit rollte ein Knäuel dornigen Unkrauts über die Straße, der im dortigen Aberglauben eine ähnliche Bedeutung hat wie bei uns die schwarze Katze. Das einzig Schlechte an der Überflutung mit guten Dingen war, dass ich – ich weiß nicht, wie und wann – meinen hinteren Kotflügel verlor. Es muss in einem schlimmen Schlagloch passiert sein, denn man konnte sehen, dass er abgerissen war und einige seiner Überbleibsel mit dem Auspuff verschmolzen waren.

Ich trank meine letzten Tropfen Wasser und erwartete sehnsüchtig den nächsten Ort, der mit jedem Blick auf die Landkarte immer näher kam. Die Sonne verabschiedete sich auf der Rechten, wo an jenem Tag Westen war. Die Landschaft war ziemlich langweilig. Interessant, worüber man sich mit dem Bike unterhalten kann.

Trotz des sich neigendes Tages harrte die Hitze aus, und der flirrende Mittelstreifen glühte feurig. Auf einem Straßenschild stand *Cue*. Einige Häuser an der Hauptstraße, die auch die einzige war, gaben der Stadt eine Anmutung von Vergänglichkeit. Die Schaufenster waren staubig und mit Papier zugeklebt, das schon lange vergilbt war. Keine Menschenseele weit und breit.

Seitdem ich ein Kamel war, konnte ich ohne größere Anstrengungen einige trockene Tage überstehen. Weil ich aber nicht mit einem Höcker geboren wurde, musste ich ihn von Zeit zu Zeit von den Schultern nehmen, ihn auffüllen und dann den Rucksack mit Wasser wieder auf die Schultern hieven.

Cue war einst wegen des Goldes, das man in der Nähe gefunden hatte, eine blühende Stadt. Dann nahm das Leben einen anderen Lauf, die Goldgräber zogen in den Ersten Weltkrieg, in dem sie anstatt funkelnder Schätze Feinde jagten. Die Stadt wurde von Geistern eingenommen, die sie noch heute verwalten.

Ich war so ausgetrocknet, dass es mich von alleine auf den Parkplatz vor einer Bar verschlug, wo ich hielt und aus dem Sattel stieg. Das Eckhaus war das einzige in der ganzen Häuseransammlung, in dem man etwas Leben spüren konnte. Ich hatte seit jener Zeit, als mich mein Vater zum Zigarettenholen zu Herrn Rozman geschickt hatte, kein Lokal mehr alleine betreten.

Hinter der ersten Tür war noch eine zweite, aus Holz, schwingend, wie in Western. So eine halbe, Sie wissen schon, damit man in der Bar schon anhand der Stiefel erkennt, wer kommt.

Meinem Schuhzeug wurde wohl viel Aufmerksamkeit gewidmet, denn dem Quietschen der Schwingtür in den verrosteten Angeln folgte Stille. Langsam drehten sich alle Köpfe in meine Richtung, bis zum letzten. In der Bar lungerten zehn Menschen und eine Kellnerin. Als ich zum Tresen ging, an dem sich ein zerlumpter älterer Mann an seinem Bierkrug festhielt, hörte ich jeden einzelnen meiner Schritte laut und deutlich. Beim Anblick seines beschlagenen kühlen Glases lief mir das Wasser im Mund zusammen. Ich schluckte und bat, mir den Kamelhöcker aufzufüllen. Als das Wasser wieder auf dem Rücken war, bestellte ich noch eine Flasche Bier, steckte sie in die Tasche, bezahlte und verließ Cue.

Ich kühlte mich erst zwischen den Ruinen eines verlassenen Krankenhauses hinter dem Ort, wo ich mein Zelt für die kommende Nacht aufstellte. Die Patienten waren alle schon längst entlassen, und Ärzte und Schwestern ließen sich auch schon lange keine mehr blicken.

Tagebuchauszüge 2

Reisetag: 10. Dezember 1999
Ort: Nullarborwüste, Australien
Wetter: sonnig, angenehm warm bis heiß

Den ganzen Tag sitze ich auf dem Motorrad. Mein Gehirn ist ausgeschaltet. Das ist meine Art, mich auszuruhen, während ich mich von einem Punkt zum anderen fortbewege. Man könnte es damit vergleichen, auf der Couch zu liegen und zu zappen.

Alles, was ich sehe, schaue ich mir seit tausend Kilometern an.

Da und dort trottet ein Wombat über die Straße, ein dicker kleiner Verwandter der Koalas, oder ich beobachte in der flachen sandigfelsigen Ebene in der Ferne eine Kängurufamilie beim Spielen.

Die ebene Wüste im Südwesten des Landes ist etwas Besonderes. Die meisten Menschen fürchten sie, obwohl sie leer ist. Nullarbor hat den richtigen Namen. Er bedeutet »baumloser Ort«. Auf einzelnen Wegstücken ist wirklich nichts. An der verlassenen Straße gibt es alle paar Hundert Kilometer eine Tankstelle und eine winzige Siedlung, in der vor allem Mechaniker und Vulkaniseure leben.

Am häufigsten begegnet man hier Autos, aber trotzdem bevölkern sie eher selten die lange, öde Ebene, in der ich mehr Polizei- als Privatfahrzeuge sehe. Man hat mir gesagt, das sei eine der gefährlichsten Strecken Australiens. Die Menschen würden während der Fahrt auf der Geraden oft einschlafen, und die Polizei müsse sie wach halten.

Wenn mir langweilig ist, fahre ich nicht langsam. Ich gebe Gas, so viel es geht. Bei hundertsechzig Stundenkilometern erblicke ich das Polizeiauto viel zu spät, um noch abbremsen zu können. Als wir nebeneinander herfahren, winke ich ihnen zu. Sorry! Sie winken zurück. Bleibt ihnen ja auch nichts anderes übrig.

Überraschung ist das beste Mittel, um Feinde von ihrem ursprünglichen Vorhaben abzubringen.

Heute fahre ich auf der längsten geraden Straße der Welt und singe viel. Hundertvierundfünfzig Kilometer nichts als gerade Straße. Nicht einmal ein bisschen nach links oder rechts. Der Anblick ist wow, vor allem dort, wo sich das Terrain um einige Meter hebt und dann wieder senkt. Ich verkürze mir die Zeit mit Geschicklichkeitsfahren und veranstalte Wettrennen gegen mich selbst. Ich stoppe, wie weit ich freihändig fahren kann. Ich gewinne bei dreiundzwanzig Kilometern. Ich liebe meinen Tempomaten. Solche Kleinigkeiten erleichtern mir das Leben.

Nach tausend frisch gefahrenen Kilometern lande ich im Gebüsch. Ich suche einen soliden Boden, damit ich nicht im sandigen Grund versinke. Gefunden. Ich lege mich auf die staubige Unterlage und strecke zum Abschluss des tollen Tages meine Wirbelsäule und meine Arme und Beine.

Das faltbare Haus stelle ich heute in einer Minute und vierunddreißig Sekunden auf. Drei Sekunden schneller als gestern.

Der Fortschritt im Leben erheitert und freut mich.

Im Gebüsch raschelt es. Ich drehe mich um. Sehe nichts. Wieder bewegt sich was. Ich pirsche mich an. Im Unterholz steht eine betagte, gut gekleidete Dame mit Strohhut und Sonnenbrille. Zuerst denke ich, sie sei auf dem falschen Planeten gelandet. Sie grüßt freundlich und entschuldigt sich für die Störung. Sie erklärt mir, sie sei nur auf einer Erkundungstour. Sie und ihr Mann hätten ihr Wohnmobil im Gebüsch geparkt. Bald kommt auch ihr Mann angewackelt. Zum Abendessen teilen wir uns ihre Wurst und ihr gekochtes Gemüse und meine Schokolade.

Bevor ich einschlafe, verschiebe ich noch die Fotos von der Digitalkamera auf den Laptop. Ich schlafe wie ein Stein.

Reisetag: 11. Dezember 1999
Ort: Nullarborwüste, Australien
Wetter: mäßig freundlich bis überwiegend bewölkt

Ich wache um zwanzig nach vier auf. Eine weitere Stunde wärme ich den Schlafsack. An das Schlafen im Schlafsack habe ich mich längst gewöhnt, nur etwas breiter könnte er sein. Der Karottenschnitt entspricht mir nicht, weil ich die ganze Nacht die Beine zusammenhalten muss. Seit zwei Jahren schlafe ich wie eine Mumie.

Auf nüchternen Magen besucht mich ein kleines Känguru. Als ich hinter dem Reißverschluss hervorkrabble, hoppelt es seines

Weges. Und ich meines. Ich begieße das Gebüsch und esse eine Banane mit in Wasser eingeweichten Haferflocken. Während des Frühstücks denke ich über den Teelöffel nach. Er fährt seit Labrador mit mir mit. Ein großer Schritt für einen kleinen Löffel.

Ich packe das Zelt zusammen, befestige das Gepäck auf dem Motorrad und ... fahre nirgendwohin. Weil das Motorrad nicht anspringt. Ich vermute, die Batterie ist leer.

Alles ist für etwas gut. Auch die Nachbarn aus dem Gebüsch, die mir trotz ihrer Betagtheit helfen, für ein fröhliches »Guten Morgen!« das Motorrad bis an die asphaltierte Straße zu schieben, von wo sie mich bis zu der zehn Kilometer entfernten Tankstelle abschleppen, an der ich gestern mein Reservoir aufgefüllt habe.

Die Batterie wird reanimiert, und auf geht es in neue Zeiten, auf in einen neuen Tag. Bis in die Zivilisation, die erste Stadt und in das erste Geschäft, wo ich eine neue Energiequelle für mein Motorrad finde.

Den Namenswettbewerb der durchfahrenen Ortschaften gewann heute Ceduna. In der Sprache der Aborigines bedeutet es »Stadt, in der man sich hinsetzt und ausruht«.

Ja, wenn man die Nullarborwüste zu Fuß durchquert, ganz bestimmt.

Ich glaub, mich streift ein Emu!

Broken Hill ist eine Stadt, die nicht auf einem zerklüfteten Berg liegt, wie ihr Name vermuten ließe. Es ist eine ganz gewöhnliche Bergbausiedlung. Na ja, eine der interessanteren, in der es noch immer die größten Silbervorkommen der Erde gibt.

Das größte Denkmal der Stadt ist der Friedhof. Noch nie zuvor hatte ich eine so große Parzelle für Gräber gesehen. Kilometerweit spazierte ich zwischen den mehr als vierzigtausend dort ruhenden Toten umher und las auf den Grabsteinen Namen, die aus aller Herren Länder stammten. Alle, die hierherkamen, um reich zu werden, mussten hier sterben. Das Leben in Broken Hill ist anscheinend nie einfach gewesen.

Außerhalb der Stadt aber auch nicht. Die laaange geraaade Straße zog sich ins Endlose. Auf ihr flitzte hie und da ein superlanger Lastwagen vorbei, aber ansonsten war sie leer. Mitten in der Wüste, die nur von verdorrten Grasbüscheln und dem hoch über der Erde gespannten Himmelszelt geschmückt war, erblickte ich ein Paar. Jogger. Mit langen Schritten staubten sie durch die vertrocknete Landschaft und näherten sich der Straße. Ich weiß nicht, ob sie wirklich ein Paar waren oder nur Kumpels, weil ich mich mit Emus nicht auskenne. Sie rasten wie besessen dahin. Ich beobachtete sie während der Fahrt und war von ihrem exotischen Laufstil ganz begeistert. Sie waren noch weit draußen am Horizont. Während ich ihre Bewegungen beobachtete, schien mir, dass wir mit einer ähnlichen Geschwindigkeit reisten. Ich hatte immer mehr das Gefühl, wir könnten uns sogar treffen. Ich wurde langsamer. Die Läufer wurden auch langsamer. Je näher sie der Straße kamen, desto kurvenreicher wurde ihre Linie. Sie drifteten einmal nach links, dann wieder nach rechts, ein bisschen hin, ein bisschen her. Es sah richtig komisch aus. Die Straße hinter mir war leer. Wir waren alleine, nur die zwei rasenden Emus auf meiner Linken und ich.

Ich amüsierte mich köstlich über das außergewöhnliche Schauspiel, aber die innere Stimme rief mir zu, ich solle vorsichtig sein. Das sei kein Spaß mehr, und es könne ernst werden. Ich hielt an und beobachtete das Geschehen vom stillstehenden Motorrad aus.

Die Emus wurden immer größer und größer. Sie näherten sich mit einer Höllengeschwindigkeit. Die langen Hälse schlenkerten, als hätten sie anstatt Halswirbel eine ausgeleierte Federung. Kein Wunder, dass die zweitgrößten Vögel der Welt nicht fliegen können. Fünfzig Kilo kann man schon auf der Erde schwer bewegen, geschweige denn in der Luft.

Ihr Lauf setzte sich fort, und nun rannten sie in meine Richtung. Ich packte den Motorradlenker fester. Ich stand noch immer mitten auf der Straße und schaute den beiden Riesen dabei zu, wie sie mit den eleganten Federn wedelten.

Einer lief einige Meter vor mir über die Straße. Als er auf der anderen Seite war, blickte ich zum Zweiten. Dieser war wohl sehr abenteuerlustig. Er raste direkt auf mich zu und wollte im letzten Moment tollpatschig ausweichen. Zu spät. Mit dem rechten Bein prallte er ins Vorderrad des Motorrads, stolperte und knallte auf die Straße, dass die Federn nur so durch die Luft flogen. Das arme Tier war so panisch, dass einige Versuche notwendig waren, bevor es sich von der Straße aufraffen, auf die wackeligen Beine stellen und dem schnelleren Kollegen hinterhersausen konnte.

Dieses Liveerlebnis fesselte mich noch eine Zeit lang an den Sattel und bescherte mir richtige Lachkrämpfe. Ich blickte dem müden Läufer hinterher, bis der Horizont ihn verschluckte. Dann stieg ich ab und hob ein paar weiche Federn zur Erinnerung an diese schwer zu wiederholende Episode auf.

Auf Lachen folgen immer Tränen. Auf mich warteten sie schon zweihundert Kilometer weiter. Es waren Tränen der Rührung.

Prosit 2000!

Der Spaß begann. Auf dem Flughafen in Sydney strahlte neben Igor auch noch meine Mutter. Es folgten zwei Wochen sorglosen Lebens mit spätem Aufstehen, üppigem Essen, Kartenspielen, Plaudern und

Sonnenbaden an Zlatas Pool, Keksebacken, Klavierspielen und Geschenkeeinpacken. Statt des Strohweihnachtsbaums breitete ich in jenem Jahr hinter der Windschutzscheibe meines Bikes Klaviernoten aus, die mit mir reisten, und mir wurde die Ehre zuteil, den großen Weihnachtsbaum im Haus zu schmücken.

Nach hunderttausend glücklich gefahrenen Kilometern verbrachte mein Bike eine Woche mit dem Serviceteam und ich im Auto mit zwei weiteren Fahrgästen. Das Reisen in einer Gruppe ist um nichts einfacher als alleine. Ich fühlte mich wie eine Reiseleiterin. Nach zweieinhalb Jahren fiel es mir schwer, mich anzupassen, und obwohl meine beiden Besucher eine interessante und sehr liebe Gesellschaft waren, machten sich die Folgen des jahrelangen eigenständigen Lebens bemerkbar. Mit Menschen in Gesellschaft zu sein ist nicht dasselbe, wie mit ihnen zu leben. Mir schien, dass ich nach meiner Heimkehr als Erstes einen Kurs über Sozialisation und das Leben in Gesellschaft absolvieren müsste.

Das Jahr 2000 erwartete ich in einer Bucht in Sydney, in der fröhliche Stimmung herrschte. Auf der größten Brücke der Stadt leuchtete nach einem bombastischen Feuerwerk das Wort *Ewigkeit* auf. Genau so geschrieben, wie es die Einheimischen Jahrzehnte zuvor auf ihren Türen, Bürgersteigen, Wänden und anderswo vorgefunden hatten. Es blieb lange Zeit ein Geheimnis, wer dieses eine Wort immer auf die gleiche Art und Weise niedergeschrieben hatte.

Arthur Stace war ein Obdachloser, der nicht einmal richtig unterschreiben konnte. Da und dort erbettelte er in einer der Kirchen eine warme Mahlzeit, als er in einer eines Tages das Wort Ewigkeit hörte. Zwar verstand er es nicht, aber der Wunsch des Priesters, man möge es doch in die Straßen und unter die Menschen tragen, wurde durch ihn verwirklicht. Der versoffene Herumtreiber beschriftete fortan mit Kreide über dreißig Jahre lang die Stadt mit diesem Wort, mindestens fünfzigmal pro Nacht, während Sydney ruhig schlief.

Priester sind einflussreiche Menschen. Clochards auch, so wie wir alle, jeder auf seine bescheidene Art und Weise.

Die Lebensgeschichte des 1967 verstorbenen Landstreichers aus Sydney, der Stadt, die als erste von allen Städten der Welt den Einzug ins letzte Jahr des Jahrtausends feierte, ging um die Welt. Ewigkeit war das am öftesten ausgesprochene Wort in jener Nacht. Arthur musste bestimmt lachen. Im Grab oder wo immer er auch war.

Mr Eternity, wie auf seinem Grabstein geschrieben steht, bewies, dass jeder seine persönliche Aufgabe hinterlassen kann. Wichtig ist nur, dass man eine hat.

Noch eine Ewigkeit

Ende 2003 schrieb mir eine begeisterte Beatrix Mol, von der ich vorher noch nie etwas gehört hatte: »Du bist wundervoll!« Es folgten zehn Ausrufezeichen. »Ich gratuliere Dir zu all Deinen Erfolgen. Ich wollte mein Leben lang das Gleiche machen, aber mir fehlte der Mut. Wenn Du irgendwann einmal nach Australien zurückkehren solltest, sei bitte mein Gast. Sag Bescheid, wenn Dein Buch erscheint, weil ich es unbedingt haben will. Mach's gut und liebe Grüße an Onkel Tom.«

Als ich mich bei ihr für die schönen Wünsche bedankte, fragte ich sie nebenbei auch noch, welchen Onkel Tom sie da im Sinn gehabt habe, denn ich kannte keinen.

Einige Wochen später meldete sich Chantha und sagte, sie würde nichts von mir wissen, wenn sie nicht zufällig »meinen« Onkel Tom im Zug getroffen hätte.

Es folgte Nicole, die in Sydney lebte und sich auf dem Nachhauseweg vom Tennis im Bus mit einem älteren Mann unterhalten hatte: »Er erzählte mir von deiner Reise und bewunderte deine Entschlossenheit und Ausdauer. Das ist wunderbar! Du bist mein Vorbild. Auch ich will im Leben das erreichen, was ich mir wünsche.«

Neuigkeiten über meinen Onkel bekam ich in regelmäßigen Abständen, fast jede Woche. Zuerst war ich etwas aufgebracht, weil jemand vortäuschte, mich zu kennen. Später deshalb, weil ich nie etwas Schlechtes von diesem Menschen gehört hatte. Dann gab ich auf. Es war wohl ein neuer Arthur Stace aufgetaucht, der anstatt der Kreidenotiz die Adresse meiner Homepage unter die Leute brachte.

Freddy schrieb vor Tagen, er sei aus Frankreich und habe auf seiner ersten Reise Onkel Tom getroffen: »In einem Park in Sydney zeigte er mir seine Fotos aus Vietnam, Laos und Kambodscha. Er hat mir alles über dich erzählt. Ich bin einundzwanzig Jahre alt und will eines Tages auch so reisen wie du.«

Was soll ich über jemanden denken, der sich als mein Verwandter ausgibt und den ich nicht einmal kenne, nichts über ihn weiß, mich nicht erinnern kann, ihn jemals getroffen zu haben, und von dem ich überzeugt bin, dass er sich nie bei mir gemeldet und verlautbart hat, mein Onkel zu sein, von dem ich nur weiß, dass er an der Universität in Sydney unterrichten und slowenischer Abstammung sein soll.

»Hallo, Benka. In Australien habe ich deinen Onkel Tom getroffen. Er ist wahnsinnig stolz auf dich! Zu Recht! Ein perfektes Abenteuer und eine hervorragende Geschichte, an die ich noch oft auf meinem Weg zum Erfolg denken werde. Bravo!«, schrieb der nächste Jemand, der mit »Spikey Tee« unterschrieben hatte.

Hm, auch sonderbare Käuze sind unter uns, und wenn sie mit ihrer Verschrobenheit andere inspirieren, richten sie wenigstens keinen Schaden an und sind nicht gefährlich. Von mir verlangte der unbekannte Onkel mit Mission, ich solle auch für jene ein Vorbild bleiben, die ich auf meinem Weg nie getroffen hatte.

Ha, vielleicht wird anlässlich der Neujahrsfeierlichkeiten 2100 auf der Brücke in Sydney *www.BenkaPulko.com* stehen!

Tasmanischer und slowenischer Teufel

Am Ende meines Streifzuges durch Australien erwartete mich ein Geschenk, das vor hundertfünfzig Jahren noch gar kein Geschenk war, sondern das schlimmste Ziel für britische Kolonisten. Damals hieß Tasmanien noch Van-Diemens-Land und war eine reine Strafkolonie. Als die Insel ausschließlich von Strafgefangenen besiedelt wurde, gab es auf ihr weniger Frauen als Finger an einer Hand. In jenen Zeiten muss das Leben im Land des Tasmanischen Teufels wirklich die reine Hölle gewesen sein.

Noch heute kursiert die Geschichte über den Verurteilten Alexander Pearce, der zweimal aus dem Gefängnis ausgebrochen war und auf der Flucht einige seiner Freunde verspeist hatte. Am Ende gab er alles zu und zog zum Beweis einige Happen aus der Hosentasche, die er noch nicht ganz verputzt hatte.

Während meines Besuchs in Tasmanien traf ich nur außerordentlich nette und gastfreundliche Menschen, von Kannibalismus gab es keine Spur. Die ersten beiden Netten traf ich auf der *Spirit of Tasmania*, der größten und komfortabelsten Fähre, die ich je gesehen habe. Sie waren Lehrer und kehrten mit ihren Harleys gerade aus dem Urlaub zurück.

Zum Luxusangebot auf der Überfahrt gehörte auch, jeden Passagier zu fotografieren, wenn dieser in das Innere der Fähre fuhr. Ich hatte nicht vor, das Foto zu kaufen, weil ich nicht auf Tourimaschen reinfalle, aber ich konnte es mir nicht einmal anschauen. In der langen Vitrine waren alle ausgestellt, nur meines nicht. Enttäuscht schlurfte ich durch die Bar, wo ich wieder Sheryl und Alan traf, die sich jeder an seinem Glas und beide zusammen am Foto festhielten, das in der Vitrine fehlte. Zur Erinnerung, sagten sie und luden mich nach dem Anlegen zu sich nach Hause ein, wo sie neben ihren drei eigenen Kindern auch noch zwei fremde europäische hatten. Studentenaustausch. Ihre einfache Philosophie lautete, einer mehr oder weniger ist auch schon egal. In den folgenden zwei Tagen wurde auch ich langsam heimisch auf der neuen Insel.

Einen Tag nach dem Ausschiffen stellten wir fest, dass wir die gleichen Leute kannten. Was habe ich bereits über die Größe der Welt gesagt? Alan war ein Kollege von Gail, die mir schon einige Male geschrieben hatte. Einige Tage später fuhr ich über perfekte Straßen zu meiner Brieffreundin, die Štruklje – eine Art Quarkstrudel und eine slowenische Spezialität –, das Akkordeon und ihren slowenischen Mann über alles liebte. Neben dem Stellplatz in der Garage erwarteten mich ein Paar warmer Wollpantoffel und in der Küche eine heiße Potitze, die heimatliche Mehlspeise aus Germteig.

Das angsteinflößendste Wesen auf Tasmanien geht auf vier Pfoten und kann höllisch zubeißen. Der Tasmanische Teufel hat den stärksten Kiefer der Tierwelt. Obwohl er ein kleines nachtaktives Viech ist, kann er fester zupacken als jede afrikanische Wildkatze.

Mr Hamilton hat in Taranna einen Teufelspark gegründet und war ein verdammt interessanter Gesprächspartner. Er hatte mit seinem alten Porsche einige Male an der Ralley *London-Sydney Marathon* teilgenommen, und es war nicht ungewöhnlich, dass er sich für das Gespräch mit mir etwas mehr Zeit nahm.

Der Mann im sorgfältig gestrickten dunkelblauen Pullover und mit den altmodischen Augengläsern musste viel mutiger sein als ich, weil er mich zu einem Käfig führte, aus dem er einen kleinen Teufel holte und ihn mir in die Arme schob. Ich war nicht überzeugt, ob ich für die kleine Bestie, die gar kein Raubtier, sondern ein Beuteltier ist, genügend Mut besaß. Die kleinen wilden Kerle sind Aasfresser, ab und zu verbeißen sie sich aber auch gerne in frisches Fleisch. Mr Hamilton meinte, dass ich, wenn ich dem Leben, das ich momentan führte, gewachsen sei, auch einen Tasmanischen Teufel bändigen könne, der in meinem Schoß gelandet sei. Und mit dem ich mich in den paar Stunden unseres Zusammenseins wider Erwarten richtig gut anfreundete.

Trotzdem war ich die ganze Zeit aufmerksam und bereit, ihn am Maul zu packen, bevor er es schaffte, mich zu packen.

BMW-Pfannkuchen

Dieses Rezept habe ich auf der Straße aufgelesen. Es war in Mount Elephant in Tasmanien. Dort gibt es zwar keine Elefanten, aber einen Berg und darauf ein Restaurant, das für seine großen Pfannkuchen berühmt ist, die sogar einen Elefanten satt machen würden. Für Menschen sind sie etwas zu groß. Die Auswahl nach der Durchsicht der Speisekarte gestaltete sich sehr einfach. BMW-Pfannkuchen, bitte. Einen BMW machen Sie aus folgenden Zutaten:

3 Tassen Mehl
2 Tassen Ahornsirup
1 Teelöffel Backpulver
1 Teelöffel Zimt
1 Teelöffel Salz
6 reife passierte Bananen
1 Tasse klein geschnittene Ananas (frisch oder aus der Dose)
1/2 Tasse gehackte Walnüsse
1 Päckchen Vanillezucker

Fetten Sie eine runde Form ein, und backen Sie die Mischung bei hundertachtzig Grad. Während des Backens bereiten Sie die Glasur aus folgenden Zutaten vor:

1/3 Tasse klein geschnittene Ananas
1/4 Tasse Margarine
1 Tasse Puderzucker
2–3 Löffel Ananassaft
Walnüsse zum Bestreuen

Der Guss soll auf der Pfannkuchentorte landen, über die Sie noch die Walnusshälften streuen. Ich selbst gebe anstatt des Gusses nur ein paar Ananasscheiben und Nüsse darauf, ohne Margarine und Zucker.

Die Fahrer von Suzukis, Kawasakis, Ducatis, Hondas und anderem Blechzeug schwören bei Pfannkuchen ausnahmslos auf den BMW.

Telefonvirus

Während das Motorrad auf dem Schiff nach Japan schaukelte, machte ich einen Stopp in Indonesien. Ich liebäugelte mit einem einmonatigen Urlaub, daraus wurden aber vier Wochen, die ich damit verbrachte, Artikel und Tagebuch zu schreiben, Radiosendungen vorzubereiten, mich über neue Länder zu informieren und über den weiteren Verlauf der Tour nachzudenken. Auf dieser Reise kam ich nie in den Genuss eines arbeitsfreien Urlaubs. Als ich alles Nötige zusammengeschrieben hatte, waren die Fotos an der Reihe, dann machte ich mich daran, die Post zu beantworten, Visa bei verschiedenen Botschaften zu sammeln, und noch vieles mehr.

Dann und wann lief auch die Zulassung aus, der Reisepass oder das Carnet – der Reisepass fürs Motorrad. Am Anfang war mein Freund für zwei Jahre registriert, und ich stellte mir vor, wir würden diese Übung wiederholen. Aber nein. Diejenigen, die ihn das erste Mal registriert hatten, sagten, ein zweites Mal würde das nicht funktionieren. Dann machten wir eine Fernregistrierung. Fragen Sie nicht, wie es mit dem Service war. Das interessierte sowieso niemanden außer mir, deshalb machte ich es ja jeden Monat, ausschließlich aus Sicherheitsgründen, nicht wegen bürokratischer Forderungen.

Diejenigen, die denken, ich wäre all die Jahre auf Urlaub gewesen, täuschen sich gewaltig. Das Reisen hat mit einem Urlaub überhaupt nichts zu tun. Ausruhen kann man sich nur an einem Ort, die ständigen Ortswechsel sind sogar anspruchsvoller als der tägliche Weg zur Arbeit, die dieser Theorie zufolge auch als Urlaubskandidatin infrage käme.

In Japan erlitt ich zuerst einen Technologieschock. Im bestentwickelten Land der Welt läuft die Welt vollkommen anders. Wie angewurzelt stand ich da und gaffte, was für eine Totenstille im Zug herrschte. Sogar die Nase putzten sich die Japaner lautlos und heimlich, als würden sie die unhygienischste Tätigkeit überhaupt ausüben. Sie trugen maulkorbähnliche Masken, um sich vor Erkältungen und anderen Infektionen zu schützen, lasen massenhaft Bücher und tippten wie verrückt SMS in ihre Handys, die in Japan schon damals zur Tradition gehörten wie Ikebana, Kimonos und Zehensandalen.

Die Sucht nach mobilem Spielzeug verschonte nicht einmal Omas, Opas, Landstreicher, Mönche und Kinder, geschweige denn Jugendliche und Geschäftsleute. Mit ungeheurer Geschwindigkeit tippten sie in ihre Handys, schauten Filme, spielten Spiele und hörten Musik. Ihre Telefone waren Science-Fiction: Sie navigierten und sprachen, waren Computer, Schrittzähler, Zahlungsmittel, Mitgliedsausweise, Sicherheitssysteme, die heulen konnten wie Sirenen, und auch Schreibmaschinen. Wie soll ich sonst ein Telefon nennen, das mehr als tausend Buchstaben und Zeichen der drei japanischen Schriften Hiragana, Katakana und Kanji beherrscht?

Schrottreifes Bike

Schon beim Wiedersehen mit meinem Prinzen im Hafen hatte ich das Gefühl, dass etwas nicht stimmte. Anständig geparkt, hing er dennoch in den Seilen wie ein Besoffener, und es sah aus, als würde er jeden Augenblick umfallen. Nach vier Wochen Singledasein – so lange hatte er für die Überfahrt von Sydney benötigt – dachte ich schon, wir hätten uns vielleicht auseinandergelebt und bräuchten einfach etwas mehr Zeit, aber dass ich den Fehler für alle Probleme wieder zuerst bei mir suchte, funktionierte auch diesmal nicht.

Mit seinem gebrochenen Gestell brachte ich ihn zum Mechaniker, der in seinem blitzblanken Verkaufssalon gedankenversunken um mein Motorrad herumspazierte. Einmal, zweimal. Zuerst mit den Händen in den Hosentaschen, dann bedeckte er mit einer Hand seinen Mund, überlegte, kratzte sich am Kinn, drehte sich besorgt zu mir um und verkündete in gebrochenem Englisch, ich bräuchte ein neues Motorrad.

»Aber es ist fast neu. Ich habe es erst unlängst bekommen, vor einigen Monaten hat es seine ersten hunderttausend Kilometer erreicht und läuft erst jetzt richtig super«, versuchte ich Herrn Itchikawa zu überzeugen.

»Solche werden bei uns nicht mehr repariert. Die Arbeit ist auf-

1

2

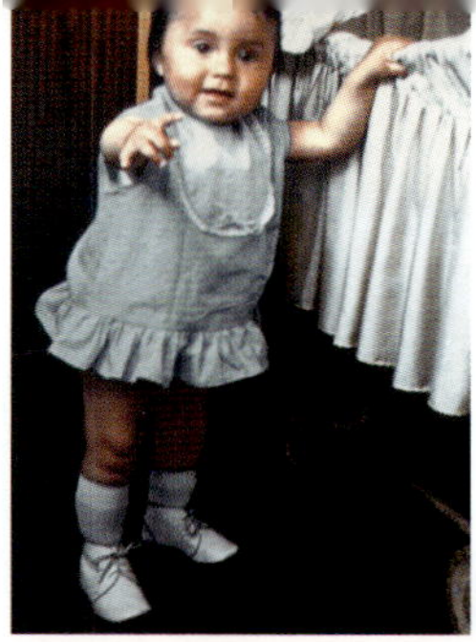

1 So fing alles an – meine Eltern

2 Zum ersten Mal auf den eigenen Füßen

3 Hauptsache Räder: im Sportkinderwagen

4 Mit Tante Vaka, meinem liebsten Menschen

5 Beim Ptujer Karneval mit einem Kurent, einer traditionellen slowenischen Faschingsmaske

3

4

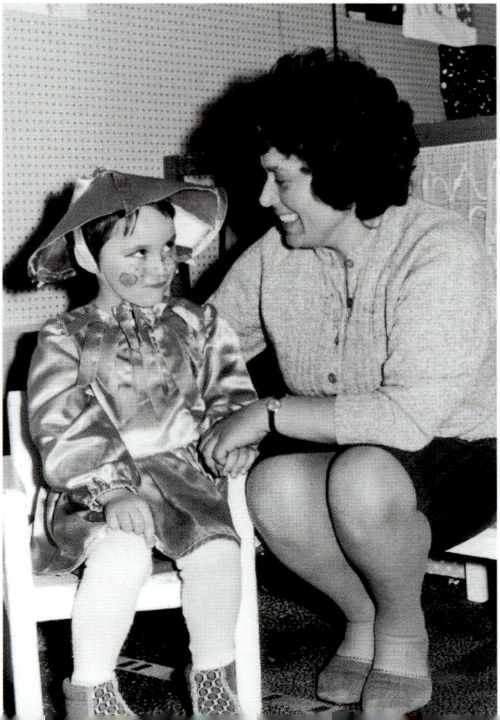

5

6

7

8

6 »Ist meine Schwester nicht das schönste Baby auf der Welt?«
7 Mit meiner Schwester Nina
8 Am ersten Arbeitstag
9 Wir drei Pulko-Frauen
10 Zur Zeit meiner Diplomarbeit

9

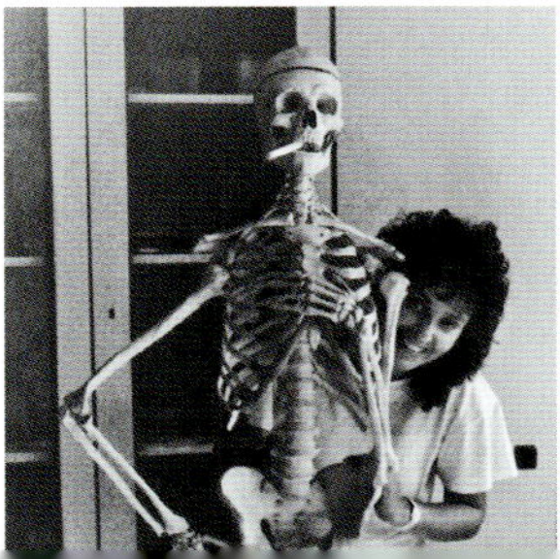

10

11

12

13

11 Zum ersten Mal zwischen Motorrädern
12 Eine der letzten Aufnahmen, bevor meine Weiblichkeit unter die Räder geriet.
13 Echte Freunde kommen auch, wenn man krank ist.
14 Gut gelaunt ging die Reise los.

14

15

16

17

15 Und schon hatte ich etliche Kilo zugenommen …
16 Zwei Stiere auf der Wall Street
17 Bei meinem ersten Bier
18 Nach einem Fallschirmsprung
19 In einer geliehenen Garage

18

19

20

21

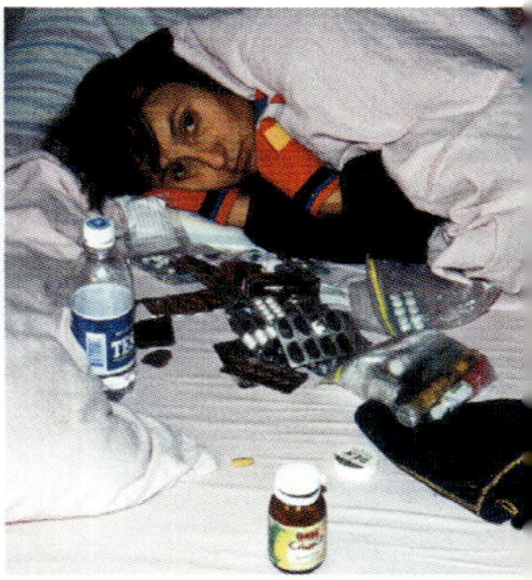

20 In Gesellschaft von Haien
21 Kranksein auf Reisen ist nicht lustig.
22 Zelten auf einem Hof
23 Schrauben gehört zum Handwerk, Venezuela
24 Die Biologin war begeistert, Galapagosinseln

22

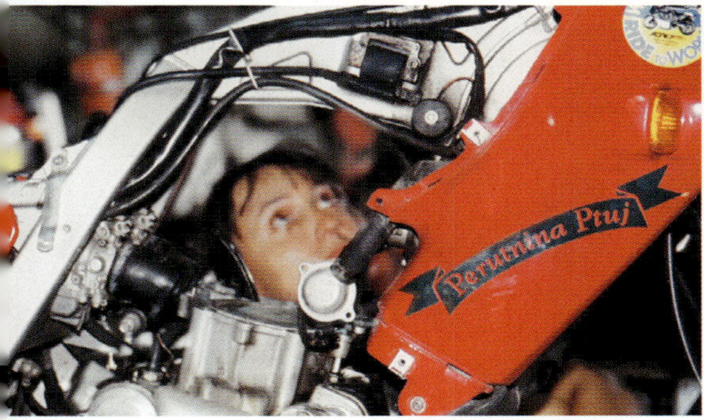

23

24

25

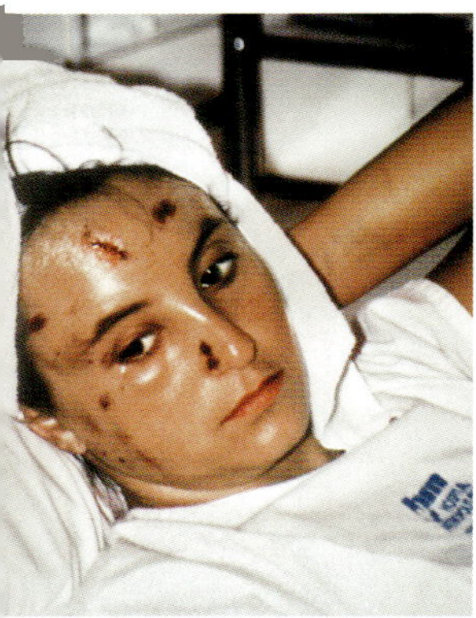

26

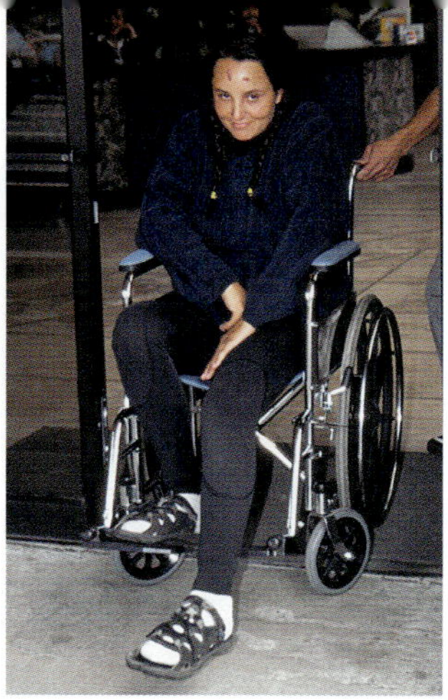

27

28

29

25 Nach dem Sturz vom Pferd in der Klinik, Ecuador
26 Auf dieses Gefährt hätte ich gerne verzichtet.
27 Andere Länder, andere tote Tiere auf der Straße
28 Fast eine Einheimische, Bolivien
29 Lkw-Fahrer Alfredo half mir, als ich einen Platten hatte.

30

31

30 Was würde die Zukunft bringen?
31 Neben meinem faltbaren Haus in Neuseeland
32 Stammgast an Tankstellen
33 Mit meinem Freund Tony in »Kaustralien«
34 Brotbacken in der australischen Wildnis

33

32

34

35

36

37

35 Bei der Größe konnte ich nicht widerstehen.
36 Vor der slowenischen Botschaft in Tokio
37 Abschied vom Dalai-Lama
38 Beim Spaziergang im Himalaja

38

39

40

39 Wer ist für wen interessanter?
40 Abwechslung zum Motorradsattel
41 »Mein Herr, haben Sie Stroh im Kopf oder was anderes?«
42 Biker-Glück
43 Für die Einreise in den Iran brauchte ich einen Reisepass und eine Feredsche.

41

43

42

44 In Namibia
45 Bei meiner Rückkehr mit meiner erleichterten Mutter
46 »Nach 2000 Tagen bin ich wieder zu Hause!«

44

45

46

47

48

47 Ankunft auf dem heimischen Kontinent – in Griechenland
48 Aus den Bikerstiefeln in die High Heels
49 Während eines Auftritts
50 Interview mit dem Popsänger Anžej Dežan. *Er* befragte *mich*.

49

50

51 Mit der Auszeichnung für mein erstes Buch
52 Beim Signieren – Erinnerung und Anregung zugleich
53 Slowenin des Jahres 2003

51

52

53

54

55

56

54 Ein bisschen Spaß muss sein!
55 Zwillinge – als Pappkamerad und in Fleisch und Blut
56 Was hat Sängerin und Model Rebeka Dremelj mit mir gemeinsam? Sicher nicht die Unterwäsche.
57 Meine Freunde sind die Säulen meines Erfolgs und mein Rückhalt.
58 Bei einem Kulturfestival, 2004

57

58

59

60

59 Freizeit mit Freunden
60 Im besten Weinkeller der Welt, Ptuj
61 Ein Fan im Benka-Kostüm
62 Nach all den Jahren verkleide ich mich nun selbst als Kurent.

61

62

63

64

63 Mit Paulo Coelho, einem der meistgelesenen Schriftsteller weltweit
64 Ein Tag, an dem man nichts lernt, ist ein verlorener Tag.
65 Fotoshooting für *Cosmopolitan*. Längst zurück in meiner Frauenhaut.
66 Bei meiner Lieblingsbeschäftigung

65

66

67

68

67 Meine Erfahrung beim Packen kam mir in einer Fernsehshow zugute.

68 Mit dem Team des Humanitätsfonds »Glaube an dich und verändere die Welt«

69 Ich genieße das Rampenlicht ...

70 ... aber auch die Ruhe auf meinem Bauernhof in Haloze.

70

69

wendig, dauert zu lange und kostet zu viel. Es ist viel einfacher, ein neues zu bestellen.« So führte mich der Besitzer der größten Tokioter Servicestelle für Fahrzeuge meiner Marke freundlich und respektvoll in die japanische Mentalität ein.

Mir kam das alles so vor, als würde sich eine Frau ihres Mannes entledigen, sobald er eine Glatze, einen Schmerbauch und die Dritten bekommt. Wenn er nicht tipptopp ist, dann ist er unbrauchbar.

Es stimmte schon, mein Liebster hatte einen zerrissenen Sattel, eine zusammengeflickte Windschutzscheibe, seine Spiegel waren zerkratzt, sein hinterer Kotflügel fehlte, die Boxen waren verbeult, und die Farbe auf dem Plastiktank hatte sich schon längst verabschiedet.

Aber das Motorrad an sich war in einem perfekten Zustand und ging wie ein Schweizer Uhrwerk. Es brauchte wirklich nur etwas Schweißarbeit und Maniküre. Aber weil ich selbst ja auch schon seit zweihundert Jahren nicht mehr bei einer Kosmetikerin gewesen war, war der Prinz zu einer aufgeschobenen Schönheitsbehandlung verdonnert und musste sich mit der Befriedigung der allernötigsten Bedürfnisse bescheiden.

Im drittreichsten Land der Welt, wo mehr Geld als gute Mechaniker zu finden ist, konnten wir uns schlussendlich einigen, und anstatt das Gestell zu verschweißen, entschlossen wir uns für ein neues. Zusätzlich bestellten wir noch Stoßdämpfer, einige Filter und anderen Kleinkram. Still und heimlich fügte Herr Itchikawa der Liste noch eine Windschutzscheibe hinzu und rief den Chef der Bayern im Land der aufgehenden Sonne an, er solle doch vorbeikommen und sich den Invaliden auf zwei Rädern, der kein Invalide war, ansehen.

Oder war er's doch? Nach einer dreimonatigen Erkundungstour zwischen Samurais und Geishas gab die Wasserpumpe den Geist auf. Und dann noch eine! Gut, dass ich mich bis dahin mit den Mechanikern angefreundet hatte und eine ganze Sammlung an Notfalltelefonnummern in der Tasche hatte.

Minidinge und Maxiveränderungen

Am Ende der Reise durch Japan wog ich zwanzig Kilo mehr. Inklusive Gepäck und, zum Glück, nur deswegen. Noch nie zuvor habe ich so viele Geschenke bekommen. Die meisten Menschen, mit denen ich länger als fünf Minuten sprach, beschenkten mich. Ohne besonderen Grund. Weil ich bin, wie ich bin. Und vor allem deshalb, weil die Japaner ein Volk mit einer faszinierenden Tradition des Schenkens sind.

Geschenke haben einen wichtigen gesellschaftlichen Stellenwert. Durch sie wird Respekt bekundet. Es zählt alles: Das Geben und Nehmen darf nur mit beiden Händen vorgenommen werden; das Geschenk darf nicht unverpackt, schlecht verpackt oder schlampig in billiges Papier gewickelt sein; es muss langsam geöffnet werden, besser noch sehr langsam, sehr vorsichtig, damit das Papier nicht reißt und die Schleife aufgeht, denn wenn man beschlossen hat, seine Neugier sofort zu stillen, wird man das Geschenk zur Strafe vor den Gästen wieder so verpacken müssen, als wäre es nie ausgepackt gewesen.

Unter den Geschenken fanden sich Origamis, kleine Geishas, Tassen und Teller, Zehensandalen, Tabi-Socken, Bücher, Kekse, Obst, Spielsachen und Handtücher, im Großen und Ganzen alles, was man sich vorstellen und nicht vorstellen kann. Die Japaner sind ein Volk, das Ramsch und das Sammeln von unnützem Zeug nicht toleriert, deshalb sind auch die Geschenke meist brauchbar.

Ich erlebte viele Überraschungen und lernte für meinen europäischen Standardgeschmack einige neue Sachen kennen: beheizte Toilettenschüsseln, Bambusstäbchen- und Bürstchensets fürs »Kratzen« und Putzen der Ohren, Kissen mit Getreidefüllungen, Strohböden, Matratzen ohne Bettrahmen, eckige Teller, Essensportionen aus Plastik vor den Restaurants und so weiter und so weiter.

Ich war total begeistert von der japanischen Pedanterie, zum Beispiel vom Einfall, Zehensocken zu produzieren. Die Begeisterung verflog jedoch ein wenig beim morgendlichen Anziehen der Socken, weil es eine ganze Ewigkeit dauerte, bis der kleine Zeh das Loch traf und dann noch jeder andere in seiner Kammer verschwand.

Durch die Erfahrung mit ihrer Bürokratie wird jedem klar, wieso die Japaner zwölf Stunden pro Tag oder mehr arbeiten und trotzdem nur durchschnittlich produktiv sind. Im Zollamt beispielsweise befassten sich acht Beamte sage und schreibe fünfundvierzig Minuten lang damit, welche Farbe der Stempel haben und in was für einem Winkel ihn dann einer von ihnen wohin draufknallen sollte. Ihre Herdenmentalität macht ihnen ein wenig zu schaffen, und man findet kaum jemanden, der Verantwortung übernimmt.

Schnelles Geld

Unsere Botschaft in Tokio war von allen slowenischen Botschaften, die ich besucht habe, die freundlichste und zuvorkommendste. Ich war immer wieder erfreut, wenn die dortigen Mitarbeiter bei meinem Eintreffen keine langen Gesichter am Boden hinter sich herzogen und es von ihnen nicht zu viel verlangt war, das Mindeste, wofür sie bezahlt wurden, zu leisten.

Die kleine Yuko und der große Hugo waren ein interessantes Paar und boten mir an, mein Tokioter Basislager zu sein. Nachdem ich das bei meinem kurzen Aufenthalt beim slowenischen Botschafter erwähnt hatte, schickte er ihnen sofort ein paar Flaschen slowenischen Weins. Man merkte, dass er schon viele Jahre in Japan lebte und genau wusste, wie man solche Dinge regelte.

Die Gastgeber waren, worauf die große Zahl meiner Bikerfreunde schließen lässt, auch begeisterte Motorradfahrer. Sie lebten in Shibuya in einer für Japan durchschnittlich großen Wohnung, die aber trotzdem nicht mehr als zwanzig Quadratmeter hatte. Zum Glück nehmen bei den Japanern die Betten keinen Platz ein. Am Abend werden sie auseinandergerollt, am Morgen wieder zusammengerollt und als Couch benutzt.

Yuko arbeitete damals für die Beatles und hatte sehr viel Freizeit. So ist es eben, wenn man für Tote arbeitet. Sie fuhr eine Moto Guzzi, und zusammen erkundeten wir die Stadt. Neben meinem Bike war es jedoch schwierig aufzufallen. Es zog die ganze Aufmerksamkeit auf sich, und Ausfahrten mit mir waren ziemlich gefährlich.

Das »bestehende Kind«, so die Übersetzung ihres Namens, stand auf seiner Fahrspur, und wir warteten darauf, dass die Ampel grün wurde. Im Toyota hinter Yuko saß eine betagte Oma und bemühte sich wahnsinnig, einen Blick auf mein Blech zu werfen. Sie schaffte es auch. Aber zuvor rammte sie noch die Moto Guzzi. Meine Freundin stürzte zwar, aber es war nicht weiter schlimm. Sie jammerte etwas, löste für das bisschen verbogenes Plastik einen Versicherungscoupon ein und lud uns zum Abendessen ein, weil sie dadurch so zum Spaß zweitausendzweihundert Dollar verdient hatte.

Abschrubben in der Öffentlichkeit

Man sagt, es gebe keinen Japaner ohne Badewanne. Ich weiß nicht, ob das stimmt oder nicht, aber in den paar Wohnungen, in denen ich war, gab es welche. Die Badewanne ist im Fernen Osten nicht für die Art Waschen gedacht, wie wir europäischen Schweine es gewohnt sind. Na gut, meine Gastgeber haben es nicht wortwörtlich so gesagt, aber den japanischen Hygienestandards kann niemand aus dem Westen auch nur annähernd das Wasser reichen. Die Badewanne dient ausschließlich dem Einweichen. Zuerst muss man sich duschen, einseifen, abschrubben und wieder abduschen, erst dann darf man in die Wanne steigen. Die Japaner waschen sich einfach auf dem Badezimmerboden. Sie schrubben sich meistens so gründlich, dass es sich lohnt, sich dabei hinzusetzen. Die niedrigen Schemel sind genau das Richtige und gehören zu den wenigen Stühlen in japanischen Haushalten.

In die Badewanne gehen alle, auch Gäste. Jeden einzelnen Tag. Alle im selben Wasser. Also, meine Großmutter hätte sicher gesagt, sie seien die Schweine, nicht wir. Das Wasser wird einmal die Woche gewechselt. Die japanischen Badewannen sind so intelligent, dass sie das Wasser selbst aufheizen können. Wenn sie nicht benutzt werden, werden sie zugedeckt. So wie die Jacuzzis bei uns.

Die ganze Waschkultur amüsierte mich so sehr, dass ich mich eines Nachmittags weit oben im Norden, auf der Insel Hokkaido, in ein öffentliches Waschhaus aufmachte, das *Sento* genannt wird. Wenn Sie meinen, dass man zuerst Eintritt bezahlen müsse, täuschen Sie sich. Beim Eintritt in ein japanisches Haus gibt es keine wichtigere Erledigung, als die Schuhe auszuziehen. Männer waren nicht zu sehen. Sie waren auf der anderen Seite der Wand. Im Waschhaus waren auch Saunas und Becken, aber am gründlichsten und am längsten beschäftigten sich die Besucher mit dem Abschrubben.

Der Umgang mit Wasser hat in einem japanischen Waschhaus fast schon den Charakter eines religiösen Reinigungsrituals. Ich fiel allen sofort auf, weil ich ohne Ausrüstung angekommen war. Alle anderen Frauen hatten ihren kleinen Kübel mit Bürste, Lappen, Shampoos, Salz, Seifen und allen möglichen menschlichen Putz- und Bohnermitteln mitgebracht.

Eine Frau war ziemlich aufgeregt, als sie sah, dass ich mit leeren Händen gekommen war. Sie zog mich zu sich, stellte einen kleinen Schemel in die Dusche und platzierte mich darauf, drehte das Wasser auf und begoss mich, bis ich einem Pudel glich. Damit es keine Missverständnisse gibt – sie tat das alles äußerst freundlich, verbeugte sich die ganze Zeit und lächelte. Die Japaner sind sehr sanfte, jedoch extrem beharrliche Menschen. Dann schob sie auch noch ihr Kübelchen vor mich; wäre ich an einem Sandstrand gewesen, hätte ich angefangen zu spielen, hier musste ich mich aber anfangen zu waschen. Ich nahm die Arbeit in Angriff, wie es mir vor vielen Jahren beigebracht wurde und wie ich mich schon mein ganzes Leben lang gewaschen habe. Drei Minuten, dann drehte ich das Wasser ab, stand auf und ... Nein, hiergeblieben! Das Tantchen brachte mir noch eine Plastikschüssel. »Noch ein bisschen, noch ein bisschen«, redete sie mir nickend und sich verbeugend zu und zeigte mir, wie ich mich damit begießen sollte.

Die große Uhr an der Wand war die Einzige im Raum, die sich nicht wie verrückt abschrubbte, und als wir uns ansahen, sagte sie mir, dass bereits zwanzig Minuten vergangen waren, in denen geschrubbt, gepellt, gestreichelt und gezählt wurde, wie oft man sich unter der linken Achsel und unter der rechten Achsel und überall anders abgeschrubbt hatte.

Bei den Japanern gute, bei uns schlechte Manieren

Von der traditionellen japanischen Küche kann man nicht zunehmen. Sie schwören auf rohen Fisch, Reis, Tofu, Reis, Sprossen, Reis, Essiggurken, Reis und auf die aus China importierten Ramennudeln. Am liebsten trinken sie Reisschnaps und grünen Tee. Das beispielhaft servierte Essen ist Teil der Freude bei Tisch. Für gewöhnlich sitzt man dabei auf dem Boden. Stühle gehören eher zum Inventar von Restaurants und Lokalen, zu Hause findet man sie nur hie und da. Die Portionen sind – was ja auch gesund ist – klein, wie in Japan auch alles andere klein ist: Teller, Schalen, Küchen, Kühlschränke, Herde und sogar die Menschen.

Eines Tages verirrte ich mich hungrig in eine Garküche, in der nur kleine, größere, sämige, klare, farblose Suppen mit geraden, dünnen, gekräuselten, durchsichtigen, weißen oder gelben Nudeln serviert wurden. Ich bestellte mein Essen nach einem hübschen Foto an der Wand, indem ich darauf zeigte, nickte und lächelte.

Die Mimik ist etwas Hervorragendes, und ein Lächeln versteht jeder.

Auf jeden Fall erwartete mich eine Schüssel Suppe, serviert mit Stäbchen und einem Keramiklöffel, vom Geschmack ließ ich mich einfach überraschen. Zum Glück bekommt man auch in den billigsten Restaurants mit sehr einfachem Essen, wie in den Ramenshops, kein Plastikzubehör.

In der kleinen Garküche war außer mir noch ein halbes Dutzend anderer Leute, die ich dabei beobachtete, wie geschickt sie sich mit den zu langen Nudeln und den anderen Zutaten in den schmucken Schalen beschäftigten, aus denen es warm dampfte und lecker roch. Alle schlürften, ohne Ausnahme. Für so geräuschvolles Essen hätte ich von meiner Mutter, wenn sie einen schlechten Tag hatte, eine gescheuert bekommen, aber auch an guten Tagen hätte sie diese Unart nicht überhört.

Der Koch, der gleichzeitig auch servierte, hatte schon ein paarmal hinter der Theke, von der aus er sein Reich regierte, zu mir herübergeblickt. Es schien, dass er niemandem in der Garküche so viel Aufmerksamkeit widmete wie mir. Ich war das zwar schon gewohnt, aber die Angespanntheit, die bei ihm zu spüren war, störte mich.

Die Suppenschüssel war wie eine nicht versiegende Quelle, ohne Boden. Der Kellner mit der Kochmütze warf mir immer noch beharrlich nervöse Blicke zu, ich aber lächelte, schwang meine Stäbchen, nickte und sagte, es schmecke gut. Einfach auf Slowenisch, denn ihm war es so oder so egal, weil er nur Japanisch verstand.

Dann begriff ein Mann, der einige Stühle von mir entfernt saß, worum es bei der ganzen Sache ging, und eilte zu Hilfe.

»Ist Ihr Essen ungenießbar?«, fragte er hinter vorgehaltener Hand.

»Es ist ausgezeichnet!«, verteidigte ich den Koch.

»Ich meine, schmeckt es Ihnen nicht? Der Koch macht sich nämlich große Sorgen.«

»Wieso?«

»Weil Sie ihn nicht gelobt haben«, erklärte er mir, denn nach unseren Maßstäben aß ich wohlerzogen, nach japanischen aber ganz und gar ohne Manieren. »Schlürfen Sie, schlürfen Sie! Nicht nur, um dem Koch mitzuteilen, dass er seine Arbeit gut gemacht hat, sondern weil das Essen dann auch wirklich besser schmeckt. Wissen Sie, wenn sich die zusätzlichen Frischluftmoleküle mit den Nudeln vermischen, schmecken sie noch besser«, erklärte er mir ein neues Kapitel Science-Fiction.

Ich schlürfte, so laut ich konnte.

Alle in der Garküche nickten und kommentierten es begeistert.

Der Dolmetscher lächelte.

Der Koch atmete sichtlich auf.

Meine Mutter bekam bestimmt Schluckauf.

Biker aller Länder, vereinigt euch!

Die thailändische Hauptstadt ist der Knotenpunkt von Handels- und Reisewegen. Der absurd lange Name der Stadt war eine zu harte Nuss für mich, deshalb habe ich ihn mir auch nie gemerkt, aber notiert: Krung Thep Mahanakhon Amon Rattanakosin Mahinthara Ayuthaya Mahadilok Phop Noppharat Ratchathani Burirom Udomratchaniwet Mahasathan Amon Piman Awatan Sathit Sakkathattiya Witsanukam Prasit.

Kein Wunder also, dass ihn die Einheimischen auf Bangkok abgekürzt haben. Der ewig lange Name bedeutet: Stadt der Engel, große Stadt und Residenz des heiligen Juwels Indyras, Wohnort des Smaragd-Buddha, uneinnehmbare Stadt des Gottes, große Hauptstadt der Welt, geschmückt mit neun wertvollen Edelsteinen, reich an gewaltigen königlichen Palästen, die dem himmlischen Heim des wiedergeborenen Gottes gleichen, Stadt, die von Indra geschenkt und von Vishnukarm gebaut wurde.

Die thailändische Metropole erlebte ich als eine sehr lärmende, zugemüllte und schmutzige Stadt, wo schlammige Kanalisationsgräben beheimatet sind, als Hochburg der Luftverschmutzer, der dreirädrigen Tuk-Tuks, die beschenkt war mit armseligen Behausungen herzensguter Menschen, einigen Hochhäusern, unzähligen Tempeln, aber auch als Stadt mit guten Straßen und schlechten Fahrern, die vom Handel und Tourismus lebt.

Am Flughafen erwarteten mich Erin und Chris mit meinem Namen und einem Willkommensgruß auf einem Blatt Papier. Mit dem Paar aus New York hatte ich mich bis dahin noch nie getroffen, wir kannten uns aber durch unsere Korrespondenz relativ gut, in der wir per Internet Reiseinformationen ausgetauscht hatten.

Ein drittklassiges Hotel mit einem erstklassigen Parkplatz im Herzen von Bangkok war in jenen Tagen für weltreisende Motorradfahrer der Nabel der Welt. In der Stadt trafen unverhofft sechzehn Biker aufeinander: Deutsche, Briten, Schweizer, Amerikaner, ein Belgier, ein Österreicher und jemand aus Slowenien.

Für eine ganze Woche waren wir wie eine Familie, in der die einen kochten, die anderen einkauften, die Dritten sich um die Motorräder und die Vierten um die Computer kümmerten. Wie einfach es doch war, sich mit Menschen zu verbrüdern, von denen man ein paar Tage zuvor noch nicht einmal gewusst hatte, dass sie existierten!

Wir teilten alles, was wir hatten, und wir hatten viel. Vor allem Ideen. Jeder Einzelne und alle zusammen schimpften wir über die Bürokratie in unseren Heimatländern. Die zwei Deutschen, Anke und Jan, reisten weise mit einem einstellbaren Stempel, auf dem man die Texte je nach Wunsch und Bedarf zusammensetzen konnte. Alle borgten ihn sich aus, setzten Texte zusammen, stempelten und gaben ihn weiter, bis alle fertig waren.

Mir bereitete der internationale Führerschein Sorgen, für den ich schon einige Male einen Verlängerungsantrag eingereicht hatte, aber der heimatliche Motorradclub verstand das einfach nicht und konnte die Grenzen des veralteten Arbeitssystems nicht überwinden. Um mir einen gültigen internationalen Führerschein auszustellen, sollte ich ihnen den alten schicken, was ich aber nicht tun konnte, weil ich ihn brauchte, denn er war mein einziges Dokument, während der slowenische schon abgelaufen war. Mit so einer beschränkten Logik kommt man nirgendwohin.

Hilf dir selbst, und Gott wird dir helfen.

Als die Reise zu Ende war, trug ich den verlängerten veralteten Führerschein »eigenhändig« zum Slowenischen Automotoclub AMZS und schlug vor, die Regeln anzupassen, damit man von ihnen auch was hätte.

Während sich Frauen am Zoll nicht bewährt hatten, waren sie ausgezeichnete Organisatorinnen von Papierkram und der Fernkommunikation. So kümmerte sich beim gleichen Verein Marjana mütterlich um mich und schickte mir jedes Jahr ein neues Carnet.

Menschen sind das Beste, was mich umgibt und mein Leben bereichert.

Beim Mechaniker Yuto in Bangkok drehte sich alles um uns. Jedem zufällig Vorbeikommenden mit nur etwas Interesse sagte er, wo wir seien, und die Besucher trudelten stetig ein. Eines Vormittags kam ein Mann auf den Hotelparkplatz, wo wir an einem Tisch saßen, und fragte, ob in der Runde auch eine Slowenin sei, die einen roten sechshundertfünfzig Kubik Funduro fahre. Trotz der ungewöhnlichen Frage meldete ich mich wie einst in der Grundschule, wenn ich den Stoff beherrscht und dennoch auch ein bisschen Angst gehabt hatte.

»Ha, ha, dann hab ich dich endlich erwischt!«, freute er sich, trat an mich heran, breitete die Arme aus und umarmte mich.

Zwar wusste ich nicht, dass mich jemand gejagt hatte, aber da er mich erwischt hatte, erwartete ich jetzt auch eine Erklärung.

»Seit sechs Monaten höre ich mir Geschichten über dich an, und wenn ich dich nicht endlich kennengelernt hätte, wäre ich verrückt geworden. Ich weiß alles: wie du heißt, woher du kommst, was für ein Bike du fährst, wie du bist, wo du geschlafen hast, was du gegessen hast, welche Kleidung du getragen hast …«

Er überraschte uns immer mehr mit seiner Geschichte, die nach Geheimdienst klang, aber ein Bursche mit so viel kindlicher Lebenslust und Schalkhaftigkeit konnte mich nicht davon überzeugen, dass er ein guter Geheimagent war.

Die Stille, die folgte, bedeutete, dass außer mir noch andere hören wollten, wie die Geschichte weiterging. Eigentlich alle, die sich um uns versammelt hatten.

»Ich bin durch ganz Australien gefahren, aber du warst anscheinend vor mir dort. Als mich die Menschen gesehen haben, erinnerte ich sie an dich. Sie erzählten mir von einer Frau auf einem Motorrad, die einige Tage, Wochen, Monate vor mir da gewesen ist. An Tankstellen, in Internetcafés, Museen, auf Zeltplätzen, überall erinnern sich die Leute an dich. An mich werden sich niemals im Leben so viele Menschen erinnern. Du bist mir schon richtig auf den Keks gegangen!«

So unterhielt uns Phillippe, ein gut gebauter hellhäutiger Typ mit kurzen Haaren und einem undefinierbaren Akzent, mit seiner Geschichte.

Den Tag beendeten wir meist früh am Morgen, bis dahin flossen Getränke und Geschichten. Die meisten drehten sich um Indien. Noch nie zuvor hatte ich furchterregendere Erlebnisse gehört als jene, die die aus westlicher Richtung Anreisenden erzählten. Mir schien es ganz und gar undenkbar, hinter einem Kind herzufahren, das mich dann fast in den Tod treiben würde, weswegen ich es mitsamt seinem Fahrrad in den Fluss schubsen müsste. Oder dass ich mitten auf der Straße halten, zum Bus hinter mir gehen und dem Fahrer die Nase brechen würde.

Andy sagte mir todernst, er sehe für mich keine andere Möglichkeit, als dass ich in die Tasche auf meinem Tank Steine packte. Ich solle bereit sein, sie gegen Laster und Busse zu schmeißen, die auf meinem Fahrstreifen in meine Richtung fahren und versuchen würden, mich in den Tod zu schicken.

Ich hätte gedacht, sie übertrieben, hätten nicht alle ihre Flüche in dieselbe Richtung geschickt und ausgeschlossen, eventuell nach Indien zurückzufahren. Erin hatte dort einen Nervenzusammenbruch bekommen, sich an den Straßenrand gesetzt und gesagt, alle könnten sie mal. Sie und Chris hatten die Motorräder ins Flugzeug verfrachtet und mit Indien schnell und für immer abgeschlossen.

Hamish, sein Kumpel und ich waren die Einzigen, auf die das Grauen noch wartete, deshalb schwiegen wir weise, hörten uns die Ratschläge an und machten uns im tiefsten Inneren Mut, dass es vielleicht doch nicht so schlimm würde.

Alle außer Andy, Lyam und mir reisten als Paar. Die Mädels sagten mir, sie wollten um nichts in der Welt in meiner Haut stecken, und die Jungs sparten nicht mit Respektsbekundungen. Nicht, weil ich eine Frau bin, sondern weil mir meine Arbeit gut von der Hand ging und sie aus eigener Erfahrung wussten, wie viel Mühe einem das abverlangte. Und das mir ganz alleine, ohne Hilfe.

Geschwisterliche Freundschaften bleiben zum Glück bestehen. Auch jetzt noch, viele Jahre später, da wir alle wieder zu Hause sind, die meisten zur Arbeit gehen, Kinder haben und das Schwelgen in Erinnerungen an die Zeit in Bangkok nur noch kostbare, unvergessliche Bilder wachruft.

Straßen und Brücken, die keine sind

Was die Khmer während ihrer blutigen Herrschaft gemacht hatten, wusste ich aus den Medien, was sie aber nach ihrer Herrschaft hinterlassen hatten, wollte ich auf eigene Faust herausfinden.

Erin und Chris wollten in dieselbe Richtung, deshalb starteten wir gemeinsam. Ich war es nicht gewohnt, mit anderen zu fahren, denn ich reiste sehr selten in Gesellschaft, es war aber eine unterhaltsame Abwechslung zum einsamen Nomadendasein. In einer

Gruppe zu reisen, wenngleich einer kleinen, ist etwas vollkommen anderes als das einsame Herumstreunen. Man widmet den neuen Orten und Menschen weniger Zeit, dafür aber seinen Mitreisenden umso mehr. Der schönere Teil ist, dass man immer jemanden an seiner Seite hat, mit dem man über alles Mögliche reden und an Ort und Stelle überprüfen kann, was die anderen Augen gesehen haben und was in den anderen Köpfen vor sich geht.

Kambodscha ist viel schlechter entwickelt als Thailand, und während ich dort vor den Massen ungeschickter Fahrer Angst gehabt hatte, war dies in Kambodscha nicht der Fall, weil es fast keine Fahrer gab. Die meisten Menschen gingen zu Fuß, in den Dörfern fuhren sie mit ihren Fahrrädern, in den Städten brummten die Mopeds, und auf längeren Strecken fuhren nur wenige Busse, Lastwagen, Jeeps von internationalen Hilfskräften und hie und da eine Bodenfräse. Die Straßen waren eine einzige Katastrophe, und nirgendwo auf der Welt war ich auf schlechteren, zerfurchteren, vernachlässigteren und verlasseneren Fahrwegen unterwegs.

Dieses Land mit seinen zwei touristischen Attraktionen ist wahrlich ein unterentwickeltes Paradies. Die meisten Besucher kommen von außen, mit dem Flugzeug landen sie mitten im Herzen des einfachen Landes, wo sie Angkor Wat und Phnom Penh besichtigen. Am ersten Ort finden sie viel Ruhe, am zweiten erschütternde Erinnerungen an die brutalste Revolution der Menschheitsgeschichte, die von Pol Pot angeführt worden ist.

Der blutrünstige Maoist ist dafür bekannt, dass während seines Regimes zwei Millionen Menschen getötet wurden. Ein übler Bursche, der zu Lebzeiten angeblich nur Fragen jugoslawischer Journalisten beantwortete.

In jener Gegend sind Zeltplätze eher eine Seltenheit, deshalb stellte ich mein Klappdach nur einige Male auf. Zum Glück waren die Unterkünfte superbillig, und wenn wir drei das Geld für ein

Zimmer zusammenlegten, konnten wir uns sogar eine Klimaanlage leisten. Wenn es im jeweiligen Dorf überhaupt eine gab. In einem relativ kühlen Zimmer konnten wir zumindest gut schlafen. Nach Nächten in stickig klebriger Hitze fühlten wir uns den ganzen nächsten Tag über wie gekochte Kaugummis.

Es war an meinem Geburtstag. Doch dieses Fest hat in jenem Jahr keinen bleibenden Eindruck bei mir hinterlassen, da mein Motorrad krepiert war und sich in erster Linie der ganze Affenzirkus rund um die Reparatur fest in mein Gehirn gebrannt hat. Überhaupt hörte ich auf der Reise damit auf, meine Jahre zu zählen und zu feiern. Mir war lediglich wichtig, am Leben zu sein und jeden Tag genießen zu können.

Auf den Straßen mit Schlamm bis zu den Knöcheln und Kilometern voller Schlaglöcher, in die ganze Lastwagen kippten, dachte ich viel an Japan. Als der Motor zu überhitzen begann, merkten wir, dass jemand in Tokio die Lüftung nicht richtig festgemacht hatte, die von ihrem Platz rutschte, auf dem Kühler herumrieb und einen Kurzschluss und das serielle Durchbrennen aller Sicherungen verursachte. Mit einer defekten Kühlung bei fünfunddreißig Grad Lufttemperatur, katastrophalen Straßen und einer Reisegeschwindigkeit von zwanzig Stundenkilometern war Schluss, für ihn und für mich.

Als wir uns auf der Straße mit meinem Bike beschäftigten, fuhr ein weißer UN-Geländewagen vorbei, in dem Andy saß, der uns half, für mein Bike einen Transport bis zur nächsten Siedlung zu finden. Am Abend besuchte er uns in der einzigen Unterkunft und lud uns auf ein Fest zu sich nach Hause ein, wo auf uns auf dem Tisch neben einem Kerzenständer gekühlter Champagner wartete und nach dem Abendessen auch noch eine Torte.

Man kann die Aufmerksamkeit von Unbekannten meist nicht zurückgeben, man muss sie aber weitergeben.

Unangenehme Salmonellen und Vietnamesen

Die Reisegeschwindigkeit in Kambodscha rangiert unter meinen Reisegeschwindigkeiten in allen besuchten Ländern an letzter Stelle. Es gab Tage, wo ich nach zwölf Stunden Schinderei nicht mehr als fünfunddreißig Kilometer geschafft hatte. Zu Fuß wäre ich bestimmt schneller gewesen. Obwohl es im Schneckentempo voranging, war mir nie langweilig. Probleme gab es zuhauf. Die Felder waren meist besser als die Straßen, aber weil sie vermint waren, war es nicht gerade sicher, über sie zu fahren.

In Amerika hatten mich Brücken um einiges an Geld gebracht, und in Kambodscha kosteten sie mich extra viel Zeit. Wenn es auf der Eisenkonstruktion über den Fluss kein Holz gibt, kann man nicht drüberfahren. Die Einheimischen haben das Holz, dass die Brückenbauer verlegt hatten, für etwas Nützlicheres verbraucht, damit es nicht blöd auf der Brücke herumliegen und auf seltene Fahrer warten musste. Deshalb war es eine richtige Kunst, über so eine Brücke zu kommen, und oft musste ich hart um ein Stück Holz, die Hilfe der Einheimischen, die Bezahlung und andere notwendige Eseleien verhandeln.

Die meisten Brücken in Nordostasien wurden von Australiern und Japanern erbaut. Ihre Hilfe in diesem Teil der Welt war augenscheinlich und umfangreich. Weil aber die Menschen keinen Bezug zu geschenkten Dingen haben, kann ihnen niemand helfen.

Erin fuhr als Erste. Ohne ersichtlichen Grund bog sie plötzlich an den Straßenrand, hob das Visier und kotzte wie ein Reiher. Das kilometerlange Fahren auf der harten, staubigen und buckeligen Straße, die eher an ein Waschbrett erinnerte, bekam ihrem empfindlichen Magen nicht. Am Ende des Tages hatten wir alle eine Gehirnerschütterung. Muttern und Schrauben fielen wie überreife Früchte von den Bikes.

Den Tag beendeten wir in Skuon, das für seine haarige Delikatesse mit acht Beinen berühmt ist. Ich war so müde, dass ich keinen Appetit hatte, aber die Spinnen auf dem Teller reizten mich nichtsdestoweniger. Meine zwei Mitreisenden meinten, einmal Kotzen pro Tag würde reichen. Zu meiner Enttäuschung ließen wir das Abendessen sausen, und aus dem weiteren Verzehr exotischer Sachen wie in Thailand, als mich Yut zu einem Abendessen mit Freunden mitgenommen hatte und wir Maden, Käfer, Heuschrecken und Skorpione gegessen hatten, wurde nichts.

In der kambodschanischen Hauptstadt hatten die zwei Amerikaner einen Freund, Darrel, der für eine NGO tätig war und die Zuteilung humanitärer Hilfe beaufsichtigte. Die Geschichten, die uns Darrel beim Abendessen in einem nepalesischen Restaurant über das verarmte Kambodscha erzählte, waren erschütternd.

Erschreckend war die Erkenntnis, dass ich neben einem vollen Magen auch eine Salmonelle vom Abendessen mitgenommen hatte. Ich befürchtete ernsthaft, was wäre, wenn ich zwischen all den Opfern der Khmer begraben läge. Das amerikanische Paar reiste weiter, ich aber fühlte mich wie zerfallendes Gelee. Jede einzelne Zelle im Körper schmerzte. Nach einer Woche, in der ich meine Wunden leckte und einen Arzt besuchte, erholte ich mich nach einer Infusion und einer Pferderation an Medikamenten so weit, dass ich meine Reise fortsetzen konnte.

Mein Weg führte mich an die Grenze zu Vietnam, wo ich das teuerste Visum meiner Reise einlösen wollte. Für fünfundsiebzig Dollar erwartete ich jede Menge Gastfreundschaft. An der Grenze wurde einen halben Tag lang verhandelt, ob ich nun ins Land dürfe oder nicht, und am Ende gewannen die Zollbeamten. Ihr Argument: Ich hätte ein zu großes Motorrad.

»Wie meinen Sie das?« Ich war verwirrt.

»Ganz einfach. Sie haben ein zu großes Motorrad.«

»Stört Sie die Höhe, die Breite oder seine Länge?« Ich verstehe sehr wohl, dass die meisten Männer empfindlich auf diejenigen reagieren, die besser bestückt sind.

»Zu viele Kubik«, erklärte mir der Grenzbeamte, aber ich verstand es nach wie vor nicht.

»Zu viel für wen?«

»Für die Polizisten.«

»Ich hab doch mit denen nichts am Hut, und ich plane auch nicht, mit ihnen zu reisen«, versuchte ich es mit einem Scherz, aber der Herr in grüner Uniform blieb eisenhart:

»Sie können nicht ins Land, wenn Sie ein besseres Motorrad haben als sie. Hundertzweiundsiebzig Kubikzentimeter und Punkt. Mit Ihren sechshundertfünfzig haben Sie keine Chance!« Er disqualifizierte mich, obwohl mich keine Schuld traf.

Die Vietnamesen wären es wert gewesen, das Motorrad zu vierteilen. Aber ich ließ es in einem Stück und kehrte zurück nach Kambodscha, wo ich jedoch schon an der Grenze auf die Knie musste, denn das Visum für den einmaligen Eintritt ins Land war abgelaufen, als sie mir den Austrittstempel draufgeknallt hatten. Ihnen war aber zumindest klar, dass ich mich im Niemandsland zwischen den beiden Ländern nicht lange aufhalten konnte und dass es menschlicher wäre, mich ins Land und danach wieder hinauszulassen.

Tagebuchauszüge 3

Reisetag: 22. Oktober 2000
Ort: Vientiane, Laos
Wetter: heiß und feucht, zum Krepieren

Die Hitze bringt mich noch immer fast um, und in regelmäßigen Abständen habe ich das Gefühl, ich kann sie nicht mehr ertragen. Die einzige brauchbare Zeit des Tages ist der Morgen, wenn die Temperaturen noch unter fünfundzwanzig Grad liegen. Den Rest des Tages quäle ich mich auf dem Bike ab, die Schweißtropfen spritzen nur so in alle Richtungen, und richtige Schweißbäche rinnen durch all meine Kanäle und Hautfurchen. Die Monsunzeit dauert und dauert. Feuchtigkeit und Bikerbekleidung passen einfach nicht zusammen, und sei diese noch so gut. In dieser Schwüle sollte man sich nur am Strand herumfläzen.

Gestern Abend habe ich ein Sandwich gegessen. Ich werde wohl keines mehr zu Gesicht bekommen, bis ich wieder in Europa bin. Die gute Seite an den französischen Kolonialherren ist die Tatsache, dass sie den Einheimischen das Brotbacken beigebracht haben. Was für eine Abwechslung, wenn man nach neun Monaten in Asien etwas anderes als Reis zu essen bekommt!

Um halb sieben Uhr morgens sitze ich im Sattel. Tschüss, du am stärksten bombardiertes Land der Welt, ich fahre in den Süden, nach Malaysia. In ein paar Tagen werde ich ankommen.

Die Thai-Lao-Freundschaftsbrücke muss die Brücke mit den bizarrsten Regeln des ganzen Sonnensystems sein. Im Jahr 1994 zerbrachen sich Politiker ihre grenzgenialen Köpfe, wie sie den Handel und das Leben auf beiden Seiten des Mekong beleben könnten, aber nichts geschah. Die lokalen Mopedfahrer dürfen die Brücke nur aus der Ferne betrachten. Die Fahrt hinüber wurde für alle, die auf zwei Räder rollen, verboten. Und das sind hier die meisten!

Wieso brauchen sie dann eine Brücke und die enorme internationale Finanzhilfe? Damit die Zollbeamten einen Job haben? Die Einheimischen könnten doch zum Beispiel schwimmen oder mit einem Floß ans andere Ufer fahren.

Nun, mich lassen sie auch nicht. Zwei Räder eben. Nach den Zollverbindlichkeiten fahre ich trotzdem einfach über die Brücke. Jemand schreit hinter mir her, aber ich bin schon auf der anderen Seite. Unnötigen Komplikationen muss man einfach ausweichen. Auf dem Weg in die andere Richtung habe ich gelernt, dass das Beachten fremder Prinzipien sinnlos ist. Ich habe zweieinhalb Stunden für einen einzigen Brückenkilometer verloren, weil ich jemanden finden musste, der mein Motorrad auf einen Lastwagen lud und auf der anderen Seite wieder ablud, ihn dann bezahlen und für ein gottverdammtes Prinzip schwitzen musste wie ein Schwein. Auf dem Weg zurück habe ich beschlossen, nach meinen eigenen Prinzipien zu handeln, und es hat sich bewährt.

Hundert Kilometer hinter der blöden Brücke begann es unter meinem Sattel zu rauchen und nach Plastik zu stinken. Die Luftkammer fing Feuer, und der Asbestring war futsch. Solche Kleinigkeiten geben dem Tag immer eine besondere Würze. In der Nähe von Suphanburi sehe ich einen schrecklichen Verkehrsunfall. Es ist wohl an der Zeit, den Reisetag zu beenden.

Reisetag: 23. Oktober 2000
Ort: Suphanburi, Thailand
Wetter: höllische Hitze

Nina, alles Gute zum fünfundzwanzigsten Geburtstag! Wünsche dir eine schöne Geburtstagsfeier und nur das Superallerbeste.

Heute ist der zweite Jahrestag des Sturzes vom Pferd. Die Folgen spüre ich nach tagelangem Fahren rechts im Nacken, wo es anfängt zu schmerzen. Aber sonst bin ich o.k.

Zum Frühstück begebe ich mich in ein Geschäft, das nicht mehr als vier Quadratmeter hat. Ich kaufe Trockenobst. So nebenbei frage ich das Tantchen, ob es in der Nähe eine Kfz-Werkstatt gibt. In Australien habe ich wegen des undichten Kühlsystems gelernt, was Epoxid ist, und ich weiß, dass es das Problem auch jetzt lösen wird.

Der Honda-Mechaniker hat geschlossen, der von Suzuki weiß nicht, wie er es angehen soll, und mit dem von BMW schlagen wir nach vierstündiger Arbeit ein und beenden zur beidseitigen Zufriedenheit das Geschäft mit zehn Dollar.

Zurück ins Motel und unter die Dusche, um den Schmutz und den Schweiß abzuwaschen. Es klopft, und vor der Tür steht die Trockenobstverkäuferin mit ihrem Mann, die wissen will, ob alles gut und das Motorrad repariert ist. Sie laden mich auf breite gebratene Nudeln nach Pattaya-Art ein. Hmm, lecker. Und als Nachtisch gibt es einen gehäuften Teller ihres Trockenobstes. Am Nachmittag drängen wir uns alle in ihrem kleinen Laden, wo sie neben dem Obstverkauf auch noch als Wahrsagerin arbeitet.

Ich verbinde mich mit dem Internet und empfange hundertvierundzwanzig E-Mails. Ich schreibe bis spät in die Nacht zurück.

Tourismus in der Disco

Weil alles für etwas gut ist – schlecht ist nur, dass wir nicht wissen, wann es so weit ist –, blieb ich auf dem Weg in den südlichsten Zipfel Nordostasiens für eine Nacht in Ranong bei der energischen Wilaiwan, einer Dame um die fünfundvierzig, die bei unserem ersten Zusammentreffen alle Zollbeamten zum Teufel geschickt, mein Bike in ihren Kombi gepackt und es über den Mekong geschafft hatte. Damals waren wir nur für ein paar Minuten zusammen gewesen. In ihrer Entschlossenheit unterschied sie sich von den meisten Thaifrauen, weswegen sie einen großen Eindruck bei mir hinterließ. Lange noch geisterte sie in meinem Kopf herum, und als ich mich eines Abends einige Wochen danach in der Stadt, in der sie wohnte, wiederfand, ging ich zu der Adresse, die auf ihrer Visitenkarte in meiner Tasche stand.

Die Stadt lag auf dem Weg nach Malaysia, von wo ich nach Nepal fliegen wollte. Diesmal kam mir Myanmar, einst Burma, in die Quere, in das man mich nur für einen Tag ließ und wo mir nur erlaubt war, mich lächerliche dreißig Kilometer von der Grenze zu entfernen.

Wilaiwan lebte in einem riesigen Haus, auf dem in fluoreszierenden Buchstaben *Palace Sananwan* stand, nach ihrem Vater Sanan und nach ihr, Wilaiwan. Darin hatte sie neben dem ganzen Prunk ein bescheidenes Büro, das auf die Straße blickte. Auf der anderen Seite des Palastes waren ein Parkplatz und eine Disco.

Wila war sehr erfreut über meinen Besuch. Sofort machte sie mich mit einigen Freunden und Nachbarn bekannt, zeigte mir die Gegend, gab mir ein riesiges Zimmer und lud mich zum Abendessen in ihr leeres Restaurant ein, das nur an Wochenenden geöffnet hatte. Es wurde nur für uns zwei gekocht. Bedienstete hatte sie wohl genug. Während wir aßen, ordnete sie an, ihre Mädchen sollten meine Kleider und die Jungs das Motorrad waschen.

Sie erzählte mir, sie habe zwei erwachsene Kinder, die schon ausgeflogen seien, und einen Geschäftsehemann, der auch nie zu Hause sei. Sie führe das Unternehmen allein und sei im Tourismusgewerbe tätig. Jedoch benötige der Tourismus keine roten Samtbetten, Polstersessel und Zweiersofas, bis zum Boden reichende Vorhänge im gleichen Rotton und große Keramikfliesen, die man schnell wischen könne, um das Zimmer für einen neuen Gast vorzubereiten.

Wila war eine anständige und sehr arbeitsame Frau, aber über ihren Tourismusbetrieb sprach sie nicht allzu gerne.

Als meine Klamotten gewaschen und trocken waren, wurden sie von einem der Mädchen auf mein Bett gelegt. Ich bekam alles zurück außer meiner Unterwäsche. Wenn sie nicht der Wind weggeblasen hatte, den es nicht gab, dann war sie wohl bei den Mädchen geblieben, die sie noch anderweitig brauchten. So eine Arbeit erforderte sicher einen großen Vorrat an BHs und Unterhosen, aber meine waren nach jahrelanger Verwendung in einem so schlechten Zustand, dass mir die Kunden richtig leidtaten.

Sechs Monate später schrieb mir Wilaiwan ganz entrüstet, ihr Mann habe sie für eines ihrer Mädchen verlassen, weshalb sie ihr Unternehmen dichtgemacht habe. Sie bedauere es, an ihn geglaubt und ihm die Eier nicht schon viel früher abgeschnitten zu haben.

Gebratene Aubergine auf Thaiart

Wenn ich meine Lieblingsspeise unter all den Gerichten, die ich auf meiner Reise kennengelernt habe, aussuchen müsste, dann wäre es das folgende. Ich bin von der klassischen pikanten thailändischen Küche nicht so begeistert, deshalb stelle ich Ihnen etwas Milderes vor. Sie brauchen für viel Freude nur wenige Zutaten:

1 große Aubergine
6 Knoblauchköpfe
10 Löffel Sojasauce

Schneiden Sie die geschälte Aubergine in einen Zentimeter dicke Scheiben, und legen Sie sie in eine mittelgroße Backform, die Sie zuvor mit Alufolie ausgelegt haben. Pressen Sie den Knoblauch, oder schneiden Sie ihn in kleine Würfel, verteilen Sie ihn über den Scheiben, und beträufeln Sie alles mit der Hälfte der Sojasauce. Im vorgeheizten Ofen auf höchster Stufe vier Minuten lang backen, bis die Auberginen weich und leicht bräunlich sind. Wiederholen Sie die Übung, und backen Sie auch noch die andere Seite.

In der Zwischenzeit bereiten Sie die Sauce vor:

1 Löffel Limettensaft
1/4 Tasse Kokosmilch aus der Dose
2 Löffel Erdnussbutter
2 Löffel Petersilie
1 Teelöffel brauner Zucker
1/2 Teelöffel Ingwer

Mischen Sie alle Zutaten, und gießen Sie die Hälfte über die Auberginen. Backen Sie sie für weitere vier Minuten. Das Gleiche auf der anderen Seite. Auf den Tisch damit und guten Appetit!

Gebirgsausflug in den Himalaja

Das Motorrad parkte ich auf dem Hof meiner Unterkunft in Kathmandu, wo ich meine ersten drei Nächte verbrachte, bis ich einen Sherpa gefunden, alle Genehmigungen, die Wanderausrüstung und das Essen zusammengesucht hatte und mich endlich auf den Weg machen konnte.

Den Träger fand ich in einem Gasthaus. Ich suchte ihn deshalb aus, weil er als Einziger nüchtern war. Zwei österreichische Kletterer, die vom Everest zurückgekehrt waren, hatten ihn mir vorgestellt. So bekam er einen neuen Job und ich die richtige Gesellschaft für den Weg.

Pradip wurde zum Freund, Guide und Träger, der alles schleppte außer mich und die zehn Kilo schwere Fotoausrüstung. Er war ein ruhiger, schlanker, drahtiger und ausdauernder junger Mann. Er kannte das Terrain und war zuverlässig. Sein Englisch war nicht gut genug, um tiefer gehende Diskussionen zu führen, aber während des Marsches unterhielten wir uns trotzdem recht viel und kamen über manches überein.

Er war siebenundzwanzig Jahre alt, und zu Hause warteten seine Frau und die vierjährige Tochter auf ihn. Er war der Einzige, der Geld nach Hause brachte. Er verdiente einen Dollar pro Tag. So viel blieb ihm, wenn er das Geld überhaupt bekam.

»Wenn überhaupt?«

»Nicht alle Menschen sind ehrlich«, beklagte er sich über die Tatsache, die so alt ist wie die Menschheit selbst. »Nachdem ich schon dreimal unbezahlt getragen hatte, beschloss ich, dass ich mit Israelis nicht mehr gehen werde. Am vorletzten Tag haben sie mir jeweils gesagt, dass ich nicht gut genug tragen würde, und jagten mich fort. Sie haben mir keinen Cent bezahlt.« Er gab mir unmissverstänlich zu verstehen, dass er mit so einer Schufterei nichts mehr zu tun haben wolle.

Die Wanderung um die Annapurna dauerte zwei Wochen und war ein etwas anstrengendes, aber sehr unterhaltsames Kennenlernen des Lebens im Himalaja, der Menschen entlang des tibetanischen Handelsweges und verschiedener Klimazonen. Die dreihundert Kilometer um das Massiv des ersten bezwungenen Achttausenders bewältigten wir ohne Probleme, obwohl wir dazwischen auch noch den fünftausendvierhundertsechzehn Meter hohen Thorong La erklommen. Aber damit kann man sich nicht rühmen. In dieser Gegend zählt alles, was unter achttausend Metern ist, nur als etwas größerer Hügel.

Wir überlebten eine Lebensmittelvergiftung sowie ein erschöpftes Knie auf meiner und eine durchzechte Nacht auf Pradips Seite. Ein Tag Pause klimatisierte den Durchfall, eine Schiene das instabile Knie, und Pradip musste nach der feuchtfröhlichen Nacht mit anderen Sherpas neben mir schlafen. Das Zimmer war so oder so bezahlt, und ein zusätzliches Bett war gratis. Es war viel sinnvoller, wenn er sich anstatt der Fotoausrüstung darin ausruhte.

Nach gut durchschlafenen Nächten standen wir bald nach Sonnenaufgang auf. Die Gipfel des Himalaja in der morgendlichen Stille betrachten zu können, wenn die ersten Sonnenstrahlen auf sie fielen, war das Schönste, was ich vom »Strudelweg« bekam, der untertags mancherorts an eine stark befahrene Straße erinnerte, weil Massen von Wanderern dort unterwegs waren. Den Apfelstrudelnamen hatte er angeblich deshalb erhalten, weil die Einheimischen außer ihrem Essen auch die traditionelle europäische Süßspeise feilboten, um sich nach dem Geschmack der Besucher zu richten.

Bis zum letzten Tag unserer Pilgerreise konnte ich Pradip noch überzeugen, dass Schule nicht nur etwas für Reiche und schon gar kein Luxus ist. Er beschloss, seine Tochter doch in die Schule zu schicken.

Am Ende des Wegs bezahlte ich die vereinbarte Summe, legte denselben Betrag für die Ausbildung des Mädchens bei und schlug ihm vor, in Zukunft den Preis für seine Dienstleistungen zu verdoppeln und die Hälfte davon für die Zukunft der Tochter zurückzulegen. Das sei das Beste, was er ihr als fürsorglicher Vater in dieser Gegend und unter diesen Umständen geben könne.

Zur falschen Zeit am falschen Ort

In der Gegend um Darjeeling, im Nordosten Indiens, wird der weltbekannte Tee angebaut. Wenn ich Ihnen sage, dass ein Japaner bereit ist, zweihundertzwanzig Dollar für ein Kilogramm des aromatischen Golds zu bezahlen, dann werden Sie mir glauben, dass er diesen Beinamen zu Recht trägt.

Der Spitzentee wächst auf spitzenmäßigen Plantagen. Am Fuß des Himalaja, wo die Ebenen beginnen, sich zu Hügeln zu erheben, die dann hoch oben in Sikkim zu Bergen anwachsen, ging mir beim Anblick der duftenden Teegärten mein Herz über. Zwischen den dunkelgrünen, schön gepflegten und in Reihen gepflanzten Teesträuchern bewegten sich langsam die fleißigen Pflückerinnen in ihren bunten Gewändern. Um die Stirn trugen sie über dem Kopftuch einen geflochtenen Gurt, an dem der geflochtene Korb auf ihrem Rücken hing. Jede Einzelne warf geschickt die abgezupften jungen Teeblätter hinein. Ein ganzer Tag Arbeit für ein paar Liter Tee.

In das Dorf fuhr ich wie schon in so viele andere ähnliche Dörfer. Ich sah nur ein paar Menschen in ihrer traditionellen indischen Kleidung. Die Häuser drängten sich dicht an der schmalen Straße, die zur Steigung hin nur noch schmaler wurde. Plötzlich kam ein aufgebrachter junger Mann um die Ecke eines der Häuser gerannt, direkt auf mich zu. In seiner Rechten schwang er hoch über dem Kopf ein großes blutiges Messer.

Obwohl es ein angenehm warmer Tag war, lief mir beim Anblick des Messers, über das frisches Blut rann, ein kalter Schauer über den Rücken. Es gab keine Zeit zum Nachdenken. Der junge Mann näherte sich mit schnellen Schritten. Die Gasse war so extrem schmal, dass er mir den Weg versperrte und mir nichts anders übrig blieb, als anzuhalten. Der Kopf über dem erstarrten Körper überlegte auf Hochtouren, sodass es unterm Helm nur so rauchte. Würde ich in ihn reinfahren, wäre es um uns beide geschehen, und weiß der Teufel, wo das Messer landen würde. Versuchte ich ihm auszuweichen, wäre es um mich geschehen, weil er mich einholen würde. Und wenn ich bliebe, wo ich war ... ja, das würde das Beste sein. Ich stemmte beide Beine fest in den Boden und wartete, bis er so nahe kam, dass ich beim Abstieg auf die andere Seite die dreihundert Kilo auf ihn wälzen und ihn so hoffentlich umstoßen und dann fliehen könnte.

Unbeweglich starrte ich ihn an, und nicht das kleinste Detail entging meinem Blick. Obwohl mein Herz mit einer wahnsinnigen Geschwindigkeit und vom größten Hammer angetrieben schlug, war ich voll konzentriert. Ich wusste nur, dass ich die Situation zu einem guten Ende bringen musste. Der Kerl tobte, war besoffen und lief außer Kontrolle weiter in meine Richtung.

Als er nur noch einige Schritte weit entfernt war, verlangsamte er seinen Schritt. Mein Herz raste wie wild. Unbeweglich standen wir uns Auge in Auge gegenüber und maßen unsere Kräfte. Der Augenblick schien ewig zu dauern.

Um dieselbe Ecke stürzte plötzlich eine kreischende Menschengruppe und verstummte augenblicklich, als sie ihn erblickte.

Der Anblick muss auch für alle anderen Furcht einflößend gewesen sein, nicht nur für mich. Die Atmosphäre war wie ein gespanntes Gummiband, das sich jeden Augenblick an einem Ende losreißen und am anderen Ende auftreffen würde.

Während wir uns mit unseren Blicken maßen und jeder seinen nächsten Schritt abwog, näherte sich ihm jemand von hinten, packte ihn und entriss ihm das Messer.

Für Verrückte und Betrunkene gibt es oft keine Hilfe; für diejenigen, die ihnen zufällig über den Weg laufen, auch nicht. Mich packte die Angst meistens erst im Nachhinein, wenn das Schlimmste schon vorbei war. Dann musste ich stehen bleiben, damit meine Beine aufhörten zu zittern, mein Blut den erstarrten Körper auftaute und ich meinen Weg fortsetzen konnte.

Ach Sikkim, was für ein Ort!

Mich auf kurvigen Straßen herumzutreiben, die von den weißen Gipfeln des Himalaja gesäumt wurden, war wie eine Fahrt auf dem Dach der Welt und beruhigte meine Seele. Als wäre ich nicht mehr in Indien. Nun ist Sikkim auch die am kargsten besiedelte indische Provinz, sodass es wegen der fehlenden Menschen auch im Verkehr nicht so stressig war. Oder aber die Tatsache, dass es an der tibetischen Grenze liegt und mein Seelenfrieden von dort kam, wirkte auf mich ein.

Historiker meinen, die Wurzeln der heutigen politischen Situation in Tibet lägen in Sikkim. Die immer verfeindeten chinesischen und indischen Herrscher kamen überein, dass China im Tausch für das indische Patronat über Sikkim die Herrschaft über Tibet erhalten solle. Es scheint, als hätten die Chinesen den Tibetern so »geholfen« wie die Kolonisten den australischen Aborigines.

Hilfe, die nicht hilft, kann keine Hilfe sein.

Wenn sich jeder um seine Angelegenheiten kümmern würde, wäre diese Welt noch viel schöner, als sie es schon ist.

Das bunte Treiben in der interessanten und ethnisch vielfältigen Hauptstadt Sikkims, in Gangtok, wird aus der Höhe vom mächtigen Kangchendzönga bewacht, vom höchsten Berg Indiens, dessen Form mich an unseren Triglav erinnerte, nur dass er dreimal höher ist als unser Alpenzwerg. Die Stadt klettert steil am Fuß des Himalajagebirges empor, und es hatte zumindest den Anschein, dass sie am Rande der Zivilisation den Kampf mit der Zeit schon längst verloren hatte und so die Atmosphäre vergangener Tage erhalten konnte. Das langsame und ruhige Leben verlieh dem Ort einen besonderen Zauber.

In der Nähe von Siedlungen traf ich ältere Tibeter, die auf den Straßen ihre Gebetsmühlen schwenkten und drehten, beseelt vom Wunsch, dass alle in der Walze befindlichen Mantras ihre Wirkung entfalten mögen. Da und dort sah ich auch einen buddhistischen Mönch oder eine Nonne.

Während sich die Buddhisten mit der Stärkung des Geistes beschäftigten, gaben sich die Hindus dem Warenverkauf hin. Ich entdeckte sie hinter Verkaufstresen und an Marktständen.

Entlang der Straße wechselten sich bunte Gebetsfahnen mit Militärkontrollen ab. Friede und Waffen. Gebet und Gewalt. Ich wäre nach Tibet gegangen, aber die Chinesen erlaubten es mir nicht. Bis ich mich selbst davon überzeugen kann, wieso es gut und richtig gewesen sein soll, dass sie Tibet okkupiert haben, werde ich ihr Tun weiterhin verurteilen. Ich habe noch nie etwas von einer friedlichen und wohlmeinenden Politik gehört, die Grenzen abriegelt und Menschen die Einreise verwehrt.

Gute Gründe haben gute Erklärungen. Schlechte nicht.

Unter der Kleidung versteckt

Die Fahrt in die bengalische Ebene, an das Gangesdelta, war ein Abenteuer besonderen Formats. Der Zollbeamte an der Grenze war so betrunken, dass ich meinen Reisepass selbst abstempelte und ins Unbekannte fuhr. Wirklich ins Unbekannte, denn am Grenzübergang endete alles, mitsamt der Straße. Zur Verfügung standen nur noch Wiesen und Felder und die Fahrt neben dem Stacheldrahtzaun, der die zwei Länder, die sich im Grunde sehr ähnlich sind, voneinander trennt, wobei Bangladesch viel ärmer und um einiges sauberer ist als Indien.

Die Menschen am Golf von Bengalen waren sehr freundlich und genauso neugierig. Als ich eines späten Nachmittags vor meiner Unterkunft an der Hauptstraße in Bogra geparkt hatte, hielten die lokalen Rikschas und Dreiradtaxis den ganzen Verkehr auf. Sie verstopften die Straße, weil alle stehen geblieben waren und gafften. Der Polizist fluchte, pfiff und brüllte, aber niemand kümmerte sich um ihn. Alle waren mir und meinem Motorrad zugewandt und ließen sich nicht stören.

Als ich in den ersten Stock kam, in dem mir ein Zimmer zugewiesen worden war, waren alle Zaungäste verschwunden, noch bevor ich das Zimmer erreichte. Beim Blick durchs Fenster sah ich eine leere Straße. Die Gaffer waren jedoch wieder auf ihren Positionen, als ich meine Nase aus der Unterkunft steckte. Der Besitzer machte sich große Sorgen um das Motorrad, darum brachten wir es in seine private Garage, damit es die Nacht nicht alleine auf der Straße vorm Hotel verbringen musste, das zwar einen Wachposten hatte, doch der Chef vertraute ihm meinen Liebsten nicht an.

In dieser kleinen Industriestadt im Norden des Landes verlor ich zum ersten Mal die Nerven. Wohin ich auch ging und was ich auch machte, ich hatte immer mindestens dreißig Männer im Schlepptau, die mir folgten und mich von allen Seiten begafften, als wäre ich ein UFO und kein normaler Zweibeiner. So viele begierige Blicke hatten sich noch nie an meinem Körper geweidet. Ich fühlte mich schrecklich. So bedroht und schwach, dass ich in das erste Geschäft flüchtete und den unauffälligsten Salwar Kamiz kaufte.

Das traditionelle dreiteilige Kleidungsstück, das Frauen im Großteil Asiens tragen, wurde zu meiner Zuflucht, in der ich mich im wahrsten Sinn des Wortes verstecken konnte. Die Schnürbundhose war sehr weit, das Kleid reichte bis zur Mitte der Wade, der nützlichste Teil war aber der breite Schal, mit dem ich meinen Kopf und mein Gesicht bedecken konnte, wenn ich mir wünschte, die Typen würden um Gottes Willen woanders hinschauen.

Der Salwar Kamiz war gar keine so blöde Idee. Das Herumstreifen in der Stadt im Gewand der einheimischen Frauen wurde richtig unterhaltsam, und ich blieb von so manchem Verfolger verschont.

Wenn zwei überholen, knallt's beim Dritten

Die Fahrt durch Bangladesch empfand ich als nicht sehr gefährlich. Vielleicht deshalb, weil ich mir bei all dem Schlechten, das mir begegnete, vorstellte, dass es in Indien noch schlimmer sein würde. Man fährt links, weil sie es so von den Indern gelernt haben und diese von ihren Kolonialherren, den Engländern. Im Großen und Ganzen gab es nur wenige beziehungsweise fast keine Pkws. Die Straße hatten »Professionelle« fest im Griff. Fahrer von Bussen, Lkws und Kombis.

In dieser Gegend bedeutet Fahrkönnen schon, das Lenkrad zu halten, Gas zu geben, seltener jedoch zu bremsen und zu hupen. Wenn man das beherrscht, ist man ein Fahrer. Und man fährt drauflos. Am schlimmsten ist, dass sie mit einem so miserablen Wissen auch andere befördern. Die Aufschriften auf den Lkws und Bussen sagen aus, wie sich die Fahrer auf der Straße vorkommen: wie Kilometervernichter, Geschwindigkeitsdoktoren, Entfernungsmörder, Straßenkönige und so weiter. Das alles zusammen verbinden sie dann mit ihrem todbringenden Business, das viele Leben kostet.

Ich fuhr auf der Straße, die entlang der Reisfelder des fruchtbaren bengalischen Landes verlief. Das weltweit größte Flussdelta misst im Durchmesser dreihundert Kilometer und bewässert viele Felder, verursacht jedoch auch viele Überschwemmungen.

Damit trotzdem viele Straßen erhalten werden können, werden sie auf Deichen gebaut. Die Deichmauern sind hoch und die Gräben tief. Die asphaltierte Unterlage war ganz gut instand gehalten, abgesehen von den wenigen Schlaglöchern, die knietief waren.

Die gemäßigten neunzig Stundenkilometer waren für den Lkw, der mir folgte, offensichtlich zu wenig. Ich sah, wie er schneller wurde, und als wir nebeneinanderfuhren, sah ich im Rückspiegel einen Bus, der dabei war, ebendiesen Lkw zu überholen.

Abgesehen davon, dass ich näher an den Rand gefahren war, vereinnahmten wir noch immer die ganze Fahrbahnbreite. Ach, hatte ich schon erwähnt, dass es nur eine schmale zweispurige Straße war? Als ich den voll besetzten Kombi erblickte, der aus der entgegengesetzten Richtung auf uns zukam, traf mich fast der Schlag. Dann sah ich nur noch sein Fahrwerk und wie er von der Straße donnerte und auf dem Dach zum Liegen kam.

Der verdammte Busfahrer verpisste sich. Der Lkw-Fahrer zeigte nicht das geringste Interesse. Ich drehte um und half den Verletzten aus dem Kombi, frischte mein Wissen aus dem Erste-Hilfe-Kurs auf, versorgte einige Wunden und wartete mit den Unfallopfern auf die Rettungskräfte. Unter den Reisenden waren auch welche, die nicht überlebten.

Indische Logik

In Indien sind Feste etwas ganz Alltägliches. Feierlichkeiten locken jedermann auf die Straße. Eine unüberschaubare Menschenmenge drängte sich an mir vorbei, als ich, im Sattel sitzend, mit ihnen ging und das Bike durch das Gedränge manövrierte.

In Indien hat es den Eindruck, dass ein Dorf niemals endet. Wenn die Häuser aufhören, sind auf der Straße noch immer viele Menschen. Der Großteil sind Fußgänger, die wie Ameisen herumkrabbeln. Da und dort mischt sich ein Radfahrer unter sie. Die Menschen weichen nur aus, wenn es hupt. Langsam! In Indien passiert nur ein Unfall schnell.

In Benalupe, in der Nähe zu Bangladesch, drängten sich unzählige Menschen. Die Stadt röchelte geradezu im Klammergriff des indischen Pop, der aus den Lautsprechern drang, und dem lärmenden Verkehr. Das Einzige, das in diesem Teil der Welt alle Verkehrsteilnehmer beherrschen, ist das Krachmachen. Hupen, klingeln, auf das Dach seines Autos trommeln und schreien. Der Radau war unerträglich.

Mit der Entfernung zur Stadt legte sich der Lärm, und die unfassbare Menschenmenge verringerte sich, sodass im Blickfeld nur noch an die fünfzig Personen waren und nicht einige Hundert. Zumindest konnte ich das Geschehen rund um mich wieder ein wenig kontrollieren.

Links von mir bemerkte ich zwei Mädchen, die auf einem Seitenweg zur Hauptstraße wackelten. Sie waren auf einem Fahrrad unterwegs und fuhren für meinen Geschmack etwas zu schnell, ich glaubte nicht, sie könnten so noch vor der Vorrangstraße stehen bleiben.

Ich wurde langsamer und überlegte, wohin sie fahren könnten. Auf der anderen Straßenseite war ein Reisfeld. Meiner Ansicht nach konnten sie nur nach links oder rechts abbiegen. Von der linken Fahrspur kroch ich auf die rechte, fast schon in die Umarmung der Reisfelder, um ihnen ja nicht in die Quere zu kommen.

Aber nein. Die zwei Gören, die nach indischen Standards schon Mütter hätten sein können, vergnügten sich in ihrer Welt so prächtig, dass für jemand anderen überhaupt kein Platz mehr war. Ohne nach links oder rechts abzubiegen, schossen sie geradewegs auf die Straße, über sie drüber und landeten, mit unbekanntem Ziel, genau unter meinen Rädern.

Ich erschrak so sehr, dass ich einen regelrechten Adrenalinschub bekam! Als ich mich wieder aufrappelte, sah ich aus dem Augenwinkel, wie auch sie sich aufrafften und dabei lauthals lachten. Während ich mich vom staubigen Boden erhob, war mir schon leichter ums Herz, weil ich sah, dass wir alle drei ganz und in einem Stück waren. Aber ich zitterte noch immer wie Espenlaub.

Aus der entgegengesetzten Richtung kam ein Lkw, hielt an, der Fahrer stieg aus der Kabine, wechselte ein paar Worte mit den Einheimischen – binnen weniger Augenblicke hatte sich das halbe Dorf versammelt – und kläffte im Namen des Dorfrates mutig in meine Richtung: »Bezahlen Sie den Schaden!«

Ich war gerade damit beschäftigt, mein Motorrad aufzustellen, und hatte keine Zeit, mich um Nebensächlichkeiten zu kümmern. Das Rund der Zuschauer wurde immer größer, und der Herr Fahrer machte pathetisch weiter: »Sehen Sie nur, was Sie angerichtet haben!«

Die indische Art zu denken war mir nie sehr nah. Ich war vor lauter Schreck gerade in der richtigen Stimmung, ohne nachzudenken auf seine Provokationen einzusteigen. Die zwei Gören dachten wohl, ich wäre ein Mann, weil sie mich anbaggerten, hinter mir herdackelten und kicherten, als ich mir den Schaden ansah, die abgefallenen Teile meiner Ausrüstung aufhob und auf einen Haufen stapelte.

»Wenn Sie zu Hause geblieben und nie hierhergekommen wären, dann wäre der Unfall nicht passiert!« Der Lkw-Fahrer hörte mit seinem Phrasengedresche einfach nicht auf, und auch die zwei Rotzpiepen blieben zudringlich.

Mein Geduldsfaden riss, und meine Sicherungen brannten

durch. Ich brüllte wie ein Löwe, packte den Nächstbesten – eine der Fahrradfahrerinnen – am Kragen, hob sie in die Luft und schleuderte sie ins Feld. Ich packte das Fahrrad und warf es hinterher. Schließlich trat ich noch den Fahrer, der in der Zwischenzeit verstummt war und nur noch beobachtete, was folgen würde. Ich brüllte noch immer und schmierte ihm zu guter Letzt auch noch eine.

Mein Herz schlug, als wäre ich an der Front. Ich hatte Schweißausbrüche, mir war zum Kotzen und zum Heulen gleichzeitig zumute. Ich kehrte ins letzte Dorf zurück, suchte mir eine Unterkunft und dachte die ganze Nacht über die Geschichten nach, die die anderen in Bangkok erzählt hatten. Erst an jenem Tag begriff ich, wovon sie damals gesprochen hatten.

Es ist unmöglich, zu begreifen und zu beurteilen, wenn es einem an eigener Erfahrung fehlt.

Weil ich nach einigen Tagen meiner Reise durch Indien gelernt hatte, dass die Inder die Lautstärke der Hupe mit der Größe des Gefährts gleichsetzen, ließ ich mir zwei zusätzliche Hupen montieren. Zwei durchdringend trötende Hörner, wegen deren ich ab sofort während der Fahrt Ohrenstöpsel tragen musste. Aber sie erfüllten ihren Zweck. Am Anfang jedes Dorfes »setzte« ich mich auf meine Hupen und trötete mich durch den ganzen Ort. So verschaffte ich mir zumindest Platz, damit ich es durch das Dorf schaffte.

Wenn die Inder nicken, dann bedeutet das für sie Nein, und wenn sie den Kopf schütteln, bedeutet es Ja. Trotz ihrer gut beweglichen Hälse, von denen Ihnen wirklich jeder erzählen kann, der schon einmal dort war, ist es unglaublich, wie schnell ihnen die Halswirbel zusammenwachsen, sobald sie auf die Straße treten. Im Verkehr sieht es aus, als hätten alle einen Hexenschuss. In all den vier Monaten meiner Reise auf dem indischen Subkontinent habe ich keinen einzigen Menschen gesehen, der auf der Straße nach links oder rechts geschaut hätte.

Und wie kann es sein, dass die Inder die klügsten Menschen sind, die ich je in meinem Leben getroffen habe, sich aber im Verkehr benehmen, als hätten sie den Intelligenzquotient eines Grashalms?

Indien ist das einzige Land der Welt, in das ich nie wieder mit dem Motorrad fahren würde. *Nie wieder!* Es saugte so viel Geduld aus mir heraus wie die Erziehung einer ganzen Kinderfußballmannschaft aus einer Mutter oder zehn Schülergenerationen aus einer Lehrerin. Das Leben in einer Ecke der Welt, wo eine Kuh mehr wert ist als ein Mensch, passt mir nicht ins Konzept. Gegen Ende der qualvollen Reise durch Indien träumte ich schon jede Nacht, wie meine Überreste von der Straße geschabt, in Schuhkartons geworfen und dann zur Erinnerung nach Hause geschickt würden. Der Verkehr in Indien war das Einzige, das mich ärgerte und zum Weinen brachte – und in einen Zwiespalt mit mir selbst, wieso ich mich überhaupt auf den Weg hierher gemacht hatte.

Nichtsdestoweniger war das Land am buntesten von allen, und es gab Sehenswürdigkeiten ohne Ende. Viel interessanter als den Verkehr fand ich, wie die Männer in den Städten an Häusern hockend urinierten, wie in Varanasi Tote verbrannt wurden, wie Bettler die davongeschwemmten Kleider und den Schmuck der Toten aus dem Ganges fischten oder wie eine Mutter in einem Tempel ihr Kind mit der Milch für Ratten nährte, die gefüttert werden, weil man glaubt, sie seien die Reinkarnation von Heiligen.

Das war mein Indien. Bunt, feurig und schmerzhaft.

Baby, willst du mitfahren?

Die indischen Rekorde und Statistiken unterhielten und erschreckten mich: In Indien gibt es einen Menschen, der die meisten Würmer gegessen hat, den Mann mit den längsten Haaren und dem längsten Bart. An einer Tankstelle traf ich einen Menschen, der wartete, dass seine Nägel so lang würden, bis er eines Tages im *Guinnessbuch der Rekorde* stünde. Das war die einzige Arbeit, die er verrichtete.

Dieser Mensch war natürlich ein Mann, denn eine Frau könnte sich so etwas nicht leisten. Das schwächere Geschlecht ist die einzige Arbeitskraft, die ich auf Feldern gesehen habe. Da und dort leistete ihnen ein Kerl Gesellschaft, im Großen und Ganzen schufteten sie aber alleine, wie Tiere. In der sengenden Sonne, mit einem Kind auf dem Rücken, dem anderen am Rockzipfel und dem dritten in der Gebärmutter.

Mir schien, dass die Frauen in Indien ständig schwanger waren. Eine Milliarde Menschen kann nicht von Gott empfangen worden sein. Jeden Tag steigt die Bevölkerungszahl um fünfzigtausend Seelen, alle 1,25 Sekunden wird ein neues Leben geboren – überhaupt nicht heilig. Dort sind lediglich die Kühe und die Tempel heilig. Die Zahl der in Indien verehrten Rindviecher übersteigt die Zahl aller lebenden Slowenen um das Hundertfache. Im drittgrößten Land der Welt gibt es weniger obdachlose Kühe als Kinder. Sie sind wertvoller als eine Frau. Für eine Kuh muss man schon an die vierhundert Dollar abstottern, für eine Frau lediglich siebzig bis hundert.

Am Meer rauschte niemand durch die Straßen, weil noch alle schliefen. Beim morgendlichen Spaziergang dachte ich über die Stellung der Frauen und die Sicht auf die Kinder nach. Eine Gesellschaft, die ihre Schwächsten nicht beschützt, ist in meinen Augen nicht viel wert. Aber seien Sie beruhigt, werte Herren, Sie müssen sich jetzt nicht bedroht fühlen, weil das für Sie nicht gilt. In keinem der fünfundsiebzig bereisten Länder habe ich Ihrer Rolle weniger Bedeutung beigemessen.

Vor einem der billigen Restaurants im Palmenwald, unweit des Strandes, erblickte ich ein Motorrad. Eine rote BMW kann man nicht übersehen, auch wenn man in Gedanken versunken ist. Auf der Reise habe ich mir im Laufe der Zeit angewöhnt, mir die Menschen nach ihren Motorrädern vorzustellen: Sag mir, was für ein Bike du fährst, und ich sag dir, wer du bist.

Die GS ist ein massiver, stabiler, luftgekühlter Riese, für ernste Menschen und Reisende gemacht, die sich was zutrauen. Ich schloss daraus, dass der Besitzer ein Mann sein musste. Wegen des südafrikanischen Kennzeichens stellte ich mir einen gut gebauten, gutmütigen, geistreichen und kreativen Typen vor. So wie nun mal der Großteil der Menschen am Kap von Afrika ist. Das Bike war schmutzig und ziemlich ausgepowert. Ich hatte das Gefühl, es könnte sich auf einer Weltreise befinden.

Ich schaute mich nach dem Besitzer um, sah aber nur den Kellner, der die Tische abwischte und sie für den neuen Tag vorbereitete.

»Warten Sie, er kommt gleich zurück.« Ihm war klar, wen ich suchte.

Ich kehrte zum Bike zurück und sah mir an, wie es instand gehalten war, welche Reifen aufgezogen waren – und dann zeigte er sich. Obwohl er schon von Weitem sah, wie ich mich mit seinem Bike beschäftigte, setzte er sich seelenruhig ins Restaurant, ließ sich einen Kaffee bringen und beobachtete mich ganz entspannt weiter. Nach dem knallgelben T-Shirt und der Pilotenbrille zu urteilen, fehlte es ihm nicht an Selbstbewusstsein.

Ich war immer wieder erfreut, wenn ich jemanden aus unserem

Gelege traf. Wir Biker auf Weltreise sind ja ein eher seltenes Phänomen.

»Ist das Ihr Bike?«, fragte ich begeistert, als wäre es meines, er aber vermasselte schon alles mit seiner ersten Aussage.

»Na, Baby, willst du mitfahren? Huch, bist nicht die Einzige, alle würden das gerne«, sagte der schöne und fürchterlich arrogante Mann, der in meinem Alter war, und verspielte seinen stärksten Trumpf im ersten Stich.

Mit der Frage überraschte er mich gerade genug, dass es mir für einige Augenblicke den Atem verschlug. Währenddessen schlürfte er seinen Kaffee aus, sah mich wieder an und sagte spöttisch: »Ach, du willst gleich gehen, oder was? Wäre es nicht besser, wenn wir uns am Abend treffen würden?« Er wollte mich ködern, und es war offensichtlich, dass er seine Masche gut beherrschte und sie nicht zum ersten Mal anwandte.

Langsam kam ich wieder zu mir und versuchte meine Gedanken zu ordnen. Seine Angeberei hatte irgendetwas Sympathisches an sich, deshalb erwiderte ich ruhig, ich würde auch um die Welt reisen und nicht so gerne auf dem Rücksitz eines Motorrads fahren, weil ich selbst eines lenkte.

In diesem Moment würdigte er mich mit einem Funken seiner Aufmerksamkeit. Er stellte die weiße, etwas angeschlagene Kaffeetasse ab, hob die Augenbrauen und den Blick, nickte leicht und murmelte abwesend: »Ach so.«

Um das qualvoll egozentrische Vorspiel zu beenden, streckte ich ihm meine Hand entgegen und stellte mich vor. Er stand auf, als hätte die Sitzbank Feuer gefangen. »Benka Pulko?!«, wiederholte er todernst, überrascht, zog sofort die Brille von der Nase, und da verwandelte sich der große Macho in einen kleinen Jungen. »Benka Pulko, Slowenien, BMW F650, Baujahr 1996, alleine auf allen sieben Kontinenten, auf dem Weg seit Juni 1997, bis zum

Schluss nur noch Afrika und Europa, und jetzt bist du irgendwo in Asien!« Er fasste es zusammen wie ein Streber, der das ganze Jahr über nichts anderes büffelte als meinen Lebenslauf.

In den nächsten Sekunden setzte er alle Tatsachen über mich zu einem Mosaik zusammen, fiel auf die Knie und brüllte meinen Namen wie ein wildes Tier. »Mein Idol!« Er faltete seine Hände wie zum Gebet und blickte in den Himmel.

Steve und ich wurden schnell Freunde und sind es bis heute. Als wir mit seinen männlichen Capricen aufgeräumt hatten, verwandelte er sich in einen wundervollen Menschen. Er erzählte, er habe die Reise mit seinem Bruder begonnen, der irgendwo in der Mitte des Wegs den Drogen verfallen sei, weswegen sich ihre Wege getrennt hätten.

Steve war ein brauchbarer Freund. In Kovalam hatte ich am nächsten Tag eine Ayurvedamassageprüfung, und er willigte ein, mein Versuchsobjekt zu sein.

Solche Männer, die sich dafür anbieten, dass Frauen auf ihnen herumtrampeln, gibt es nicht viele. Am Ende gab er sogar zu, es wahnsinnig genossen zu haben. Ich auch, denn ich schlug drei Fliegen mit einer Klappe: Ich machte sowohl ihm eine Freude als auch der Ausbilderin und schließlich mir, weil ich die Prüfung bestand.

Batterie, Schokolade und Käse

Tony war mein treuester Brieffreund und harrte seit dem letzten Treffen in Australien aus. Eineinhalb Jahre danach beschwerte er sich erschöpft, dass er urlaubsreif sei, einen Ortswechsel brauche, auf Urlaub gehen wolle, und im Scherz schlug ich ihm vor, nach Sri Lanka zu fliegen, ein Stück Käse, Schwarzbrot, Schokolade, eine

Batterie und neue Reifen mitzubringen. Tony wäre nicht Tony, wenn er nicht am nächsten Tag zurückgeschrieben hätte, er habe einen Flug gebucht und sei auf dem Weg.

Wenn die Welt nur zwei Prozent so positiver Menschen wie Tony aus der Schweiz hätte, würde sie sich viel fröhlicher drehen. Er kam jauchzend an und hörte damit in den nächsten zwei Wochen nicht auf, während wir zusammen Sri Lanka erkundeten, seine Elefanten, Orte und Menschen. Tony sprach Einheimische an, plauderte mit allen, die Englisch sprachen oder auch nicht, erzählte Witze und erfreute sich auf Schritt und Tritt des Lebens.

An der Südküste wollten wir ein paar Tage herumgammeln, aber wir kamen nicht dazu, weil sich Tony schon bei unserer Ankunft mit der Hälfte der Dorfbewohner bekannt machte und wir ihnen halfen, Palmblätter für die Sanierung der Dächer zu trocknen, Fische zu fangen und Lasten zu tragen, wodurch wir zu Ortspatronen für Humanität wurden. Sein Lieblingsmädchen, das immer hinter ihm herdackelte und über seinen Sarong lachte, brachte er in die nächstgelegene Stadt und kaufte ihm Kleider, Schulsachen, Spielzeug, und zum Schluss führte er es noch in einen Süßwarenladen aus, wo es eine große Tüte Bonbons bekam.

Tony der Gute – den Spitznamen hat er schon etliche Jahre – schrieb mir nach der Rückkehr aus Sri Lanka, er habe einen Brennstofffonds gegründet. Auf meinem Konto fanden sich bis zum Ende der Reise monatlich zweihundert Schweizer Franken für einige unvergessliche Reisekilometer.

An den Gläubigen erkennt man die Religion

Ich verbrachte den Tag in einem Sikhkloster. Menschen und ihre Überzeugungen kennenzulernen war der verlockendste Aspekt der Reise. Die Sikh sind die auffälligsten Inder. Wer kennt nicht ihre großen Turbane, unter denen sie die noch nie geschnittenen Haare verstecken, die nur von ihren Müttern und Frauen gesehen werden dürfen?

In Punjab im Westen Indiens, das an Pakistan grenzt, leben sechzehn Millionen Sikh. Mir kamen sie wie eine Mischung aus Muslimen und Hindus vor. Spirituell wie die Letzteren und rachsüchtig wie die Ersteren. Sie selbst aber leben in der Überzeugung, von beiden das Beste übernommen zu haben.

Ihr heiligstes Heiligtum ist der Goldene Tempel, weshalb sie es Indira Gandhi im Jahr 1984 sehr übel nahmen, als sie mit der Armee den heiligen Ort stürmte und bewaffnete Radikale vertrieb. Die Aktion war zwar erfolgreich, kostete sie aber ihr Leben, denn kurz danach wurde es ihr von ihrem treuen Leibwächter genommen. Einem Sikh.

Obwohl die meisten Hindutempel nur von Nachkommen hinduistischer Eltern betreten werden dürfen und man sich in vielen Moscheen über weiblichen Besuch nicht erfreut zeigte, waren die Sikh äußerst gastfreundlich. Bei ihnen sind wir alle willkommen. Im Goldenen Tempel in Amritsar nächtigten Hunderte männlicher und weiblicher Reisende, die während ihres Aufenthalts auch mit Speis und Trank verpflegt wurden.

In den folgenden Tagen fand das tibetische Neujahrsfest statt, und mein Bike zog es ganz von selbst nach Dharamsala, in den Nordwesten Indiens, an den Fuß des Himalaja. Die Straße schlängelte sich bergauf in eine kleine Hochgebirgsstadt, wo dem Dalai-Lama Asyl gewährt wird.

Auch wenn neben Tibetern noch viele andere Besucher zur Audienz gekommen waren, wurden wir mit offenen Armen empfangen. Wir bekamen ein Dach über dem Kopf, sie aber blieben in der Sonne und unter den Regenwolken. Die Tibeter sind nun einmal so. Sie glauben an das Gute und sind überzeugt, dass der Verstand Schöpfer und Vernichter aller Dinge ist. Und dass er wie ein Fallschirm ist, der besser funktioniert, wenn er offen ist. Sie wurden zu meiner Lieblingsnation. Ich hörte keine Lügen aus ihrem Mund, und ihre Hände stahlen nicht. Was sagt es über die Tibeter aus, dass ihre Sprache den Ausdruck Schuld nicht kennt? Unter ihnen fühlte ich mich sicherer als zu Hause. Diejenigen, die ich getroffen habe, waren einfache Menschen und konnten zuhören. Im Gegensatz zu anderen drängten sie mir nie ihre Meinung auf und erteilten weise Ratschläge nur dann, wenn ich sie um Rat bat.

Der Dalai-Lama fasziniert mich nicht wegen seines Nobelpreises, auch nicht, weil ihn die ganze Welt verehrt und bewundert. Seine Menschlichkeit versetzt mich in Begeisterung. Nicht nur als Lehrer, sondern bei jedem seiner Schritte. Durch ihn lernte ich, dass Riesen rein äußerlich ganz klein sein können. Noch Wochen nach dem Zusammentreffen mit ihm konnte ich nicht aufhören zu lächeln. Sein tiefes Glück, sein schallendes Lachen und seine ansteckende Fröhlichkeit sind die nützlichste Religion von allen.

Die Weisheit kommt nicht mit den Weisheitszähnen, deshalb bin ich der Meinung, dass die Architekten des Weltfriedens öfter zu Besuch nach Dharamsala gehen sollten.

Salam, Islam

Obwohl ich in Pakistan mit dem Motorrad nicht auf die einzige Autobahn durfte, war die Fahrt durch das neue Land weniger stressig als bei den Nachbarn. Die Hauptstadt Islamabad am Fuß der Margallahügel ist für asiatische Verhältnisse ein richtiges kleines Paradies: ein auf dem Reißbrett geplanter Ort mit breiten und sauberen Avenuen, einer geregelten Verkehrsinfrastruktur und vorbildlich gepflegten Grünflächen mit Blumenbeeten.

Im Grunde war die Stadt gar nicht so klein, nur im Zentrum war alles so organisiert, dass es schien, als wäre sie halb leer. Dort lebten fast eine Million Menschen, und jeden Freitag fanden sich dreihunderttausend von ihnen zum Gebet in einer der größten Moscheen in diesem Teil der Welt zusammen. Der saudische König Faisal schenkte der neuen Hauptstadt, die es erst in den Sechzigerjahren wurde, als die Regierung aus Karachi hierhergezogen war, dieses fünftausend Quadratmeter große Gebetshaus. Schenkte! Der Wert des Geschenks? Hundertzwanzig Millionen Dollar.

Mein pakistanisches Geschenk hatte keinen monetären Wert, ich erhielt es in Form neuer Freunde. Mansoor, den ich vor Jahren in den USA kennengelernt hatte, schickte mich zu seinen Verwandten. Die kultivierte und bemerkenswerte Familie zählte fünf Mitglieder. Der Vater war Arzt, die Mutter auch, war aber als Mutter beschäftigt, und Bilal und Rhabia waren superintelligente Kinder, die mit Leichtigkeit die Grundschulbank drückten. Die Großmutter beschäftigte sich nur noch mit dem Älterwerden.

Wegen des Bikes und der Weltreise kam ich ihnen – wie könnte es auch anders sein – etwas sonderbar vor, aber sie versicherten mir, mich nicht wie eine Patientin zu behandeln. Dem Krankenbett entkam ich trotzdem nicht. Während meines Aufenthalts in Islamabad schlief ich in ihrem Hof, in einer großen, sympathischen Tagesklinik, in der vor Jahren Großmutters verstorbener Ehemann zur Genesung gewesen war.

Meine Arztfreunde organisierten neben einer Pressekonferenz, einem Vortrag an der örtlichen Schule und einer Willkommens- und Abschiedsparty auch noch den geschäftlichen Teil. Shoaib, das Familienoberhaupt, versammelte in seiner Privatklinik in Rawalpindi, der einige Minuten entfernten Stadt, seine besten Kollegen und bat sie, bei mir einen »Service« durchzuführen.

Auch mein Bike war beim Arzt. Die Kfz-Werkstatt war in derselben Stadt und hieß *Beim Motorraddoktor*.

Die folgenden Tage ging ich vom Internisten zum Zahnarzt, von der Gynäkologin zum HNO-Facharzt, stattete einigen Labors meinen Besuch ab und war mit dem Orthopäden einer Meinung, dass ich wegen meiner verletzten Menisken bald reif für eine Knieoperation sei.

Bei solchen Untersuchungen erneuerte ich auch gleich meinen Medikamentenvorrat, nahm alte Probleme in Angriff und versuchte das Auftreten neuer zu verhindern. Endlich wurde auch der Grund für die seit zweieinhalb Jahren andauernde Entzündung des linken Ohrs beseitigt, mit der ich langsam fast nicht mehr leben konnte.

Hochzeitsmarsch ohne Mann

Die Angst, wie ich alleine durch die islamischen Länder reisen sollte, war schon nach der Ankunft in Pakistan verflogen.

Abgesehen davon, dass mir der Großteil jener, die mich am Motorrad sahen, sowohl einen weiblichen als auch einen männlichen Status zuschrieb, ging es mir in den islamischen Ländern nicht schlecht.

In diesen Gebieten waren nicht viele Frauen zu sehen. Die Mehrzahl tauchte in männlicher Begleitung auf und schwieg meistens, obwohl mir schien, dass einige von ihnen durchaus etwas zu sagen gehabt hätten.

Bis zu meinem vierunddreißigsten Lebensjahr hatte ich keine Ahnung, was eine anständige Muslima zum Geburtstag bekommt.

Meinen Geburtstag feierte ich in Islamabad, und die neuen Freunde überschütteten mich mit Feredsches: einer weißen im saudischen Stil; einer schwarzen mit Spitzen; so einer, die Schülerinnen tragen; und einer braunen mit afghanischen Accessoires. Die Auswahl war vollkommen.

Die Iraner waren begeistert von mir, noch bevor ich zu ihnen ins Land kam. Andere Reisende erzählten mir von zahlreichen Problemen und dass ihre Anträge für das iranische Eintrittsvisum abgelehnt wurden. Den Leuten bei der Botschaft schienen viele Reisende, die das Land besuchen wollten, suspekt, bedenklich oder auf eine andere Art und Weise unzumutbar.

An meinen Antrag heftete ich ein Foto von mir in einer Feredsche, und am Empfangsschalter des iranischen Konsulats war man sichtlich zufrieden. Das Visum erwartete mich in weniger als einer Woche, was für ihren konsularischen Dienst ein neuer Rekord war.

Alle Pakistani, mit denen ich zu tun hatte, sowohl Männer als auch Frauen, machten sich Sorgen, wie es mir bei den Arabern ergehen würde. Obwohl ich anfangs dachte, sie würden übertreiben, fing ich nach einer ganzen Reihe ähnlicher Kommentare doch an, über dieses Thema nachzudenken.

Ich hatte gehört, Männer hätten Korpulente und Blondinen am liebsten. Sie alle seien vom Typ Hausfrau begeistert, ich aber stand mit einem Bike da. Anstatt nach Parfum roch ich nach Benzin, deshalb dachte ich, für mich würde sich so oder so niemand interessieren. Trotzdem überkam mich eines Tages beim Herumstreifen durch Islamabad die Idee zu heiraten.

Der Tag war frisch, und die Sonne kroch im ersten Gang über den Himmel. Die Tage, an denen ich nicht Hunderte Kilometer fuhr, schienen mir kürzer als jene im Sattel.

Weil es, wie gesagt, keine Zufälle gibt, fand ich mich auf einem Platz wieder, auf dem nur Schmuck verkauft wurde. Ein Ehering zog mich in seinen Bann, den ich mir letztendlich auch kaufte. Der Erste, der mir passte. Stolz, im Rhythmus eines Hochzeitsmarsches, ging ich zum Parkplatz.

Mein Mann wurde ohne seine Einwilligung zum Ehemann. Ich behielt aber den Nachnamen, weil Benka Pulko doch besser klingt als Benka BMW.

Eine Frau ist keine Frau

Dafür, dass ich eine ganze Stunde im Studio des pakistanischen Nationalfernsehens vor der Kamera saß, bekam ich fünfunddreißig Dollar, was bislang mein höchstes Honorar für einen Medienauftritt war und bis heute ist.

Der Großteil der Medien verharrt nämlich in der Überzeugung, einem einen wahnsinnigen Gefallen zu erweisen, wenn ein exklusiver Bericht über einen ausgestrahlt wird. Zumindest auf die Reisekosten könnten sie von selbst kommen, bevor man sie auf korrektes Verhalten aufmerksam machen muss.

Nach dem Interview bei einem bekannten pakistanischen Fernsehmoderator, der Farooq genannt wurde, äußerte ich auf seine Frage, welche Orte ich in Pakistan denn noch gerne besuchen würde, den Wunsch, zu den Paschtunen an der afghanischen Grenze gehen zu wollen. Sobald wir nicht mehr auf Sendung waren, nahm er das Telefon, rief seinen Kollegen Ali an und teilte ihm mit, dass er Besuch bekäme. Das Fernsehgesicht organisierte einen Fahrer, ein Auto und eine Begleitung, und schon bald befand ich mich auf einer waghalsigen Forschungsmission, die ganz meinem Geschmack entsprach.

In Peschawar sammelte der Fahrer am vereinbarten Treffpunkt den groß gewachsenen dreißigjährigen Filialleiter einer großen Bank ein. Im Gegensatz zu anderen Männern trug Ali Hemd und Krawatte anstatt eines Topis und eines Salwar Kamiz, der traditionellen dreiteiligen Bekleidung, die mich auch hier an einen Pyjama erinnerte.

Ali stellte sich mir in fließendem Englisch vor und reichte mir zum Gruß respektvoll die Hand. Trotz seiner westlichen Manieren war er ein Traditionalist und befolgte bei allen anderen Angelegenheiten die Gesetze der größten Stammesgemeinschaft der Welt, denn er war auch Paschtune.

Das Auto blieb vor einer Festung außerhalb der Stadt stehen. Das große weiße Herrenhaus versteckte sich hinter einer fast genauso hohen Mauer. Ein bis an die Zähne bewaffneter Mann in einer grauen Aufmachung, die bis zum Boden reichte, öffnete die Türe. Nur Ali durfte eintreten. In diesem kurzen Moment konnte ich sehen, dass das Gebäude zwei Flügel und einen zentralen Teil hatte.

Nach seiner Rückkehr sagte Ali, dass uns das »große Oberhaupt« erlaube, die Reise fortzusetzen, und erklärte mir auch, der Mann habe sein Schlafzimmer in dem einen Trakt, seine Frauen hätten ihre im anderen, und in der Mitte befänden sich die Wohnräume. Ali erklärte mir, die erste Frau müsse alle anderen Frauen im Haus genehmigen, wenn der Mann mehr als eine haben wolle. Er könne so viele haben, wie er sich leisten könne, aber höchstens vier auf einmal.

Osama bin Laden war angeblich fünfundfünfzigmal verheiratet.

Der Mann kann seine Frau verlassen, wann er will, er muss ihr vorher jedoch sagen, dass sie nicht mehr seine Frau sein wird. Auf Vorschlag der Frau wird eine Scheidung nur bewilligt, wenn der Mann impotent ist. Manchmal werden auch zwei Zeugen hinzugezogen. Zwei Männer. Wenn es nur einen gibt, können den zweiten Mann zwei Frauen ersetzen. Denn in der islamischen Welt sind Frauen nichts wert, und erst zwei sind so viel wert wie ein Mann.

Die muslimischen Ehegesetze werde ich nie ganz verstehen.

Eine Bombe, bitte!

Dara Adam Khel war eine kleine, auf den ersten Blick verschlafene Stadt mit einstöckigen Holzhäusern, die sich entlang der einzigen Straße dicht aneinanderdrängten. Jedes Haus hatte im Erdgeschoss ein kleines, sperrangelweit offenes Geschäft, in dem alle das Gleiche verkauften. Haschisch und Waffen.

Ali ging betont langsam. Ich hatte nicht das Gefühl, dass er Angst hatte, aber so gelassen wie davor war er auch nicht mehr. Ich überlegte, dass es ihm sicher schon leidtat, mich so, wie ich war, mitgenommen zu haben: Meine Hose und meine Ärmel waren lang, und in meinem Rucksack war eine Feredsche, für jeden Fall.

»Glaub mir, wenn du mit mir bist, brauchst du gar nichts.«

»Wäre es nicht gesitteter, wenn du eine verhüllte Frau bei dir hättest?«

»Eine verhüllte hat jeder, eine Europäerin keiner.« Er lachte, und dann sprachen wir nicht mehr.

Ich schaute mich um, nach links und rechts. Überall das Gleiche. Ernste vollbärtige Gesichter und Regale voll mit Schusswaffen. Ich hatte einen Kloß im Hals. Am liebsten wäre ich zurückgelaufen.

Mein Begleiter marschierte ruhig voran. Ich folgte ihm. Ich tat, als wäre alles in bester Ordnung. Ich versuchte mir vorzustellen, auf einer ganz gewöhnlichen Straße voller gewöhnlicher Geschäfte zu laufen. Die ganze Zeit blitzte ich in beide Richtungen und wünschte mir, endlich am Ende dieser fürchterlichen Kleinstadt anzukommen.

Alle paar Sekunden wurde die Stille durch Schüsse und ab und an eine Salve durchbrochen. Wir waren die Einzigen auf der Straßenpromenade. Aus den Geschäften wurden wir mit Blicken beschossen. Ali grüßte ab und zu jemanden kopfnickend, ohne seinen Gesichtsausdruck zu verändern. Sie grüßten zurück. Genauso kühl und steif. Männer. Frauen sah ich nicht.

Wir betraten eines der Geschäfte, und Ali fragte etwas. Nach einiger Zeit kam der Besitzer. Sie sprachen auf Paschtunisch. Ali zeigte in meine Richtung, der Verkäufer nickte, drehte sich um, und wir gingen hinter ihm her. Der Hof hinter dem Haus war voller Männer. Von dort hörte man das Pfeifen der Geschosse. Zum Glück zielten alle in die Luft.

»Hier testen die weniger Geschickten ihre Waffen«, erklärte der Besitzer, und Ali fügte hinzu, die etwas Geschickteren würden das gleich auf der Straße machen. Es war wie in einem Film!

»Für welche Waffe interessieren Sie sich denn?«, übersetzte Ali mir die Frage des Besitzers mit den ungewöhnlich grünen Augen, derselben Farbe, die die Hälfte des Städtchens sowie das Mädchen auf einem der prägnantesten Titelfotos von *National Geographic* hatten. »Kalaschnikow? Eine sehr geschätzte Ware. Ab sechzig Dollar«, machte er ein Angebot. »Oder vielleicht eine italienische Beretta? Wir könnten sie rosa für Sie lackieren, damit sie femininer rüberkommt«, so versuchte er es noch einmal, bevor er begriff, dass aus dem Verkauf nichts würde.

Denn rosa ist wirklich nicht mein Stil.

Der Besitzer drückte mir eine Pistole in die Hand. Ich hatte das Gefühl, gleich ohnmächtig zu werden. »Versuchen Sie. Schießen Sie einmal!« Er merkte nicht, dass alles, was um uns geschah, viel zu viel für meine pazifistischen und moralischen Ansichten war. Höflich lehnte ich ab, obwohl ich – ganz ehrlich gesagt – auch daran dachte, wie die Teilnahme am indischen Verkehr mit so einem Spielzeug ausgesehen hätte.

Während der Erforschung der Stadt schnüffelte ich viel herum und stellte Fragen: Wieso in Dara Kinder Patronen herstellten, anstatt in die Schule zu gehen? Wieso die Frauen eine Ware seien, mit der die Familien untereinander die Schulden beglichen und Streit schlichteten? Wieso nur zwanzig Prozent der paschtunischen Frauen an den Wahlen teilnähmen und zu den Wahlurnen nur Männer gingen? Und ich wunderte mich, wie in diesem gottverlassenen Kaff voller Munition, Pistolen, Panzer- und Fliegerabwehrraketen dreihunderttausend Menschen überleben können.

Jedes Jahr tauchen eine Million Kalaschnikows am Schwarzmarkt auf.

Ich glaube zu wissen, wo sie hergestellt werden.

Freundschaft mit den Feinden

Die Antworten auf meine Fragen waren im Einklang mit dem paschtunischen Weltverständnis. Niemand belog mich. Sie sind überzeugt davon, dass ihre Frauen nicht unterdrückt werden, und Punkt. Dass es so, wie es ist, einfach sein muss. Sie kennen nur eine einzige Wahrheit. Die Steinigung von Frauen – weil sie unverhüllt sind – liegt ihrer Meinung nach in Gottes Hand und ist eine gerechte Tat. Auch dann, wenn sie die Frauen wegen einer einzigen

Regelwidrigkeit aus der Welt schaffen. Das Leben der Frau ist nicht so heilig wie Gottes Wille.

Armer Allah, woran er alles schuld ist!

Von Dara fuhren wir zurück nach Peschawar, von wo aus die pakistanische Regierung den Grenzübergang nach Afghanistan und die Paschtunen kontrollieren zu können glaubt.

Das Herumstreifen in der »Stadt an der Grenze« – das bedeutet ihr Name – war eine romantische Erfahrung mit gefährlichem Beigeschmack. Ich wurde das Gefühl der Beklommenheit nicht los, und obwohl ich es nie bereut habe, alleine zu reisen, war ich überglücklich, in Alis Gesellschaft zu sein. In einer Gegend, in der Männer mit geladenen Pistolen durch die Straßen spazieren, war es richtig angenehm, in Gesellschaft eines respektvollen jungen Mannes unterwegs zu sein, der, nach der Zahl der Grüße zu urteilen, ein angesehener Herr war.

Mit Ali zu sein war besser als die beste Garantie. Ich war mit einem von ihnen. Also war ich eine von ihnen. Zumindest vorübergehend. Die Paschtunen sind sehr ergebene und gastfreundliche Menschen. Innerhalb ihrer Normen haben sie hohe moralische Prinzipien. Was ihnen gehört, beschützen sie mit ihrem Leben. Sie sind auch sehr kämpferisch, und der Stolz ist das Allerwichtigste. Sie leben nach den Regeln der *Loja Dschirga*, den ungeschriebenen traditionellen paschtunischen Ethikregeln. Das Problem besteht nur darin, dass ein Mann, der den Liebhaber seiner Schwester erschießt, für einen Paschtunen ein Held und für den Richter ein Mörder ist.

Auf der ganzen Welt offenbarten sich mir die meisten Erkenntnisse auf Märkten, an religiösen Orten und auf Friedhöfen. Es zog mich immer wieder in ihre Nähe, um wenigstens für kurze Zeit Teil des lokalen Lebens zu werden.

Der Hauptplatz von Peschawar war voller schöner tiefblauer

Halbedelsteine mit goldenen Splittern, und es schien, als kämen sie direkt aus den Erzählungen von *Tausendundeine Nacht*.

Lapislazuli ist einer der ersten Halbedelsteine, die je bearbeitet und als Schmuck verwendet wurden. Seine größten Vorkommen befinden sich in Afghanistan und sind mehr als tausend Jahre alt. Den Stein kannten schon die alten Ägypter, Griechen, Perser und Mesopotamier.

»Bitte sehr.« Ali hielt mir eine Handvoll Schmuck hin, als wir zum Auto kamen.

Ich kann nur schwer beschreiben, wie ich bin, wenn ich verwirrt bin, ich kann aber sagen, dass ich mich immer wie ein Idiot fühle. Und so war es auch jetzt.

»Wa... wawa... waas für Schmuck?«, stotterte ich, zum Teil verwundert und zum Teil ängstlich, weil ich dachte, mich wieder vor einer überfreundlichen männlichen Attacke schützen zu müssen. In der Hand hielt Ali all den Schmuck und genau jene Ohrringe, Armreifen, Halsketten und Ringe, die ich an den Ständen betrachtet und deren Schönheit ich laut bewundert hatte. Wie ich eben alles laut kommentiere, wenn ich alleine reise und mit mir selbst spreche.

»Das ist für dich. Das ist alles, was dir gefallen hat, bitte, nimm es an. Eine kleine Aufmerksamkeit für dich«, sagte er entschlossen.

Männer, die hinter ihren Worten und Taten stehen, haben einen besonderen Reiz. Zum Dank wollte ich ihn auf ein Getränk einladen.

Er lachte nur, und ich hörte, wie er wortlos sagte, bei ihnen würden nur Männer auf Getränke einladen.

Die einzige Sache, die mich verwirrte, war, wieso Ali und die meisten seiner Freunde Piloten waren. Am elften September desselben Jahres zeigte sich in New York, wieso.

Diese Erkenntnis gefiel mir ganz und gar nicht.

Kheer

Das ist ein Rezept für Frauen, die möchten, dass ihnen ihre Männer aus der Hand fressen. Bei pakistanischen Hochzeitszeremonien bekommen die Bräute ein Stück Kheer in die Hand. Der Ehemann berührt in jenem Moment zum ersten Mal (offiziell) seine Frau, indem er unter den wachsamen Augen der Familie ihre Handfläche ableckt.

Für die Verführung benötigen Sie:

1 Tasse Reis
4 Tassen Milch
1 Tasse gehackter Nüsse (am besten sind Mandeln oder Pistazien)
1/2 Tasse Zucker
1 Teelöffel Zimt

Kochen Sie den Reis in der Milch, wie ihn Ihre Mutter gekocht hat, als Sie noch in den Windeln steckten. Nehmen Sie den gekochten Reis vom Herd, geben Sie den Zucker und die Nüsse dazu, und schütten Sie alles in den Mixer. Oder auch nicht, wie es Ihnen lieber ist. Dann stellen Sie die Masse in den Kühlschrank.

Mir schmeckte die gemixte weiße Masse besser. Für alle, die keine Lust haben, den Mixer schmutzig zu machen, nur zur Information – beide Desserts sind gleich gut.

Achtung! Der himmlische Geschmack ist der Grund, wieso auch Frauen dabei erwischt wurden, wie sie ihren Männern die Hände ableckten.

Nachdem ich, eine Staubfahne hinter mir herziehend, langsam durch das glühende, trockene Belutschistan gerollt war, wo ich wieder bewaffnete Männer gesehen hatte, die Brot einkauften, begriff ich endlich, dass die Waffen unwiderruflich mit Drogen in Zusammenhang standen. Und die Leute sagten mir sicher auch aus diesem Grund, die Wüste Belutschistans sei kein unschuldiger Ort. Hier werden jährlich sechstausend Tonnen Opium umgeschlagen. Auf dem Weg vom Feld, wo der Mohn wächst, bis zu dem Ort, an dem das Produkt verkauft wird, steigt sein Preis um dreitausend Prozent.

In Belutschistan passierte mir nichts Schlimmes. Ich plauderte mit den Einheimischen, beschäftigte mich mit der Straße, fotografierte das Leben, das sich an ihr entlang entfaltete, und überlegte, was mich im nächsten Land erwarten würde. Der Iran funkelte schon am Horizont.

Zufrieden fuhr ich zur Grenze und war noch immer froh, das iranische Visum zu haben. Während die Pakistani in meinem Reisepass blätterten, wiesen sie mich darauf hin, dass mich die Nachbarn in einer Feredsche sehen wollten.

Ich öffnete die Tasche, in der sich das schwarze Kopftuch befand. Ich blickte es verächtlich an. Ich hasse Zwang. Es widerstrebte mir, es anzufassen, geschweige denn über den Kopf zu ziehen. Bei fünfundvierzig Grad brauchte ich wirklich keine zusätzliche Bekleidung, ich musste mich für nichts schämen, aber dieses verdammte Stück Stoff wartete darauf, mit mir zu verwachsen, solange ich durch den Iran reiste.

Noch immer stand ich vor der offenen Tasche und brütete über die Unannehmbarkeit dieser islamischen Gewohnheit. In keinem anderen Land beschäftigte ich mich so sehr mit der Frage, ob ich die lokalen Gesetze befolgen sollte oder nicht. Es war immer selbstverständlich. Aber die iranische Feredsche bedeutete keine freie Wahl, sie war eine Vergewaltigung.

Schweißtropfen kullerten über meine Stirn. Zur Hälfte bestimmt wegen der Hitze, zur anderen Hälfte aber wegen der qualvollen Tatsache, dass ich gezwungen war, meinen Kopf in einen Backofen zu schieben. Wegen fremder Prinzipien, wegen des Glaubens anderer und nicht aus persönlicher Überzeugung. Nein! Nicht wegen Allah und auch nicht wegen des iranischen Präsidenten oder wegen meines Angetrauten, dem es so was von egal war, ob ich auf dem Kopf unterm Helm noch etwas anderes trug.

Die Straßen waren fast leer. Hier und da flitzte ein Pkw vorbei, der einen höheren Standard vermuten ließ als in Ländern, in denen der Großteil der Menschen mit Bussen fuhr.

Nur weil die Iraner mehr Geld haben, bedeutet das noch lange nicht, dass sie bessere Fähigkeiten im Verkehr besitzen. Die meisten fatalen Unfälle im Iran werden durch ein einziges Fahrzeug verursacht, weil es entweder in einen Hügel, einen Zaun oder ein Haus gekracht, aufs Dach gekippt oder in einen Graben gefahren ist.

Jeder ist sich selbst der größte Feind.

Sosehr ich es anfangs auch dachte und mich damit tröstete, mich irgendwann an das Tragen der Feredsche zu gewöhnen – ich gewöhnte mich nicht an sie. Sie verkrunkelte sich unter meinem Helm, drückte mich, war nicht bequem und schon gar nicht schön, noch weniger brauchbar und sogar lebensgefährlich. Während der Fahrt flatterte sie hinter mir her wie eine Totenfahne, schlug gegen den Helm, wand sich um meinen Hals und verschleierte mir einige Male vollkommen die Sicht. Außerdem kündigte sie jedem Einzelnen schon aus der Ferne an, dass ich eine Frau bin.

Als ich ins erste Dorf kam, waren mindestens zwei Dutzend Männer hinter mir her. Sie rannten, winkten, brüllten und streckten ihre Hände nach mir aus. Ich weiß bis heute nicht, ob aus Begeisterung oder Feindseligkeit.

Ohne zu überlegen, drückte ich auf die Tube.

Erst weit entfernt vom Dorf blieb ich stehen, mitten in der Wüste, und nahm das lästige Flatterding ab. Meinen Haarzopf versteckte ich unterm Helm, band mir ein dünnes Tuch um den Hals und beschloss, dass mein Helm von nun an auch meine Feredsche sein würde.

Alles im Leben muss zumindest eine zweite Verwendung haben.

Der Plan bewährte sich wunderbar. Als ich wieder unter Menschen kam, öffnete ich nur das Visier und sprach. Die Anwesenden sahen mich zunächst immer an, als hätte ich gerade ihren Hund überfahren.

»Wie kann es sein, dass aus dieser männlichen Erscheinung eine so sanfte weibliche Stimme kommt? Ist das ein Mutant oder ein Betrüger?«

Im nächsten Augenblick mussten sie lachen oder fassten sich an den Kopf, und der Großteil begriff, dass vorschnelles Urteilen manchmal irreführend ist.

Die Tankstelle, wo sich lauter Mopedfahrer gegenseitig anrempelten, zankten und Schreiduelle lieferten, erreichte ich mit einem ziemlich trockenen Tank, denn ich hatte gehört, im Iran sei Benzin fast umsonst. Als ich an die Reihe kam, schob mir der Tankwart den Zapfhahn in den Tank und ging.

Ich konnte das vorsintflutliche Wunderding nicht dazu bringen aufzuhören, Unmengen an Benzin auszuspucken, deshalb rann und spritzte es unermüdlich in alle Richtungen weiter. Auf den ersten Blick schien mir, dass es fürs Geschäft ertragreicher war, wenn ich den Tank vollmachte und man noch ein bisschen was danebenlaufen ließ. Bezahlen müsste so oder so ich. Und das Benzin rann und rann.

Als ich lauthals zu schreien begann, schlurfte ein Angestellter langsam zu mir herüber und sagte, ich solle mich beruhigen.

»Beruhigen?!«

»Ich weiß nicht, wieso Sie sich so aufregen? Es ist doch nur etwas Benzin danebengeronnen, na und?« Wir sahen dieselbe Situation aus verschiedenen Perspektiven, er aus iranischer, ich aus slowenischer.

»Wie viel schulde ich Ihnen?«

»Nichts.«

»Wie viel kostet das Benzin?« Ich musste die ungewöhnliche Frage das einzige Mal in meinem Leben wiederholen, denn an allen Tankstellen der Welt wurde mir, noch bevor ich meinen Mund aufmachen konnte, gesagt, wie viel es koste. Mancherorts wurde sogar im Voraus abkassiert.

»Wenn Sie das nächste Mal hier vorbeifahren und dann reicher sind und sich ein Auto anstatt eines Motorrads leisten können, dann können Sie bezahlen.« Mit seiner gelungenen Definition von Arm und Reich brachte er mich zum Lachen. Auf diese Art könnte man doch auch noch woanders als im Iran Benzin abrechnen!

Nach Kerman fuhr ich vor allem deshalb, um den Vakil-Basar zu sehen und zu erleben, einen der größten persischen Basare in diesem Teil der Welt. Um mich durch die drei Kilometer lange Basarstraße zu drängen, die voll war mit Händlern und Verkäufern von Teppichen, Pistazien, bedruckten Baumwollstoffen und anderen traditionellen Kleidern, Gewürzen, Koranbüchern und aus Holz geschnitzten Ständern für ebendiese, Datteln und allem möglichen Kram aus Plastik, brauchte ich den ganzen Tag.

Ich dachte, ich hätte mich im indischen Verkehr schon an alles gewöhnt, bis ich nach Kerman kam und sah, wie im städtischen Treiben ein Auto vor mir einen Menschen überfuhr. Der Unglückliche wurde über das Dach direkt vor mein Bike geschleudert.

An solche Sachen werde ich mich wohl nie gewöhnen, weshalb ich auch immer wieder aufs Neue erschüttert war. Ich erholte mich erst, nachdem ich zwei Tage lang über den Basar flaniert war, Zeit mit Jugendlichen verbracht hatte und mich somit wieder beruhigte.

Viele blieben stehen und wollten sich mit mir unterhalten. Neugierig und offen traten sie mit mir in Kontakt und stellten mir viele Fragen. Ihr größtes Interesse galt den USA, denn dort wollen alle hin.

Wenn nicht die Iranerinnen die Revolution gegen den Tschador beginnen werden, wird das niemand tun. Denn die Frauen im Iran sind gebildet, belesen, weltoffen und selbstständiger als in anderen Teilen der islamischen Welt. Sie denken mit ihrem eigenen Kopf und sind selbstbewusster als andere Muslima.

In Isfahan vertiefte ich mich in eine lange und interessante Unterhaltung mit Studentinnen der Literaturwissenschaft, die zu Hafes' Grabmal kamen, um ihn zu rezitieren. Bevor dieser Dichter seine eigenen Werke vortrug, konnte er schon den ganzen Koran auswendig aufsagen. Sechshundertfünfzig Jahre ist er nun schon unter der Erde, aber er schlägt in konservativen Kreisen noch immer Wellen und begeistert die Liberaleren. Ganze Massen Jugendlicher sind ihm zugetan, die seinen Romantizismus bewundern und sich das Recht nehmen, Emotionen zu zeigen. In keinem anderen islamischen Land habe ich so viele junge Paare Hand in Hand spazieren gehen gesehen.

Einige iranische Gesetze irritieren mich aber nach wie vor, nach denen auch Kinder mit dem Tod bestraft werden können. Mädchen vom neunten, Jungen vom fünfzehnten Lebensjahr an.

Die zivilisierte Welt und die Zeit, in der wir leben, schreien nach Veränderungen.

Könige der Straße

Damit ich den Betsaal der Vakil-Moschee in Schiraz betreten konnte, musste ich mir einen ausgeliehenen Tschador überziehen. Die Feredsche und die weite Bekleidung sowie die bis auf Handflächen und Gesicht zur Gänze bedeckte Haut reichten nicht aus. Ich musste durch ein Seitentor eintreten. Das Haupttor ist nur für Männer. In der Moschee war es trotz der großen Zahl an Menschen sehr ruhig. Es war mitten am Tag, und die meisten kamen, um sich auszuruhen. Die stickige Hitze drückte auf die ruhige Atmosphäre. Durch die perforierte Wand sah ich, dass über den Männern sechs Ventilatoren surrten, über den Frauen aber drehte sich nur ein einziger.

Anscheinend wissen alle, dass wir Frauen mehr ertragen.

Der Großteil der Moschee war, wie soll es anders sein, für Männer. Wir Frauen drängten uns in einem kleineren Raum mit einem dünneren Teppich, auf dem Mütter ihre Kinder wickelten, stillten und besänftigten. Viele schliefen. In einer Moschee zu liegen ist keine Sünde. Lediglich die Fußsohlen dürfen nicht in Richtung Mekka zeigen, weil sich das nicht geziemt.

Noch nie zuvor hatte ich so viele Interpretationen eines einzigen Textes gehört wie beim Koran. Ich spielte ihn mir auf den Rechner, und abends las ich, was die heilige Schrift sagt, wenn sie von einem slowenischen Kopf interpretiert wird.

Ich fand nichts über die Diskriminierung, die ich bei jedem einzelnen Schritt erlebte, auch nicht, wieso in islamischen Ländern so viele Dinge anders erscheinen als bei uns. Schönheit ist Sünde. Die Zurschaustellung auch. Aber nur für Frauen. Männer dürfen gaffen. Das durfte ich am eigenen Leib erfahren. Die Hauptstraßen sind voller Modeboutiquen. Wie bei uns, nur dass in ihnen Männerbekleidung verkauft wird. Ich habe nie verstanden, wieso

Frauen in den heißen Wüsten daran festhalten, sich unter den schwarzen Hüllen zu quälen, an die sich die Sonne noch mehr heftet, und wieso die weiße Farbe ausschließlich Männern vorbehalten ist.

Während ich die Straße entlangspazierte, folgte mir ein Mann mehrere Kilometer und stundenlang. Er verfolgte mich auf Schritt und Tritt. Wenn ich stehen blieb, blieb auch er stehen, wenn ich fotografierte, wartete er nicht weit entfernt. Wenn ich auf der Straße mit einem Obstverkäufer sprach, zappelte er auf der anderen Straßenseite herum, trat von einem Fuß auf den anderen und wollte endlich weitergehen.

Es war die Zeit, als die meisten zu Mittag aßen und sich nach dem Essen ausruhten. Auf den Straßen waren wenige Menschen, noch weniger als sonst. Ich deutete dem Verfolger einige Male höflich an zu verschwinden, aber er blickte mich nur leer an. Höchstwahrscheinlich verstand er mich nicht, er hätte zwar begreifen können, was ich wollte, tat es aber nicht. Alle paar Schritte drehte ich mich um und war bereit, etwas zu unternehmen, bevor er sich an mein Hinterteil hängte.

Ein Junge kam hinter ihm her. Als ich mich das nächste Mal umdrehte, sah ich, wie der Rotzlöffel den Verfolger ausraubte. Er zog ihm sein Geld aus den Hosentaschen, der Mann aber zappelte nur, jammerte und weinte. Ich begriff, dass er geistig behindert war.

Der Bengel lief davon. In die falsche Richtung, nämlich in meine. Ich versperrte ihm den Weg, packte ihn unsanft und begann zu schreien wie am Spieß. Er war so verdutzt, dass er vergaß, sich zu wehren.

Ich hörte erst auf zu brüllen, als drei Männer hinzukamen. Ich verlangte, dass der Ganove das Geld zurückgab. Sie entrissen ihn mir, warfen ihn zu Boden und verprügelten ihn wie einen Hund.

Ich denke, das Bürschchen hat an jenem Tag zum letzten Mal gestohlen.

Der Verfolger aber war spurlos verschwunden.

Das Leben hinter der Haustür

Die Iraner sind neben den Serben die absoluten Stars der Gastfreundschaft. Wenn ich stehen blieb und nach einer Unterkunft Ausschau hielt, bekam ich üblicherweise jede Menge Einladungen. Es gibt nichts Besseres, als ein iranisches Zuhause mit den Augen einer Frau zu sehen. Wenn ich ein Mann wäre, hätte ich hinter der Tür nicht mehr zu sehen bekommen als in der Öffentlichkeit: Die Frauen wären noch immer geheimnisvoll verhüllt gewesen und hätten nicht den kleinsten Flicken Stoff vom Körper genommen. So enthüllte sich mir innerhalb der vier Wände aber eine vollkommen neue Welt.

Sobald der Schlüssel in der Tür umgedreht wurde, flogen die Tschadors, dass es eine Freude war. Die Männer fingen und hoben sie meist auf, während die Frauen herrschaftlich auf ihrem Territorium umherflitzten. Es war eindeutig, dass sie zu Hause das Sagen hatten. Und sollte der Mann ein noch so angesehener Doktor der Wissenschaften sein und sollten ihn die Nachbarn und Bekannten noch so respektieren, daheim hatte die Frau die Hosen an.

Und was für welche! Solche sexy Schnitte haben Sie noch nie gesehen. Von den Ausschnitten und der Spitzenunterwäsche, die dort ans Tageslicht drängte, gar nicht erst zu reden.

Die Kinder wurden sehr liebevoll erzogen, und ich hatte das Gefühl, dass Iranerinnen sehr ergebene Mütter sind. Unter den Familienmitgliedern herrschte viel Respekt. Auch hinter verschlossenen Türen gingen sie miteinander nicht weniger respektvoll um als auf der Straße. Nur die Frauen sprachen mehr und gaben den Rhythmus des Lebens und des Geschehens unterm heimischen Dach vor. Den Großteil des Tages kümmerten sie sich um die Familie, putzten, kochten, kontrollierten die Hausaufgaben und alle anderen Tätigkeiten der Kinder. Wenn Nachwuchs und Mann an den Nachmittagen außer Haus waren, lasen sie neugierig und wissenshungrig Bücher, lernten und erweiterten ihren Horizont.

Ich konnte mich aber nie vollkommen in die Haut einer Muslima versetzen. Immer wieder vergaß ich, dass ich mich vor dem Verlassen des Hauses verhüllen musste, und lief einige Male mit unbedecktem Kopf auf die Straße. Sie können sich gar nicht vorstellen, was für eine Panik das auslöste! Sie kamen mit einem Tschador hinter mir hergerannt und hängten ihn mir über den Kopf, sodass ich für einen Moment aussah wie ein Sack Kartoffeln.

Wenn Sie glauben, unsere Polizei greife manchmal zu hart durch, müssen Sie mal in den Iran gehen, um dort die Religionspolizei zu erleben. Es ist ein Kreuz mit denen!! Die Einheimischen fürchten sie so, dass kaum jemand den Mut hat, etwas über sie zu sagen. Wenn aber doch, hörte ich im Großen und Ganzen niemanden, der auch nur ein halbes freundliches Wort über sie verloren hätte.

Das beste Zuhause im Iran fand ich in Rafsandschan, wo beim Abschied Tränen flossen. Davor wurden wir Freunde, wie man nur mit den herzlichsten Menschen befreundet sein kann. Die Brüder Mohammad und Ahmad lebten vom Pistazienanbau und ihrem Ingenieurwissen, das sie sich während des Studiums in England angeeignet hatten.

Wenn man den Reichtum eines persischen Hauses an der Anzahl der Teppiche erkennt, dann waren die beiden Brüder richtige Magnaten. Im zweigeschossigen Haus, in dem fünf Menschen wohnten, zählte ich vierundfünfzig Teppiche. Man erzählte mir, dass die Armen nur einen Teppich im Raum und diejenigen, die etwas mehr Wert auf ihr persisches Ansehen legen würden, auch zwei gleiche Teppiche hätten. Für sie haben Teppiche einen höheren Stellenwert als alle anderen Einrichtungsgegenstände und Möbel, deshalb wird nur in Ausnahmefällen ein Tisch oder Stuhl daraufgestellt.

Marginales muss am Rand stehen.

Der Höhepunkt meines Aufenthaltes bei den Brüdern war das letzte gemeinsame Abendessen. Seitdem weiß ich auch, dass iranische Freundschaften länger währen als amerikanische. Vielleicht deshalb, weil ich noch immer unter ihnen weile: Ahmad ließ ein Bild, das mich auf dem Bike zeigt, als Teppich knüpfen.

Auf der großen Terrasse unter dem dunklen Sternenhimmel breiteten sie einen blau-weißen Perserteppich aus und warteten mit Unmengen an vorzüglichem Essen auf. Unvergessliche Gaumenfreuden! Man fühlt sich wie ein kleiner Gott, wenn man Reis serviert bekommt, der einen halben Tag lang zubereitet wurde.

Liebesreis

Auf der Reise aß ich von keinem anderen Lebensmittel mehr als vom Reis. Je länger ich ihn aß, desto begeisterter war ich von ihm. Nachdem ich nach Hause zurückgekehrt war, sahen meine Töpfe nur noch Reis. Liebe in tausendundeiner Variation.

Das ist ein Rezept für den besten Reis der Welt. Kein Wunder, denn für die Zubereitung braucht man idealerweise sieben Stunden. Die Rezeptur habe ich an die westliche Habgier nach Zeit angepasst. Planen Sie für den Versuch trotzdem eine Stunde und ein paar Minuten ein.

Bevor Sie den Reis waschen, waschen Sie Ihre Hände. Dies in der von Ihnen bevorzugten Temperatur, der Reis aber muss in kaltem Wasser schwimmen. Um Gottes willen, schubsen Sie ihn nicht so herum, und seien Sie sanft zu den Körnern! Etwas mehr Gefühl, wenn ich bitten darf, damit Sie die Schalen nicht verletzen.

Wenn er gewaschen ist, weichen Sie ihn für vier bis sechs Stunden in lauwarmem Wasser ein. Wenn Sie für diesen Luxus zu schnell leben, helfen Sie sich mit heißem Wasser, und weichen Sie ihn nur für eine Stunde ein. Wenn er eingeweicht ist, gießen Sie das Wasser vorsichtig ab, und vergessen Sie nicht, dass Herumstochern verboten ist.

Bringen Sie viel mehr Wasser, als Sie Reis haben (10 cl pro Person), zum Kochen, mischen Sie vier Löffel Salz bei, und schütten Sie den Reis vorsichtig in das kochende Wasser. Kochen Sie ihn auf hoher Stufe fünf bis zehn Minuten ohne Deckel, und schöpfen Sie den weißen Schaum ab, der ansonsten die Körner verkleben würde.

Wenn Sie in Versuchung kommen sollten, den Reis durchzurühren, wird Ihnen sofort die Hand abfallen. Nehmen Sie ab und zu ein Korn aus dem Topf, und zerdrücken Sie es zwischen den Fingern. Wenn es durch ist, wird es wie eine Teigkugel auseinandergehen, ohne zu zerfallen. Seihen Sie den Reis ab, und übergießen Sie ihn mit kaltem Wasser. Bleiben Sie vorsichtig, und lassen Sie sich nicht in Versuchung führen umzurühren.

Geben Sie so viel Öl in eine Schüssel, dass der Boden bedeckt ist. Darauf legen Sie die rohen gesalzenen Kartoffeln, die Sie vorher in einen Zentimeter dicke Scheiben geschnitten haben. Scheibe neben Scheibe. Schütten Sie den Reis darüber, aber streichen Sie ihn nicht glatt. Auf den Reis geben Sie je einen Löffel Öl pro Portion und zehn Zentiliter Wasser.

Decken Sie den Topf mit einem Schwammdeckel zu. Sie wissen nicht, was ein Schwammdeckel ist? Im Iran gibt es in jeder Küche

Schaumgummi mit einem Frotteeüberzug, das auf den Topf gelegt wird, bevor der normale Deckel darauf kommt. Der Schwammdeckel soll weich und einige Zentimeter dicker sein als der harte Topfdeckel.

Kochen Sie den Reis bei starker Hitze, bis Dampf aus dem Topf steigt (ungefähr zwei Minuten), reduzieren Sie dann die Hitze auf die niedrigste Stufe, und kochen Sie alles für weitere vierzig bis fünfundvierzig Minuten.

Heben Sie in der Zwischenzeit den Deckel nicht, und vergessen Sie nicht das Geheimnis, dass man Reis sanft, respektvoll und niemals ohne Grund berühren sollte.

In Sicherheit vor sich selbst

Nach zwei Jahren meiner Erkundungstour durch Asien war es schon zur Normalität für mich geworden, eine Straßenattraktion zu sein, dass mich Fahrer anhupten, mir zuwinkten, mich überholten und sich dann bemühten, mich so lange wie möglich im Blick zu behalten.

Wo Geld ist, sind auch Straßen. Gute Straßen! In den Vereinigten Arabischen Emiraten, die sich in knapp drei Jahrzehnten aus Wüstenoasen in ein fortschrittliches Land entwickelt haben, verlaufen zwischen Palmenalleen glatt gebügelte breite Asphaltstraßen, die von hohen Gehsteigen und Straßenlaternen gesäumt werden.

Die Araber sind nicht auf den Kopf gefallen. Und solche Menschen haben meist Glück. Das Erdöl brachte den Reichtum. Mit ihm wurden auch kluge Köpfe importiert. Die Schlüsselangelegenheiten in den Emiraten werden von europäischen Experten verwaltet. Die reichen Einheimischen haben nur die Kontrolle inne.

Die meisten Taxifahrer und andere Berufsfahrer hatten indische Gesichter, aber sie fuhren ausgesprochen gut und ziemlich vorsichtig. Die Araber haben somit bewiesen, dass man auch den Menschen vom Subkontinent beibringen kann, wie man sich im Verkehr verhält.

Bis dahin hatte ich den Eindruck gehabt, ich sei eine anständige Reisende, aber in Dubai, wo ich vor dem Hotel weggejagt wurde, kamen Zweifel in mir auf.

Es stimmt schon, dass ich vom *Burj Al Aarab* gehört hatte, es habe sieben Sterne. Ohne Übertreibung hat es dann fünf. Doch die Zimmer sind so teuer, als hätte es zehn. Angeblich ist es noch immer das teuerste Hotel der Welt. Ich wurde nicht einmal in seine Nähe gelassen.

»Nicht einmal bis zur Tür?«

»Nein«, wies mich der unterkühlte Wächter noch vor der Brücke, die zum Hotel führt, schroff zurecht.

Sein eisiger Auftritt wäre nützlich gewesen, wenn er die höllische Hitze um ein paar Grad gesenkt hätte. Das Quecksilber auf meinem präzisen Thermometer, das mir als Schlüsselanhänger diente, zeigte fünfundfünfzig Grad Celsius. Trotzdem berichteten die Medien von nur neunundvierzig.

In der Jugendherberge, in der ich übernachtete, erzählte man mir, dass es sich hierbei um eine wirtschaftspolitische Wetterregie handele. Wenn es mehr als fünfzig Grad habe, dürften die Leute der Arbeit nämlich fernbleiben.

Vor meiner vorübergehenden Unterkunft in den Emiraten erstreckte sich ein großer Parkplatz, und dahinter erhob sich eine große Moschee, die jeden Morgen kurz nach vier zum ersten Gebet erwachte. Es folgten weitere Gebete mitten am Tag, später noch einmal am Nachmittag, bei Sonnenuntergang und bevor wir schlafen gingen.

Diejenigen, die regelmäßig in die Moschee gehen, haben keine Zeit zu arbeiten. All jene aber, die gezwungen sind, sich mehr mit der Arbeit als mit Allah zu beschäftigen, findet man oft auf den Straßen oder in Büroecken, wo sie ihre Gebetsteppiche ausrollen, sich auf den Boden werfen und beten.

An der Rezeption wurde ich sofort nach meiner Ankunft gefragt, wo denn mein Mann sei. Höflich erklärte ich, er sei draußen auf dem Parkplatz. Die Hochzeit mit meinem Bike in Pakistan half mir öfter, nicht lügen zu müssen. Der Ring an der linken Hand war ein Zeichen, das auch die Araber bemerkten. Ein Mann in diesem Teil der Welt war ein vitaler Bestandteil des Gepäcks, das man aus religiösen und moralischen Gründen immer mit sich schleppen musste.

Mein Zimmer war ein richtiges Mekka für eine erholungsbedürftige Bikerin, denn ich bekam es inklusive des restlichen Frauengeschosses, weil ich der einzige Nichtmann im ganzen Haus war.

Ein bisschen Starglamour auf islamische Art.

Dubai ist der einzige Ort in der arabischen Welt, wo Tschadors und Miniröcke zur selben Zeit durch dieselbe Straße spazieren getragen werden. Beide schwingen auf dem gleichen Gehsteig hin und her und streifen sich nur oberflächlich. Die Männer aber schauen genauer hin.

In jener Region gibt es noch immer so viele konservative Frauen wie Sand in der Wüste. Mit einer solchen plauderte ich in einer klimatisierten Boutique eines großen Einkaufszentrums, das tagsüber, wenn draußen die Sonne erbarmungslos vom Himmel brannte, der angenehmste Ort war, um die Verschiedenheit des arabischen Universums zu erforschen.

Die Verkäuferin erzählte mir, Feredsches und Tschadors seien nützliche Dinge, weil sie den Frauen Sicherheit garantierten.

»Was für eine Sicherheit und wovor?«

»Vor den Männern«, erklärte sie mir.

»Und wie können Sie mit einem Menschen leben, der gefährlich ist?«

»Vor meinem Mann ziehe ich mich schon aus, aber am besten ist es, wenn kein Licht an ist.«

»Nein, ich meine, wie können Sie mit einem Mann leben, der eine Gefahr für andere Frauen ist? Sie bedecken sich wegen der anderen Männer, aber die anderen Frauen verstecken sich doch vor Ihrem Mann, weil sie sich, so wie Sie, nicht sicher fühlen.«

Damit war die Diskussion beendet.

Wenn sie schon vierzig Jahre dafür gebraucht hat, überhaupt ansatzweise darüber nachzudenken, dann wird bis zu einer neuen Erkenntnis noch viel Regen in der Wüste fallen müssen.

Ein unmoralisches Angebot

Es war an einem Samstagnachmittag, wenn alle, die freitags zum Gebet gehen, den Tag des Herrn feiern. Der Verkehr war ziemlich dicht, aber die Fahrt war trotzdem ein Genuss. Es war zwar immer noch heiß, aber da die Temperatur von fünfzig auf vierzig Grad gefallen war, schien es mir, als hätte jemand die Heizung ausgemacht.

Bevor ich in die arabische Welt eingetaucht war, hatte ich gedacht, Kälte sei eine unangenehme Sache, die das Gesicht einfrieren lässt und fürchterlich schmerzhaft ist. Doch dort erlebte ich eine Mordshitze, die schmerzhafter als die schlimmste Kälte war.

Auf den Straßen waren die besten europäischen Automarken in der Überzahl. Auf der Nebenspur fuhr ein schwarzer Mercedes mit verdunkelten Scheiben, den ich gar nicht bemerkt hätte, wenn der

Fahrer an einer Kreuzung, an der die Ampel auf Rot stand, nicht das Fenster heruntergekurbelt und mich gefragt hätte, woher ich sei.

Ich antwortete wie schon so oft davor. Und noch oft danach.

An der nächsten Kreuzung standen wir wieder nebeneinander. Wer weiß schon, wieso sich die Araber wie Könige fühlen, ob wegen der schwarzen *Agal*, die sie wie eine Krone auf dem Kopf tragen, oder wegen etwas anderem. Jedenfalls kommentierte der Herr in der schneeweißen gebügelten traditionellen *Dishdasha* mein Bike. Aber ich muss zugeben, mitten im Verkehr kann man sich sehr schlecht unterhalten.

Vor der dritten Ampel war ich mir nicht sicher, ob ich da gerade gehört hatte, dass er meine Haare und meinen Körper lobte. Es kam mir sehr unwahrscheinlich und unsittlich vor, dass er in Anwesenheit der Frau, die neben ihm auf dem Beifahrersitz saß, so etwas schwafeln würde.

Aber Männer schaffen es, mich immer wieder aufs Neue zu überraschen.

Beim nächsten Warten auf Grün beugte sich der Mercedes-Fahrer, ein fetter Typ mit kurz geschnittenem Bärtchen, aus dem Fenster und schlug mir vor, es ihm zu besorgen.

»Was besorgen?!«

»Liebe.«

»Fuck off!« Ich hatte für solche Angebote immer wieder zu wenig Geduld.

Klar, der Araber drehte total durch. Gott sei Dank schaltete die Ampel auf Grün. Er raste hinter mir her, und als wir wieder nebeneinanderfuhren, bewarf er mich mit den ganzen Mittagessensresten von McDonald's, die in seinem Auto herumlagen, inklusive eines halb leeren Cola-Bechers. Er war fest entschlossen, mich von der Straße zu drängen.

Als er plötzlich ruckartig von einem Fahrstreifen auf den anderen wechselte, nahm auch ich den Kampf auf. Es gibt nichts Besseres als ein wendiges Motorrad. Das Rennen war verbissen, und je mehr ich erwartete, er würde aufgeben, desto wilder wurde er und drohte mir mit den Fäusten.

Ich fuhr nach links und blieb dort. Fuchsteufelswild raste er hinter mir her und hätte mich glatt überfahren, wenn ich nicht nach rechts zwischen die Autos gesaust wäre, die ihm den Weg versperrten. Bei der erstbesten Ausfahrt nahm ich ihnen die Vorfahrt und verirrte mich in die schmalen Gassen, wo ich endlich aufatmen konnte.

Nach solchen Übergriffen und Ausfällen stellt sich bei mir die gute Meinung über Männer nur schwer wieder ein. Sagen Sie nicht, ich sei eine Feministin – ich bin keine! Aber solange ich Zielscheibe oder Zeugin solch eines Benehmens gegenüber Frauen sein werde, werde ich weiterhin die Ansicht vertreten, dass wir Frauen zweifelsfrei das kultiviertere Geschlecht sind.

Wenn Ehrliche stehlen

Die Reise durch den Oman war richtig beruhigend. Abgeschiedene Wege kennenzulernen, verlassene Oasen zu suchen, der morgendlichen Stille zwischen Sanddünen zu lauschen und die Luft unter dem klaren nächtlichen Sternenhimmel einzuatmen brachte mir den Zauber der märchenhaften, verträumten arabischen Welt näher.

Das Land lebte am Morgen, tagsüber schien es, als lebten hier keine hundert Menschen. Aber dennoch sind sie da! Fast drei Millionen. Tagsüber verkrochen sich alle in den Schatten, sogar Hunde und Kamele, und abends guckten sogar wieder die Menschen aus ihren Behausungen.

Das Stahlross tagsüber zu reiten war wirklich eine qualvolle Angelegenheit, deshalb fing ich an, zwischen vier und fünf aufzustehen, als die ersten und glühendsten Gläubigen auf ihre Knie fielen, sich in Richtung Mekka drehten und den ersten Gruß des Tages an Allah richteten. Bei dreißig Grad war das Leben noch einigermaßen erträglich.

In der Hauptstadt Maskat ließ ich mein Bike über Nacht einfach auf der Straße stehen. Obwohl ich das üblicherweise nicht tat, verließ ich mich im Oman auf das Abschreckungspotenzial des alten islamischen Gesetzes, nach dem Dieben die Hände abgehackt werden.

Im alten Stadtkern, wo sich die Eingänge zu den Steinhäusern zwischen schmalen Gassen und Durchgängen versteckten, fiel ich, sobald ich das Bett erblickte, rücklings unter den Ventilator und schlief für einige Stunden wie ein Stein. Mitten in der Nacht aufzustehen, mich auszuziehen und zu waschen ging mir zwar etwas gegen den Strich, aber irgendwie überkam mich eine sonderbare Paranoia, dass ich nach meinem Motorrad sehen sollte. Ich hatte mein ganzes Gepäck dort gelassen, aber kurz nach Mitternacht schleppte ich es doch noch über die steilen Treppen ins dritte Geschoss.

Gegen Gefühle hatte ich schon längst aufgehört anzukämpfen. Ich tat für gewöhnlich das, was mir das Universum befahl. Denn ohne meine Fotoausrüstung und meinen Laptop könnte ich nicht mehr leben.

Die Nacht war kurz, zu kurz. Kurz vor fünf bezahlte ich mein Zimmer, packte meine Sachen und ging zum Bike. Unter der Straßenlaterne erwartete mich ein Trümmerhaufen.

Das Motorrad war in einem solchen Zustand, dass mich fast der Schlag getroffen hätte: aufgebrochene Schlösser, eine zerrissene Plane, kaputte Reißverschlüsse an den Seitentaschen, alles, was ich in den verschlossenen Boxen gelassen hatte, lag verstreut auf dem Boden: Medikamente, Dokumente, Kleider, Werkzeug, Bücher, Batterien, Ölfilter und meine Tagebücher.

Nur das Stativ war verschwunden. Allah sei mit ihm!

Den Dieb sah ich nirgendwo, aber ich konnte ihn mir so richtig gut vorstellen. Er war jung, zwischen zwanzig und dreißig, und trug sicher keinen Tschador.

Moto Papa und Mama

Elroy ist wirklich mein Typ Mann. Wir haben den gleichen Geschmack für Bikes und Frauen. Wenn ich das wäre, was ich nicht bin, würde ich die heiraten, die er geheiratet hat. So aber wurde Mandy eine meiner besten Freundinnen und einer jener Menschen, die ich in meinem Leben am meisten vermisse.

Am Flughafen erwartete mich eine fröhliche Familie mit einem großen Blumenstrauß. Für solche Momente zahlt es sich aus, weiter als nur um die Welt zu reisen.

Mandy und Elroy hatten in meinem Alter schon zwei fabelhafte Kinder, die von Motorrädern total begeistert waren und auf sonntäglichen Ausflügen am liebsten auf den Rücksitzen ihrer Eltern herumhingen. Wenn ich einmal eine Familie haben sollte, dann erwarten sie ähnliche Sonntage, die aber meinetwegen jeden Tag stattfinden könnten.

Das Bike befreiten wir innerhalb weniger Minuten aus den Klauen des Zolls. Ich liebe tüchtige Beamte.

Johannesburg, die bewegte Dreimillionenstadt im Süden des afrikanischen Kontinents, war kein freundlicher Ort. Elroy nahm sich lieber Urlaub, als mir zu erlauben, das Visum für Botswana auf eigene Faust zu holen. Obwohl er ein ausgesprochen seriöser

Mann ist, der konsequent alle Gesetze befolgt, ignorierte er im Stadtzentrum alle roten Ampeln, und obwohl er sehr friedfertig ist, lenkte er mit der einen Hand und hatte die andere am gespannten Hahn. Aber nicht dem aus dem Hühnerstall.

Die Gesichter, die uns anstarrten, erzählten mir, wieso. Obwohl ich mich anfangs gegen seine Gesellschaft gewehrt und gedacht hatte, ich könne das alles alleine schaffen, war es nun vollkommen in Ordnung, dass er darauf bestanden hatte, einen Tag lang mein Leibwächter zu sein.

Das Ende der Apartheid brachte eine neue Freiheit. Der einst gepflegte Stadtkern ist zu einem gefährlichen Ort verkommen, den die meisten Besucher und Einheimischen meiden. Die größte südafrikanische Stadt pendelt nah am Abgrund zwischen Arm und Reich und versinkt in Kriminalität, Elend und den Folgen der modernen Pest.

Die Wochenenden sind im Baragwanath-Krankenhaus, der größten Klinik der Welt, das im Schwarzenviertel Soweto liegt, blutig wie im Frontlazarett. Die ganze Nacht über werden Angeschossene, Niedergestochene und Verprügelte eingeliefert. Kein Wunder in einer Stadt voller verwaister Kinder, die mit verkümmerten Wertvorstellungen auf zugigen Straßen und in dunklen Seitengassen aufwachsen.

Nach einigen Tagen Visasammeln, einem Stopp beim Mechaniker und einer kurzen Gewöhnungsphase an den letzten Kontinent wurden wir eine Familie. Zwischen Mandy und Elroy sowie Amy und Johnatan spielte ich manchmal die Eltern- und manchmal die Kinderrolle.

Zu Johnatans elftem Geburtstag beschossen wir uns wie die Wahnsinnigen. Mit Farbe natürlich. Was für ein Spaß! Kein Wunder, dass sich Eltern und Kinder gut verstehen, wenn Erstere kindische Züge aufweisen. Und fast hätten Amy und ich das Zimmer, das sie mir für die vorübergehende Benutzung abgetreten hatte, abgefackelt. Wir hatten nämlich Ohrenkerzen angezündet und konnten noch gerade rechtzeitig verhindern, dass das Stroh in Amys Kopf Feuer fing. War ein Witz! Amy war ein außerordentlich braves, kluges und nach Bikes verrücktes Mädchen. Deshalb bekam sie auch den Spitznamen Bikey, den sie noch heute hat.

Auf der ganzen Reise habe ich mich mit niemandem mehr unterhalten als mit Mandy. Wir saßen bis vier Uhr früh und plauderten über Gott und die Welt. In einer jener Nächte beschloss sie, mit mir zu kommen. Dann wiederholte sich der mir schon bekannte Film: kein Motorrad, keine Erfahrungen, aber ein eiserner Wille. Nach drei Monaten teilte sie mir mit, sie sei so weit.

Sie war die Einzige, die ihr eigenes Dasein nicht mit Kommentaren beklagte, wie glücklich ich doch sei, weil ich reisen könne. Sie nahm sich die Zeit und versuchte wie ich zu leben. Unsere gemeinsame Woche waren die schmerzhaftesten sieben Tage auf meinem langen Weg. Mandy erzählte ununterbrochen geniale Witze, weshalb es auch kein Wunder war, dass ich eine Woche lang einen Lachkrampf nach dem anderen hatte, bis mir der Bauch wehtat.

Nächtliche Aufregung

Mit fünf und acht Jahren schickten Mandy und Elroy ihren Nachwuchs in einen Kurs: in keinen Gesangskurs, sondern in einen Schießkurs. Ich höre schon, wie Sie seufzen und sich fragen, wieso denn bloß? Bevor Sie anfangen, sich aufzuregen, sage ich Ihnen, dass jährlich jeder hundertste Stadtbewohner in Johannesburg einen bewaffneten Überfall erlebt. Obwohl ich mit vielen Menschen gesprochen habe, traf ich niemanden, der damit keine persönliche Erfahrung gemacht hatte.

Für die Südafrikaner ist der richtige Umgang mit Waffen also überlebensnotwendig. Er wird Kindern aus demselben Grund beigebracht, wie wir ihnen bei uns das Überqueren der Straße beibringen. Wenn Gefahr im Verzug ist, müssen sie darauf vorbereitet sein.

Obwohl die Familie meiner neuen Freunde in einem relativ sicheren Stadtteil lebte, hatte sie jedes Jahr mindestens zweimal Einbrecher im Haus. Diese Menschen neigten nicht zu Übertreibungen, aber sie befolgten für uns extrem unübliche Regeln. Wenn zum Beispiel einer von ihnen mit dem Auto nach Hause kam, fuhr er so lange durch die Nachbarschaft, bis jemand aus dem Haus das Gittertor öffnete und er mit dem Auto schnurstracks in die Garage fahren konnte.

Stehende Autos sind nämlich die Lieblingsbeute von Räubern.

In einer Nacht plauderten wir wieder bis in die Morgenstunden. Kurz nachdem wir uns alle in unsere Betten verzogen hatten und in Träume versunken waren, krachte es in meinem Zimmer fürchterlich.

Starr wie eine Mumie blieb ich liegen, ich traute mich lediglich, die Augen zu öffnen und zum Fenster zu sehen. Im Mondschein sah ich draußen etwas Rundes, das sich bewegte, und mein Atem stockte.

Im nächsten Augenblick durchbrach der Lärm abermals die Stille.

Diesmal ging die Tür ruckartig auf. Ich hörte, wie Waffen durchgeladen wurden, und als jemand das Licht anmachte, drängten sich der Papa in Unterhosen und mit Pistole, die Mama mit ihrem eigenen Kaliber und zwei kleine Pyjamas in der Tür.

Unsere Blicke richteten sich alle nach draußen auf das Fensterbrett, wo eine ziemlich verwirrte und verängstigte Mieze stand. Das einen Spalt weit geöffnete Fenster war jede Nacht der Weg in ihre Freiheit. Aber man hatte vergessen, mir das zu sagen, und in dieser Nacht war mir so fürchterlich kalt gewesen, dass ich es geschlossen hatte.

Über diese Geschichte müssen wir nun schon seit Jahren lachen. Sie erinnert uns immer daran, wie es so ist, wenn man sich fast in die Hose macht. Sei es in die Unterhose oder in die Pyjamahose.

Auch die Großen und Starken müssen sterben

Nein, ich hatte nicht erwartet, dass die Welt sich während meiner Reise aufhören würde zu drehen, aber dass der Teufel Menschen und Dinge mit einer solchen Gefräßigkeit an sich reißen würde, auch nicht. Seit ich von zu Hause weggegangen war, hatte ich meine Großeltern verloren, meine liebe Freundin Branka war verstorben, und ein weiterer Freund und meine Mitschülerin Mateja hatten sich ebenfalls verabschiedet. Das war einfach zu viel für mich.

Später bekam ich noch die Nachricht, mein Hauptsponsor sei verschieden, der mir das Motorrad besorgt und mir statt Geld immer Reserveteile geschickt, sich um die Registrierung und das Carnet gekümmert und mich immer wieder mit guter Laune versorgt hatte.

Für alles andere sorgte ich selbst mit den Honoraren, die mir niemand überwies, und den Ersparnissen, die schon längst aufgebraucht waren.

Als ich die Nachricht bekam, hielt ich mich im untersten Teil des afrikanischen Kontinents auf. Meine Welt geriet ordentlich aus den Fugen. Ich hatte nicht die geringste Ahnung, wie es weitergehen sollte. Ich wusste nur, dass ich nicht aufgeben würde.

Wo ein Wille ist, da ist auch Kraft.

Zuerst verfluchte ich die halbe Welt, dann verfiel ich in hysterisches Heulen, doch schlussendlich sammelte ich doch noch meine Gedanken und machte einen Plan, ging ins Internet und verschickte ein paar Nachrichten.

Wie schon unser alter Bekannter aus Brasilien geschrieben hat: »*Wenn du etwas ganz fest willst, dann wird das gesamte Universum dazu beitragen, dass du es auch erreichst.*«

Und das Universum regte sich. Der Direktor von BMW Südafrika sagte zu, dass er mich mit Ersatzteilen versorgen werde, Freunde kamen zu Hilfe, und Unbekannte organisierten sich ganz selbstständig und verschönerten mir nicht nur den Tag, sondern stärkten mein Vertrauen in Menschen, die ich (noch) nicht kenne.

13. November 2001 um 18:36 Uhr | **Climber**
Ich übermittle euch die Nachricht, die ich von Benka bekommen habe. Der Großteil kennt sie bestimmt, wenn nicht, schaut auf ihre Homepage.

An meine Freunde, Bekannten, Fans und Unterstützer
Die letzten Nachrichten aus meiner Welt sind entmutigend. Nach viereinhalb Jahren wurde meine Welt erschüttert, stärker, als ich es jemals für möglich gehalten hätte. Nach einer ausgezeichneten Zusammenarbeit mit dem Autohaus Tehnounion Avto, dem Hauptsponsor meiner Reise, waren wir gezwungen, uns zu trennen. Alle hatten Angst um mich, ich aber vergaß, Angst um sie zu haben. Zum Teufel!
Ich bleibe allein und bin fest entschlossen, nicht aufzugeben. Ich bin schon zu weit gekommen! Das Ende der Reise bedeutet einen

Eintrag ins Guinnessbuch der Rekorde, *und der Rekord ist zum Greifen nahe.*
Und nun all diese unerwarteten Probleme. Das letzte Jahr meiner Reise steht vor mir, Afrika und ein Teil Europas. Ich kann mich mit Medinet aus Maribor nicht einigen, mir eine Internetverbindung zu ermöglichen, damit ich das Material für meine Homepage hochladen kann.
Ist jemand zu Hause, der helfen könnte? Das kostet mich monatlich höchstens viertausend Tolar [slowenische Währung bis zur Einführung des Euro 2007]. Trotz des bescheidenen Betrags schaffe ich es alleine nicht. Noch zwölf Monate bis zum Ende.
Meldet euch bei mir, wenn ihr mir helfen könnt.
Es würde mir wahnsinnig viel bedeuten.
Benka, momentan in Sambia.

Mit der Erlaubnis von Noise (er wird es auch bei den News veröffentlichen!) bitte ich euch, ihr mit einem Beitrag zu helfen, der hinsichtlich unserer Anzahl sicherlich nicht so groß sein wird. Für eine einjährige Nutzungsgebühr fürs Internet sollten wir 480 DM zusammenkriegen. Vielleicht wäre es am besten, dass all jene, die bereit wären zu helfen, das zuerst bestätigen (im Topic, per E-Mail oder Handy), und dann werden wir die Höhe des Beitrags festlegen. Jeder kann aber auch nach seinem eigenen Ermessen helfen, und dann haben wir, so viel wir eben haben. Weil sie es sicher eilig hat, kann ich das Geld vorstrecken, bis wir es gesammelt haben.
LG Climber

13. November 2001 um 18:53 Uhr | **Ice Power**
'n paar kröten werden sich schon finden. I'm in.

13. November 2001 um 18:57 Uhr | **Suzuki**
Hola! Ich auuuuuuuuuuuuuuch! suzuki

13. November 2001 um 20:55 Uhr | **Sanda 7**
Bin auch dabei. Jeder soll so viel geben, wie er kann. Wohin sollen wir das Geld überweisen? sanda

14. November 2001 um 7:06 Uhr | **Ran**
Für sie immer. LG Ran

14. November 2001 um 7:35 Uhr | **Mačica**
Benka hat drei super Eigenschaften: Sie ist Bikerin, aus Ptuj und ein Ass. Klar bin ich dabei. Den einen oder anderen Tolar werd ich schon abzwacken können. iccccchhhhhhh auuuuuuuuuuuuuu-uch

14. November 2001 um 8:22 Uhr | **Trisha**
so viele wie wir hier dabei sind … wenn jeder nur einen tausender gibt, wird sie fürs tanken auch noch was übrig haben. bin dabei. lg

14. November 2001 um 8:52 Uhr | **Rocky**
Die letzten Hosen vom Arsch, wenn's nötig ist für Benka aus dem benachbarten Ptuj! Bin dabei! Climber, sag einfach, wann, wie … LG vom Pohorje, Rocky

14. November 2001 um 8:56 Uhr | **ID**
Bin dabei. Und eine BMW fährt sie auch noch. The life is short, but the way is long!

18. November 2001 um 11:00 Uhr | **Climber**
Benka, heute habe ich dir im Namen der Forumsmitglieder von

www.motosvet.com 55 000 SIT überwiesen, damit du die Jahreskosten für die Internetgebühr decken kannst. Unter dieser Adresse kannst du dir auch die Reaktionen zur Aktion anschauen. Kannst du mir sagen, was für eine Gebühr du fürs Internet zahlen musst, weil diese Frage im Forum aufgetaucht ist? LG Climber

Hier die Mail, die ich eben von Benka bekommen habe:

Danke, danke!
Und noch mal danke!
Ich werde gleich auf eure Homepage schauen, nur muss ich das von einem anderen Computer aus machen (mit meinem und über Medinet surfe ich nie im Internet, weil es zu teuer ist. Ich verwende es nur für das Senden/Empfangen von Mails und nur wenn ich für ein paar Minuten im Internet sein muss. Etwas länger, wenn ich Fotos ins Web stelle).
Medinet ist der einzige Ipass-Vertreter für Slowenien. Ipass ist ein riesiges Internetnetz kleiner Provider in fast allen Ländern der Welt. Deshalb habe ich meistens lokalen Internetzugang, egal, wo ich gerade bin. Ich habe eine Software, wo ich auf das Land und den Ort, an dem ich bin, klicke, und schon bin ich im Internet. Das einzig Blöde ist, dass es so teuer ist (im Durchschnitt 13 $ für eine verbundene Stunde, aber das variiert von Land zu Land, plus der

monatlichen Gebühr plus Steuer). Ich spare also, dass es nur so raucht!
Und noch etwas. Kann ich euch eine kleine Wiedergutmachung für eure Hilfe anbieten? Ich könnte eure Logos und Links auf meine Homepage stellen. Es wäre mir eine Ehre!
Alles Gute nach Hause,
Benka

19. November 2001 um 21:30 Uhr | **UCFCO**
Bin auch bereit zu helfen, obwohl bei mir als Schüler eher Dürre in der Brieftasche herrscht. Und mein Bike frisst noch das, was ich anspare. Kann mir jemand die Infos auf meine Mail schicken? Tnx

27. November 2001 um 8:48 Uhr | **Zoolo**
Benka in Not? Count me in! PS: Wie viel und wohin soll ich's überweisen? Come in peace or stay at home!

27. November 2001 um 10:32 Uhr | **BenkaBMW**
Auch große Mädchen weinen. Sagen wir, im tiefsten Schwarzafrika, wenn sie die Nachrichten auf www.motosvet.com *lesen und sehen, dass Slowenien mit ihnen ist. Ich kann euch nicht sagen, wie viel mir euer Vertrauen, euer Glaube am mich und eure Hilfe bedeuten. Meine Wege sind eure Kilometer! Ich denke an euch alle.*
Benka, Swasiland

27. November 2001 um 13:34 Uhr | **Klimbra**
GO BENKA GOOOOOOOOOOOOOOOOOOOOOO! Slowenien ist schon ganz nah. Klimbra

28. November 2001 um 01:39 Uhr | **Mrcina**
Jeder muss einmal anfangen! Für Benka lohnt es sich! Medinet

könnte selbst einmal auf diese Homepage schauen. Respekt an all jene, die mitmachen. Eine Kopie dieser Forumsbeiträge sollte auch in anderen Medien veröffentlicht werden. Bravo! Chef, schick mir die Kontodaten, damit ich mit der Einzahlung nicht zu spät dran bin! Grüße aus der Steiermark!
PS: Wenn die Aktion vorbei ist, könnten wir anfangen, für einen Pršut zusammenzulegen. Angeblich läuft Benka wegen so eines Dalmatiner Schinkens schon seit vier Jahren das Wasser im Mund zusammen.

29. November 2001 um 10:43 Uhr | **Noise**
Überweist so schnell wie möglich, was ihr für angemessen haltet. Climber will die Aktion schon morgen Nachmittag beenden! Climber, wie sieht's denn momentan aus? Eine Pršut-Party für BENKA wird's im Dezember 2002 geben!
Benka, wir können es kaum erwarten, dass du nach Hause kommst. O.k., nicht wirklich – ich wollte sagen, genieß es, solange du kannst, und sei dir sicher, dass wir dich alle unterstützen.

3. Dezember 2001 um 17:58 | **Climber**
IN SIEBZEHN TAGEN HABEN 44 FORUMSMITGLIEDER 111 111,11 SIT GESAMMELT
In der ersten Überweisung wurden 55 000,00 SIT überwiesen. Heute wird noch der Rest überwiesen. LG Climber

Auf in den Kampf

Jan wurde mir bei einem Abendessen des lokalen Motorradclubs vorgestellt, nach welchem er mich auf seine riesige Farm lockte, wo er mit einer großen, warmherzigen Familie lebte, fünfzig Kilometer von der nächsten Ortschaft entfernt. Er begann sich gerade mit etwas Neuem zu beschäftigen und wollte mir das Übungsgelände zeigen, auf dem er Geschicklichkeitsfahren für Motorräder unterrichtete. Ein Traumjob, finden Sie nicht?

Den ganzen Tag flitzten wir über Schienen, durch Bäche, Pfützen und einen See, steile Felsen rauf und runter, durch tiefen Sand und knietiefen Schlamm. Es war schmerzhaft schön, machte Spaß und war durchaus nützlich.

Obwohl ich schon fast die ganze Welt umrundet hatte, gab es noch immer Platz für neue Fertigkeiten. In der Holzhütte vor »Benkas Enge« erzählte ich Jan vorm Kamin stundenlang meine Abenteuergeschichten, und er brachte mir im Gegenzug viel Neues bei. Den Namen hatte er für die Durchfahrt durch das Waldstück am Rand des Hofes ausgesucht, wohin er die Teilnehmer üblicherweise als Erstes führte. Der Korridor heißt noch heute so, denn Jan sagt, ich sei von allen am mutigsten durch die Enge gefahren, obwohl ich einen guten halben Meter breiter war als alle anderen. Zum Glück nicht wegen der Hüften, sondern wegen der Seitenboxen.

Jan ließ eines Abends durchblicken, dass hier in Swasiland jeder Junge seiner Freundin beibringt, wie man sich selbst verteidigen müsse, falls es nötig sein sollte. Seine Frau nickte nur ernst. Für den nächsten Tag kündigte der Gastgeber Besuch an.

»Das ist unsere Benka«, stellte er mich Henrik vor, einem großen, massigen Mann, dessen Schultern so breit waren wie mein Kleiderschrank.

Ich sah ihn von unten an und streckte ihm die Hand entgegen, wie man es uns im Kindergarten beigebracht hatte.

Aber der Berg von Mann war wohl nicht in den Kindergarten gegangen oder hatte die Lektion über Höflichkeit schon vergessen. Anstatt mir die Hand zu schütteln, riss er sie mir fast aus. Er packte sie und schleuderte mich mit einer einzigen Bewegung zu Boden.

Stille. Am Boden liegend, blickte ich an die Decke und versuchte zu rekonstruieren, was mir eben widerfahren war. Jan näherte sich mit schnellen Schritten und half mir aufzustehen. An seinem Gesicht konnte ich ablesen, dass so ein Kennenlernen nicht geplant gewesen war.

»Afrika ist ein gefährlicher Ort, und wenn du ohne entsprechendes Können alleine weiterreist, wirst du draufgehen«, sagte der Selbstverteidigungsmeister, und ich musste nach dem überwundenen Schock schon fast wieder lachen. Im Prügeln war ich noch nie gut gewesen.

Ich weiß noch, wie mir Bibi und Frank zum Abschied ein Messer geschenkt haben. Ein Geschenk, mit dem ich mich verteidigen sollte, falls ich es könnte, und weil ich es nicht konnte, gab ich es zurück. Wir tauschten es um in einen Wasserfilter. Den verwendete ich fünfeinhalb Jahre lang fast täglich.

Nach drei Trainingstagen mit Henrik war ich so geübt, dass ich den Rest der Reise durch den Schwarzen Kontinent richtig genoss und es kein Wunder ist, dass Afrika mein Lieblingskontinent wurde.

Jan schenkte mit zum Abschied ein Messer. Diesmal war ich vorbereitet. Immer wenn ich es ansah, musste ich lächeln. Es erinnerte mich an die Stunden mit Henrik. Das Messer wurde mein Freund, nicht mein Feind.

Benutzen musste ich es nie.

Mobile Hausfrau

Eine Hausfrau, die keine Küche hat, keinen Tisch und keine Vase, steckt die Blumen hinter den Lenker ihres Gefährts, und eine Hausfrau, die keine Waschmaschine hat, wäscht ihre Sachen mit der Hand. Genauso wie ich. Ich war mit Sicherheit eine der wenigen Frauen aus der zivilisierten Welt, die Anfang des einundzwanzigsten Jahrhunderts fast ein halbes Jahrzehnt mit der Hand wusch. Dann und wann borgte mir jemand seine Waschmaschine, aber im Großen und Ganzen wrang ich alles manuell.

Natürlich war ich sehr oft schmutzig, aber gestunken wie ein Iltis habe ich nie. Der Dreck haftete nie lange an mir, und alle paar Tage kam ich schon irgendwie zu einigen Tropfen Wasser.

Wenn der Zufall es wollte und ich um Schmutz nicht herumkam, musste ich einfach durch. Ich bin keine Mimose. Aber ich dachte nicht im Traum daran, mir das Leben durch heldenhafte Fotos zu erschweren, um glaubhaft zu machen, wo ich überall gewesen war und wo ich überall durchgemusst hatte. Wenn ich einmal im Dreck stecken geblieben war, hatte ich genug Arbeit damit, aus der Schweinerei wieder rauszukommen.

Unkonventionelle Lösungen konventioneller Probleme freuten mich sehr. So konstruierte ich eine mobile Waschmaschine. Die Fotoausrüstung aus der hinteren Box schnallte ich mir auf den Rücken. Dann warf ich die ganzen schmutzigen Klamotten in die dichte Plastikkiste, goss Wasser hinzu, warf auch noch ein Stück Seife in die Box, schloss meine Schatzkiste ab und fuhr in einen neuen Tag.

Am Abend war die Wäsche fertig zum Spülen und Aufhängen. Wenn sie über Nacht nicht getrocknet war, musste sie am Morgen anstatt auf die Wäscheleine auf das Motorrad.

Das Fahren bringt Mensch und Dinge in gute Laune.

Weihnachten im Exil

Auch im letzten Jahr schaukelte die Strohfichte an meiner Windschutzscheibe, die schon seit Ecuador mit mir unterwegs war und einen guten Teil der Welt bereist hatte. Sie war ein seltenes Stück meines Saisongepäcks, das ich nur ab und an verwendete. Wie auch zum Beispiel ein Fläschchen meines Lieblingsparfums, das das universellste psychophysische Medikament von allen war.

Am Äquator ist es in der Weihnachtszeit heiß, und während der Feiertage war ich noch nie gerne gereist. Die freien Tage waren in Kombination mit Alkohol und der beschleunigten Gärung aufgrund der hohen Temperaturen für viele Einheimische ziemlich gefährlich. Während sie auf der Straße waren, beschäftigte ich mich lieber mit etwas anderem.

Im Norden Mosambiks rollte ich gemeinsam mit einem einzigen Auto über die leere Straße, das mir schon seit fünfzig Kilometern Gesellschaft leistete. Obwohl die Straße anständig und der Fahrer vor mir ein Afrikaner war – die haben es nie eilig –, düste er wie eine Rakete dahin. Ein bisschen links, ein bisschen rechts, meist in der Mitte, vor allem aber immer zu schnell und ohne richtige Kontrolle über sein Fahrzeug. Von hinten sah es aus, als hätte er sich vorgestern zum ersten Mal hinters Steuer gesetzt. Na ja, vielleicht war dem auch so, aber an jenem Tag arbeitete der rundliche und rasierte Herr jedenfalls schon als Taxifahrer.

Als ich seinen verantwortungslosen Fahrstil bemerkte, fing ich an, mich zu sorgen, dass das nicht lange gut gehen könnte. Das Glück ist ungeduldig und bleibt für gewöhnlich nicht lange bei dem, der es nicht verdient.

Ich fuhr um eine Kurve und sah genau das, was ich mir vor einigen Sekunden gedacht hatte: das Auto auf dem Dach, kaputte Scheiben, Blutlachen und bewusstlose Menschen.

Zuerst war ich außer mir vor Wut und wollte dem Irren eine schmieren, aber als ich sah, wie er unbeholfen mit einem weinenden Baby hin und her rannte, überlegte ich es mir anders.

Mandy hatte gut daran getan, als sie mir beim Abschied ein Paar Chirurgenhandschuhe in die Tasche gesteckt und gesagt hatte, ich solle mich vor fremdem Blut in Acht nehmen.

Die Weisheit der Einheimischen war Goldes wert.

Mitten in einer Landschaft, in der nur Büsche vor sich hinvegetierten und da und dort ein einsamer Baum stand, konnte man nicht viel tun. Wir brauchten einen Krankenwagen, deshalb schloss ich, während ich die Menschen zu beruhigen versuchte, kurz die Augen und versuchte zu zaubern.

Zum Glück mussten wir keinen Besen besteigen. Einige Minuten später kam ein Kombi vorbei. Er brachte das Baby und dessen Mutter ins nächste Krankenhaus.

Hosendeko für den Weihnachtsbaum

Vilanculos war ein kleiner Ort, in dem Fischer und Taucher lebten. Die Ersteren waren schon ihr ganzes Leben lang dort, wir Zweiteren kamen und gingen und sorgten für einen ununterbrochenen Austausch an frischen Geschichten.

Das Campen in Afrika zählt zu den besten Übernachtungen im Grünen, die ich je kennengelernt habe. Die Zeltplätze waren gepflegt, und man bekam für wenig Geld sehr viel geboten. Außer ab und an, wenn etwas danebenging, wie am Abend vor Weihnachten. Nach zwei Tagen im Camp kam der Besitzer zu mir und forderte mich auf zu gehen.

»Wohin?«, fragte ich naiv, weil ich auch überhaupt nicht raffte, dass er mich rauswarf, denn ich war ein anständiger Gast: Ich hatte so viel bezahlt, wie er verlangt hatte, den Müll ordnungsgemäß in der Mülltonne entsorgt, tagsüber keinen Lärm gemacht und nachts nicht geschnarcht.

»Eine größere Gruppe ist gekommen, und ich würde lieber die Gruppe hier haben als Sie.«

Und jetzt soll mir noch einer sagen, dass Geld nicht die Welt regiert.

Während meine Lieben zu Hause beim Weihnachtsessen sitzen würden, wollte ich nichts anderes, als in Ruhe gelassen zu werden, und mich dessen erfreuen, was ich hatte. Demütig bat ich, ob ich hinter die Toiletten oder an den Rand des Geschehens umziehen könne, wo ich seinem Verdienst nicht im Wege stehen würde, nur um noch einen Tag bleiben zu dürfen. Aber er war dagegen.

Vom benachbarten Stellplatz, wo vor einem Zelt drei junge Männer auf Klappstühlen saßen und uns beobachteten, ertönte eine ziemlich resolute Stimme. Sie sagte etwas in einer afrikanischen Sprache, weshalb ich nichts verstehen konnte. Während sich die Jungs an ihren Getränkedosen festhielten, standen sie auf und kamen langsam näher. Ihr lautes Sprechen wurde durch vehementes Gestikulieren ergänzt. Die Situation beruhigte sich erst, als der Campbesitzer in etwas einwilligte.

»Komm, du kannst bei uns schlafen! Und der Wichser soll sich sein Geld in den Arsch schieben«, sagten die Jungs, total verärgert über den Typen, der ja eigentlich vom Tourismus und von solchen wie uns lebte.

Einer von ihnen nahm mein Zelt und stellte es auf ihre Parzelle, der Zweite schenkte mir einen Willkommenstrunk ein, und der Dritte im Bunde stellte mir das Trio vor. Es waren Studenten von der Technischen Universität in Johannesburg.

Nach dem Prolog wurden wir uns schnell einig, Weihnachten gemeinsam zu feiern, und gingen auf den örtlichen Markt, kauften

Lebensmittel ein und bereiteten ein köstliches Abendessen vor. Mir wurde außerdem die alte Freude zuteil, den Weihnachtsbaum zu schmücken, der aus dem Warndreieck aus dem Auto der Studenten gezaubert wurde. Hauptsache, es war oben spitz und erinnerte an eine Fichte.

Anstelle von Weihnachtsschmuck hängte ich meine Hose an den Weihnachtsbaum, oder besser gesagt, die Reste der einzigen Sommerreisehose, die an jenem Tag endgültig ihren Dienst aufgegeben hatte und die ich zum Abschied noch irgendwie verwerten musste. Die zerfledderte weiße Dekoration symbolisierte sehr glaubhaft den Schnee.

Am nächsten Tag gingen wir wieder auf den Markt. Diesmal kauften wir Stoff für eine neue Hose, Essen hatten wir noch genug.

Kleine Probleme bereiten große Sorgen

Trotz der Tatsache, dass Malawi das ärmste Land der Welt ist, wurde mir kurz hinter der Grenze klar, dass gute Laune mit Geld nichts zu tun hat. Die Menschen waren gutmütig und lächelten bis über beide Ohren.

Die Straßen hingegen waren eher von der kambodschanischen Sorte, aber wenigstens sorgten andere Fahrer nicht für Gefahr, als ich drüberbretterte. Denn es gab sie einfach nicht, außer ein paar innovativen Radfahrern.

Auf Fahrrädern wurde alles transportiert. Am meisten beeindruckte mich ein malawischer Kindersitz – ein auf den Gepäckträger montierter umgedrehter Küchenstuhl.

Fußgänger waren sozusagen die einzigen Verkehrsteilnehmer. Anders als in Indien schwärmten sie nicht in alle Richtungen aus, sondern gingen schön am Straßenrand. Es war Regenzeit, und die

Wassermassen hatten die Straßen und alles um sie herum überflutet. Der Schlamm stand knöchelhoch, für malawische Verhältnisse schien das jedoch ganz normal zu sein.

Die Hälfte des Landes durchfuhr ich deshalb stehend. Über Weggabelungen zu rutschen war eine viel lustigere Anstrengung als der chaotische Nahkampf im Straßenverkehr.

Neujahr wurde von fast niemandem gefeiert. Ich war am Malawisee, wo sich nach einer Woche ununterbrochenem Regen das ganze Dorf ans Ufer ergoss und das alte Jahr wegspülte. Alles kam ins Wasser, Geschirr, Kleider, Kinder, Vierbeiner, die Erwachsenen selbst, kurzum alles, was kreuchte und fleuchte.

Die Dorfkinder brachten mir bei, wie man Bawo spielt, das uralte Bohnenspiel, die Männer zeigten mir, wie man afrikanisches Holz schnitzt, und die Frauen nahmen mich mit zum Totenmahl.

Jeden Tag ging einer aus dem Dorf zu den Engeln. Alle starben an Lungenentzündung.

»Und Aids?«, fragte ich einen jüngeren Mann beim Holzschnitzen.

»Das gibt es bei uns nicht«, antwortete er bestimmt und schnitzte weiter.

Den Silvesterabend hatte ich in einem schäbigen Zimmer für einen Dollar die Nacht verbracht, in das ich tagsüber ein paar Hosentaschen voll Frangipaniblüten getragen hatte, die ich draußen gesammelt hatte. Es duftete wie im Paradies. Ich zündete eine Kerze an und erinnerte mich daran, dass ich nächstes Jahr um diese Zeit schon zu Hause sein würde.

Das neue Jahr begann ich, indem ich über den Malawisee ruderte, der die Tansanier noch immer in Rage bringt, weil er nicht mehr Nyasa heißt. Nach der Unabhängigkeit änderten die Malawier den Namen des achtgrößten Sees der Welt, in dem es die farbenreichste Fischpopulation von allen gibt.

Der Tag war herrlich und ruhig, es ist einer der ruhigsten Tage auf dem Kontinent. Die Sonne kam durch, und die spiegelglatte Wasseroberfläche reflektierte den reingewaschenen Himmel.

Weil nach einem schlechten Anfang meist ein gutes Ende kommt, musste nach so einem wunderbaren Morgen am Abend noch etwas Schlechtes passieren. Ungeschickt trat ich mit voller Wucht gegen die Betonstufe vor meinem Zimmer und brach mir den kleinen Zeh.

Kleine Probleme bereiten große Sorgen.

Am nächsten Tag war nicht einmal daran zu denken, die Reise fortzusetzen. Der Fuß war geschwollen wie ein Kürbis. Er gehörte nicht in den Stiefel, sondern auf den gepolsterten Bettrand.

Die unfreiwillige Verlängerung, die mein Erforschen der örtlichen Besonderheiten erfuhr, erwies sich als gar nicht so schlimm. Ich lernte Hester und ihren Mann kennen, die ich sonst nie getroffen hätte.

Die beiden betagten Weißen waren aus Simbabwe hierhergezogen, weil dort die politische Situation unerträglich geworden war. Sie hatten ihr ganzes Leben auf dem Schwarzen Kontinent verbracht. Früher hatten sie sich mit der Lebensmittelerzeugung beschäftigt, nun aber leiteten sie ein kleines Hotel. Sie hatten acht Helfer und waren wie eine Familie. Hester kochte immer für zwanzig Personen. Sie sagte, sie habe nie eigene Kinder gebraucht, weil sie ihr ganzes Leben lang für andere gesorgt habe.

Lawrence, ihr Wachmann, hatte hingegen ein Kind bekommen. Aber er trank gerne und hatte deshalb zu wenig Zeit für Besuche in der Geburtenstation. Hester ging an seiner statt hin und nahm mich mit. Lisa war eine bescheidene, schmächtige Frau und sehr dankbar, dass wir gekommen waren.

Was für ein elendes Krankenhaus! Im Zimmer lagen einundzwanzig frischgebackene Mütter. Es war unerträglich heiß und feucht. Wirklich ungewöhnlich, dass in diesem Raum keine von ihnen einen Hitzschlag erlitt. Das Gebäude hatte keine Türen und Fenster, geschweige denn einen Ventilator. Die Zustände zwischen den glühenden Wänden der Einrichtung, die nur von Spenden erhalten wurde, waren fürchterlich. Lisa und der Säugling trieften vor Schweiß. Die Betten hatten keine Bettwäsche. Jede Mutter hatte nur ein schmutziges Kissen ohne Überzug und eine große, abgewetzte Decke. Die Neugeborenen waren in gestrickte und andere bunte Fetzen gewickelt, die die Mütter selbst mitgebracht hatten.

Ich musste nur ein einfaches afrikanisches Krankenhaus erleben, um zu verstehen, wieso die Kindersterblichkeit hier so hoch ist. Bei uns würden bei solchen Zuständen alle krepieren, mitsamt dem Personal!

»Wie viele Kinder werden mit HIV geboren?«, fragte ich eine der beiden Krankenschwestern.

»Viele. Eigentlich fast alle.« Ihre Antwort unterschied sich von der des Schnitzers im Dorf.

Irgendwann kam der frischgebackene Vater doch noch angetorkelt. Es war schon der dritte Tag nach der Geburt, und er kam ohne Geschenk und ohne Begeisterung. Ein Lächeln hätte ihn wirklich nichts gekostet.

»Er hat schon acht«, erklärte Hester. »Ich habe ihnen schon längst vorgeschlagen, sich einen Fernseher anzuschaffen. Ein Fernseher wäre nämlich viel billiger als das Durchfüttern von so vielen Kindern!«, murrte Hester über den abendlichen Zeitvertreib des schwarzen Paares.

Bevor wir gingen, bekam das Kind noch einen Namen. Das Mädchen wurde Benka genannt.

Wer hat Sex in mir?

Bilharziose ist eine lästige Sache. Ich fing mir meine im Malawisee ein. Der parasitische Wurm braucht für seine Entwicklung eine Schnecke und einen Menschen. Bilharziose kann man nicht von einem anderen Menschen bekommen, außer man ist eine Schnecke. Die Tunichtgute leben im Seewasser. Tourismusagenturen raten zwar vom Baden im See ab, aber was soll man machen, wenn das das einzige Wasser weit und breit ist? Es rinnt auch aus den Wasserhähnen, Duschköpfen und wird zum Kochen und Waschen verwendet.

Alle am See haben Bilharziose. Zweimal im Jahr schlucken sie dann eine Dosis Medikamente, die die Tiere umbringt, aber der Zyklus wiederholt sich mit einer Neuinfektion, die man nicht vermeiden kann.

Die Pärchenegel haben Stil. Sie bohren sich durch die Haut, schwimmen durch den Körper, ankern im Darm und mästen sich mit dem Essen des Wirts. Die Männchen haften sich an die Weibchen und verbleiben bis ans Ende ihrer Tage in ewiger Kopulation. Das klingt zwar sexy, aber glauben Sie mir, dem ist nicht so. Vor allem nicht für den Wirt.

Die Anzahl an Eiern, die von so einem Pärchen ausgebrütet wird, ist mörderisch groß. Diese siedeln sich in der Blase oder im Darm an und gefährden ernsthaft die Leberfunktion.

Nach Malawi konnte ich mich ein Jahr lang nicht erholen. Ich hatte Fieberschübe, musste erbrechen, blutete und wurde fast verrückt. Offensichtlich ertrug ich die Tausende Liebespärchen nicht, die in meinem Körper Sex hatten.

Loswerden konnte ich sie erst zu Hause in der Infektionsklinik, und ich wurde zudem von dem ganzen anderen Dreck befreit, den ich zur Erinnerung mitgebracht hatte. Die Erfahrung kam Doktor

Pikelj und seinen Medizinstudenten sehr recht. Er führte mich in den Hörsaal und stellte mich als »Exemplar« vor, das die meisten der Parasiten in sich trage, die in seiner Vorlesung behandelt wurden.

Jugoslawien im Kleinformat

Ich konnte mich lange nicht entscheiden, ob ich in Arusha oder unterhalb des Kilimandscharo übernachten sollte. Als ich schließlich am Fuß des Berges angekommen war, legte sich eine Wolke darüber, durch die mich ein königliches Licht begrüßte, das auch den Gipfel beschien. Kurz darauf fing es an, heftig zu gießen, und ich beschloss, doch noch in das drei Kilometer entfernte Arusha zu fahren.

Wenn ich nass war, schlief ich am liebsten in einer Unterkunft, um wieder trocken zu werden. Wenn ich zeltete, kam das Trocknen – mit etwas Glück – erst am nächsten Tag an die Reihe. Ich verpasste die Jugendherberge und fand mich vor einem Zeltplatz wieder. Währenddessen hatte es auch aufgehört zu regnen, deshalb baute ich mein Zelt auf und blieb.

Ich vereinbarte mit dem Besitzer John, mich seiner Gruppe, die auf dem Weg zum Krater Ngorongoro und in den Serengeti-Nationalpark war, anzuschließen, denn Biker hatten dort keinen Zutritt. Man hatte wohl Angst, dass sie von einem Löwen verspeist oder einem Nashorn zertrampelt würden.

Als ich das Anmeldeformular ausgefüllt hatte und John sah, aus welchem Land ich kam, nahm er das Telefon in die Hand, rief einen Freund an und sagte ihm, er möge doch vorbeikommen. Er versprach ihm eine erstklassige Überraschung und mir ein unerwartetes Erlebnis.

Und das war es auch, als Darko kam, der bei meinem Anblick und dem der schmutzigen BMW und ihres Kennzeichens ganz schön überrascht war. Er sprach Serbokroatisch, mir fiel es aber leichter, mich mit ihm auf Englisch zu unterhalten. Nach einem kurzen Plausch ging Darko hinter den Empfangstresen und tätigte ein paar Anrufe, dann lud er mich zum Abendessen ein.

Die Überraschung wurde aber erst auf der schön verwucherten Terrasse eines Restaurants mitten in der Stadt perfekt, wo mich Jugoslawien im Kleinformat erwartete. Die Zahnärztin war Mazedonierin. Die Tourismusagentin Aleksandra war eine Belgraderin mit Stil, den sie nicht einmal in Afrika vernachlässigte. Nole hatte Bosnien sofort nach dem Krieg verlassen und bei den Vereinten Nationen Arbeit gefunden. Darko war Serbe und Kampfsportmeister. Er arbeitete als Security in einer Disco und als Wachmann am Internationalen Strafgerichtshof in Arusha und wurde so seinem Ruf als bekannter Schläger gerecht. Eigentlich war er aber ein sehr sanfter, zuvorkommender und freundlicher Typ, wie auch alle anderen aus der alten Heimat.

Sie waren eine tolle Gesellschaft, die gerne aß, trank und feierte. Nach dem Abendessen schleppten sie mich zum Zeltplatz, packten meine Sachen zusammen, luden sie in Autos und übersiedelten mich in Noles Haus. Dort ging es mir zwei Tage lang wie einer Prinzessin: Internet im Bett, Strom, Waschmaschine, Frühstück und Mittagessen nach Wahl, Schokolade zum Dessert und am Abend die besten Restaurants, wo sich unser Rudel wieder zusammenrottete und bis in die frühen Morgenstunden lachte und plauderte.

Niemanden störte es, dass es Jugoslawien schon lange nicht mehr gab. Wir stritten weder über Politik noch beim Kartenspiel.

Brüderlichkeit und Einigkeit leben fort.

Dann machte ich mich zu diesem Safaritrip auf, für den ich mich im Camp angemeldet hatte, in dem John wegen seiner Freundlichkeit eine Kundin verloren hatte.

Es ist unbeschreiblich aufregend, Tausende rosarote Flamingos aus nächster Nähe zu erleben. Oder ein im Schlamm vergrabenes Flusspferd, von dem man nichts anderes sah als einige Zentimeter seines Rückens und Ohren und Augen. Oder dabei zu sein, wenn die größte aller Tierwanderungen stattfindet und mehr als eine Million Gnus an einem vorbeigaloppieren, die im wahrsten Sinn des Wortes die Erde zum Beben bringen.

Genauso unbeschreiblich war die Angst, die wir schon in der ersten Nacht in der Serengeti hatten. Zum Abendessen gab es für die ganze Gruppe Spaghetti, die wir am offenen Feuer zubereitet hatten. Ohne Fleisch. Es wäre unhöflich gewesen, wenn uns ein vierbeiniger Einheimischer aus der weiten Savanne bereits gewittert hätte, bevor wir ihn zu uns hätten einladen können.

Von Weitem bemerkten wir eine Löwin, die die Gegend erkundete.

Wir saßen noch lange am Feuer und lauschten den Klängen, die aus der Dunkelheit zu uns drangen. Tiere meldeten sich, Hunderte Stimmen, jede anders. Es war ein magischer Moment. Als nur noch die Glut loderte, räumten wir alles zusammen, löschten das Feuer und zogen uns in unsere Zelte zurück.

Wahnsinn, was für eine Nacht! Eine gute Stunde nachdem ich meine Schäfchen gezählt hatte, kamen die Löwen an die Reihe. Durch die nächtliche Stille drang ein Gebrüll, das mein Trommelfell fast zum Platzen gebracht hätte. Auf der anderen Seite der Zeltplane hörte ich in der Nähe meines Kopfes selbstsichere Bewegungen. Ich wünschte, eine Spinne würde mich beißen und von allem

Bösen befreien. Der König der Tiere brüllte noch einmal bestialisch in mein Ohr und wiederholte im Löwengeflüster, dass wir uns auf seinem Territorium befänden.

Obwohl sich das Leben zwischen den Zelten wieder beruhigte, spitzte ich die verbleibende Nacht lieber meine Ohren, als zu schlafen.

Wenn man einmal mit dem Zählen von Löwen angefangen hat, kann man nicht wieder mit den Schafen anfangen.

Die Massai sind ohne Zweifel sehr mutige Menschen. Sie sagen, ein Junge müsse, bevor er zum Mann werde, einen Löwen töten. Reichtum wird bei ihnen an der Anzahl von Kühen und Kindern gemessen. Die Frauen tragen um den Hals Ketten in Form von Tellern. Alle haben durchstochene Ohren. In die Löcher stecken sie alles, was sie gerade zur Hand haben. Ältere Weise haben größere Löcher, und ihnen gebührt mehr Respekt.

Noles Wachmann, der ein Massai war, erzählte mir, früher seien durchstochene Ohren ein Zeichen des Erwachsenseins gewesen, aber heute würden sie immer mehr zum Zeichen von Rückständigkeit. Immer mehr junge Männer seien unzufrieden, wenn ihnen die Eltern die Ohren durchstießen. Viele ließen sie sich im Erwachsenenalter wieder zusammennähen.

»Wie würde es denn aussehen, wenn ich zur Schule ginge, ein bedeutender Mann würde, Hemd und Krawatte trüge und Ohren bis zu den Schultern hätte?«, überlegte er fortschrittlich.

Die Massai sind die Erfinder des intelligentesten Recyclingsystems der Welt. Abgefahrene Motorradreifen schneiden sie in der Länge einer Fußsohle zu und machen daraus Sandalen. Es sieht so aus, als würden sie in kleinen Booten umhergehen.

Der Wachmann Olonana trug zwar richtige Schuhe, aber wir ermahnten ihn explizit, er möge die Finger von meinen Reifen lassen.

Er lachte, winkte ab und sagte, wir könnten unbesorgt sein.

Nicht, dass wir boshaft gewesen wären, aber exotische Einfälle sind Ideen von exotischen Stämmen, und es ist immer besser zu überprüfen, ob man aus dem gleichen Sonnensystem kommt.

Als ich von der Safari zurückkam, schaute ich bei John vorbei: »Ich würde noch gerne für den Abenteuerurlaub bezahlen, den Sie sehr gut organisiert und geleitet haben.«

»Ist schon bezahlt.«

»Wie? Ich habe Ihnen doch noch gar kein Geld gegeben!«

»Ist aber so. Ihre Freunde haben Sie so vermisst, dass sie die Safari bezahlt haben.«

Auch ich hatte sie vermisst. Zum Dank lud ich sie noch am selben Tag zum Abendessen ein, das wieder jemand anderer ganz still und heimlich bezahlte.

Dann ließen wir uns jeden Tag neue Ausreden einfallen, wieso ich doch noch bis zum nächsten Tag bleiben könnte. An einem Tag ließ ich mir von der Mazedonierin die Zähne richten, an einem anderen kümmerten wir uns um meinen Laptop, und wieder an einem anderen trafen wir mitten in der Stadt einen Herrn mit Gips, der sich in Slowenien auf dem Krvavec den Arm gebrochen hatte.

»Auf dem Krvavec?«

»Ja, ich bin eben aus Ljubljana zurückgekommen«, sagte Richter Dolenc, der am Internationalen Strafgerichtshof in Arusha arbeitete.

Er war ein weltgewandter, kluger, interessanter und einfacher Mann. Einer von jenen, über die man sich immer freut. Vor allem wenn sie unser Land so ehrenhaft vertreten.

Den letzten Tag verbrachte ich mit ihm auf dem Gericht und lernte seine Arbeit mit den Ruandern kennen, bevor ich mich selbst zu ihnen aufmachte.

Humanitäre Hilfe für Schweine

Ich blicke mit gemischten Erinnerungen auf Kenia zurück. Im Vergleich mit anderen Afrikanern empfand ich die Kenianer als angriffslustiger. Bei ihnen fühlte ich mich am wohlsten unter Leuten, die keine Einheimischen waren: unter Asiaten, weißen Zuwanderern und Reisenden.

In Nairobi residierte ich auf einem Berggipfel beim schönen BMW-Mechaniker Chris. Neben seinem enormen Wissen hatte er helle Haare, grüne Augen, ein schwarzes Mädchen und eine rote BMW. Während er mein Bike durchcheckte, streunte ich durch die Stadt und knüpfte Kontakte mit allerlei Menschen. Die meiste Zeit verbrachte ich mit einem amerikanischen Geheimagenten, den ich in einem Internetcafé kennengelernt hatte. Er verschickte große Datenpakete und erhielt dafür einen stattlichen Lohn. Und weil er nicht viel Ahnung von Büroarbeit hatte, nahm er meine Hilfe gerne an. Frank war ein schneller, effizienter, unauffälliger und geheimnisvoller Mann. Er benahm sich jedenfalls wie ein richtiger Agent.

Am nächsten Tag half ich ihm dabei, Sachen für den Bau eines Krankenhauses im Sudan zu kaufen. Wenn Sie mich fragen, wurde dort auch Waffenhandel betrieben. Das hat Frank zwar nie bestätigt, verneint aber auch nicht.

Nach zwei Tagen verschlang ihn der Nebel ohne Ankündigung.

Seit Malawi traf ich mich gelegentlich mit Lisa, Rob und ihrem Hund, die gerade von ihrem südafrikanischen Zuhause nach England übersiedelten. In Nairobi schleppten sie mich ins Kino. Ich hasse das! Wir sahen uns *Der Herr der Ringe* an. Ich bemühte mich wirklich und hielt es ganze zwanzig Minuten aus. Bis zum Ende des Films wartete ich lieber draußen auf sie und vertrieb mir die Zeit mit anderen Menschen.

Joe war ein interessanter Typ, gesund und stark. Hie und da klaute er ein Autoradio, ansonsten hatte er aber viel Freizeit. Er hatte keine Eltern und dachte nicht daran, ein besserer Mensch zu werden.

»Das Leben ist zu kurz, um irgendetwas zu verändern«, zeigte er sich überzeugt, »was uns gegeben ist, muss man ausnutzen, für alles andere wird schon Gott sorgen. Schauen Sie, was fehlt uns denn? Wir haben zu essen, korrupte Polizisten, mit denen man alles regeln kann, und das ist alles, was wir brauchen.«

Joe hatte zweifellos seinen eigenen Standpunkt, der nicht ganz so verkehrt war. Das gab mir zu denken.

»Schau mal, wir haben auch Straßen. Ihr Reichen habt uns das alles gebaut. Ihr, die ihr glaubt, dass man viel arbeiten und viel Geld haben muss. Wenn ihr etwas verdient, teilt ihr es mit uns, um euer Gewissen zu erleichtern. Weil euch allein die Tatsache, dass ihr arbeitet, wohl nicht glücklich macht. Und das Wissen, dass ihr so viel davon habt, lähmt euch. Wenn ihr bekommt, was ihr wollt, seid ihr verwirrt und wisst nicht, wohin damit. Aber eigentlich habt ihr nie Zeit, und keiner von euch versteht, dass Zeit das höchste Gut ist. Schau, ich habe unendlich viel Zeit.« Der in Fetzen gekleidete junge Mann hob die Arme, klopfte auf seine leeren Hosentaschen, drehte sich auf der Ferse, stopfte seine Hände tief in die Taschen und lächelte noch immer.

Den ersten Vorbeikommenden bat er um eine Zigarette und Feuer, machte ein paar Züge und verabschiedete sich mit den Worten, ich solle es gut machen und nicht zu viel arbeiten.

Meine Gedanken flogen nach Hause zur Arbeit, und sogleich wurde mein Gesicht lang, und meine Kinnlade hing mir fast bis zum Boden.

In Kenia sah ich die ersten korpulenteren dunkelhäutigen Menschen. Trotzdem zählt es noch immer zu jenen Ländern, die viel internationale humanitäre Hilfe erhalten.

Entlang der Straßen waren vereinsamte Stände, an denen westliche Ware angeboten wurde, vor allem Kleidung und Schuhe. Sehr billig, aber umsonst war sie nicht. Das ist die Hilfe, die vom Roten Kreuz und anderen humanitären Organisationen nach Afrika geschickt wird.

Das Traurige daran sind die lokalen Magnaten, die bei Weitem nicht so human sind wie die reiche Welt. Die Politiker beschlagnahmen die Hilfsgüter und verkaufen sie weiter. Die billige Ware wird so zu einem ertragreichen Geschäft.

Aber wenn ich irgendwelche Sachen zum Roten Kreuz oder zur Caritas bringe, will ich, dass diejenigen, die sie benötigen, sie auch bekommen und nicht kaufen müssen!

In Isiolo im Norden Kenias sprach ich mit einem Mann, der in einem Zentrum für die Verteilung von Hilfsgütern arbeitete. Er verteilte Mais an die Hungernden. Als ich hören wollte, wie sein Arbeitsablauf aussehe, wurde er ziemlich sauer. Er brüllte mich an, wir Weißen seien alle Halunken.

»Wir sind doch keine Schweine!«, schimpfte er.

»Aber das sagt doch niemand.«

»Oh doch! Ihr alle, ihr Weißen denkt das.«

Ich hasse Verallgemeinerungen.

»Wie?« Ich wollte wissen, was ich falsch machte, um mich bessern zu können.

»Für euch sind wir Schweine! Deshalb schickt ihr uns gelben Mais anstatt weißen.«

»Aber der gelbe ist eigentlich der Einzige, den wir haben.« Es schien mir nicht erniedrigend zu sein, dass vor Kurzem hundert Tonnen gelber Mais als humanitäre Hilfe aus Europa nach Kenia geliefert worden waren.

»Lieber sind wir hungrig!«, antwortete der Sturkopf bissig.

So verstand ein ungebildeter afrikanischer Mann die Welt, und es hatte keinen Sinn, ihn überzeugen zu wollen, dass bei uns auf der Nordhalbkugel fast nur gelber Mais angebaut wird.

Wissen ist die einzige wertvolle, langfristige und wirklich nützliche Hilfe, die zugleich das einzige Werkzeug ist, mit dem die Menschen ganz alleine an weißen Mais, Straßen, Brücken, Gesundheit und alles andere kommen werden.

Dem Fischer einen Haken, dem Arbeiter eine Schaufel und dem Kenianer ein Buch.

Straußenei

Haben Sie Probleme mit der Tatsache, dass die meisten Eier zu klein sind? Lassen Sie die kleinen Eier, und fangen Sie an, sich mit großen zu beschäftigen. Ein Straußenei ersetzt vierundzwanzig Hühnereier. Ich hoffe, eineinhalb Kilo Eiweiß werden Ihnen reichen.

Für die Zubereitung brauchen Sie neben etwas Mühe und Zeit nur Folgendes:

1 Straußenei
190 cl Milch
eine große Prise Salz
geriebenen Parmesan und/oder Petersilie zum Bestreuen

Wenn Sie das Gefühl haben, dass Ihnen das Kochen des iranischen Reises zu viel Sanftheit abverlangt, wird die Zubereitung des Straußenglücks genau das Richtige für Sie sein. Das Kochen fängt mit einem Hammer an. Denjenigen, die vorher an ihrer Harley herumgeschraubt haben, empfehle ich, den Hammer sauber zu machen, bevor sie ihn mit Messer und Gabel bekannt machen.

Stellen Sie das Ei auf die Arbeitsfläche, und betrachten Sie es zuerst respektvoll, bewundern Sie es, und lassen Sie sich von seiner Einmaligkeit begeistern und beglücken, denn so etwas bekommt man selten. Dann streicheln Sie es. Fühlen Sie seine glatte Schale und die göttliche Größe. Erst dann nehmen Sie den Hammer in die Hand und verabschieden sich freundlich. Halten Sie ein Gefäß bereit, damit nicht alles danebenläuft. Rühren Sie das Ei langsam, damit Sie keinen Gelenkschaden davontragen. Salzen Sie es, nehmen Sie die größte Pfanne im Haus und fangen Sie mit dem Braten an, wie Sie es von den kleinen Eiern gewohnt sind. Eine Schöpfkelle pro Portion.

Wenn Sie keine zwölf hungrigen Mäuler stopfen müssen, was Sie mit einem Straußenei leicht schaffen, können Sie es im Kühlschrank eine Woche lang aufbewahren.

Sind Sie eher ein Fan von harten Eiern? Dann kochen Sie es doch. Meine Lieben, Ihr müsst es ganze zwei Stunden kochen, dann ist es so weit! Hart, wie es sein muss. Am Schluss schlagen Sie ihm auf den Kopf, pellen die Schale und die Haut ab, und dann versuchen Sie mal, das größte genießbare Ei der Welt aufzuessen.

Im Herzen Afrikas

Ich duschte auf dem Gipfel eines Berges in einem Badezimmer aus Holz, das anstelle der fehlenden Wand einen göttlichen Ausblick auf den Nil hatte. Den ewigen Fluss, der sich beharrlich durch die Zeit wälzt. So wie mein Pantene-Shampoofläschchen, das mit mir die Welt umrundete.

Guter Inhalt, richtige Form, praktische Größe, superdichter Verschluss, der auch noch an der Flasche festgemacht ist.

Wenn man findet, was man gesucht hat, hört man auf zu suchen. Dann widmet man sein Leben wichtigeren Sachen.

Über dem Fluss im Tal ging die große rote Sonne unter. Wenn ich mit dem Strom schwimmen würde, wäre ich nach siebentausend Kilometern im Mittelmeer, fast zu Hause.

Auf der Straße ging es viel langsamer voran, es war aber auch viel interessanter. Am nächsten Tag fuhr ich vom Osten Ugandas in den Westen. Entlang der Straße boten mir Verkäufer Bananen und Särge an.

»Wer kauft sich denn einen Sarg im Voraus?« Ich war überrascht über das Angebot.

»Sie könnten das machen, weil Sie auf einem Motorrad unterwegs sind«, riet mir der junge Sargverkäufer, der der Verkehrssicherheit in Uganda kein Vertrauen schenkte, aber er war ja auch noch nie in Indien gewesen.

Mir schien die Fahrt in diesem Teil der Welt ganz angenehm. Vielleicht deshalb, weil ich wirklich schon Tod und Teufel gewohnt war.

Der Großteil der Ugander ist bis zum Tod, wenn es heißt, sich in einen Sarg zu legen, darauf schon vorbereitet, denn sie fahren schon das ganze Leben in ihnen herum. Die Kombis im öffentlichen Verkehr werden nämlich »Särge« genannt. Genauso wie in Südafrika, nur dass die Konkurrenz in Uganda viel stärker verfeindet war.

Bei einer Gelegenheit fand ich mich – total unschuldig – in der Schusslinie zweier rasender Särge wieder. Jeder von ihnen war voll besetzt mit Passagieren, außerdem war neben dem Fahrer auch jeweils ein Kassierer anwesend. Ein junger Bursche, der das Geld abkassierte und lauthals die Werbetrommel für seinen Sarg rührte. Neben der geregelten Arbeit erledigte er auch weniger saubere Tätigkeiten, wie die Konkurrenz von der Straße zu drängen.

Die Haltestellen waren am Straßenrand, wo eine ganze Reihe Särge stand. Die Jungs brüllten, einer lauter als der andere, und zankten sich um die Fahrgäste. Ich wich ihnen in einem großen Bogen aus und fuhr meines Weges.

Hinter mir begaben sich zwei Särge in den Kampf. Ich weiß nicht, was der Stein des Anstoßes gewesen war, ich vermute aber, dass es um potenzielle Passagiere ging. Einer der Jungs zog eine ungewöhnliche Waffe ans Tageslicht und bereitete sich darauf vor, sie unter den Reifen des anderen Fahrzeugs zu schieben. Am Ende der Stange blitzten gefährlich spitze Stacheln.

Ich geriet plötzlich zwischen den Angreifer und das Opfer und bekam fast die Hucke voll, weil der aggressive Kassierer die Kontrolle über seine stachelige Waffe verlor und ich dem Ding nur um Haaresbreite ausweichen konnte.

Was mit einem Fahrzeug passiert, das auf die Waffe fährt, mit der im ugandischen Straßenverkehr abgerechnet wird, konnte ich nur erahnen. Der angegriffene Sarg fuhr jedenfalls lieber von der Straße als auf das gefährliche Ding.

Im Herzen Afrikas lernte ich auch zum ersten Mal Missionare hautnah kennen, die meiner Meinung nach, neben dem Aufdrängen ihrer Religion, auch viel Gutes nach Afrika gebracht haben: Noch heute laufen die meisten Kinder mit Zahnbürsten bei den Missionsstationen umher, und die Caritas leistet dort wirkliche Hilfe und verkauft sie nicht nur. Den Kindern wird Wissen eingeimpft und den Erwachsenen Arbeitsgewohnheiten.

Ich saß in einer kleinen hölzernen Kirche am Rande einer schlammigen kleinen Tropenstadt im Herzen Ugandas und beobachtete, wie die Christianisierung der Menschen vor sich geht. Am Morgen müssen alle zur Arbeit erscheinen. Die einen gießen Blumen, die anderen jäten das Unkraut, wiederum andere schälen Kartoffeln für die fünfzig Hungrigen, die die Kirche bauen, Kinder hüpfen um die Nonne herum, und so vergehen die Tage.

Die Priester und Nonnen sind freundlich, aber nicht wirklich kommunikativ. Sie führen ihre Mission aus und kümmern sich um nichts anderes. Einige Male erlaubten sie mir, mein Zelt in der Nähe der Missionsstation aufzustellen, aber ich fühlte mich immer unwohl. Als würden sie mir nicht über den Weg trauen. Sie sagten natürlich nichts, weil wir Christen anderen gegenüber immer treuer sein wollen als uns selbst, aber das Gefühl war wirklich nicht angenehm.

Nach getaner Arbeit gingen die Einheimischen in die Kirche. An der Reihe war der »fröhlichste« Teil des Tages. Vor dem Altar wurde gesungen, laut geklatscht und getanzt. Der Jubel und Trubel vor dem Kruzifix ließ mich in Erinnerungen schwelgen und brachte mich zum Lachen.

Die Methoden, mit denen man mich von der Existenz Gottes hatte überzeugen wollen, würden sich in Afrika nicht bewähren.

Lebendig in der Grabstätte

Sofort nach dem Grenzübertritt nach Ruanda gab ich mich perfekten, über Berg und Tal verlaufenden Kurven und dem makellosesten Asphalt in Afrika hin. Die Straßen waren im Großen und Ganzen leer, hie und da, aber wirklich nur selten, kam ein Fahrzeug vorbei. Es gab nicht viele, aber alle hupten für drei. Ich hatte schon an alles Mögliche gedacht, bevor ich schnallte, dass mich alle darauf aufmerksam machen wollten, von ihrer Straßenseite zu verschwinden.

So viele Jahre war ich meistens auf der linken Seite gefahren und gereist, in Ruanda aber gilt der Rechtsverkehr. Die Gewohnheit wurde mir fast zum Verhängnis. Zum Glück nur fast, denn in Ruanda gibt es nicht nur bessere Straßen, sondern auch um eine Spur bessere Fahrer.

Kigali ist heute eine friedliche Stadt, aber 1994 war sie das Zentrum eines der fürchterlichsten Genozide des letzten Jahrhunderts. Am erschütterndsten ist am Stadtrand die Ruhestätte mit Tausenden sterblichen Überresten.

In Ruanda waren Vertreter zweier Stämme aneinandergeraten, die Tutsis und die Hutus. Beide hatten ihre Gründe und jeder seine Wahrheit. Eine Entschuldigung für die blutige Vergeltung, bei der in drei Monaten fast eine Million Menschen getötet und vier Millionen vertrieben wurden, gibt es natürlich nicht. Herr Dolenc am Internationalen Strafgerichtshof in Arusha sucht noch immer nach Gerechtigkeit, sie wird aber leider keinen Toten mehr zum Leben erwecken.

Am Stadtrand stand eine neue Kirche. Aus Beton, kühl. Wie die Geschichte, die Wirklichkeit wurde, als ich vom benachbarten Parkplatz unter den Berg trat. Unter einer Holzkonstruktion, bedeckt mit Wellblech und umgeben mit grünem Polyvinyl, befand sich eine entsetzliche Stätte.

»Hier haben wir Leichen gesammelt. Die Angehörigen sind hierhergekommen und haben ihre Vermissten gesucht. Wenn sie sie erkannt haben, haben wir sie zurechtgemacht, umgezogen, in einen Sarg gelegt und den Namen daraufgeschrieben. Die Reste der Kleidung sind dort.« Der Guide zeigte auf die einige Meter hohen Berge verwitterter, mit Blut durchtränkter, verstaubter Stofffetzen.

»Sind Sie ein Hutu?«, fragte ich ihn.

Mir schien, ein Angehöriger der Tutsi könnte das nicht so kühl erzählen, andererseits ging ich aber davon aus, dass auf dem Friedhof, auf dem die Hutus Tutsis mordeten, kein Hutu arbeiten könnte.

Aber er war einer. Als ich meine Frage wiederholte, gab er zu, welchem Stamm er angehörte, aber er war nicht wirklich stolz darauf.

»Wir sind alle Ruander«, sprach er eine Wahrheit aus, die man sich besser schon 1994 hätte bewusst machen sollen und dadurch so viele Menschenleben hätte retten können, wie halb Slowenien an Einwohnern zählt.

Die Erfahrung, die ich am Ort des Genozids machte, war fürchterlich. In einem kleineren Raum lagen Knochen fein säuberlich aufgereiht. Die sterblichen Überreste jener, die zu sehr verstümmelt gewesen waren, als dass die Angehörigen sie hätten erkennen können. Auf Tischen, die entlang der Polyvinylwand standen, stapelten sich Schädel. Einer über dem anderen. In Reihen. Auf einigen waren noch Haare.

Unter dem Betonboden waren riesige Grabstätten. Als ich von oben in sie hinunterblickte, sah ich keine Wände. Nur eine unübersichtliche Anzahl Särge – einer auf dem anderen, einer neben dem anderen – bis an die Decke. Die schlichten Holzsärge, denen man von Weitem ansah, dass sie schnell zusammengezimmert worden waren, waren mit violetten und weißen Tüchern mit aufgenähten Kreuzen bedeckt. Auf jedem Sarg lag auch ein Holzkreuz mit Namen und derselben blutigen Jahreszahl.

Man kann nur schwer glauben, dass das alles von Menschenhand verursacht wurde. Einem aufrechten Tier auf zwei Beinen, das den am besten entwickelten Verstand haben und sogar über Intellekt verfügen sollte!

Noch den ganzen nächsten Tag war ich verstimmt. Am Vormittag wusch ich meine Wäsche und machte sauber. Ja, auch auf einer Reise ist manchmal eine Putzaktion angebracht. Am Bike muss man absolut alles finden, was man braucht, auch mitten in der Nacht und ohne Licht.

Den Nachmittag verbrachte ich in einem Internetcafé, weil ich schon über einen Monat nicht mehr mit meinen Leuten kommuniziert hatte. Bevor einige auf die Idee kommen würden, ich wäre irgendwo draufgegangen, und bevor einer von denen, die in ewiger Sorge um mich lebten, Alarm schlagen würde.

Während ich in die Tasten klopfte, herrschte an den anderen Computern reger Kundenverkehr. Mit einigen Besuchern des Internetcafés unterhielt ich mich etwas mehr, mit anderen etwas weniger, mit einigen gar nicht.

Als ich am Abend zum Bike kam, erwartete mich auf dem Sitz ein großer Strauß Rosen mit einer Nachricht:

Ich wünsche Ihnen einen schönen Valentinstag, obwohl Sie ihn alleine feiern werden. Sie haben überall Freunde.

In Bewunderung, André

Obwohl ich keinen Einzigen der Gäste, mit denen ich mich während des Tippens unterhalten hatte, beim Namen kannte, konnte ich nach ihrem Benehmen schließen, wer mir den Strauß gebracht hatte. Es war ein kultivierter älterer Franzose, der schon seit fünfzehn Jahren in Ruanda lebte.

Die unerwartete Aufmerksamkeit verschönerte mir ein ganzes Jahr meines Lebens. Der Strauß fuhr oben auf der Gepäckbox noch durch die nächsten drei Länder mit mir herum, obschon er verwelkt war.

Die Erde bebt!

Ich fuhr Richtung Norden. Ich wollte noch den Kiwusee an der Grenze zum Kongo erleben. Der Weg schlängelte sich durch Dörfer, in denen die Bewohner in einfachen Baracken aus Lehm und Blech lebten.

Plötzlich kam ich mit meinem Bike ohne triftigen Grund ins Schleudern und wurde von einer unsichtbaren Macht auf die andere Straßenseite gezogen. Ein wirklich unerklärliches, sonderbares Gefühl! Als hätte jemand den schwarzen Asphaltteppich gepackt und wollte ihn mir unter den Füßen wegziehen.

Im nächsten Augenblick stürmten erschrockene Menschenmassen aus den Häusern. Kinder hielten sich an ihren Eltern fest, einige weinten.

Am Abend wurde mir in der Unterkunft erzählt, es habe ein schweres Erdbeben gegeben. Das Innere der Erde habe sich noch immer nicht beruhigt. Drei Wochen vor meiner Ankunft war unweit von hier ein Vulkan ausgebrochen.

Ich bestellte zwei Portionen Kartoffeln und wollte den Tag mit einer Eintragung ins Tagebuch beenden. Auf der großen Veranda, auf der die meisten Gäste Französisch oder Deutsch sprachen, lud mich ein elegant gekleideter Geschäftsmann vom Nachbartisch ein, mich zu ihm zu gesellen. Die ganze Zeit klingelte sein Handy, das in jener Zeit in jener Gegend wirklich eine Seltenheit war.

Zahid kam aus Kaschmir und war Lebensmittelhändler. Seine Einladung dehnte er noch auf ein Abendessen aus, das einige Stunden dauerte, weil aus ihm lebendige und ungewöhnliche Geschichten nur so sprudelten. Bevor wir uns verabschiedeten und sich jeder in die Umarmung seines Bettes begab, schlug er vor, ihn am nächsten Tag auf dem Weg in den Kongo zu begleiten.

Auf verschlissenen Matratzen mit einem Loch in der Mitte und zu hohen Kopfkissen zu schlafen verursachte mir immer schlimmere Rückenschmerzen. Mitten in der Nacht unterbrach ich die Qual, blies meine Luftmatratze fürs Zelt auf, legte sie auf den Boden und versank auf meinem Reisekissen mit Körnerfüllung, ohne das ich mir seit dem Unfall in Ecuador keine Nacht mehr vorstellen konnte, in süße Träume.

Außerordentliche Situationen können auch ein wenig nützlich sein. Beim Zoll lief alles glatt, vor allem dank Zahid, der seit drei Wochen in dem Hotel auf ruandischer Seite wohnte, jeden Tag über die Grenze fuhr und alle Tricks sowie alle Zollbeamten und Polizisten kannte.

Mein Bike blieb in Ruanda. Eine illegale Handlung war genug. Unter normalen Umständen hätte ich für so einen Ausflug ein Eintrittsvisum benötigt, aber man machte eine Ausnahme.

Zahids Haus in Goma war, wie der Großteil der Stadt, von Lava verschüttet worden. In seinem Lager fanden wir nur Tausende verkohlter leerer Dosen. Die Eisendachkonstruktion sah aus wie nach einem Bombenangriff. Haufenweise verbogenes, abstehendes und verbranntes Blech.

Die Autos, die auf der Straße gestanden hatten, als die Lavawalze kam, waren einige Meter vom Boden gehoben und wie Rosinen in einen Teig in das Magma gebrannt worden. Die Stadt war ohne Wasser, Strom und Lebensmittel. Die Konvois mit humanitärer Hilfe an der Grenze zu Ruanda versprachen zumindest eine anfängliche Erleichterung und Hoffnung auf Besserung.

Auf der Hauptstraße fuhren die Menschen in Höhe des zweiten Stockwerks auf Holzrollern umher. Alles andere war von Vulkangestein verschüttet worden. Von den gemauerten Häusern standen nur noch die Mauern. Die dunkelgraue Lava war drei Wochen nach der Eruption noch immer so heiß, dass die Sohlen meiner Turnschuhe schmolzen.

Der Anblick der Stadt war traurig. Aus dem Vulkan Nyiragongo stieg noch immer Rauch auf, und die Erde bebte alle paar Minuten. Bei jeder auch noch so leichten Erschütterung blickte ich zum Krater am Stadtrand.

Es wurde erzählt, dass fünfundvierzig Menschen ums Leben gekommen waren. Einige hatte die Lava verschüttet, die sich mit der

Rekordgeschwindigkeit von sechzig Stundenkilometern aus dem Krater gewälzt hatte. Man sagt, das sei der schnellste Magmaausfluss gewesen, den Forscher je auf der Welt gemessen hätten.

Die Einwohner berichteten, der Großteil der Opfer sei durch eigenes Verschulden ums Leben gekommen. Nicht die Lava habe sie begraben, sondern ihre Habgier. Sie hätten das Chaos ausgenutzt und Benzin gestohlen. Einige seien in den Explosionen verbrannt, andere wiederum von der Polizei aus dem Weg geschafft worden.

Die Stadt, die einst eine halbe Million Einwohner gezählt hatte, stank nach Schwefel und sah aus wie ein Treffpunkt der Geister. Neben dem Flughafen stand ein Zeltlager für einige Hunderttausend Menschen. Die anderen waren fortgegangen.

Von all dem Entsetzen war der Anblick der Kinder am schmerzhaftesten, die barfuß durch die verwüstete Gegend irrten. Dort irgendwo war einst ihr Zuhause gewesen.

Kleidung im Tausch gegen die gestohlene Brieftasche

Von einem Elend ins andere. Zurück in den Norden und ein bisschen gen Osten. Äthiopien war wie ein Ameisenhaufen. Überall Menschen. Vierundsechzig Millionen sind nicht wenig. Obwohl ich seit fünfzig Kilometern kein Dorf mehr gesehen hatte, kamen die Menschen von überall herbei, wenn ich stehen blieb.

Alles wäre ganz angenehm gewesen, wenn sie nicht lästig wie Fliegen gewesen wären und alles angefasst und durchstöbert hätten: Einer zupfte an meinem Ärmel, ein anderer öffnete meine Stiefel, ein Dritter schaukelte mein Bike, und ein Vierter saß schon drauf, sobald ich nur kurz wegsah. Alle anderen, vom Fünften bis zum Hundertsten, schrien pausenlos: »Du, du, du, du, du, du, du, du, du, du, du!«

Wenn ihnen bloß etwas Geistreicheres eingefallen wäre oder sie von Zeit zu Zeit wenigstens die Platte umgedreht hätten! Nach vier Wochen Äthiopien verfolgten mich die vielen Dus schon jede Nacht in meinen Träumen.

Addis Abeba war eine interessante Stadt, die sich über Hügel und Anhöhen und die umliegenden Ebenen ausbreitete. Sie wirkte wie eine Ansammlung kleinerer Dörfer. Auf den staubigen Straßen wurden eigenartige geschnitzte Holzstäbchen verkauft.

»Wofür verwenden Sie die?« Ich konnte meine Neugier nicht zurückhalten und fragte einen Verkäufer.

»Fürs Zähneputzen.« Es überraschte mich, dass ein Stück Holz die Aufgabe einer Zahnbürste erfüllen konnte.

Die meisten Reisenden übernachten in Addis Abeba an einem Ort; der Innenhof eines Motels ist für sie eine richtige kleine Zufluchtsstätte. Als ich dort ankam, gab es kein freies Zimmer und auch keinen Zeltplatz mehr, deshalb bat der Moteldirektor drei Mitarbeiterinnen, in ein anderes Zimmer zu den anderen fünf Mitarbeiterinnen umzuziehen und mir ihr bescheidenes Nachtlager zu überlassen.

Am Morgen klopfte es, und ein Unbekannter stand vor der Tür. Er habe mein Bike erkannt. So etwas hatte ich seit Südamerika nicht mehr gehört. Es war ein junger Reisender, Oskar. Ein bescheidener junger Mann aus Prekmurje, der sich über jeden Reisetipp freute.

Nach den ersten Nachrichten, wie es denn zu Hause sei und dass nichts Besonderes passiert sei, schmiedeten wir einen Kampfplan, wie und wo Oskar seinen Fotoapparat verstauen sollte, wenn wir auf den Markt gingen, der nicht gerade den besten Ruf hatte.

Und es bestätigte sich: Am ersten Stand kamen wir vorbei, auch am zweiten, aber den dritten erreichten wir nie. Räuber umstellten uns, und zum Glück wurde ich ausgesucht, die nichts anderes bei sich hatte als eine Brieftasche mit vier Dollar.

Sie ging mit ihnen. Der Fotoapparat aber blieb bei uns.

Tekle, der Direktor der Unterkunft, war wegen des Zwischenfalls auf dem Hauptmarkt so beunruhigt, dass er mich am nächsten Tag auf einen anderen brachte und mir freundlichere Menschen zeigte. Das Erforschen von Orten zusammen mit einem Einheimischen ist wirklich Gold wert und eine einzigartige Reiseerfahrung.

»Ich will nicht, dass du schlechte Erinnerungen an Äthiopien hast. Ich will, dass du schöne Erinnerungen mitnimmst«, sagte Tekle und schenkte mir ein traditionelles besticktes Kleid.

Wenn die Geschichte Sie an jene aus Pakistan erinnert, lassen Sie mich sagen, dass auch meine äthiopische Tracht lapislazuliblau war. Obwohl ich auf dem Bike überhaupt keinen Platz für Souvenirs hatte, brachte ich es nicht übers Herz, so herzliche Geschenke abzulehnen. Allerdings musste ich oft im Tausch dafür etwas anderes hinter mir lassen.

Es schien, dass wir alle, die wir in Tekles Motel übernachteten, seine Freunde waren. Jeder auf seine eigene Art und Weise. Abends fütterte er uns an einem großen Tisch und erwies uns seine Gastfreundschaft auf äthiopische Art: Er nahm etwas Essen in die Hand, strich mit den Fingern über den Teller und steckte es uns in den Mund.

In Äthiopien war ich ein einziges Mal hungrig. Während der äthiopisch-orthodoxen Fastenzeit, fünfundfünfzig Tage vor Ostern, gab es auf dem Speiseplan nur Injeras. Jeden einzelnen Tag. Bei jeder gottverfluchte Mahlzeit. Den ganzen verdammten Monat lang. Das einem großen Pfannkuchen ähnelnde Ding wird aus dunklem Mehl zubereitet, und anstatt Milch wird Essig dazugemischt. Darauf kommen etwas Reis, Kartoffeln, klein geschnittenes Gemüse und eine würzige Sauce. Auf jede verspeiste Injera folgten Durchfall, Krämpfe und schmerzhaftes Verdauen.

Zu meiner Verwunderung kannten in Äthiopien sehr viele Menschen Slowenien. Die Älteren erinnerten sich an Tito, die Jüngeren wussten, dass es sich für die Fußballweltmeisterschaft in Japan qualifiziert hatte. Äthiopier sind große Fußballfans.

Steine auf Motorradfahrer zu werfen war wohl ein Nationalsport der Äthiopier oder zumindest ihre Lieblingsbeschäftigung. Ich erinnerte mich an all die Sammelaktionen, die damals in der Grundschule für äthiopische Kinder durchgeführt worden waren. Eine wirklich schlechte Investition, wenn ihnen in ihrem Leben nichts Nützlicheres gelungen war, als solche Kinder großzuziehen!

In Äthiopien übernachtete ich nie im Zelt, weil mich ganz sicher die ganze Nacht das ganze Dorf bewacht hätte. Man muss sich die Leute in einem so großen Land, wo drei Millionen Jahre alte Überreste des ältesten Menschen gefunden wurden, in Maßen zu Gemüte führen. Nur kurz am Rande, ich stattete Lucy einen Besuch im Museum ab, und sie ist noch immer dieselbe wie vor einer Million Jahren.

An den Abenden versuchte ich mich in der Unterkunft aufzuhalten und mich mit so wenigen Menschen wie nur möglich zu treffen. Ich hatte tagsüber genug mit ihnen zu tun und deshalb genug von ihnen. Am liebsten brachte ich einheimischen Kindern Schreiben, Zeichnen und Lesen bei.

Die Statistik besagt, dass noch immer nur fünfzehn Prozent der äthiopischen Staatsbürger eine Schule von innen sehen. Sehr ungewöhnlich war auch, dass siebenjährige Kinder kein Quadrat oder Dreieck zeichnen konnten, nur einen Kreis.

Ich, Bin Ladens Nachbarin

Die tausend Kilometer ungepflasterter, von der Regenzeit ausgewaschener äthiopischer Straßen mit ihren Schlaglöchern setzten sich auch nach der Grenze im Sudan fort. Auf ihnen streiften noch immer Esel, Ziegen und Schafe umher, und auch Zweibeiner waren in Gestalt von Hühnern und Menschen vertreten.

Im »Elefantenrüssel« leben zwei Millionen Menschen. Das bedeutet der Name der Hauptstadt Khartoum, die am Zusammenfluss des Weißen Nils mit dem Blauen Nil liegt.

Die Stadt prahlte mit ihren breiten Straßen und dem gesitteten Verkehr, mit vielen Bäckereien, teuren Hotels, zahlreichen Geschäften, bunten Märkten und einer verworrenen Bürokratie.

Ich hatte mich mit letzter Kraft nach Khartoum geschleppt. Auf einem staubigen Hof ließ ich mich bei einem Mann nieder, der in seinem Garten für wenig Geld viel Platz fürs Zelten anbot.

Die Trockenheit war nicht auszuhalten, und mir ging es gesundheitlich alles andere als gut. Ständig hatte ich Nasenbluten, meine Lippen waren zerfurcht wie frisch gepflügte Felder, und die Augen brannten wie Brennnesseln. Auf den Beinen hatte ich bis zu den Knien schon eine regelrechte Pilzzucht, die ich noch ein ganzes Jahr nicht loswerden konnte. Einen Monat schon therapierte ich einen Schnitt an der Fußsohle, der so saftig vor sich hin eiterte, dass es zum Himmel stank. Meine Beine waren so geschwollen, dass ich sie kaum aus den Stiefeln brachte, meine Kopfschmerzen brachten mich fast um, die Knieschmerzen wurden nicht weniger, und die Eierstöcke streikten seit einem Monat.

Sandstürme sind lästig. Wenn es anfängt zu winden, sagt man, dass es heiß werden wird – es hatte schon fünfundvierzig Grad!

Der Sudan war ein Land mit superfreundlichen Menschen. Oder schien es mir nur so, weil Äthiopien nur noch eine blasse Erinnerung war? Ich mag keine Vergleiche, denn jedes Land hat etwas, was das andere nicht hat. Aber so erlebte ich nun einmal die Übergänge und die großen Veränderungen von Menschen und ihren Lebensgewohnheiten.

Tagsüber war es so unverschämt heiß, dass ich mich einfach angezogen duschte. Aber nur vormittags. Nachmittags kochte das Wasser schon.

Eine Großstadt bedeutete immer viel Arbeit: neue Visa beantragen, alles einkaufen, was ausgegangen war, waschen, Motorradservice, den Lebensmittelvorrat aufstocken und Hunderte Nachrichten durchsehen, die geduldig im Posteingang warteten.

Die Abende waren die einzig annehmbare Zeit des Tages. Bis dahin konnte ich mich von der Hitze erholen und sammelte noch das eine oder andere Atom an Energie zusammen. Von der Hitze des Tages war kein Ende in Sicht.

Eines Tages gingen mein Gastgeber und ich zum stattlichen Anwesen auf der Nachbarparzelle. 1996 war Osama Bin Laden hier ausgezogen und nach Afghanistan verschwunden. Das Haus stand noch immer leer. Der prunkvolle Wohnblock, in dem jede seiner vier Frauen einen eigenen Trakt bewohnt hatte, wurde nach seinem Auszug als Unterkunft für das medizinische Personal des nahe gelegenen Krankenhauses benutzt.

Der geheimnisvolle Biker

Wenn mir damals jemand gesagt hätte, dass vor mir noch ein Äthiopien liege, wäre ich wahrscheinlich bereit gewesen zu töten. So aber warteten andere Herausforderungen auf mich. Als ich in Port Sudan ein Ticket für die Fähre kaufte, blickten mich alle misstrauisch an.

»Ein Ticket nach Dschidda, bitte.«

»Wo ist Ihr Mann?« Wir waren wieder bei den alten kranken Fragen, vor denen ich in Afrika bislang verschont geblieben war.

»In Saudi-Arabien ist es gesetzeswidrig, dass eine Frau alleine reist«, sagte man mir, was ich bereits wusste.

Ich zeigte ihnen meinen Reisepass und das gültige Visum. Alle Angestellten steckten die Köpfe zusammen und gaben zu, so etwas noch nicht gesehen zu haben, obwohl der Älteste behauptete, schon fünfzehn Jahre dort zu arbeiten.

Bevor ich auf das Schiff ging, traf ich zum ich weiß nicht wievielten Mal den weißen Hund. Die beiden Besitzer waren auch nicht weit. Das Treffen alter Bekannter auf der Reise erweckte den Eindruck eines sonntäglichen Familienbesuchs. Wir hatten uns so viel zu erzählen!

Auf der Fähre waren Tausende Männer und sieben Frauen. Die Nacht an Deck war kalt, und die Wellten schwappten über uns. Rob, Lisa und ich hockten aneinandergedrängt da wie ein Hahn und zwei Hühner auf der Stange. Die Männer starrten Lisa und mich so an, dass es nicht auszuhalten war. Dem Intelligentesten von ihnen taten wir wohl leid, weil er zu uns trat, uns einen Pappkarton hinhielt und uns vorschlug, damit unsere Köpfe zu bedecken.

Als wir die Fähre verließen, war mir so schlecht wie einst vor Prüfungen. An der Passkontrolle wurden Lisa und ich zur Ordnung gerufen, denn wir standen in der falschen Reihe. In der für Männer! Von denen gab es viele, für Frauen gab es nur eine, und die war so versteckt, dass wir sie nicht einmal bemerkt hatten.

Obwohl wir in der Männerreihe schon fast am Schalter angekommen waren, mussten wir uns in der für Frauen noch einmal ganz hinten anstellen. Irgendwelche erwähnenswerten Veränderungen bemerkten wir nicht, außer dass sie schmaler war.

Man nahm uns unsere Reisepässe ab, und wir mussten uns auf eine Bank setzen. Als hätten sie uns die Dokumente nicht auch in der Männerreihe abnehmen können. Wir warteten und warteten. Zuerst schweigend, dann tauschten wir einige Bemerkungen bezüglich der sonderbaren Gepflogenheiten aus.

Jemand schaltete ein Mikrofon ein. Wir spitzten die Ohren. Höchstwahrscheinlich eine Durchsage. Vielleicht für uns ... Dann dröhnte ein Donnerwetter aus allen Lautsprechern gleichzeitig: »Allaaaaah!«

Wir sahen uns an und fingen über unsere naiven Erwartungen an zu lachen. Wir bemühten uns wirklich, uns zusammenzureißen, brachen jedoch in solch ein Gelächter aus, dass mir mein Schleier vom Kopf rutschte. Eine Lehrstunde darüber brach an, wie man neben allem anderen im Leben auch das Kopftuch beherrscht.

Binnen weniger kurzer Augenblicke wälzten sich alle aus den Reihen in das Gewölbe, das zum Gebetshaus wurde, und widmeten sich Gott.

Ein durchaus überzeugender und berührender Akt, das muss ich zugeben.

Und so verging die Zeit.

Als das Gebet zu Ende war, normalisierte sich das Leben wieder, und die Arbeit ging weiter. Die erste Stunde verstrich, dann die zweite und danach noch die dritte. Und wir warteten noch immer wie zwei vergessene Hühner.

Langsam verging mir die Lust, dem lieben Gott auf der bequemen Lederbank die Zeit zu stehlen.

»Bitte, bleib da und sag nichts, damit sie uns nicht einsperren«, flehte mich Lisa an, die dort sicher noch eine Woche lang gewartet hätte, wenn ich nicht zum Zollbeamten gegangen wäre und von ihm höflich, aber doch bestimmt unsere Reisepässe verlangt hätte.

Unter der Feredsche trug ich noch immer meinen Helm mit mir. Aber nicht mehr lange. Ein Zollbeamter, der letzte, bevor wir den Zoll verließen, bemerkte ihn und wollte wissen, was das sei. Als er die erste Antwort bekam, machte er panisch mit dem Verhör weiter. Er drehte sich zu den Männern in seinem Rücken um. Hitzig brüllte einer den anderen an, als würden sie sich jeden Augenblick gegenseitig abstechen, Tatsache war aber, dass sie diskutierten, was sie mit mir machen sollten.

Lisa sagte, sie habe sich vor Angst schon in die Hose gemacht.

Wieder folgte eine heiße Debatte auf Arabisch, mit Gefuchtel und Gewedel. Ein Mann nach dem anderen verließ den Schauplatz. Es blieben nur der englischsprachige Chef und ein junger Mann mit einer blauen Brille übrig. Man konnte spüren, dass sich das Gewitter gelegt hatte, aber ich konnte nicht sagen, ob schon Sonnenschein oder doch noch ein Wolkenbruch folgen würde.

Beide sahen mich aufmerksam an. Die Stille war bleiern und quälend. Bevor sie etwas sagten, verging so viel Zeit, dass ich mich meinem Schicksal schon ergeben hatte. Es war Nachmittag, seit dem letzten Abend hatte ich nichts mehr gegessen, und es reichte mir. Ich wünschte mir nur noch, dass alles vorbei wäre, egal, mit was für einem verdammten Ergebnis.

»Wissen Sie, Fräulein, das könnte etwas schwierig werden. Sie sind eine Frau, und das Fahren ... Unsere Frauen können nicht fahren.«

Ich fühlte mich noch immer apathisch und wollte dem Chef sagen, dass es meinetwegen so oder anders sein könne, ich sei nicht von hier und hätte einen gültigen Führerschein, also eine Erlaubnis, auch ein Motorrad fahren zu dürfen. Keine Sorge, auch in Saudi-Arabien.

Gut, dass alle weiteren Erklärungen hinfällig wurden, weil sich der junge Mann mit der blauen Brille einschaltete.

»Kommen Sie, ich helfe Ihnen.«

Ich hatte keine Ahnung, was das heißen sollte, aber es klang definitiv besser als zum Beispiel »*Kommen Sie, ich bringe Sie ins Gefängnis*«. Ich folgte ihm in einen garagenähnlichen Raum, in dem Fahrzeuge kontrolliert wurden. Ich erblickte mein Bike, das die Hafenarbeiter vom Schiff bis hierher geschoben hatten, mindestens zwei Kilometer weit.

Es dauerte weitere drei Stunden, einige Tassen Tee, einige unterschriebene Dokumente, zwanzig Dollar, viele entsetzte männliche Gesichter, und schon war ich wieder auf meinem Bike. In voller Montur. Den Zollarbeitern gefiel das sehr, denn bis dahin hatten sie mich ständig besorgt gefragt, wie ich mit einem Tschador Motorrad fahren wolle.

»Wenn Sie von der Polizei angehalten werden, müssen Sie selbst mit ihr fertig werden«, sagte der junge Mann, mein großer Helfer und Retter, besorgt.

»Das bin ich schon gewohnt.« Ich lachte, winkte zum Abschied und fuhr den Straßenpatrouillen entgegen, auf die eine Überraschung wartete.

Kurz gesagt, ich bin durch alle Kontrollen gekommen. Alles in allem war ich ein so großes Problem, dass sich kein Einziger von der Straßenpolizei mit mir beschäftigen wollte. Können Sie sich vorstellen, dass sie schon ihr ganzes Leben dort beschäftigt waren und noch niemals in ihrer Karriere eine Frau auf einem Bike gesehen hatten?

Ich befuhr etwas mehr als tausendzweihundert Kilometer der weltweit besten Straßen in eineinhalb Tagen. Ich sah keine einzige Frau. Die Männer waren außerordentlich freundlich. Sie hielten an und boten mir Schawarmas, Wasser und Zigaretten an. Ansonsten waren sie aber alle der Reihe nach einigermaßen verwirrt, wenn ich meinen Mund aufmachte und ihnen schien – wie schon so vielen vor ihnen –, dass ich für einen Mann eine ungewöhnlich sanfte Stimme hätte.

Ich würde sofort wieder nach Saudi-Arabien reisen. Ich bin aber nicht überzeugt, dass die Regierung von mir genauso begeistert war wie ich von ihrem Land.

An der Grenze bei der Ausreise wurde laut überlegt, dass ich fürs Kittchen am geeignetsten wäre, mir schien es eine bessere Lösung, mich des Landes zu verweisen. Wir kamen überein, friedlich auseinanderzugehen, und man wünschte mir noch eine gute Weiterreise.

Tagebuchauszüge 4

Reisetag: 5. Mai 2002
Ort: Hurghada, Ägypten
Wetter: mäßig bewölkt bis sonnig und heiß

Es wäre wirklich langweilig, wenn ich jeden Tag nur schöne Einträge reinkritzeln, nette Geschichten erzählen und über zauberhafte Erlebnisse berichten würde. Das Leben ist schön, aber heute ist einer jener verdammten Tage, an denen alles schiefgeht, und mir scheint, die Welt würde sich seit dem Morgen in die falsche Richtung drehen.

Ein rotgelber Sonnenaufgang um sechs Uhr. Um sieben bin ich an der Bushaltestelle, von wo aus kurze Zeit später ein Zwangskonvoi starten wird. Gestern wollte ich nach Luxor fahren, aber die Verkehrskontrolle versperrte mir den Weg. Ich wurde für eine Nacht nach Hurghada geschickt, weil sie Angst haben, dass Extremisten wieder irgendwelche Touristen umbringen könnten.

Ohne Vollidioten wäre diese Welt wirklich perfekt.

Mindestens zweihundert Fahrzeuge warten im Konvoi. Am zahlreichsten sind Busse mit russischen Touristen. Ich werde sofort hinter ein Militärfahrzeug, an den Anfang der Kolonne, gestellt. Auf dem Wagen sind zwei Maschinengewehre und drei Soldaten.

Als wir aufbrechen, beginnt man mich zu überholen. Ich fahre freundliche hundert Stundenkilometer, und alles wäre in bester Ordnung, wenn der eine oder andere ägyptische Fahrer schon etwas von Sicherheitsabstand gehört hätte. Aber sie können sich nicht ausrechnen, dass sie nicht schneller am Ziel sein werden als ich, wenn sie mich überholen, denn wir fahren ja im selben Konvoi und mit derselben Geschwindigkeit. Einer hinter dem anderen.

Im Kampf gegen idiotische Fahrer fühle ich mich bedroht und hilflos.

Wie sehr würde ich mir wünschen, mich hinsichtlich aller schlechten Gefühle, die mich erfüllen, zu irren. Nur fünf Kilometer, und ich holpere über einen großen, scharfen Metallring, der unter dem Kombi vor mir herausrollt. Er hat mich vor einigen Sekunden überholt. Ich habe absolut keine Möglichkeit, dem Ring auszuweichen. *Peng!* Ich stehe auf und blicke zum Vorderrad, das schon seine Form verändert hat. Ich sehe, dass der Reifen total zerfetzt ist. Ich komme ins Schleudern, kann das Bike kaum halten. Ich verliere das Gleichgewicht. Und ein neues Kaliber hinter mir, das mich überholen will.

Ich fahre, so gut es geht, auf den Pannenstreifen und kippe Gott sei Dank nicht um. Ich stelle mich am Straßenrand hin und warte auf das nächste Polizeiauto und weitere Instruktionen. Als es um die Kurve kommt, trete ich auf die Fahrbahn und winke, um es aufzuhalten. Dem Blinker nach zu urteilen, müsste es mich bemerkt haben, aber es wird nicht langsamer. Mein Bauchgefühl sagt mir, dass neuer Ärger im Anrollen ist.

Ein Fahrzeug mit der gleichen Ausstattung wie jenes, das den Konvoi anführt, nähert sich mir auf dem Pannenstreifen. Der Bremsvorgang setzt zu spät ein, viel zu spät. Der Sand auf der Fahrbahn tut das Übrige. Die Bremsen quietschen ins Leere. Rücklings hechte ich in den Graben. Es gibt einen höllischen Knall. Wenn ich nicht weggesprungen wäre, hätte mich die Karre auch gerammt. Sie kracht ins Motorrad, das umfällt und in einem Funkenregen weiterschlittert, bis auf die andere Fahrbahnseite.

Mir wird schwarz vor Augen, und meine Sicherungen brennen durch. Noch nie im Leben bin ich mehr ausgerastet als jetzt. Ich klettere aus dem Graben, laufe auf die Fahrerseite des Autos, packe den Polizisten mit der Linken an den Haaren, ziehe ihn durchs Fenster zu mir heran und verpasse ihm eine mit der Rechten, so fest ich kann. Dann tut es mir allerdings etwas leid. Ich schreie wie eine Verrückte.

Die anderen mit den Maschinengewehren kommen mit langen verwunderten Gesichtern aus der Schrottkiste. Ich brülle noch immer und verlange lautstark, dass der Kommandant gerufen wird. Derjenige, der eine aufs Maul bekommen hat, fängt an zu heulen. Ich werfe ihm Papiertaschentücher hin und brülle weiter. Ich befehle denen mit den Maschinengewehren, mein Bike aufzustellen. Drei machen sich auf den Weg, der Vierte versucht mich zu beruhigen und den anderen zu trösten. Währenddessen erklärt er mir, dass der Hosenscheißer heute zum ersten Mal im Dienst ist und noch keinen Führerschein hat. Nach einer Weile kommt der Polizeichef. Er ordnet an, mir den Reifen zu wechseln.

Menschen, die sich beim ersten Mal nicht bewähren, vertraue ich aus Sicherheitsgründen kein zweites Mal.

Um den neuen Schlauch zu schützen, unterlege ich den zerfetzten Reifen, wo ein Schnitt klafft, von innen mit ein paar Schichten des alten Schlauchs.

Ich sage ihnen, dass ich alleine weiterfahren werde. Sie akzeptieren es nicht. Ich lehne ihre weitere Gesellschaft ab. Der Chef gibt auf und begleitet mich persönlich.

Im nächsten Ort, wo die Begleitung wechseln sollte, müsste ich zwei Stunden warten. Ich flunkere sie an, auf die Toilette zu müssen. Sie erlauben es mir. Hinter der Ecke steige ich aufs Bike und haue ab.

Das Fahren in der gefährlichen Einsamkeit ist viel sicherer als in Begleitung.

Am Abend trudle ich in Luxor ein. Noch bevor es dunkel wird, finde ich einen anständigen Zeltplatz. Ich steige ab und ergebe mich noch der letzten Erkenntnis des heutigen Tages: Ich habe einen Handschuh verloren.

Ich hasse solche Tage.

Reisetag: 6. Mai 2002
Ort: Luxor, Ägypten
Wetter: heiß, heiß, heiß

Ich beschäftige mich fast den gesamten Tag mit der Reparatur des Motorrads. Weil ich keinen neuen Reifen finde, suche ich jemanden, der die Wunde verarzten könnte. Der Campbesitzer ist eine sehr gute Informationsquelle. Wir fahren zu einem Vulkaniseur, der mit einer riesengroßen Nadel den Schnitt zusammennäht und ihn vulkanisiert. Für schnelles Fahren wird es nicht reichen, zur Not ist es aber gut. Er hat seine Arbeit ausgezeichnet erledigt.

Ich bin immer wieder vom Ideenreichtum der Menschen begeistert, die ihre alten Sachen reparieren, anstatt sich neue zu kaufen.

Den Rest des Tages flaniere ich durch die Stadt. Luxor, ein super Ort! Die aufdringlichen Straßenverkäufer lassen mich in Ruhe. Nach jahrelanger Erfahrung lasse ich sie nicht mehr freundlich abblitzen. Sobald sie über mich herfallen, schmettere ich ein resolutes Nein in ihre Richtung, werfe ihnen einen ernsten Blick zu, und schon habe ich Ruhe. Am hartnäckigsten ist ein Tuchverkäufer. Er droht mir, meine Reifen aufzuschlitzen, sollte ich nicht zum Islam konvertieren. Kein Problem, denke ich mir. Einer ist ja sowieso schon hin …

Am Nachmittag irre ich zwischen den überwältigenden Säulen des Luxor-Tempels umher. Ich bewundere Tausende Jahre alte Sehenswürdigkeiten, spaziere durch Ruinen und mache begeistert Fotos.

Mit viel weniger Begeisterung merke ich, dass mir jemand folgt. Klar doch, ein junger Mann, den meine Titten interessieren. Ich trete mit einem Lächeln an ihn heran und unterrichte ihn freundlich darüber, dass mir gezeigt wurde, wie man mit einem Messer umgeht. Ich rate ihm, mich nicht zu Taten zu drängen und dass es am besten wäre, wenn er sich sofort verpissen würde.

Im nächsten Augenblick hat ihn schon die Menge verschluckt. Ich vergöttere die Ruhe. Die schlafenden Sphinxen im Karnak-Tempel haben sie im Überfluss.

Was guckst du?

Parken in Kairo ist zum Verrücktwerden. Dem Universum sei Dank hatte ich kein Auto. Stoßstange an Stoßstange. Im wahrsten Sinne des Wortes. Oder mit nur ein paar Zentimeter Abstand. Die Fahrzeuge parken seitlich entlang der Straße, auf jeder Seite in drei ununterbrochenen Reihen. Gott bewahre, wenn man neben dem Gehsteig parkt und mit seinen Erledigungen schneller fertig ist als gedacht! Es wäre interessant zu wissen, wie lange man warten muss, um aus den inneren Reihen auszuparken.

Für eine kurze Zeit konnte ich das Beste, was diese energische Stadt zu bieten hat, miterleben: Sufitänzer, beeindruckende Moscheen, Märkte, Schischas, göttliche Süßspeisen, die Pyramiden von Giseh und meinen letzten Geburtstag auf der Reise. Die Betreiber des Hostels, in dem ich schlief, organisierten für mich eine etwas andere Feier als in Pakistan, wo ich das letzte Mal ein wenig älter geworden war. Obwohl sie in Ägypten und in Pakistan an den gleichen Gott glauben, führten sie mich in Kairo in einen Nachtclub auf einen Whisky und eine Bauchtanzvorführung aus. Der Tschador war hier schon lange nicht mehr in Gebrauch.

Mein ganzes Leben lang wünschte ich mir, den Bauchtanz dort zu erleben, woher er ursprünglich stammt. Ich stellte mir vor, es würde etwas Schönes und Weibliches sein, aber es war nur pfui. Fette Weiber wackelten anstatt mit ihren Hüften und Brüsten mit ihrem Speck. Den Abend beendeten wir, indem wir mit einem Kutscher in eine Konditorei fuhren und alles durchprobierten, was es dort gab.

Die Sinai-Halbinsel war ein ruhiger Abschluss nach dem pulsierenden Leben in der Hauptstadt. In Dahab war ich tauchen, half Anita, der Besitzerin der Tauchschule, ihr Zentrum herzurichten, und an den Abenden vertrieb ich mir die Zeit mit Papyrusverkäufern. Es war eine tolle Erfahrung, während ihrer Arbeit dabei zu sein. Zu beobachten, wie sie die Kunden psychologisch präparierten, wie sie den Preis an die Anzahl von Scheinen in deren Brieftaschen anpassten, was sie ihnen erzählten und was für Geschichten sie ihnen auftischten. Ich fühlte mich wie in *Der weiße Hai* und lernte, dass nur jene Käufer gewinnen, die nicht zeigen, wie sehr sie das Exemplar haben wollen, und dass diejenigen teuer bezahlen müssen, die es zeigen.

Seit damals bin ich eine etwas geschicktere Feilscherin.

Wenn es eine gute Monotonie ist, stört sie mich nicht. Jeden

Abend aß ich Humus und Falafel. Es war gar nicht daran zu denken, dass ich mich auf etwas anderes einlassen würde. Die Straßenrestaurants waren unterhaltsam, voll mit Einheimischen und superleckerem billigen Essen.

Die Stadt erwachte meist erst abends, wenn die Einheimischen aus ihren Verstecken hervorgekrochen und die Touristen vom Strand kamen. Das ziellose Umherstreifen endete an einem Abend auf der Straße, als ich hinter mir plötzlich bekannte Worte hörte. Ich drehte mich um und starrte die beiden eine Zeit lang verwundert an, bis die Größere zur Kleineren sagte: »Was guckt die denn so?«

Dann starrten auch sie mich an, während sie auf mich zukamen, ich aber blieb einfach stehen, um leichter einen Gedanken fassen zu können, und brachte nach langer Zeit etwas Slowenisches heraus: »Weil ich auch Slowenisch kann. Ein bisschen zumindest schon noch«, kam es das erste und einzige Mal im Laibacher Dialekt aus meinem Mund.

Die zwei Miezen zuckten zusammen, und das war der Anfang einer neuen Freundschaft. Nadja war schon seit einigen Tagen krank. Nach dem Abendessen trat ich ihr das richtige Medikament aus meiner Reiseapotheke ab. Am nächsten Abend aßen wir wieder gemeinsam zu Abend und am nächsten auch.

Diese Angewohnheit haben wir uns bis heute bewahrt, nur dass wir sie nach Ljubljana übersiedelt haben.

Teufelinnen

Die Ägypter waren die Einzigen, die mir für das Reisen in ihrem Land ihr eigenes Kennzeichen aufbrummten. Für den Rest des Weges war meines gut genug. Das verschlissene hässliche grellgelbe Kennzeichen mit roten Ziffern, das den einheimischen Polizisten das Lesen erleichterte, schützte mein slowenisches vor der Sonne.

Überhaupt ist Ägypten ein bürokratisches Paradies. Ich hatte wohl wieder einen Schutzengel, weil ich das, wofür die meisten anderen Reisenden einen halben Tag benötigen, in weniger als einer Stunde erledigt hatte. Ich bin nicht ganz überzeugt, dass es ein Engel war, ich weiß aber, dass während des Ausfüllens und Einreichens von Dokumenten die ganze Zeit ein Beamter bei mir war. Ich muss ihm wohl wahnsinnig gefallen haben, weil er so effizient war wie kein anderer ägyptischer Bürokrat.

Obwohl Männer wirklich schleimig sein können, sind sie noch immer besser als anstrengende Femmes fatales. Die Israelinnen hätten mich an der Grenze fast vernichtet. Sie unterzogen mich ganze sechs Stunden einer psychischen Tortur. Ich glaube, dass niemand anderer effektivere Foltermethoden hatte: Ausziehen! Ohrringe aus den Ohren! Gepäck zeigen! Batterie abmontieren! Tankbehälter öffnen!

Sie nahmen das halbe Bike auseinander, gingen drum herum und klopften jedes einzelne Teil ab, untersuchten die Reifen, die Gepäckboxen, durchwühlten die gesamte Kleidung, steckten ihre Nase in jede Tüte, nahmen den Laptop auseinander, breiteten die ganze Fotoausrüstung aus und hätten mich fast an den Rand eines Nervenzusammenbruchs getrieben, wenn ich mich nicht schon vorher dazu entschlossen gehabt hätte, lieber zu meditieren und das alles als eine Theateraufführung zu sehen.

Man könnte es ja verstehen, dass die Israelis an der Grenze sehr konsequent sind. Aber ihre Methoden verwandelten jeden Schritt meines Pilgerns durch das Heilige Land in einen Kreuzweg.

Die Israelis fühlten sich bedroht, die Palästinenser aber auch. Bei einer Straßenkontrolle schikanierten mich die Ersteren, fünfzig Meter weiter die Zweiteren. In Israel hassen sich alle gegenseitig und trauen einander nicht über den Weg. Dort wird es nie Frieden geben, weil die Israelis aggressiv sind und die Palästinenser rachsüchtig. Jeder sucht beharrlich und ununterbrochen nach Gründen für Hass und Schuldzuweisungen. Die Reise durch Israel war wie ein Eiertanz. Ständig machte ich etwas falsch, obwohl ich dachte, es richtig zu machen.

Israel war eine der besseren Reiseerfahrungen. Das zu erleben, was man im Fernsehen sieht und in der Zeitung liest, bedeutet, es besser zu verstehen, als es einem durch die Medien jemals vermittelt werden kann. Und nein, die Reise durch das Heilige Land war nicht einfach. Es passierten einige unvorhergesehene Dinge, Probleme traten auf, ich musste immer wieder aufs Neue beweisen, dass ich auf niemandes Seite stand, dass ich für mich war, mit Politik nichts am Hut hatte und mich vor allem die Geschichte der Orte interessierte. So konnte ich zumindest für etwas ruhig Blut auf beiden Seiten sorgen.

Außer bei den Friedenskämpfern. Marjan war, nachdem er sechs Stunden hinter der Grenze auf mich gewartet hatte, ein alter Leidensgenosse, obwohl wir uns nur vom Schreiben her kannten. Er war ein amüsanter Soldat. Ich traf haufenweise tolle Slowenen außerhalb der slowenischen Grenzen.

Eines Abends stellte er mich seinen Arbeitskollegen vor, und es war richtig kitschig, als ich einem von ihnen um den Hals fiel.

Nach dem Freudenausbruch klärten wir die anderen auf, dass wir uns von der Reise in die Antarktis kannten. Runi war der Gehilfe von Kapitän Jensen gewesen, der mich mit auf sein Schiff genommen und auf den Eiskontinent gebracht hatte.

Hat Ihnen schon jemals jemand gesagt, dass die Welt kleiner als eine Hosentasche ist?

Heilige Stadt aus gutem Grund

Wenn Sie einen kleinen Adrenalinkick wollen, müssen Sie keine Weltreise unternehmen. Ein Flugticket nach Israel reicht vollkommen. Es ist der ungewöhnlichste Ort der Welt und bietet eine kompakte Lektion über die menschliche Eitelkeit.

Mitten in der ausgetrockneten Landschaft liegt an der Grenze zu Jordanien das Tote Meer. Sein Meeresspiegel liegt gut vierhundert Meter unter dem aller anderen Meere, und das Wasser beinhaltet mehr als dreißig Prozent Feststoffe und ist so dicht, dass man richtig gut darauf liegen kann, schwimmen gestaltet sich schon etwas schwieriger.

Ebendieses Wasser enthält neben Salz auch viel Brom, das Bestandteil von Beruhigungsmitteln ist. Ich weiß nicht, wieso den neunzig Kilometer langen Strand an diesem besonderen See vor allem Touristen und Pilger nutzen und nicht die Einheimischen selbst. Die Sedative im Wasser würden bei regelmäßiger Nutzung vielleicht das Blut beruhigen, das in jenen Gebieten wegen der Religion und Politik schon seit zwei Jahrtausenden am Kochen ist.

Im Toten Meer zu strampeln war das schmerzhafteste Schwimmen überhaupt. Die unverheilten Wunden aus dem Sudan heilten nach dem Einweichen im Wasser zwar schneller, brannten dafür aber wie Feuer.

Für eine friedliche Reise durch das Heilige Land gilt die Regel, Gesprächen über Religion und Politik besser aus dem Weg zu gehen. Beschäftigen Sie sich lieber mit Ihren Überzeugungen und dem Erforschen der Gebiete, und denken Sie über Legenden nach.

Vom ersten Tag an, als ich in Jerusalem vom Bike gestiegen war, wusste ich, wieso die Stadt von drei Weltreligionen beansprucht wird. An keinem anderen Ort der Welt spürte ich so viel kraftvolle Energie wie dort. Jerusalem war der faszinierendste Ort meiner

Reise und eine der schönsten Städte überhaupt. Zweifellos gilt es aus gutem Grund als Heilige Stadt.

Den Zerwürfnissen und Kämpfen, welche der großen Religionen die Stadt beherrschen wird, gingen nur die buddhistischen Mönche aus dem Weg. Alle anderen brachen über die Stadt Davids herein, erinnerten sich an irgendein geschichtliches Ereignis aus längst vergangenen Tagen und beschlossen, dass es von existenzieller Bedeutung sei. Und so wurde im Lauf der Zeit dieser zauberhafte Ort zur Hauptstadt des Hasses, trotz all der Götter, die dort weilen, und der spirituellen Dimensionen, die er hat.

Wenn Menschen, die anders sind als Sie selbst, Sie stören, dann gehen Sie nicht dorthin. Die Stadt an den Hängen des Berges Moria, dessen Anfänge viertausend Jahre in die Geschichte zurückreichen, ist eine Spielhölle, in der um den Weltfrieden gepokert wird. Zutritt haben nur die Großen und Reichen.

Ganz egal, wie man angezogen ist, man fällt auf, und ganz egal, an welchen Gott man glaubt, man gilt in dieser Stadt als Ungläubiger. Obwohl man eine offene Weltanschauung hat, beginnt man in den schmalen steinernen Gassen der jahrtausendealten Stadt anders an zu denken als bisher.

Die Muslime sagen, der Prophet Mohammed sei vom Heiligen Felsen in der Heiligen Stadt in den Himmel aufgefahren. Weil der Berg nicht zu Mohammed gekommen war, musste er zu ihm. Aus diesem Grund gilt Jerusalem als eine der heiligsten Städte des Islam, und Muslime gedenken hier der Himmelfahrt ihres Propheten. Für die Christen ist diese Stadt heilig, weil sie der Ort der Kreuzigung und Auferstehung Jesu Christi ist. Und für die Juden gilt Jerusalem der biblischen Überlieferung nach als einstiges politisches und religiöses Zentrum des israelischen Königreichs. An so einem bedeutungsschweren Ort ist das Leben sehr dynamisch, die Verständigung schwierig und die Akzeptanz eine einzige Herausforderung.

Beschimpfungen vor der Klagemauer

Ein gesprächiger junger Mann, der sich auf der Straße nicht in mich, sondern in mein Bike verliebte, sprach mich am Ausgang der finnischen evangelischen Kirche an, wo ich einen neutralen Hafen gefunden hatte, bevor ich mich in einen neuen Tag stürzte.

Obwohl ich neue Orte und Gegenden am liebsten alleine erkunde und mir Menschen, die mir solche Dienstleistungen anbieten, immer vom Leib halte, nahm ich Aarons spontanes Angebot, mir diesen Teil der Welt zu zeigen, an.

»Als ich mit meinem Geschichtsstudium angefangen und begonnen habe, mich damit intensiver zu beschäftigen, kehrte ich dem Judentum den Rücken, verließ New York, zog nach Jerusalem und ließ mich nach achtundzwanzig Jahren taufen«, erzählte er in tadellosem amerikanischen Englisch, während wir langsam zur Mauer gingen, hinter der sich die heiß umstrittene Stadt befand.

»Die Familie hat sich von mir losgesagt. Nur eine jüdische Familie kann das eigene Kind wegen der Religion hassen.« Er sprach mit einem Funken Ironie von der Trennung und dem Bruch.

Nach dem abgeschlossenen Studium und einigen Jahren an der Wall Street regelte er sein Leben nun in der Heiligen Stadt und war überzeugt, von hier niemals wieder wegzuziehen.

»Das ist mein Platz. Ich habe keine Erklärung dafür, aber ich spüre, dass ich hierbleiben muss«, betonte er, und ich fing an, über das Jerusalem-Syndrom nachzudenken. Meist »überfällt« es religiös erzogene ledige Männer im Alter zwischen zwanzig und dreißig Jahren. Wenn sie in die Heilige Stadt kommen, wollen sie sie nie wieder verlassen.

Angesichts der ungewöhnlich intensiven und tiefen Gefühle, die mich erfüllten – und ich war nicht religiös erzogen worden, war nicht ledig und litt an keiner bekannten psychischen Störung –, konnte ich problemlos verstehen, wie es dazu kommen konnte.

An der Klagemauer angekommen, trennten sich unsere Wege für kurze Zeit. Ich trat dorthin, wo die Frauen beteten. Am Schauplatz waren auch israelische Soldatinnen. Die Erfahrung mit ihnen war in etwa die gleiche wie an der Grenze, jedoch dauerte sie hier nur einige Minuten.

Die Menschen beteten laut, lasen aus der Thora, schrieben ihre Wünsche auf und steckten die Papierstücke zwischen die großen Steinplatten, aus denen die heiligste jüdische Mauer gebaut ist.

Der riesige Platz vor der Mauer ist eine offene Synagoge, deren Dimension den Kindern am meisten zusagte, die auf dem glatten weißen Boden hin und her flitzten. Sie sahen wie kleine Erwachsene aus. Sie waren gleich angezogen wie ihre Eltern, und ich überlegte, wie interessant es doch wäre, wenn Kinder die Welt regieren würden. Höchstwahrscheinlich würden wir spielen und herumtollen, anstatt uns zu beschießen und zu töten.

Ein Mann reiferen Alters trat an mich heran und fing entschlossen an, mir die klassischen Fragen zu stellen. Während er mir mit einem Ohr zuhörte, streckte er mir seine Visitenkarte entgegen, auf der die Adresse einer Jugendherberge stand, in der man günstig übernachten konnte.

Solange mir solche Leute eine Übernachtung anbieten, fühle ich mich noch jung.

Während der Unterhaltung stieß auch Aaron wieder zu uns.

»Du bist doch Jüdin! Siehst aus wie eine von uns«, urteilte der neue Bekannte über mich, überzeugt von seiner Beobachtungsgabe, und es interessierte ihn nicht, ob ich dazu etwas zu sagen hatte oder nicht.

»Nein, ich bin keine Jüdin.« Ich musste mir das Wort erkämpfen, während er uns alles von sich erzählte, was wir eigentlich gar nicht wissen wollten.

Sobald er begriff, falsch gelegen zu haben, verstummte er und riss mir die Visitenkarte wieder aus der Hand.

»Entschuldigen Sie, dann sind Sie nicht willkommen. Mein Dach gewährt nur Juden Unterkunft.«

Zum religiösen Chaos der bunten Masse, in der ich meine eigenen Erfahrung darüber machen wollte, was Israel ist und wieso es dort so ist, wie es ist, gehörten Überraschungen. Sie waren Bestandteil der Erforschung der Welt.

Ich musste lachen. »Gut, trotzdem danke. Ich habe so oder so schon ein Zimmer.« Ich nickte und bedankte mich freundlich dafür, dass er seine Zeit mit mir verschwendet hatte.

Aaron fand das ganze Schauspiel aber nicht so lustig. Er trat an den Hotelier heran, und ich glaube, dass er ihn wüst beschimpfte. Das schloss ich aus den hervorquellenden Augen des Hoteliers und Aarons Intonation sowie seiner entschlossenen Haltung mit geballten Fäusten.

Aber die Diskussion war noch nicht zu Ende. Aaron hatte dem Mann wohl noch viel zu sagen, denn er redete wie ein Wasserfall. Dem Hotelier war anzusehen, dass er nur zuhörte, weil er sich auf einem öffentlichen Platz befand, sonst hätte er wohl anders reagiert. Es war ihm auch sichtlich unangenehm, von einem Juden ertappt worden zu sein.

Als wir schließlich weitergingen, war Aaron noch immer aufgebracht. »Verdammte Rassisten! Kein Wunder, dass wir Juden in der Vergangenheit mit niemandem eine gemeinsame Sprache finden konnten, weil wir so verdammt eingebildet und selbstgefällig sind!«

Ich hörte mir die unzähligen Vorwürfe an, die durch die Verwendung der ersten Person einen interessanten Blickwinkel bekamen.

War Jesus wirklich ein armer Hund?

Die Via Dolorosa oder der Leidensweg ist die einzige Straße hinter der Steinmauer des alten Stadtkerns, die ihren ursprünglichen Namen beibehalten hat. Wegen der dortigen Ereignisse wird Jerusalem auch von Christen verehrt. Über den gepflasterten Fußweg, der von mehrstöckigen Stadthäusern gesäumt wird, trug Jesus das schwere Kreuz.

Biblische Plätze mit historischem Hintergrund interessierten mich sehr, und ich begab mich in das muslimische Viertel, in dem die Kapellen der Verurteilung und der Geißelung stehen.

Dort begann der Kreuzweg. Seiner und meiner.

In dem freundlichen Garten mit Blumen und Sträuchern, die entlang der den Innenhof von der Straße trennenden Mauer gepflanzt waren, herrschte vollkommene Ruhe. Das Treiben blieb vor dem großen Tor, obwohl es sperrangelweit offen stand.

Ich betrat die stille, düstere Kapelle der Verurteilung, in deren Kuppel eine große Dornenkrone schwebt. Die Kühle und die Ruhe hielten mich in dem Gotteshaus. Ich setzte mich hin und sog die Stille ein, die überzeugender zu mir sprach als unzählige Worte.

Vor der Kapelle hörte ich dumpfe, langsame Schritte und leise Stimmen. Ich erblickte einen jüngeren Messpriester und eine ältere Schwester, die auf dem Weg in die Sakristei waren. Als sie verschwunden waren, hörte ich nur noch das Zwitschern der Vögel und das Spiel des Windes in den Blättern an diesem warmen Samstagnachmittag. Wegen solcher Momente voller Einsamkeit und Stille verweilte ich immer wieder gerne auf Friedhöfen, in Tempeln, Moscheen, Kapellen, Stupas, Kirchen, Synagogen, Klöstern, Kathedralen und allen anderen Gebetshäusern. An Orten, wo sich der Mensch mit göttlichen Wesen trifft, herrscht immer Würde.

Versunken in diese Ruhe, saß ich in der Kapelle, als die Beschaulichkeit von lauten Schritten gestört wurde. Ein Bengel trat an mich heran, der um die zwölf, dreizehn Jahre alt war und mir Ansichtskarten, Tücher und einen Koran feilbot.

Wortlos schüttelte ich den Kopf und versank wieder in meine Welt. Aber der Bengel war beharrlicher, als ich gedacht hatte. Er klopfte mir auf die Schulter und schlug vor, ich solle doch was kaufen. Noch einmal schüttelte ich den Kopf, diesmal waren die Amplituden größer und zahlreicher.

»Ihr Christen seid genauso arme Hunde wie euer Jesus. Keiner von euch hat Geld.«

Mir verschlug es aus mindestens fünf Gründen den Atem. Ich blickte den Rotzbuben sehr ernst an und schlug ihm flüsternd vor, er möge leiser sprechen oder die Kapelle verlassen. Weder das eine noch das andere schien ihn zu beeindrucken, deshalb setzte er sich zu mir und wartete. Höchstwahrscheinlich, damit ich es mir überlegen und doch etwas kaufen würde, nur um ihn loszuwerden. Er gab aber vor mir auf, stand auf und verschwand wortlos.

Er war wohl nicht weit weggegangen, denn ein paar Augenblicke später kam er zurück. Diesmal in Begleitung eines Jungen, der sein älterer Bruder hätte sein können. Er trat dicht an mich heran und fauchte mich drohend an:

»Verschwinde, du Drecksau, woher du gekommen bist! Das ist unser Ort! Hört endlich auf hierherzukommen, ihr seid nicht erwünscht. Seid verdammt, oder geht dorthin zurück, woher ihr gekommen seid! Lasst dieses Heilige Land endlich in Ruhe!«

Huch! So schockierende Angriffe war ich wirklich nicht gewohnt. Ich brach in Tränen aus, ich weiß bis heute nicht, warum. Vielleicht wegen der Erkenntnis, dass diese verwunschene Stadt Jerusalem wirklich verdammt ist. Dass alle alles hassen, dass alle allen im Weg stehen und dass in diesem Teil der Welt niemals Frieden herrschen wird, weil die Menschen keine Ahnung von Vergebung und Akzeptanz haben. Sie kriechen vor den Führern, ohne ihren eigenen Verstand einzuschalten. Sie verstecken sich hinter Gott, weil sie sich selbst nicht aussetzen wollen. Sie bedienen sich fremder Prinzipien, anstatt ihre eigene Aufgabe und ihren eigenen Weg zu finden. Offenbar haben sie noch nicht erkannt, dass jeder Gott seine Gläubigen dazu anhält, die Nächsten zu lieben. Weil sie Menschen sind, und nicht, weil sie auch noch Muslime, Christen, Juden, Buddhisten, Atheisten, Jainisten, Zoisten oder Hindus sind beziehungsweise an etwas glauben, das man gar nicht kennt.

Ein halbes Jahrzehnt fort von zu Hause

An einige Dinge kann ich leichter glauben als an andere.

Seit ich gesehen hatte, wie nah beieinander Josef und Maria in Nazareth wohnten, glaube ich nicht mehr daran, dass der Heilige Geist seine Finger im Spiel hatte.

Ein Platten auf der Straße, o.k. Aber ein Gummidefekt auf einem Schiff? Und zwar jenem, das mich aus der Falle befreit hatte, denn aus Israel konnte man in kein anderes Land ausreisen als nach Jordanien, und auch da war erst mal Schluss. Die Syrer und Libanesen sind auf alle allergisch, die aus Israel kommen, und lassen sie nicht weiter.

Nahöstliche Hassspiele ohne Grenzen.

Nachdem ich in Athen an Land gegangen war, rollte ich in die Hafenwerkstatt, um meinen Reifen zu wechseln. Wir unterhielten uns in einer Mischung aus Mazedonisch, Serbokroatisch und Englisch. Im Radio spielte ein wahnsinnig melodiöses Lied, das ich noch eine Zeit lang nicht aus dem Kopf bekam und es unterm

Helm trällerte wie eine Verrückte; ich weiß aber nicht, ob wegen der Ohrwurmmelodie oder vor Glück, fast zu Hause zu sein.

Griechenland ist Sloweniens südliche Schwelle. Dort hörten nach all den Jahren die Fragen, die all diese Jahre nur noch unendlich länger hatten erscheinen lassen, endlich auf: ob Slowenien ein Brotaufstrich sei, ein Fluss in Afrika, eine Republik in Russland oder doch vielleicht die Slowakei.

Meine griechische Hymne wurde zu Hause nach etlichen Jahren zur Hymne der Frauen, die sich nicht in die Knie zwingen lassen. Mir fiel es in Griechenland nicht im Traum ein, in die Knie zu gehen, denn ich stand auf der Warteliste meines Lieblingschirurgen, der meine verschlissenen Knie reparieren sollte, schon ganz weit oben.

Die Fahrt über den Peloponnes war phantastisch, und wenn ich gewusst hätte, was für gute Kurven wir so nahe an zu Hause haben, wäre ich vielleicht gar nicht um die ganze Welt getingelt.

Nein, ganz so ist es nicht. Die Kurven waren gut ausgeführt, aber gemeingefährlich mit Öl verschmiert, das aus den Fahrzeugen tröpfelte. Als ich mich perfekt in die Kurven legte, blieb ich dann tatsächlich in einer liegen. Bis ich unter dem Ross hervorgekrochen kam, nur um mich gleich wieder hinzulegen, war mir nicht bewusst, wie rutschig die Straße unter mir tatsächlich war.

Ich war zum Glück so langsam gefahren, dass ich nur auf der gegenüberliegenden Fahrbahn gelandet war, auf der, mit dem gleichen Glück gesegnet, ein Auto angefahren kam, das noch rechtzeitig bremsen konnte.

Im Graben unter der Kurve standen sechs Kreuze.

Das Glück ist ein Mitreisender, den man bis zur Haustür an seiner Seite braucht.

Bis zum Ende und noch ein bisschen weiter

Je näher ich dem Ende der Reise kam, umso mehr wünschte ich mir, sie würde noch ein bisschen länger dauern. Nur ein bisschen! Obwohl das Verzögern und Hinausschieben nicht meine Art ist, beschloss ich in Griechenland, über Finnland nach Slowenien zu reisen. Eine kurze Umleitung und ein Ausflug in den Norden, man könnte fast sagen nebenbei, aber das war es natürlich nicht.

Bulgarien und Rumänien weckten in mir Erinnerungen an den Kommunismus. In Moldawien war ich von den praktischen Motels begeistert: Tanken und Übernachten über der Tankstelle. Über die Ukraine erzählen Reisende, dass sie ein unfreundliches Land mit groben Menschen sei. Ich hatte diesen Eindruck nicht, aber Tatsache war auch, dass ich eine slawische Sprache sprach und sie sich mir gegenüber wirklich anders benahmen als gegenüber denjenigen, die nur Englisch sprachen.

(Wir) Menschen aus dem ehemaligen Ostblock sind etwas ruppiger, weniger sanft und können viel ungehobelter sein als die Menschen anderswo auf der Welt. Das stimmt.

In Russland wurde ich auf vierhundert befahrenen Kilometern siebzehnmal von der Straßenpolizei angehalten, die sich mit mir wohl die Zeit vertrieb. Es war Winter, und auf den Straßen waren nicht viele Motorräder unterwegs.

»Sie sind zu schnell gefahren. Schauen Sie.« Einer der Polizisten hielt mir den Geschwindigkeitsmesser unter die Nase, damit ich meine Reisegeschwindigkeit ablesen konnte, die mein Bike überhaupt nicht schaffte.

»Stellen Sie das nächste Mal das Messgerät wieder auf ›Neue Messung‹, und erzählen Sie mir nichts von einer Geschwindigkeit, die jemand vor mir gefahren ist.«

»Gut. Auf Wiedersehen.« Sie ergaben sich ohne Widerstand, bestimmt nur deshalb, weil ich ähnlich sprach wie sie.

Die Russen mögen noch immer kein Englisch.

In Moskau begannen die Probleme mit der Gangschaltung. Bis Sankt Petersburg wurde mir klar, dass sich die Sache nicht bessern und es nur noch im Schneckentempo weitergehen würde.

Russland schien mir ein ganz anständiges Land zu sein, obwohl mich viele gewarnt hatten, extrem vorsichtig zu sein.

Es ist teuflisch, wenn Menschen von sich selbst denken, ein gefährliches Volk zu sein.

Als die Sonne ihre tägliche Mission beendet hatte, war Schluss mit lustig. Die Temperaturen fielen unter null, und ich begann zu zittern, meine Zähne klapperten, und ich träumte von einer Wärmflasche. Obwohl ich alles angezogen hatte, was ich besaß, war mir kaaaaalt! Trotz der drei Paar Handschuhe und beheizten Griffe wurden meine Finger starr vor Kälte, und die Erfrierungen waren so schlimm, dass ich meine Handschuhe eine Woche lang nicht auszog.

In der Nacht erreichte ich die finnische Grenze. Am Himmel hing die Aurora borealis: Der bunte, flackernde Vorhang verlieh der eisigen Nacht einen magischen Hauch und war neben den freundlichen Zollbeamten und Polizisten auf beiden Seiten der Grenze der einzige Lichtblick des Abends.

Bei den Finnen verlor ich, nachdem die Formalitäten erledigt waren, dann schließlich den letzten Funken Willen weiterzureisen. Es widerstrebte mir, das hiesige Toilettenparadies zu verlassen und in die Hölle zurückzukehren, die all ihren Anforderungen gerecht wurde, außer was die Temperaturen anbelangte. Beim Anblick des langen Radiators in der Nähe des Ausgangs ging ich in die Knie. Wenn Sie noch nie auf dem Boden einer öffentlichen Toilette übernachtet haben, werden Sie vielleicht die Freude und Begeisterung über den Komfort, den ich im Schutz der Keramikfliesen, Toilettenbecken und Waschbecken gefunden hatte, nicht verstehen.

Die Zollbeamten maßen minus achtzehn Grad.

Ich nahm also das Lammfell vom Motorradsitz, warf es auf den gefliesten Boden und mich darauf. Dann umfasste ich das Heizgerät und schlief in der warmen Umarmung ein. Die Nacht verbrachte ich sitzend. Ich kann mich noch erinnern, dass einmal mitten in der Nacht die Tür aufging und Schritte zu hören waren. Ich hatte aber keine Kraft, die Augen zu öffnen.

Den Großteil meines Lebens hatte ich gedacht, nur Clochards würden auf Toiletten übernachten.

Die letzte Schwalbe gen Süden

Nachdem ich, anstatt zu frühstücken, das Eis vom Motorrad gekratzt hatte, war mir wieder heiß. Dann stieg die Temperatur auch am Thermostat. Viel zu hoch für einen gesunden Motor. Anstatt bis ans nördliche Ende Europas, fuhr ich zum Mechaniker und überließ ihm den Spaß. Während ich dem Nordkap nachtrauerte, taute ich in einer Sauna im Süden Finnlands wieder auf und sammelte Wärme für den Rest der Reisetage.

Jouko war einst Bauer gewesen, war aber seit Kurzem Journalist. »Zwischen den zwei Berufen gibt es gar keinen Unterschied. Bei beiden muss man im Mist wühlen.« Er behandelte auch ernste Themen am liebsten mit einer Portion Humor.

Er lebte in der Nähe von Lappeenranta, wo wir uns beim Service getroffen hatten, wohin auch er sein Bike brachte und oft ein Thema für einen Beitrag fand. Als er mein Fahrzeug sah, trat er an mich heran und schlug einen Deal vor: ein Interview für die Mitbenutzung seines Zuhauses, bis mein Bike wieder fit war.

Er war ein sehr direkter Mensch. Ich erinnere mich noch, wie er meine Motorradbekleidung kritisierte. Er hatte recht, aber es war schwer, richtig angezogen zu sein, wenn man Klimazonen zwischen plus fünfzig und minus achtzehn Grad Celsius bereist.

Weil er ein konstruktiver Kritiker war, nahm er zu Hause das Telefon in die Hand, rief in der Fabrik Rukka an und sagte ihnen, er habe ein nacktes Weib im Haus, das im Winter so Motorrad fahren würde. Er bat sie, vorbeizukommen und mir angemessene Unterwäsche zu besorgen, damit ich nicht erfriere.

»Ich kann dich mit so einer erbärmlichen Ausrüstung nicht weiterfahren lassen. Wenn du erfrieren solltest, könnte ich mir das nie verzeihen. Hier ist Winter, und wir Finnen wissen, was Kälte ist, und wir wissen uns vor ihr zu schützen.«

Seine positive Lebensanschauung lag zumindest teilweise bestimmt in der Erfahrung, dass er vor Jahren bei einer Reise durch Europa einen Schlaganfall erlitten hatte. Die Krankheit hatte ihn verändert, aber zum Glück hatte sie ihn nicht verbittert, sondern ihm Mut und neue Kraft gegeben.

Er sagte, die Krankheit sei wie ein Geschenk. Sie schenke einem, was man als gesunder Mensch nicht habe – eine Beziehung zur Gesundheit und das Bewusstsein, dass alles vergänglich ist.

Jugoslawien, diesmal wortwörtlich

Der Winter im Norden verhieß für den Süden nicht Gutes. Jeden Tag lagen die Temperaturen unter null, und in dieser Kälte hatte sich das Fahren mit meinen alten Reifen nicht bewährt. Obwohl Weihnachten noch weit war, wünschte ich mir neue Reifen und zwitscherte meinen Wunsch übers Internet an Borut. Über Simon und Nini schickte er mir mein Gummigeschenk nach Graz. Die weicheren Dunlopreifen bewährten sich im Winter viel besser als die von Metzler.

Obwohl Schwarzenegger noch immer nicht zu Hause war, fand ich mich in seinem Geburtsort ganz gut zurecht. Dort war ich ja schon mindestens hundertmal gewesen, aber noch nie mit meinem Mann. Als mein Bike auf einer Tafel über der Straße die Aufschrift *Slowenien* entdeckte, bog es von alleine ab. Aber ich hatte noch andere Pläne.

Nachdem ich einen ordentlichen Teil der Welt bereist hatte, kannte ich mein ehemaliges Land noch immer nicht gut genug. In den meisten Republiken war ich noch nie gewesen, die einst auch mein Zuhause gewesen waren. »Weitere Heimat« nannten wir sie damals.

Wenn ich kein gutes Gegenargument finde, bin ich gezwungen, dafür zu sein. Also brach ich auf. Ach, wie falsch es doch gewesen wäre, wenn ich nicht gefahren wäre! Alles begann an der ungarisch-serbischen Grenze. Die Zollbeamten waren so was von zuvorkommend, die Čevapčići noch immer ausgezeichnet und die Menschen so freundlich, dass ich es gar nicht glauben konnte. Von früh bis spät musste ich grinsen wie ein Honigkuchenpferd.

In Belgrad fühlte ich mich wie zu Hause, obwohl ich vorher noch nie dort gewesen war. Die Menschen! Ihre Geschichten! Durchzechte Nächte und polemische Diskussionen darüber, ob Tito nicht doch ein russischer Agent gewesen ist, waren mit besonderen Menschen um so viel interessanter. Wie zum Beispiel mit der Ärztin Mirka, einst eine inbrünstige Pionierin und später Mitglied der Kommunistischen Jugendorganisation, die sich schrecklich für Geschichte interessierte. 1978 gewann sie den Wettbewerb *Tito-Revolution-Friede* und war eine von jenen, die (fast) alles über den Marschall wussten.

Ich fuhr in den Stadtteil Dedinje. Es war der 29. November. Genossen, können Sie sich noch erinnern, dass wir einst an diesem Tag den Geburtstag unserer Heimat Jugoslawien gefeiert haben?

Das Haus der Blumen, Titos Mausoleum, hatte ich schon im Fernsehen gesehen, es war aber wegen meiner Tränen total verschwommen gewesen. Weil ich Tito aber schon lange nicht mehr nachweinte, entschied ich mich für einen Besuch. Ich brachte ihm kein Geschenk mit, weil man mir damals in der ersten Klasse gesagt hatte, der Alte habe sowieso alles, nachdem ich seinetwegen so traurig gewesen war.

Ich hatte erwartet, nicht die Einzige am Grab zu sein, aber es war in etwa so. Traurig. Nach der größten Beerdigung so schnell in Vergessenheit zu geraten. So verändert sich die Größe großer Menschen manchmal durch die Zeit. Das einstige Haus der Blumen wurde zum Haus des Vergessens. Es könnte eine gute Touristenattraktion sein, aber in Serbien gibt es noch immer nicht genug Touristen.

Die Mazedonier schauten mich etwas verwundert an, und die Montenegriner meinten, dass man von den Slowenen einiges erwarten könne. Im Kosovo bedankte sich eine Frau gleich auf der Straße bei mir, weil ich einen Mann für sie gefunden hatte.

Das hatte ich wirklich! In den USA hatte ich Keith überzeugen können, mit einer Mission in den Kosovo zu gehen, wo er geheiratet und seiner Frau erzählt hatte, dass er, wenn er mich nicht getroffen hätte, nie dort gelandet wäre. Beurteilen Sie selbst, was es bedeutet, dass die Frau gerade in jenem Augenblick auf derselben Straße fuhr wie ich und auf dem Helm meinen Namen entziffern konnte.

In Kosovska Mitrovica verfolgte ich vom Motorrad aus die Demonstrationen, die sich durch die Stadt wälzten. Die Atmosphäre in der Stadt im nördlichen Kosovo war angespannt. Die Menschen äußerten hitzig und wild gestikulierend ihre Standpunkte, trugen Transparente, skandierten Parolen und schoben sich mitsamt dem fast zum Stillstand gekommenen Verkehr durch die Gassen.

Weil ich dem ganzen Drumherum mehr Aufmerksamkeit gewidmet hatte als den Straßenschildern, hatte ich mich verfahren.

»Entschuldigen Sie bitte, könnten Sie mir sagen, wie ich nach Zubin Potok komme?«, versuchte ich es freundlich auf Serbokroatisch in Richtung einer Gruppe junger Männer und eines älteren Herrn.

Alle, außer dem Ältesten, hoben ihre Blicke, drehten sich wortlos um und gingen davon.

Als hätte ich die Krätze.

»Woher kommst du, Kind?«, fragte mich der Alte, der eine Qeleshe auf dem Kopf trug, ruhig und machte einen Schritt auf mich zu, um, nachdem er eine Antwort von mir bekommen hatte, den jungen Männern nachzuschauen, seinen Gehstock zu heben und sie zurückzurufen.

»Meine Liebe, bitte sprich hier nicht Serbisch. Slowenisch ist besser. Ihr seid gute Menschen.«

Wir Slowenen haben südlich der Kolpa mehr Freunde, als es uns vom Norden aus erscheint.

In Bosnien-Herzegowina fuhr ich nach Međugorje, um mich dafür zu bedanken, dass sich die Brüder nicht bis zum letzten Mann umgebracht hatten. Die Erinnerungen an den Krieg, die mich entlang der Straßen und aus den Dörfern anbrüllten, waren ein trauriges Zeugnis der menschlichen (Ohn-)Macht.

Die winterliche Fahrt über die Adria-Magistrale war eine Erinnerung an meine jungen Jahre, als wir über diese Küstenstraße ans Meer getingelt waren. Die Bora peitschte über die Wasseroberfläche, auf der Wolken winziger Tropfen und Nebelschleier tänzelten. Die Straße war gesperrt. Aber es gibt nichts Schöneres, als eine Sperre zu umfahren und ganz alleine auf der Straße aller Straßen unterwegs zu sein, die nur dir gehört!

Leider dauerte es nur bis Karlobag, bis mich zwei schlecht gelaunte Polizisten abfingen und mich über den Velebit schickten wie ich sie zum Teufel.

Dort war Schluss mit lustig, weil mich am Gipfel, bei einer wunderschönen Aussicht, der weniger erfreuliche Schnee erwartete. Dann fing es an zu schneien oder zu regnen oder irgendetwas dazwischen. Die Fahrbahn wurde zur Rutschpartie. Wieder fuhr ich stehend, wie im guten, alten Afrika.

Hinter mir fuhr ein Auto. Es war ein nebliger und trüber Nachmittag. Ich gab ihm ein Zeichen, mich zu überholen. Ich mag es nicht, wenn man so dicht hinter mir fährt. Nichts. Ich versuchte es noch einmal. Wieder nichts. Ungeachtet dessen, wie langsam ich fuhr, blieb das Auto beharrlich hinter mir. Das Gute daran war, dass es mir seine starken Scheinwerfer lieh, die sich schieläugig durch den dichten Nebel bohrten.

Nach einer Weile setzte der Fahrer den Blinker. Ein langer schwarzer Mercedes glitt ruhig an mir vorbei. Langsam.

Vorsichtig und noch immer ruhig reihte er sich vor mir ein.

Als er wieder auf seinem Fahrstreifen war, machte er die Warnblinkanlage an und war für einige Minuten meine persönliche Eskorte.

Währenddessen kämpfte ich in den vereisten Kurven noch immer mit dem Gleichgewicht und wischte mir die klebrigen Schneeflocken vom angelaufenen Visier.

Bevor er in die Nacht verschwand, hupte er noch kurz.

Auf dem Kennzeichen erkannte ich das Wappen von Ptuj.

In diesem Moment flossen meine ersten und einzigen Tränen auf dem Weg nach Hause.

Nur noch ein Tag

-----Original Message-----
From: Benka Pulko
Sent: 09. December 2002 17:30
To: undisclosed recipients
Subject: One More Day To Go

My Special Dear Friends,
I am trying to recollect the moments and memories of the last five and a half years of life tonight. Put all those memorable people, places, emotions, experiences together and see them no longer as a present, but as the past. Tomorrow will be just another day, probably another gray, cold morning and I will pack for the last time and ride for the very last day of this journey. Much has been achieved, accomplished, learned and experienced. All that wouldn't be so without you.
Thank you endlessly for being with me and keep me going. I couldn't have done it without you.
It was a pleasure to live the dream of so many of you and share it with such a wonderful people.
I promise, I am staying in touch.
Love, Benka

----Original Message-----
From: profatf650
Sent: 09. December 2002 17:33
To: Benka Pulko
Subject: Website Founder's Notes

Dearest Benka,
I am very proud to say that I know you, that you are a Chain Gang Inmate, that I have talked and visited with you in person, that I have had the honor of introducing you and that you are my friend.
OXOXOOX.......Steve from Texas

Pilgrims All

In this life's journey we meet by chance
Pilgrims all
And by speech and deed
We come to know
Whether they are friend or foe.
These our lives,
Our paths, that cross,
Give strength.
At times the meeting,
Though brief, a flash of time,
Feed heart and mind.
So seek the friend
Acknowledge the foe
Pilgrims all......

-----Original Message-----
From: tonyb
Sent: 09. December 2002 17:36
To: Benka Pulko
Subject: Re: One More Day To Go

Congratulations on completing your special journey. For me, and I'm sure for many others, being a small part of it was an impor-

tant part of our own journey through the world and through life. It must seem very strange to you to have it at an end. You've educated, entertained, and inspired more than you know in the past years. Now I'm looking forward to the book.
I am still in Virginia with my brother. I'll be here for a few days more then return to Colorado for Christmas. I hope you have a wonderful time with your family and friends during this special season.
Looking forward to seeing you again.
ciao, Tony

-----Original Message-----
From: MSimpson
Sent: 09. December 2002 19:15
To: benka@ardi.si
Subject: Re: One More Day To Go

Hello Dear Benka:
I will still look for you each summer. You are such a treat to the senses. We always have a place for you to stay. You have been such a blessing.
Mitchell S., NY
P.S.
I read »Hope For The Highway« and think of you always.

-----Original Message-----
From: Stress Clinic
Sent: 09. December 2002 19:59
To: Benka Pulko
Subject: Re: One More Day To Go

Dearest Doll,
You've done it!!!!!! Wonderful, Thank God you are still safe!!
Thanks for letter, thanks for the privilege of knowing you.
One hec of a special lady.
You will always be in my heart and prayers.
Please come and visit again some day.
You will always be welcome.
Miss ya stax.
Lots of love
Anne-Mari, Nelspruit, South Africa

-----Original Message-----
From: Bruce Matthews
Sent: 09. December 2002 20:06
To: benka@ardi.si
Subject: Congratulations

Hi Benka,
Congratulations!!! You have done what most people only dream about. You've had a dream and then gone ahead and lived that dream. The best part is that you have shared that dream with a whole world of friends. We have been especially blessed because we have shared some of that dream in person.
I'll always remember the first day we met in the campground in Maine. You wanted a weather report and some bread to go with whatever you had opened for supper. Then you stayed and had fresh salmon with us.
Do you remember cleaning out the chocolate pot at the campground dinner? And the week you spent with us in Tampa?

We have followed you around the world on your web site and now the journey is over but we hope to see you again!
Your Adopted Parents from Florida

-----Original Message-----
From: Country Trax
Sent: 09. December 2002 20:12
To: Benka Pulko
Subject: brother

Dear Sister,
Yeah, tomorrow will be the last day of your trip and the day after will be the first day of a new adventure, a bit different than the previous one. The challenges and the work that lies ahead of you now is really something worthwhile to be looking forward to.
Enjoy it!
Please keep us informed about your future adventures.
Love,
Brother

-----Original Message-----
From: Elliott Dacher
Sent: 09. December 2002 20:30
To: Benka Pulko
Subject:

My Dearest Benka,
A lovely long dinner with wine and opera last night. A lovely reminder of you and our times in India.
Congratulations and much, much love.
Elliott

-----Original Message-----
From: steven raucher
Sent: 09. December 2002 20:34
To: Benka B. Pulko
Subject: RE: One More Day To Go

My darling congratulations, we must start planning the wedding. Shall I wear white? :) It is amazing what you have done and you know that I think you are the toughest chick on the planet.
Don't let your head become too big and remember that we are just bikers and there really is a world out there …
Lots of love,
Steve (in London)

-----Original Message-----
From: Jerry Weir
Sent: 09. December 2002 20:47
To: Benka Pulko
Subject: Congratulations!!!!!

Congratulations Benka!!!!
You are at the end of the goal you set for yourself in your around the world trip....you've made it and we never doubted that you would. The experiences you had, the bad with the good, helped make the memories of an experience of a lifetime. We loved meeting you and having you stay in our home. Though we weren't always in touch, we kept track of you and you were always in our thoughts and prayers. We long for you to come back for a visit with us again. You are always welcome....you might even get more cheese cake.

As we approach the Christmas season, may the love that was born on that first Christmas morn be with you now and always.
Love from your Canadian Island family,
Jerry, Debbie & Chantelle

-----Original Message-----
From: Keith Carr
Sent: 09. December 2002 22:05
To: benka@ardi.si
Subject: Cestitam!!!!!!!

Congratulations!!!! I only wish I was there to share that ending with you and drink a few Lasko pivo!!
Will keep you posted how the things are here.
Again, congratulations!
Keith

-----Original Message-----
From: mitchmoto
Sent: 09. December 2002 22:50
To: benka@ardi.si
Subject: congratulations

hi benka, congratulations, what an incredible thing you have just done! i have been following your journey on your excellent website since getting my first computer. after reading your reports and looking at your photographs i have finally decided, after many years of dreaming to get on my bike and travel this amazing planet of ours. i am starting at the end of 2004. after reading your last journal i thought i should tell you that you are a great inspiration to me, and i am sure many, many others around the world.

not enough people in this world have the strength of character, courage and self belief to go out into the world alone, and really live life to the full as you are doing on your incredible journey. to see all the people sights and sounds this planet has to offer, through reading your stories, and looking at your photographs, you have shown me and many others what is out there just round the next bend on the road, just over the next hill. THANK YOU … i look forward to reading your book when is out. I wish you great good fortune in all you do from now on. you are a very special person.
paul mitchell

-----Original Message-----
From: jimmy fassino
Sent: 09. December 2002 23:33
To: Benka Pulko
Subject: Re: One More Day To Go

Verrryyyyy ggoooooood!!! It seems like yesterday when we met.…
over 5 years ago, huh???!!!
Is it the bike still *running? You rock!*
Jimmy

-----Original Message-----
From: Dana Lewis
Sent: 10. December 2002 0:05
To: benka@ardi.si
Subject: Re: One More Day To Go

Benka,
You touched my life in a way nobody ever has.
You are an inspiration to those of us who wish for a peaceful world.

The adventure you've been on must be life fulfilling dream come true.
I sure hope you'll come back and grace us with your lovely smile and gentile way again.
My warmest and deepest regards for you.
Thank you for your friendship.
I cherrish it.
Dana

-----Original Message-----
From: Norman Babcock
Sent: 10. December 2002 2:16
To: Benka Pulko
Cc: Linda Babcock
Subject: Re: One More Day To Go

Hello again, and once again, CONGRATULATIONS!!!!!
By the way, I just got a post from Keiko. She will visit us on 2-5 January. We plan to have a little party for her while she is here.
Thank you for connecting us with all those great people.
Wish you could be here, too!
Love from Colorado.
Norm & Linda

-----Original Message-----
From: Simona Pavlica
Sent: 10. december 2002 7:28
To: Benka Pulko
Subject: RE: One More Day To Go
Importance: High

Guten Morgen!
Ich sehe, dass Du wieder wenig geschlafen hast. Ruh Dich aus, es erwartet Dich ein anstrengender Tag, und mach Dir keine Sorgen, alles wird gut. Dein Handy in meiner Tasche piepst schon die ganze Zeit, Du bekommst es an der Grenze. Nini kommt Dir mit dem Motorrad entgegen und ich hoffentlich mit dem Auto (wenn ich nicht in Ptuj auf Dich warten werde).
Wir freuen uns schon auf Dich!
Simona

-----Original Message-----
From: keiko matsuoka
Sent: 10. December 2002 7:36
To: benka@ardi.si
Subject: YOU MADE IT!!!!!

Dear Benka,
Congratulations for completing your trip!!!
You are really a special friend for me, and you influenced me a lot. I'm sure many people all over the world were influenced by you during those 6 years. You changed the people and the world!
With lots of love and respect,
Keik

-----Original Message-----
From: jamal
Sent: 10. December 2002 8:50
To: Benka Pulko
Subject: Re: One More Day To Go

Dear Benka!
Thank you for your mail and sharing your wonderful experiences and noble thoughts with me. I consider it a pleasure to have met you and only hope we can meet again. By keeping in touch with you and being part of your experiences is a pleasure.
And for you, I wish the very best of joy and happiness that life can offer.
I am in Dhaka now and tomorrow I will be flying to Muscat. But wherever I go it is only a few clicks away, so do keep writing.
Bye from Bangladesh,
Captain Jamaludin

-----Original Message-----
From: aikawa yuko
Sent: 10. December 2002 9:02
To: benka@ardi.si
Subject: Re: One More Day To Go

Dear Benka,
At last … you are going home. Time flies, doesn't it? I can remember when you were in Japan and riding your baby F650 around …
I can imagine that some of your bad memories from the journey are becoming good ones and you have too many good memories and good friends to remember …
Have a great time at home with your family.
Best regards,
Yuko Aikawa

-----Original Message-----
From: Neta Koprivc
Sent: 10. december 2002 19:51
To: benka@ardi.si
Subject: ja, willkommen

hallo!
wir ham sicher seit einiger zeit (jahren?) nichts mehr voneinander gehört, deshalb werd ich mich kurz vorstellen.
ich bin die eine neta aus venezuela, die mit dem einen peter, dem du die hose zerfleddert hast, zusammen war, jetzt sind wir aber schon eine zeit lang auseinander, was aber o.k. is.
jetzt aber zu den zufällen, die keine sind. vor einigen tagen hab ich robertos (italiener, seemann, kannst dich erinnern?) brief an dich wiedergefunden und beschlossen, mich wieder mal bei dir zu melden. und siehe da, gestern hab ich erfahren, dass du eh schon zu hause bist. ja, super. also, ich bin froh, dass du ganz bist, gesund und reif für den ganzen scheiß, der dich jetzt erwartet. halt die ohren steif! ich denk an dich! sonst würdest du eh noch ein paar runden drehen, nich wahr?
ich werd dich nicht länger vollquatschen, weil du jetzt sicher einen haufen leute um dich hast, die alle mit dir reden wollen. kurzum, ich bin froh, dass du lebendig und leichtfüßig nach hause gehopst bist.
ich wünsch dir alles, was du noch nicht hast.
küsschen, neta

-----Original Message-----
From: babs perkins
Sent: 10. December 2002 23:40
To: Benka Pulko
Subject: Re: One More Day To Go

hey
I am proud of you.
dont forget to breathe …
drop a note when you get a chance
sis

-----Original Message-----
From: B. Lucas
Sent: 11. December 2002 5:11
To: Benka Pulko
Subject: Fantastic achievement

Hi Benka,
What a fantastic achievement, what a dream come true, five years.
Some people don't reach their dream in their lifetime. We congratulate you on your journey »Around the world following the sun.«
If you ever decide to have a holiday sometime we would be happy to see you again.
Love & best wishes to you.
Ken & Brenda Lucas Wangaratta Australia

-----Original Message-----
From: Leon Lombard
Sent: 11. December 2002 8:58
To: benka@ardi.si
Subject: Greetings

Hi Benka
Time really flies when you're having fun, hey. It feels like just the other day that you were passing here through South Africa, and now all is over. I went back to the first pages of your website were seemingly you planned on doing this trip within two years. Must have become a way of life – can not imagine having to get back into the routine of a regular job after having done this trip. I sat down today and read the closing articles of your fantastic trip and felt a bit of sorrow on your behalf that it has all come to the end. Congratulations on completing the goal you have set yourself. Maybe we'll bump into each other again when you come to visit SA. Keep well and once again congrats on an excellent adventure completed!
Greetings
Leon

-----Original Message-----
From: Boris Gole
Sent: 11. December 2002 9:15
To: Benka Pulko
Subject: Re: One More Day To Go

Benka, ich gratuliere!
Gestern habe ich auf TVS1 gesehen, dass Sie gut nach Hause gekommen sind.

Liebe Grüße, Boris Gole
Botschaft der RS in Moskau

-----Original Message-----
From: Verica
Sent: 11. December 2002 11:02
To: benka@ardi.si
Subject: mitschülerinnengruß

Liebe Benka!
Gestern Abend fiel mir ein Stein vom Herzen, als ich Dich gesund und munter im Fernsehen gesehen habe. Obwohl schon einige Jahre vergangen sind, seit wir die Mittelschulbank zusammen gedrückt haben, bist Du mir genau so, wie ich Dich gestern gesehen habe, in Erinnerung geblieben; und Du warst die Einzige unserer Generation, die fähig war für so eine Aktion.
Ich bewundere Dich und bin sehr stolz auf Dich. Ich wünsche Dir, dass du auch hier zu Hause auf Deine Art und Weise leben wirst können und so bleiben wirst, wie Du bist. Vor allem aber lass nicht zu, dass Dich das Leben auf die eingefahrenen Bahnen lockt (Du weißt doch, auf denen sind wir schon zu viele).
Herzliche und warme Grüße
Mitschülerin Verica

-----Original Message-----
From: Sam Johnson
Sent: 11. December 2002 19:56
To: benka@ardi.si
Subject: Congratulations

Congrats on finishing and too bad that the trip is over. You have a great story and a wonderful site. Your site is the one that convinced my wife that she could ride and that women can ride wherever they want.
Sincerely,
Sam Johnson, North Carolina USA

-----Original Message-----
From: Aco
Sent: 12. December 2002 16:19
To: Benka Pulko
Subject: Frage

Hallo, Blauer Flitzer!
Damit ich Dich nicht am Telefon volllabere: Ich hoffe, dass Du die Mails liest und Dich diese erreicht. Ich hab Dich angerufen, aber es war besetzt. Ich habe eine Frage, die mich eigentlich nichts angeht: Wie geht's Dir denn finanziell? Ich würde Dir gerne helfen. Die einzige Bedingung ist, dass Du die Hilfe als nichtrückzahlbare Mittel betrachtest.
Ansonsten ist es aber an der Zeit, dass ich Dir von meinen Gefühlen bei unserem Treffen erzähle. Ich war unendlich froh, als ich Dich am Ziel ankommen sah. Ich war unbeschreiblich froh, Dich begrüßen zu dürfen.
In Brezovica ist die Tür für Dich immer offen (auch vonseiten des Priesters genehmigt). Außer der Hündin und der Schlange, die ich habe, wird Dich niemand schief anschauen.
Dein persönlicher Papst

-----Original Message-----
From: Deborah Macchi
Sent: 13. December 2002 3:14
To: Benka Pulko
Subject: Re: One More Day To Go

Dear Benka,
It is a privilege to have met you and to have ridden together. Best possible wishes, and please come back. I and the Yankee Beemers will hold you a place – you're a helluva a woman and a YB too. You make us proud.
Safe rides,
Deb

-----Original Message-----
From: darko
Sent: 13. december 2002 8:57
To: Benka Pulko
Subject: darko

hallo benka!
ich gratuliere dir zur erfolgreichen weltreise und hoffe, dass du nun etwas zeit zum ausruhen finden wirst.
hier ist alles o.k., der sommer hat begonnen, und arusha ist ganz grün.
du hättest mir früher sagen sollen, dass du nach belgrad gehst, dann hätte ich meinen verwandten angerufen, der dir geholfen hätte.
benka, ich wünsche dir schöne weihnachten und ein frohes neues jahr und hoffe, dass wir uns irgendwo wiedersehen werden.
liebe grüße von uns allen aus arusha und tansania

----Original Message-----
From: aschulz
Sent: 14. December 2002 9:01
To: benka@ardi.si
Subject: Felicidades

Estimada Benka,
Con los mejores deseos de felicidad para tu viaje, esta Navidad
y por
un próspero Año Nuevo, te saluda con mucho cariño.
– Mono Alberto de Ushuaia, Argentina

----Original Message-----
From: Mitja Vilar
Sent: 14. December 2002 9:26
To: Benka Pulko
Subject: Re: One More Day To Go

Bravo Benka! Ich wünsch Dir ganz viele neidische Slowenen. Das wird das beste Zeichen dafür sein, dass es Dir wirklich gelungen ist!
Mitja

Nächtliches Klopfen und ein Besuch

Cakovec. Die letzten paar Tage hatte ich nur noch in Hotels übernachtet, weil in Kroatien mitten im Winter alles andere geschlossen hat. Mein Konto war so oder so schon in den Miesen. Ich hatte mir in etwa ausgerechnet, rechtzeitig nach Hause zu kommen, bevor sie mir endgültig das Konto sperren und ein Verfahren gegen mich einleiten würden.

In Europa hatten sie schon seit gut einem Monat keine Sonnenstrahlen mehr zu Gesicht bekommen, somit war für das Ende der Reise kein sonniger Tag zu erwarten.

Kurz nachdem ich all jenen, die in den letzten Jahren mein Leben gewesen waren, meinen bescheidenen Dank geschickt hatte, meldete sich meine Mutter. Sie wollte wissen, wo ich steckte.

Nach einer Stunde klopfte es. Der Portier teilte mir mit, dass er die Tür zum Parkplatz verschlossen hatte und sie am nächsten Morgen um sechs wieder aufsperren würde.

Meine Mutter war eine der wenigen, die wussten, wie extrem erschöpft ich gegen Ende der Reise war. Vor allem der Gedanke an die Zukunft machte mir zu schaffen. Ich fragte mich, was der neue Anfang bringen und wie das neue Leben zu Hause sein würde. Der Gedanke, nach so langer Zeit vielleicht fremd in der vertrauten Umgebung zu sein, machte mich verrückt. Wohin hatte es in der Zwischenzeit meine Freunde und Bekannten verschlagen? Würde mich überhaupt noch jemand kennen?

Ich duschte heiß. So wärmte ich in jenen Tagen meine durchfrorenen Knochen. Ich hatte eine Erkältung, eine Blasenentzündung, meine Arme schwollen regelmäßig an, jeden Tag, und sie juckten wie verrückt. Die Erfrierungen taten das Übrige. Seit Malawi hatte ich Magenkrämpfe, und meine Knie waren total am Ende.

Teja wusste ganz genau, was los war. Meine Mutter und ich haben noch immer diese magische Beziehung, dass sie alles weiß und fühlt, obwohl ich nichts sage und obwohl ich am anderen Ende der Welt bin. Sie machte sich Sorgen und fragte mich oft, ob ich bis zum Ende durchhalten oder ob mir trotz meines starken Willens die Kraft ausgehen würde. Obwohl sie keine Mutter ist, die zweifelt, wusste sie, was im Bereich des Möglichen lag.

Wieder klopfte es. Ich schlug mir ein Handtuch um, um mir nicht nackt anhören zu müssen, was der Portier nun zu sagen hatte. Meine nassen Haare wickelte ich in ein zweites Handtuch und trat zur Tür.

Anstatt des Portiers strahlte mir meine Mutter entgegen.

»Mamaaa!«

Sie stand mit hoch erhobenen Armen und einem Lächeln, das bis zum Himmel reichte, da. Sie war unbeschreiblich glücklich, und ich konnte an ihrem Gesicht ablesen, dass sie nun von allem erlöst war. Noch nie hatte ich sie so triumphierend erlebt. Sie hatte all die Sorgen und Ängste überwunden und all die Momente, Wochen, Jahre voller Zweifel überstanden, ob ich jemals zurückkehren würde.

Dort an der Tür sah ich, wie ausgelaugt sie vom Leben am Abgrund war, als sie tief in ihrem Inneren gewusst hatte, dass jeden Moment das Telefon klingeln könnte – und alles vorbei wäre.

Sie trug Jeans und einen orangefarbenen Blazer. Sie sah aus wie eine Rotzgöre. Mit neunundfünfzig erschien sie mir viel jünger als damals, als ich fortgegangen war.

Wie lange die erste Umarmung dauerte, weiß ich nicht mehr, ich erinnere mich aber noch, dass ich hinter Mutters Rücken Klavdija erblickte.

»Klavdijaaa!«

Die gute alte Freundin aus dem Kindergarten rannte mit einem großen Kosmetikkoffer auf mich zu, um mir etwas von ihrem professionellen Können ins Gesicht zu malen. Die zwei machten sich wohl Sorgen, dass ich schrottreif, ausgezehrt und steinalt geworden war und sie mich so nicht unter Leute lassen könnten.

Die Umarmungen und das Gekreische arteten aus, wir plapperten ohne Punkt und Komma, fielen einander ins Wort, fragten, antworteten und gestikulierten in wilder weiblicher Manier.

»Ich sehe, dass das Leben ohne übermäßige Hygiene und ohne Cremes und Präparate besser wirkt als jede meiner kosmetischen

Behandlungen«, sagte die Meisterin begeistert, machte einen Schmollmund und fügte hinzu, dass sie gedacht habe, ich würde bei meiner Rückkehr aussehen wie ein verschrumpelter Apfel. »Jetzt werde ich mir lieber selbst ein Lifting verpassen und mich vom Stress erholen, der mich überkommt, wenn ich sehe, dass du im Vergleich zu uns Daheimgebliebenen überhaupt nicht älter geworden bist!«

War ich aber. Vielleicht konnte man das auf den ersten Blick nicht sehen, aber ich bekam meine ersten Fältchen und hatte mir auch schon ein graues Haar ausgerissen.

Auch das Leben in Freiheit, Sonne und Wind hat seinen Preis. Aber die Schönheit kommt noch immer von innen, und hinsichtlich dessen, wie glücklich ich damals war, muss ich wirklich schön gewesen sein.

Die letzten Kilometer

Am letzten Morgen war es so bitterkalt, dass sich das Quecksilber in meinem Thermometer einfach versteckt hatte. Im Hotel wurde mir gesagt, es habe minus dreizehn Grad. Der klare Himmel erstrahlte ohne eine einzige Wolke. Die Sonne lachte auf mich herunter und versprach einen unvergesslichen Tag.

Ein letztes Mal noch kroch ich in die verschlissene und ausgebleichte Ausrüstung. Die frühen Morgenstunden kann man am besten vom Motorrad aus erleben, in der Bewegung beobachten, wie die Welt erwacht und wohin die Menschen gehen. In solchen Momenten fühlte ich mich, als hätte ich mir im Leben alles genommen, was es bereithielt. Ich schnitt es zu, wie ich wollte, und lebte auch so.

Nach einigen Kilometern Fahrt erwartete mich das Straßenschild für Slowenien. Ich hätte abbiegen müssen. Der Gedanke zurückzufahren, noch eine Runde um die Welt zu drehen, war so einladend, dass ich an der Abzweigung vorbei- und in die falsche Richtung fuhr. Das Gefühl war himmlisch. Die Freiheit ist mein liebstes Gut. Ich fuhr zwanzig Kilometer in die Richtung, aus der ich gekommen war, und musste über mich selbst grinsen, dann drehte ich um und fuhr in die Richtung, in die ich eigentlich wollte. Nach Hause.

Mehr Kilometer im Sattel sind immer besser als zu wenig.

Die Kroaten fragten mich an der Grenze, ob ich etwas zum Verzollen hätte.

»Außer mir selbst, meinem Bike, Schmutzwäsche und einem Dosenfisch nichts.«

Der grauhaarige Zollbeamte lächelte mich freundlich an und wünschte mir noch eine gute Reise.

Die schlafenden Felder, die sich, mit einer dünnen Schneeschicht bedeckt, vor mir ausbreiteten, waren wie meine Felder in der Umgebung von Ptuj. Das immer kräftiger werdende Blau des Himmels erinnerte mich an die Seen und Ozeane, die hinter mir lagen.

An der Schulter des Grenzpolizisten, der mich nach fünfeinhalb Jahren als Erster willkommen hieß, weinte ich mich einfach aus, überwältigt von allem Schönen.

»Endlich, ein slowenischer Stempel!«, bedankte ich mich zum ersten und letzten Mal in meinem Leben für einen abgestempelten Reisepass.

Von jenem Augenblick an war mein Leben nicht mehr meins. Alle teilten es mit mir. Es war die Zeit der Freude, der warmen Handschläge, feuchten Augen, bekannten und unbekannten Bekannten, Freunde, Blumen, Journalisten und Glückwünsche, die erst nach einem Monat versiegten.

Unter anderem erwartete mich an der Grenze eine Sondereinheit der Polizeistreife. Viel gutmütiger als jene, die Raser anhält. Ich hoffte, dass sie nicht deshalb auf mich wartete, weil ich nur solche Dokumente bei mir führte, deren Gültigkeit schon im vorigen Jahrtausend abgelaufen war.

Die letzten paar Kilometer des Weges war ich nicht mehr allein. Vor mir tänzelte ein Polizeiauto mit Blaulicht, hinter mir brummten durchfrorene Biker, die aus ganz Slowenien zusammengekommen waren. Die Jungs hatten gesagt, wenn ich das schaffte, dann schafften sie es auch. Mädchen waren keine dabei.

Ptuj ist die schönste Stadt der Welt! Das können Sie mir glauben, weil ich einige Städte gesehen habe. Als ich das alte Schloss und die bekannte Vedute erblickte, mischten sich bei mir Lachen und Tränen.

Die Einfallstraße in die Stadt bebte. Den letzten Kilometer noch, die letzte Kurve und den letzten Schritt ... Die Menge, die seit damals vor fünf Jahren ziemlich angewachsen war, brach in Jubel aus. Es summte und wuselte wie in einem Bienenstock. Unruhe. Freude. Erleichterung. Hurra! Zu Hause! In meinem Zuhause.

Nicht alle waren so glücklich wie ich. Einer von uns Reisenden, Simon Milward, wird nie wieder nach Hause zurückkehren. Er ist in Afrika eingeschlafen, wo er für immer bleiben wird. Und Mariola Cichon wurde mit dem Flugzeug nach Hause gebracht. Sie wird nie wieder Motorrad fahren.

Vor unserer Fleischfabrik Perutnina Ptuj war alles beim Alten. So viele Menschen waren gekommen, dass sie den Zugang zum Hühnerparadies unmöglich gemacht hatten. So begann die Feierlichkeit gleich auf der Straße, bevor es endlich gelang, einen Korridor durch die Menge zu bahnen, damit ich mit meinem Bike bis zur Bühne vorstoßen konnte.

Die Fans legten die Hände aufs Bike, klopften mir auf die Schulter, gratulierten mir, grüßten mich und winkten freudig.

Tränen vermischten sich noch immer mit Lachen, es war ekstatisch schön. Es lagen so viele mordsmäßige phantastische positive Schwingungen in der Luft, dass die Hühner in Ptuj noch eine ganze Woche lang überdurchschnittlich viele Eier legten.

Ich sah Mitschüler, Freundinnen, meine frühere Biologielehrerin Frau Penn, den ganzen Perutnina-Vorstand, Bekannte aus Maribor, eine ganze Reihe von Cousinen, meinen persönlichen Papst, Nachbarn und beide Bürgermeister. Ein paar Tage nach den Wahlen standen sie sich wieder gegenüber. Nur glückliche Menschen!

Auf der Bühne wartete die riesengroße Champagnerflasche von vor fünf Jahren.

Noch bevor ich den Motor abstellen konnte, war Teja bei mir.

Ein Lächeln um den ganzen Kopf, nicht nur von einem Ohr zum anderen.

Ein unbeschreibliches Glücksgefühl.

Bevor wir auseinandergingen, die einen nach Hause und die anderen zur Pressekonferenz, gab es noch unterhaltsame und kurze Ansprachen, Unterhaltungen, einen Lorbeerkranz für die Siegerin im Kampf gegen sich selbst, Blumensträuße und Fotos.

Zu Hause wartete schon das Mittagessen auf dem Tisch.

Es ist schön, weißt du, Mama, es ist schön, wieder im Nest zu sein, aber ich würde noch einmal deshalb gehen, weshalb ich gegangen bin.

Von weichen Reifen auf harten Boden

Simona, Nini, Borut und ihre Helfer rannten herum wie verrückt gewordene Hühner, und bei jedem Einzelnen war das Handy bereits mit dem Ohr verwachsen. Sie planten alles und aktualisierten meinen Stundenplan im Minutentakt: Pressekonferenz im vierten Stock, Unterstellen des Motorrads, dann Fahrt zum Salon, Friseur, Visagistin, Stylistin, erster Auftritt um vier in Ptuj, um sieben Abfahrt nach Maribor vom Ort des Geschehens, um acht Interview in Maribor, Fernsehauftritt ... Halleluja!

Bevor ich mir dessen überhaupt bewusst wurde, sattelte ich von weichen Reifen auf den harten Boden einer Realität um, die ich nicht gewohnt war. Mein Handy vibrierte ununterbrochen, und diese kleine mobile Erfindung war der Grund, wieso ich schneller durchs Leben raste als mit hundertsechzig Stundenkilometern auf dem Bike.

In jener Zeit drehte sich in meinem Leben alles nur um die Reise, die zu einem wichtigen Meilenstein geworden war. Immer häufiger unterteilte ich Dinge danach, ob sie davor oder danach geschehen waren. »N.d.R.« und »v.d.R.« wurden geboren: »nach der Reise« und »vor der Reise«. So wie »n. Chr.« und »v. Chr.«, »nach Christus« und »vor Christus«.

Die Landung auf diesem fremden Planeten wäre viel schmerzhafter gewesen, wenn ich nicht so ergebene Freunde an meiner Seite gehabt hätte. Sie erleichterten mir jeden Schritt.

Freunde sind unersetzliche Menschen und das Einzige, ohne das ich nicht leben kann. Sie sind Menschen, die dir helfen, ohne zu fragen, dich anschauen, wenn sogar Gott die Augen verschließt, und dich ertragen, wenn du unmöglich bist, müde und sogar geneigt, diesen rasenden Zug namens Welt zu verlassen.

Die Crew – angeführt von meiner längsten Freundin, die meinen

Geschmack perfekt kannte – hatte alles Nötige unternommen, damit ich in einigen wenigen schlagkräftigen Augenblicken aus einer zufriedenen Landstreicherin zum Medienstar wurde.

Das öffentliche Leben ist eine anspruchsvollere Tätigkeit als die anspruchsvollste Fahrt im widerlichsten Teil der Welt. Es verlangt immer nach dem, was andere wollen, ungeachtet dessen, was man selbst darüber denkt: ein Kleid, das modern ist, nicht eines, das dir gefällt. Der öffentliche Auftritt hier und jetzt, weil er angesagt wurde, nicht weil dir gerade nach Gesellschaft mit anderen Menschen zumute ist. Man wird so gestylt, dass die Studiolichter glücklich sind, man bekommt immer wieder dieselben Fragen gestellt, aber selbst muss man sich immer neue Antworten einfallen lassen, damit man nicht wie ein Vollidiot dasteht.

In den ersten paar Tagen wurde ich fast verrückt. Die Situation besserte sich allerdings sofort, nachdem ich beschlossen hatte, alles, was um mich herum geschah, als neue Reiseerfahrung zu akzeptieren – dass Slowenien lediglich die nächste Station und ein neuer Zielort sei.

»Gib ihr einen Tanga!«, fuhr eine wütende Organisatorin eine andere an.

»Was ist denn ein Tanga?«, fragte ich etwas verlegen nach ein paar Jahren ohne Unterwäsche.

Nach fünfeinhalb Jahren des Lebens auf der Straße und im Graben beschäftigte ich mich bei der nunmehr anstehenden Auseinandersetzung mit der Zivilisation mit allem anderen als mit Modetrends.

Dann wurden so spitze Stiefel vor mich hingestellt, dass man dafür einen Waffenschein gebraucht hätte. Ich enthielt mich eines Kommentars, weil mir klar wurde, dass ich ein wenig hinter dem Mond lebte und mir meine weiblichen Erfahrungen der letzten Jahre zu Hause nicht helfen würden.

Als ich einige Ansichten geändert hatte, fand ich es in der neuen Umgebung wirklich angenehm. Ich gewöhnte mich daran, dass ich von vorne bis hinten, von oben bis unten bedient und herumchauffiert wurde, meine Sachen erledigt wurden, ich Maniküren und Massagen bekam, mir die Tür aufgehalten und gebracht wurde, was ich brauchte, und man wegtrug, was ich nicht brauchte.

Ein bisschen Spaß musste an Zwanzigstundentagen eben auch sein. Sonst hätte ich viel früher kapituliert.

Wer bekommt das Motorrad?

Drei Wochen nach meiner Rückkehr musste ich zwischen den ganzen Interviews, der Lauferei von einer Veranstaltung zur anderen, der Sorge um die Menschen, die sich auf ihrer Jagd nach einem Autogramm sogar mitten in der Nacht bis zu meiner Tür durchgeschlagen hatten, den Treffen mit allen alten und neuen Bekannten, Verwandten und all den Sitzungen auch noch einige Tage für die Krücken reservieren. Zum Glück hatten die Verantwortlichen unlängst begriffen, dass keine Zeit dafür war, um jedes Knie einzeln zu operieren.

Während ich Anrufe beantwortete und die braven Schwestern konsequent die Order erfüllten, dass ich keine Besucher empfangen wolle, wurden die zerschlissenen Menisken an beiden Knien gleichzeitig weggeputzt.

Wieder zu Hause, stürzte ich mich sogleich in die Aufgabe, fünfunddreißigtausend Fotoaufnahmen zu ordnen, mein Buch zu schreiben und so viel Staub wie möglich von den Kartons mit meinen Sachen aufzuwirbeln, die ich vor meinem Aufbruch eingepackt hatte.

In jener Zeit brachen auch Pflichten über mich herein, die ich die letzten sechs Jahre auf Eis gelegt hatte: Ich musste mich um haufenweise Kontoauszüge und Post kümmern sowie neue Dokumente beantragen.

Wir, die wir viel vermögen, bürden uns gerne zu viel auf.

Das Leben mit zwei nur zum Teil funktionsfähigen Beinen war jedoch leichter zu ertragen als die Überraschung, die ich beim Erhalt des Briefes aus dem Autohaus Tehnounion Avto erlebte, in dem mir mitgeteilt wurde, dass sie mir mein Bike wegnehmen würden.

Huch! Scheidung ist eine Sache, aber was fühlt eine Frau, deren Mann entführt werden soll? Panik und Zorn!

Das Unternehmen hatte, nachdem es die Lizenz für meine Marke verloren hatte, eine generelle Aversion gegen alles entwickelt, was mit dieser zu tun hatte. Die Mitarbeiter, die ich kannte, waren in ein neues BMW-Autohaus gewechselt und hatten während meines Krankenhausaufenthaltes auf mein Bike aufgepasst. Tehnounion Avto schrieb mir, dass ich mich umgehend bei ihnen melden solle, da das Motorrad, mit dem ich herumgefahren war, offiziell noch immer ihr Eigentum sei, und dass sie die Vereinbarung über die Überschreibung des Fahrzeugs nach Reiseschluss, die ich mit dem Unternehmen getroffen hatte, überhaupt nicht interessiere.

Schlimmer noch. Als ich zum Meeting kam, wollten sie, dass ich das Bike unverzüglich vorbeibrachte. »Es ist unsere Ware, und wir können damit machen, was wir wollen«, verkündete ein erstaunlich ungeduldiger Bengel, der damals, als ich den Vertrag unterzeichnet hatte, sicher noch die Schulbank gedrückt hatte.

Ich erklärte ihnen freundlich, dass die Vertreter von Guinness während der Verifizierung der Daten den Zugang zum Fahrzeug verlangten.

Der Rotzbengel verstand das aber nicht, und dem Direktor schien die Angelegenheit nicht wichtig genug, um sich mit ihr zu befassen. Bis er abgesetzt wurde.

Der Neue hatte andere Methoden, er konnte kommunizieren, und auch die formalrechtlichen Konsequenzen, die es nach sich zöge, wenn Vertragsvereinbarungen ignoriert würden, waren ihm nicht fremd.

Es kam zu einem Dialog. Mein Mann blieb zu Hause.

Eine glückliche Kirchenmaus

Aus allen möglichen Teilen der Welt hatte ich meinen lieben und wichtigen Kram in Paketen nach Hause geschickt, unter anderem Dokumente, Rechnungen, Fotos, Dias und andere Beweise, die nun nach Ende der Reise vor allem Guinness interessierten, damit sie den Rekord nicht zufällig jemandem zuerkannten, der ein halbes Jahrzehnt irgendwo illegal Fotomontagen angefertigt, sich Geschichten ausgedacht und in irgendeiner Garage den Kilometerzähler des Motorrads frisiert hatte.

»Ihr Gepäck wiegt vierundzwanzig Kilo«, sagte die sympathische Blondine am Flughafenschalter und überreichte mir den Boardingpass fürs Flugzeug, das mich für drei Euro nach London brachte.

Reisen nach einer Reise sind sehr unterhaltsam und haben einen besonderen Charme.

Am Flughafen erwartete mich Steve, jener Südafrikaner, der mich auf eine Motorradfahrt durch Indien eingeladen hatte. Diesmal setzte er mich mit seinem sportlichen Alfa direkt vor dem Büro von Guinness ab und sagte, er werde für den Fall auf mich warten, dass sie auch einen Zeugen aus Fleisch und Blut sehen wollten.

War aber nicht nötig. Sie waren mit allem zufrieden, was ich in der Reisetasche angekarrt hatte. »So gut organisiertes Beweismaterial haben wir noch für keinen einzigen Rekord erhalten.«

Ihr Lob war mir dennoch kein Trost für die drei Monate, die es gebraucht hatte, um meine in allen möglichen Schriften verfasste und in fünfundsiebzig Ländern zusammengetragene Zettelwirtschaft zu ordnen, zu systematisieren und zusammenzuklammern.

Aber große Projekte verlangen viel Engagement.

Die Freunde, die ich auf der Reise kennengelernt habe, verleihen ihr einen nachhaltigen Wert und bedeuten einen unschätzbar hohen Zinssatz für die ganzen Unannehmlichkeiten und Probleme, mit denen ich zu kämpfen hatte.

In jener Zeit hatte ich alles und nichts. Wegen der Erfahrungen war ich reich wie Krösus, doch wegen des fehlenden Geldes arm wie eine Kirchenmaus. Ohne Familie und Freunde hätte ich auf der Straße gesessen. Zuhause war es noch immer unerträglich. Menschen gaben sich die Klinke in die Hand, und ich konnte einfach keine Zeit für meine Arbeit finden.

Mein erstes Buch schrieb ich bei Dominika im Wochenendhaus, von wo aus ich einen wundervollen Blick auf den Triglav hatte, und im Pfarrhof in Brezovica, wo sich die argwöhnische Gemeinde berechtigte Sorgen um ihren Priester und ihren Kaplan machte, denn beide absolvierten sofort nach meiner Abreise eine Motorradprüfung und kauften sich Bikes.

Während ich mein weltliches Leben lebte, mich im großen, hellen Dachgeschosszimmer in der Nähe des Kirchturms versteckte, Dias ordnete und bis zu achtzehn Stunden am Tag schrieb, war das Telefon meine einzige Verbindung zur Außenwelt.

»Guten Tag. Wir rufen aus der Redaktion des *Playboy* an. Wir bräuchten ein Foto von Ihnen.«

Wenn andere es ernst meinen, ist das noch lange keine Garantie dafür, dass ich nicht in Gelächter ausbreche.

»Gerne, aber leider habe ich kein passendes für Sie.«

»Egal, es kann irgendein Foto sein.«

Bis dahin hatte ich nicht gewusst, dass man auch auf diese Weise und nach dem fünfunddreißigsten Lebensjahr in den *Playboy* kommen kann. Ich wollte den Grund für ihren Anruf wissen, aber sie wollten ihn mir nicht verraten.

Ich erfuhr ihn erst am ersten Januar des nächsten Jahres, auf Seite 126 der Jubiläumsausgabe anlässlich des fünfzigjährigen Erscheinens des Magazins, wo sich unter dem Titel *Wer kann am längsten?* eine Liste der wichtigsten Männer fand.

»Welche Männer haben unserer Meinung nach das letzte Jahr entscheidend mitgeprägt? Unsere traditionelle Auswahl des Top-Mannes basiert im Gegensatz zu anderen Listen natürlich nicht auf Aussehen, der erotischen Ausstrahlung oder dem Modebewusstsein. Es gab nur einen Maßstab: die Resonanz seiner Tätigkeiten.«

Ihre ungewöhnliche Entscheidung, meinen Namen auf Platz Nummer 16 zu setzen, begründete die Redaktion so:

»Die Slowenin, die mit ihrer BMW F650 die Welt umrundet hat und in diesem Jahr nach Hause zurückgekehrt ist, fuhr direkt ins *Guinnessbuch der Rekorde* und veröffentlichte zudem auch ein phantastisches Buch mit außergewöhnlichen Fotos. Sie hat bewiesen, dass sie mehr Eier hat als der Großteil der slowenischen Kerle. Die Abenteurerin, Bikerin und Reisende vermählte sich während der langen Reise mit ihrem Bike, da kein richtiger Mann zur Stelle war. ›Er ist zuverlässig, schnarcht nicht und kommt immer rechtzeitig‹, sagt Benka, und wir fügen hinzu, dass er trotzdem viel trinkt. Wie Männer das eben so tun.«

Die Tatsache, dass ich in der Liste dem höchsten geistlichen Würdenträger des Landes und dem Bürgermeister der Hauptstadt dicht auf den Fersen war, erfüllte mich mit Stolz. Ich habe allerdings keine Ahnung, wie sich der slowenische Ministerpräsident oder der reichste Mann des Landes fühlten, die sich hinter mir einreihen mussten.

Slowenin des Jahres

Meine Eltern hatten an einem 7. Januar geheiratet. Es war auch das Tagesdatum, an dem ich beschlossen hatte, um die Welt zu reisen. An einem 7. Januar war ich in der Antarktis angekommen. Und am 7. Januar 2004 bekam ich die Einladung zur Galaveranstaltung *Slowenin des Jahres 2003*.

Jana ist ein Magazin, das ich in der Freizeit gerne zur Hand nehme, aber bei einer Hundertzwanzigstundenwoche erfuhr ich von meiner Nominierung erst von meinen Tanten.

In jener Zeit leistete ich echte Knochenarbeit, die schwerste meines Lebens. Ich schlief an die vier Stunden und war ausgebrannt wie eine alte Glühbirne. Von Vorträgen, Auftritten, Lesungen, Interviews, Fototerminen und allem anderen, was mich auf der täglichen *To-do*-Liste erwartete. Deshalb lag die Wahl zur *Slowenin des Jahres* abseits meines Interesses, ich hatte mich mit ihr nicht einmal insofern beschäftigt, als ich mir ein Kleid besorgt und mich auf die Veranstaltung vorbereitet hätte.

Meine Freunde, was täte ich nur ohne sie! Wieder bewahrten sie mich vor dem Schlimmsten. Die Modedesignerin Stanka Vauda Benčevič und der Schuhdesigner Mario Hercog vereinten ihre Kräfte und kreierten mein Lieblingsoutfit, das in sich die ganze Welt vereinte.

Am Samstag, einen Tag vor dem Ereignis, rief mich die zuständige Redakteurin der *Jana* an. Die sympathische Melita Berzelak fragte mich, ob ich am nächsten Tag denn auch kommen würde, wann, wie, mit wem, und alles im Zusammenhang mit dem Kleid, wer es entworfen und genäht habe, welche Farbe, welches Material, welcher Schmuck und allerlei Details, die nur eine Frau interessieren können.

Später erfuhr ich, dass sie mich aus einem bestimmten Grund angerufen hatte, und zwar um mir anzudeuten, wie die Abstimmung ausgegangen war, aber so weit waren wir gar nicht gekommen. Wir unterhielten uns über Gott und die Welt, und so musste ich bis zum nächsten Tag auf die Überraschung warten.

Der Sonntag war grau und trist. Nachdem ich am Vormittag haufenweise Post beantwortet hatte, schaffte ich am Nachmittag nur noch einen Ausflug in mein Bett.

Die Träumerei von einem faulen Tag hatte allerdings ein jähes Ende, als meine Visagistin klingelte. Es ging schnell und unkompliziert. Es ist mir aber noch immer lieber, wenn man mir in den Zähnen herumbohrt, als in den Haaren herumfuhrwerkt. Ein guter Visagist erledigt seine Arbeit so, dass es beide ohne zu viel Stress überstehen.

Auf der Einladung stand, dass wir uns am frühen Nachmittag bei der Bürgermeisterin treffen würden. Dort war es kalt, aber ich weiß nicht, ob es an der Bürgermeisterin oder an den Temperaturen lag, die unerfreulich niedrig waren, wenn man in einem Seidenkleid durch das winterliche und griesgrämig schneelose Ljubljana lief.

In der Oper fühlte ich mich gleich heimischer. Sie erinnerte mich an meine Studienjahre, als ich dreimal die Woche und immer zu früh dort herumgehangen hatte. Während hinter den Kulissen alles darauf wartete, dass die letzten Vorbereitungen über die Bühne gingen, hatten wir Nominierten einen Kennenlernnachmittag. Einige kannte ich aus der Zeitung, einige gar nicht.

Ein halbes Jahrzehnt der Abwesenheit von zu Hause forderte seinen Tribut, und die Tatsache, dass ich die slowenische High Society und die Menschen aus der Medienbranche nicht kannte, war keine Folge meines Desinteresses, sondern der Tatsache geschuldet, dass ich hier so viele Jahre nicht präsent gewesen und überhaupt nicht mehr auf dem Laufenden war.

Es war entspannt und kommunikativ wie samstags bei einem Kaffeekränzchen auf dem Marktplatz. Von wegen Rivalinnen, ich bitte Sie!

Die Galavorstellung war sehr gut, geistreich und überaus unterhaltsam. Jede Kandidatin wurde mit einem kurzen Lebenslauf, einigen projizierten Schwarz-Weiß-Fotos und Hintergrundmusik vorgestellt. Für mich wurde das Lied *Hit the road Jack* von Ray Charles ausgewählt, wie es sich für jemanden, der von der Straße kommt, geziemt. Ich konnte mir ein Lachen fast nicht verkneifen! Mein Lied war wirklich ein Volltreffer.

Als die Redakteurin Melita Berzelak die Siegerin bekannt gab, beschäftigte ich mich mit der Frage, ob sie im schönen rundlichen Bauch unter dem engen roten Kleid einen Jungen oder ein Mädchen trug. Dann sagte sie etwas über eine Vermählung mit einem Motorrad und die Welt auf der Handfläche. Triumphierend rief sie meinen Namen. Ich stellte mir gerade vor, dass sie einen Sohn bekommen würde (und drei Monate später tat sie das auch). Der ganze Saal applaudierte. Er würde sicher so dunkle Haare haben wie sie. Die Menschen waren begeistert, und der Applaus hallte durch den Saal.

Mit Verspätung und wie in Zeitlupe kam es endlich bei mir an, dass sie mich aufgerufen hatte.

Mich? Ich?

Mir kam in den Sinn, dass es auch ein Irrtum sein könnte. Mein Gehör hatte sich auf dem Motorrad wegen des lauten Winds, der um den Helm geblasen hatte, verschlechtert. Aber doch nicht so. Hatte sie wirklich meinen Namen gesagt? Angesichts der Tatsache, dass sich beide Nachbarinnen aus der ersten Reihe zu mir drehten und mich auch Melita anstarrte, dass die Blicke der halben Band auf mir klebten und der ganze Saal noch immer applaudierte, verabschiedete ich mich langsam von Melitas Baby, stand auf und ging in ihre Richtung. Der fünf Meter lange Weg zur Bühne schien mir mindestens so lang wie die Fahrt um die Welt. Währenddessen lief in meinem Kopf ein Film über ein einfaches, bescheidenes Leben ab. Darin kamen all jene Menschen vor, die mich großgezogen und mein Leben bereichert hatten – außerdem gab es darin viel Freude, Schmerz, Glück, Verlust und viele bewölkte und sonnige Tage, die mich dorthin gebracht hatten, wo ich jetzt stand: vor all den Menschen, die mich zur Frau des Jahres auserkoren hatten und noch immer enthusiastisch applaudierten.

Das Schönste war die Erkenntnis, dass ich die Ehrung *erleben* durfte und nicht vorher hatte sterben müssen. Denn wir Slowenen teilen unser Lob gerne erst dann aus, wenn das Totenmahl schon verputzt ist. Ich Glückliche!

Während dieser paar Schritte bekam mein kurzes Leben einen Epilog: »Eine Anerkennung für Ihre Leistung und Ihre Lebenshaltung. Eine Huldigung der Weiblichkeit, die nicht nur Mutterschaft und Sinnlichkeit darstellt. Für die verantwortungsvolle Rolle der Frau bei der Mitgestaltung der Welt und des Lebens, das wir leben«, verkündete der Moderator.

Der riesengroße Strauß Tulpen und Mimosen passte zu meinem Kleid wie extra für mich gemacht. Vielleicht war er es auch.

Jetzt begriff ich, wieso Berühmtheiten Leibwächter haben: weil die Wahrscheinlichkeit einer Entführung groß ist. Ich wurde sofort gekidnappt. Man brachte mich über eine schmale Treppe in das Dachgeschoss des alten Opernhauses, wo in einem zweckmäßigen Studio die ersten Fotos und Interviews gemacht wurden. Es staubte wie verrückt. Nicht weil es staubig war, sondern weil alles so rasend schnell ging.

Wir drehten fast durch. Das Telefon vor lauter Klingeln und ich vor lauter Freude. Und auch angesichts der neuen Dimensionen meines Lebens, die schon vor der Tür auf und ab spazierten, wo jemand auf mich wartete, um mich zu den Journalisten zu bringen, sobald diese erste Aufgabe erledigt war.

Zwei Wochen nach der *Slowenin des Jahres* wurde ich auf noch eine Verleihung eingeladen, wo die *Persönlichkeit des Jahres* gekürt wurde. Ich betrat die Bühne unmittelbar nach einigen der führenden Politiker des Landes.

Die erste Frau.

Der sechzehnte Mann.

Der vierte Mensch.

Wo war nur der Preis für die Hermaphroditen geblieben?

Glaube an dich und erobere die Welt!

Wenn ich das kann, kann das jeder.

Elend konnte ich noch nie unbeachtet lassen. Am meisten schmerzte es mich dort, wo es Möglichkeiten für ein besseres Leben *gibt*, aber trotzdem Armut herrscht. Zu Hause, wo wir im Überfluss leben, kam mir die Idee, eine bescheidene Stiftung ins Leben zu rufen. Kindern zu helfen und ihnen Wissen zu vermitteln. Weiter werden sie sich dann selbst helfen können.

Am Anfang war ich alleine. Ein oder zwei Stunden. Dann wuchsen wir und vermehrten uns und tun das weiterhin. Heute sind wir eine internationale Familie, die an sich glaubt und keine Angst hat, an andere zu glauben.

Aus einem tibetischen Kinderdorf kam vor einigen Tagen die Nachricht, dass wir in dem einen Jahr, in dem wir uns um sie kümmerten, auf Platz neunzehn der größten Unterstützer der dortigen Schule gelandet waren. Wer langsam geht, kommt nicht nur weit, sondern auch um die Welt und in eine bessere Zukunft. Wille ist Kraft. Und die Kraft liegt in uns.

Der Wecker steht um sechs Uhr morgens auf. Es bleibt mir nichts anderes übrig, als mich auch auf die Beine zu stellen. Vier Stunden Schlaf trösten mich nicht. Aber vor mir liegt ein neuer Tag, der nur darauf wartet, dass etwas passiert. Auf dem Friedhof werden wir noch lange genug schlafen können.

Der Berg an Arbeit erscheint mir freundlicher, wenn ich mich mit Droga-Tee aufputsche, von dem ich vierzig Kilo geschenkt bekommen habe, als man mich zur *Slowenin des Jahres* ernannte.

Das Leben zu Hause ist das reinste Verwöhnprogramm. Jeden Morgen freue ich mich aufs Neue über warmes Wasser aus dem Wasserhahn und frische Milch im Kühlschrank. Ich werde in bequemen Turnschuhen herumlaufen und mit den heiteren Kleinigkeiten weitermachen, die meinen Tag ausfüllen werden: Ich werde alle sechsundsiebzig E-Mails beantworten, einen Berg Wäsche waschen, bei BMW anrufen, meinen Blog schreiben, meine Buchhaltung kontrollieren, eine Liste mit Journalisten für die Pressekonferenz zusammenstellen, die Namen slowenischer Grundschulen zusammenschreiben, um auch heimischen Kindern zu helfen, alles Nötige für die Galerie vorbereiten, in der demnächst meine Fotoausstellung *Gesichter der Welt* stattfinden wird, den Vertrag mit dem Kulturministerium unterschreiben, Interviewfragen für ein Reisemagazin beantworten, und bestimmt wird die Liste noch länger.

Am Abend wird mich ein neuer Besuch erfreuen. Yuko. Ich freue mich wahnsinnig, sie zu sehen! Nachdem ich letzte Woche in Slowenien mit Richard und Lyn Australien erleben durfte, wartet nun Tokio auf mich. Vor einem Monat brachten meine zwei Gastgeber aus Buenos Aires den Zauber des Tangos zu uns an den Rand der Alpen. Ich liebe Menschen. Mandy, Brian und Barbara sind dabei, Flugtickets zu kaufen. Destination: Ljubljana.

Die Welt ist schön.

Und süß, wenn man teilt.

Süßsaure Torte

Als ich das Rezept bekam, war es für einen Kuchen. Während der zwanzig Jahre in meiner Rezeptsammlung wurde daraus ein Rezept für eine Torte. Eine Torte für besondere Anlässe. Und das Leben ist es wert, dass wir uns darüber freuen, jeden einzelnen Tag.

Mein Lieblingsrezept teile ich nur mit meinen liebsten Menschen. Mit der Torte hatte ich am Ende des Jahres meine Schüler überrascht; wenn ich zu Hause bin, verwöhne ich meine Leute daheim; und ich hatte sie auch für meine Freunde in allen Teilen der Welt gebacken.

Die Zubereitung ist einfach, wie auch das Leben einfach ist. Aber für ein gutes Ergebnis wird man sich trotzdem etwas bemühen müssen. Außer den Zutaten sowie Wille, Geduld und Liebe werden Sie auch noch etwas Glück benötigen, das – wenn Sie sich auch um alles andere bemühen – von alleine kommen wird.

Man nehme:

4 Eier
200 g Mehl
100 g Zucker
1 Päckchen Vanillezucker

1 Päckchen Backpulver
10 cl Wasser
10 cl Sonnenblumenöl
4 Löffel Kakaopulver
1 Prise Salz
Fett und Mehl für die Form

Füllung:
40 cl gute Marillenmarmelade
40 cl Sauerrahm

Glasur:
100 g Kochschokolade
einige Tropfen Milch

Trennen ist unbedingt notwendig, wenn wir uns wiedersehen wollen. Trennen Sie das Eiweiß vom Eigelb, geben Sie zu Ersterem Salz und zu Letzterem Zucker (inklusive Vanillezucker), und schlagen Sie alles so lange, bis der Eischnee fest und die Eigelbmasse schaumig sind.

Vermischen Sie das Backpulver mit dem Mehl, und fügen Sie den Kakao bei, dass es nur so staubt. Löschen Sie alles mit Wasser und Öl ab. Heben Sie die Eigelbmasse langsam mit einem Kochlöffel unter das Mehl sowie zum Schluss noch den Eischnee. Diejenigen, die auf meiner Seite sind und das Leben mit einem großen Löffel schöpfen, werden aus der doppelten Masse etwas zaubern. Backen Sie die Masse in einer mit Mehl bestäubten hohen Form zwanzig bis fünfundzwanzig Minuten bei zweihundert Grad.

Lassen Sie die gebackene Torte auskühlen, und schneiden Sie sie der Breite nach durch. Wenn sie vollkommen ausgekühlt ist, bestreichen Sie beide Schichten mit Marmelade und nur eine mit

Sauerrahm. Das Leben ist so oder so schon sauer genug. Legen Sie die mit Marmelade bestrichene Hälfte auf die andere, sodass die leckere Füllung in der Mitte ist.

Übergießen Sie die Torte mit geschmolzener Schokolade.

Genießen Sie die Torte.

Und das Leben auch!

So sehr es geht.

Wer mit dem Kleinen zufrieden ist,
dem wird das Große nie zuteil.

Ein Stück Torte zum Beispiel …

ENDE
fürs Erste

Frauen entdecken die Welt

Sara Wheeler
Unterwegs in einem schmalen Land
Eine Frau bereist die extremen Landschaften Chiles

Eine unerschrockene Frau auf einer sechsmonatigen Tour entlang der Anden bis nach Feuerland.

Karin Muller
Entlang der Inka-Straße
Eine Frau bereist ein ehemaliges Weltreich

Zu Fuß erkundet die abenteuerlustige Backpackerin Karen Muller die alten Inka-Routen von Ecuador bis Chile.

Pamela Watson
Der Traum von Afrika
Eine Frau, ein Fahrrad – die Freiheit

Eine Fahrradreise unter abenteuerlichsten Bedingungen: 15 000 Kilometer quer durch Afrika von Dakar nach Daressalam.

MALIK NATIONAL GEOGRAPHIC

10/1039/02/35